交流电气化铁道牵引供电系统

(第 5 版)

谭秀炳　编著

西南交通大学出版社
·成　都·

内 容 简 介

本书结合我国的具体情况和实践经验，全面、系统地介绍了工频单相交流电气化铁道牵引供电系统的结构、基本原理、分析方法和供电计算全过程，以及在输送电能过程中所产生的影响与相应的对策，并给出决定最重要的电气参数与经济参数的方法。全书共分九章以及绪论和六个附录。

本书内容丰富、翔实，取材新颖，重点突出，系统性强，理论联系实际，语言流畅，可作为高等学校电气工程及其自动化专业（铁道牵引电气化与自动化方向）本科或高等职业技术教育牵引供电系统课程（或相近课程）的教材或教学参考书，也可供同专业和相关专业的设计、施工、运营管理与科研等有关科学技术人员参考。

图书在版编目（CIP）数据

交流电气化铁道牵引供电系统 / 谭秀炳编著. —5版. —成都：西南交通大学出版社，2021.1（2024.8重印）
ISBN 978-7-5643-7715-1

Ⅰ.①交… Ⅱ.①谭… Ⅲ.①电气化铁道 – 牵引装置 – 供电系统 – 高等学校 – 教材 Ⅳ.①U224

中国版本图书馆 CIP 数据核字（2020）第 189885 号

Jiaoliu Dianqihua Tiedao Qianyin Gongdian Xitong

交流电气化铁道牵引供电系统

（第 5 版）

谭秀炳　编著

*

责任编辑　李芳芳
封面设计　何东琳设计工作室
西南交通大学出版社出版发行
四川省成都市二环路北一段 111 号西南交通大学创新大厦 21 楼
邮政编码：610031　营销部电话：028-87600564
http://www.xnjdcbs.com
成都中永印务有限责任公司印刷

*

成品尺寸：185 mm × 260 mm　印张：20
字数：495 千字
2021 年 1 月第 5 版　2024 年 8 月第 11 次印刷
ISBN 978-7-5643-7715-1
定价：59.00 元

课件咨询电话：028-81435775
图书如有印装质量问题　本社负责退换
版权所有　盗版必究　举报电话：028-87600562

第五版前言

本教材能出第五版，应该感谢用书学校、单位、任课老师、学生和读者的厚爱与支持；同时应该感谢西南交通大学出版社领导、编辑和涉及的所有工作人员的支持和帮助。

本教材第五版与第四版第8次印刷相比较，主要有以下修改和提高：

1. 第一章第四节"电力机车（动车组）的相关知识"第三部分"列车电流曲线和列车能耗"，补充了"电力机车牵引电流特性曲线"；同时补充了第四部分"动车组编组、动力分配和相关技术参数简介"。

2. 第六章内容大幅删简，原因是：（1）由于电力系统的发展、容量增大和220 kV与330 kV向用户开放，又因牵引供电系统已采取的措施与可采取的措施以及电气化铁路的发展，负序影响已不像早期那样凸显。（2）同样由于电力系统的上述情况，加之交—直—交型电力机车（动车组）的发展和大量采用，谐波电流含量大和功率因数低的影响也不像早期那样突出，乃至现行的《铁路电力牵引供电设计规范》（TB 10009—2016，J452—2016）删除了并联电容补偿装置及有关内容，表明此后设计的电气化铁路不再装设该装置了。（3）此前该章内容的广度和深度远超教学大纲规定范围。另外，还应说明，既有普速电气化铁路区段，如果已完全不采用交—直型电力机车而采用交—直—交型电力机车，则牵引变电所原有的并联电容补偿装置已全部退出运行。所以，牵引变电所的并联电容补偿装置将随着交—直型电力机车的全部退役而退役。到那时，第六章第四节谐波电流、第五节功率因数、第六节并联电容补偿及有关内容可以全部删除。

3. 第七章重新改写，主要是因为牵引网沿线邻近的受电磁干扰影响的导线研究重点，不再是过去实际重点针对的通信架空裸线；并且将原来的第九章"地中电流"同原来的第七章"牵引网对通信线路的影响与对策"合并，变成本版的第七章"牵线网的电磁影响与对策"。

4. 第八章删除了第三节"吸流变压器供电方式"，因为现行的《铁路电力牵引供电设计规范》删除了该供电方式及有关内容，表明此后设计的电气化铁路不再需要了；现场原有的吸流变压器供电方式也已经不使用了。并且把章题由过去的"可以减轻对通信线路影响的供电方式"改为"带回流线的直接供电方式和自耦变压器供电方式"。同时删除了第九章（原第十章）第三节"牵引供电系统的应急运行"第三部分"吸流变压器——回流线装置中的一台吸流变压器解裂"及其他章节中的有关内容。

5. 为了上述第3项的需要，补充了附录F"电磁干扰防护"［摘自《高速铁路设计规范》（TB 10621—2014，J1942—2014）"11.6 电磁干扰防护"］。

6. 有些书页做了少许增补、个别删节和调整顺序，以及改进插图。订正了前一版（前一次印刷）存在的个别错误、不规范和不严密的词语或表述。

在上述修改过程中，中铁第一勘察设计院电化处彭伟工程师和吴波工程师、中国铁路西安局集团有限公司供电部王向利工程师和原西安铁路分局供电分处钱植之高级工程师给予了支持和帮助；中国铁路西安局集团有限公司宝鸡供电段提供了技术参考资料、设备运行情况和现场参观学习等方面的大力支持和热情帮助，如供电技术科副科长邹志立工程师、孟冬贤高级工程师、胡军利工程师、丰战凯工程师，检修车间牛桦工程师，职工教育科科长李海峰工程师、赵秀玲工程师等许多同仁都给予了宝贵的帮助；中国铁路西安局集团有限公司西安高铁基础设施段权胜利工程师给予了自驾车陪同到高铁牵引变电所参观学习，多次提供技术参考资料等宝贵的帮助，陈浩工程师提供了技术资料和修改建议等帮助；中国铁路西安局集团有限公司宝鸡培训基地供电专职老师杨建华工程师给予了宝贵的帮助；中国铁路西安局集团有限公司西安动车段蔡红军机械师提供了技术资料和现场情况等帮助；从参考文献和技术资料中获得了很好的启迪、借鉴和帮助。编者对所有提供支持和帮助的单位和人员（包括参考文献和技术资料的作者）一并表示衷心的感谢。

由于编者的水平和所掌握的技术资料等条件有限，书中漏项、不妥甚至失误之处仍可能存在，诚请专家、同仁和读者批评、指正，编者十分感谢。

编　者

2020 年 12 月

第四版前言

本教材第四版与第三版 2009 年 6 月第 3 次印刷相比较，主要有以下修改和提高：

1. 鉴于《铁路电力牵引供电设计规范》和关于高速电气化铁路设计的几个暂行规定等文献的要求与现场实际应用情况，接触网的接触线已普遍采用铜合金或铜接触线，承力索已普遍采用铜合金或铜绞线，而钢铝接触线和钢绞线承力索等濒临淘汰，为了适应这种新的发展形势，绪论第二部分、第一章第三节，第三章第一节、第三节和第四节的计算举例，第四章第一节，第五章第一节、第三节和第四节，第九章第二节的计算举例等，做了相应的修改。

2. 串联电容补偿装置的电容部分，已由原来的外部架构式电容器组发展为集合式（密集型）电容器。并联电容补偿装置中，早期采用的电压互感器已由高压并联电容器用放电线圈取代；固定并联电容补偿装置（FPC）＋晶闸管控制电抗器（TCR）接线方式是现场使用较多的方案之一。所以，第四章第四节第二部分，第六章第六节第三部分、第五部分，做了相应的修改。

3. 第一章第二节第六部分，斯科特（scott）联结牵引变电所 M 座和 T 座一、二次电压关系，改用了新的分析方法。

4. 早期生产的 SS_1 型交—直型电力机车濒临退役，SS_3，SS_4，$SS_7 \sim SS_9$ 型交—直型电力机车仍在使用；而交—直—交型电力机车已普遍采用。为了适应这种新的发展形势，第一章第四节重新编写；第四章第一节、第二节、第四节，第六章第四节、第五节、第六节，第七章第三节、第四节，做了相应的修改。

5. 第一章第三节第二部分牵引变电所向接触网的供电方式，无论是单线区段或双线区段，两边供电方式在我国都未采用，所以删除；而双线区段一边全并联供电方式在我国已经采用，因此补充。第三章第四节第三部分，第八章第三节第三部分，也做了相应的补充；第四章第四节第五（现为第四）部分，第五章第三节，做了相应的修改。

6. 鉴于西南交通大学电气工程学院研究设计的电气化铁路同相供电系统核心设备——同相供电装置，已经通过现场试运行、相关各种试验与科技部组织的验收，并有望在重载和高速电气化铁路采用，因此以文献[19]为依据，在第六章增补了一节"同相供电"。

7. 第四章第四节改善供电臂电压水平的措施第四部分采用交流电压自动补偿装置（ACVR），我国没有选用，所以删除。

8. 订正了前一版（前一次印刷）存在的个别错误、不规范和不严密的词语或表述以及符号，个别地方进行了少许增删。

本教材的内容具有相当的广度和深度，可以作为高等学校电气工程及其自动化专业（铁道牵引电气化与自动化方向）本科教材。如果作为高等职业技术教育教材，则应根据本校执行的教学大纲（课程标准）决定取舍，超出教学大纲范围的内容不讲授，有的内容可以简要讲授，推导过程较复杂的公式可以只讲授结果（略去推导过程）等。当然，即使作为本科教材，也要根据本校执行的教学大纲适度选取。由于本书的系统性和实用性较强，所以对同类专业和相关专业的设计、施工、运营、管理与科研等有关科学技术人员也是一本较好的参考书。

在本教材的修改过程中，得到了西南交通大学电气工程学院解绍锋博士、西安铁路局科学技术研究所所长罗文骧教授级高级工程师、中铁二院西安勘察设计研究院符德川教授级高级工程师与该院通号电化处同仁们的大力帮助，还得到了西安铁路局宝鸡供电段、西安动车段和新丰镇机务段的帮助，编者一并表示衷心的感谢。

由于编者的水平和所掌握的资料等条件有限，书中遗漏、不妥甚至失误之处仍可能存在，诚请专家、同仁和读者给予指正，编者十分感谢。

编　者
2014 年 7 月

第四版第 7 次印刷说明

本教材第四版第 7 次印刷与第 6 次印刷相比较，主要有以下修改和提高：

1. 根据国家"十三五"规划纲要、国家铁路局 2014 年 12 月 1 日发布的《高速铁路设计规范》和 2016 年 6 月国务院通过、7 月国家发展和改革委员会、交通运输部和铁路总公司印发的《中长期铁路网规划》，对绪论第二部分"我国电气化铁路发展概况"第 2 小部分"电气化铁路线路和里程"做了修改。

2. 根据《高速铁路设计规范》，对第十章第二节做了修改，并将节题由"高速电气化铁路供电系统设计的主要原则"改为"高速铁路和准高速电气化铁路牵引供电系统设计的主要原则"，还对第一章第一节做了相应的补充。

3. 根据西宝高速铁路设计文件，结合现场情况，对第四章牵引供电系统的电压损失计算中，交—直—交型电力机车（动车组）牵引负荷功率因数的取值，由 0.98 改为 0.95。

4. 订正了前一次印刷存在的个别错误、不规范和不严密的词语或表述，有的地方做了少许增删和调整顺序。

在上述修改过程中，西安铁路局宝鸡供电段提供了相关资料和现场情况等宝贵的帮助，编者表示衷心的感谢。

由于编者的水平和所掌握的资料等条件有限，书中遗漏、不妥之处仍可能存在，诚请专家、同仁和读者给予指正，编者十分感谢。

编　者
2016 年 12 月

第三版前言

本教材第三版与第二版相比较，除保留了第二版的全部优点之外，主要有以下修改和提高：

1. 为了适应高速电气化铁路发展的新形势，第十章增补了一节"高速电气化铁路供电系统设计的主要原则"。

2. 根据国家标准《电能质量 公用电网谐波》（GB/T 14549）的规定，第六章第四节第三部分第 7 项，以"公用电网谐波电压限值和谐波电流允许值"取代了原来的"电气化铁道的谐波允许值"。

3. 以《电气工程师手册》第 3 版（文献[18]）为依据，对表 1.1 "发电机电抗"和表 6.3 "电力系统各元件负序电抗"中原来的同步电机电抗数值进行了修改，用现在的同步电机电抗典型值取代了沿用 20 世纪 50 年代及以前苏联制造的同步电机电抗平均值；对第六章第二节第二部分负序电流允许值标准的内容进行了充实。

4. 在第一章第二节第五部分中，删除了原来的"供电臂长期允许电流 I"，以便重点突出。

5. 订正了原来存在的个别错误、不规范和不严密的词语或表述，个别地方进行了少许增删。

在本教材的修改过程中，得到了中铁二院西安勘察设计研究院符德川教授级高级工程师与该院通号电化处副处长侯矢工程师的大力帮助；西安铁路局宝鸡供电段给予了借阅资料和现场学习等热情支持。编者表示衷心的感谢。由于编者的水平和所掌握的资料等条件有限，书中遗漏、不妥甚至失误之处仍可能存在，诚请专家、同仁和读者给予指正，编者十分感谢。

编　者
2009 年 5 月

第二版前言

本教材第二版与第一版相比较，除保留了第一版的全部优点和订正了第一版在排版时由于机器出现故障而导致部分外文符号存在的谬误以及其他错误之外，还具有以下特点和提高：

1. 第一章第二节中，单相 Vv 联结、三相 YNd11 联结和斯科特联结牵引变电所部分改写，采用 YN▽ 联结阻抗匹配平衡变压器的牵引变电所、YN▽ 联结平衡变压器和非阻抗匹配 YN▽ 联结平衡变压器全部重新编写。

2. 第二章第三、第四节中，平衡变压器绕组有效电流、斯科特联结变压器和平衡变压器的计算容量和最大容量全部重新编写。

3. 第四章第一节中，双线牵引网的电压损失和对应的计算举例全部改写；第二节中，开头语、三相 YNd11 联结变压器和斯科特联结变压器的电压损失部分改写，平衡变压器电压损失全部重新编写。

4. 第五章第二节中，平衡变压器的电能损失全部重新编写。

5. 第六章第一节中，Vv 联结、三相 YNd11 联结、斯科特联结和平衡联结变压器牵引负荷引起的负序电流全部改写。

6. 第七章第一节部分改写，第二节全部重新编写。

7. 第八章第二节中，自耦变压器容量计算大部分改写。

8. 删除了第八章第四节同轴电力电缆供电方式，第十章原第二节供电系统的经济运行和第十章第三节原第一部分两台并联运行的牵引变压器一台解列。

9. 采用新的电气设备文字符号、右下角标，以及其他修订、补充、删节和调整顺序。

以上各项是作者根据本学科最新研究成果和新发布的《铁路电力牵引供电设计规范》而完成的。在此过程中，得到了西安中铁勘察设计院符德川（教授级）高级工程师的帮助，编者表示衷心的感谢。现在，本教材（第二版）论述更加缜密，概念更加清晰，公式更加准确，结论更加可信，体例更加规范。尽管如此，但因编者的水平和所掌握的资料等条件所限，书中遗漏和不妥甚至失误之处仍在所难免，诚请专家、同仁和读者给予指正。

编 者
2006 年 12 月

第一版前言

自 20 世纪 80 年代以来，我国的电气化铁道有了很大的发展。为了适应电气化铁道发展的新形势与高等学校教学、铁路技术培训和提高业务水平的需要，特编写了本教材。

本教材与原来的《电气化铁道供电系统》（文献[6]）教材相比较，不仅继承了其中经典实用的内容，而且还具有以下特点：

1. 增加了许多新内容（标有 * 号的为新技术）。主要有三相 Vv 联结牵引变压器（*）、三相不等容量 YNd11 联结牵引变压器（*）和三相 YNd11d1 十字交叉联结牵引变压器（*）简介，斯科特联结牵引变压器容量分析、电压损失、电能损失和负序电流计算，平衡变压器[涵盖 YN▽ 联结阻抗匹配平衡变压器（*）、YN▽联结平衡变压器（*）和非阻抗匹配 YN▽联结平衡变压器（*）]的联结特点、工作原理、容量分析、电压损失、电能损失和负序电流计算；馈线瞬时最大工作电流、最大有效电流与短时最大工作电流以及牵引母线平均电流与有效电流计算；带直接测温装置的牵引变压器（*）的过负荷；串联电容补偿主接线，单相自耦增压变压器自动调压装置（*），交流电压自动补偿装置（*）；牵引供电系统电能损失的计算及减少电能损失的措施；对称分量法，不同联结形式牵引变压器负荷引起的负序电流综合分析比较，三相 Vv 联结牵引变电所换接相序；谐波电流的产生、不良影响、允许值及减少谐波影响的措施，功率因数及其标准，功率因数低的不良影响与提高牵引负荷功率因数的措施，并联电容补偿（*）的作用、原理、补偿方案、主接线和容量计算，以及可调并联电容补偿装置（*）；光缆通信线路（*）简介；带回流线的直接供电方式（*），AT 供电方式（*）的牵引变电所接线方式的特点和牵引网的特点，AT 网络的电流分布、最大电压降和电能损失的计算，同轴电力电缆供电方式（*）；供电系统的应急运行。扩充了导线与接触悬挂允许载流量的确定及截面面积的选择，负序电流的不良影响及减少负序影响的措施，AT 和 BT 供电方式牵引网阻抗计算等。在附录中增加了牵引变压器过负荷能力的确定方法（*）和高过载能力、低阻抗电压牵引变压器的应用（*）。

2. 第一章第二节（牵引变电所）不仅增加了不少新内容和新技术，而且叙述更加充实、新颖。

3. 第二章第四节中对变压器的过负荷能力的阐述，参考和使用了新资料，即现行的《油浸式电力变压器负载导则》和《电力变压器运行规程》。

4. 第六章第一节中，不同联结形式的牵引变压器负荷引起的负序电流，都是在两供电臂负荷不相等的条件下进行分析而得出结果，至于两供电臂负荷相等的情况则是其中的特例。

5. 在介绍了牵引网对通信线路的影响与对策（第七章）以后，单列一章（第八章）来叙述可以减轻对通信线路影响的供电方式，包括带回流线的直接供电方式、自耦变压器供电方式、吸流变压器供电方式和同轴电力电缆供电方式。这样，可容纳更加丰富、创新的内容，所占的地位也更加突出。而在第八章以前所涉及的牵引网内容，只针对直接供电方式的牵引网进行了叙述。这样更加符合辩证唯物论的认识过程，便于初学者接受。

6. 内容与新发布的《铁路电力牵引供电设计规范》等标准相吻合。

7. 牵引网短路电流未编入，因为在《电气化铁道供变电工程》或《电力系统分析》等教材中已有足够的阐述。

本教材可作为高等学校铁道电气化专业（或相近专业）牵引供电系统课程（或相近课程）教科书或教学参考书。也可供同专业和相关专业的设计、施工、运行管理与科研等有关科学技术人员参考。

本教材的绪论、第一、第二、第三、第五、第六、第八、第九、第十章和附录A，B，C，D，E由谭秀炳编写，第四、第七章由刘向阳编写初稿。全书稿由谭秀炳修订和统编（主编）。编者对内容力求理论联系实际，文字叙述力求简明扼要、深入浅出，以达到实用、方便。但因编者的水平和所掌握的资料等条件所限，书中出现遗漏和错误在所难免，恳请专家、同行和读者给予指正。

本教材在编写过程中，查阅和使用了大量参考文献与技术资料，从中获得了许多帮助和启迪；西南交通大学图书馆提供了宝贵的参考资料；郑州铁路局西安设计院，特别是符德川（教授级）高级工程师，提供了参考资料和直接帮助；西安铁路分局机务分处提供了宝贵的意见和建议；西安铁路运输职工大学领导、教务科、教委、理研室、电气化教研室等给予了无微不至的关怀和大力支持。在此，编者对所有提供了参考资料及帮助的单位和人员（包括参考文献与技术资料的作者）一并表示衷心的感谢。

本教材书稿送到西南交通大学出版社以后，西南交通大学简克良教授、张淑琴教授和成都铁路局袁则富（教授级）高级工程师等，对书稿进行了认真的审阅，都从整体上加以肯定，并提出了宝贵的意见和建议。据此，编者又进行了认真的修改和补充，对进一步提高本书的质量起到了加工润色的作用。西南交通大学出版社领导及有关人员对本书的出版，给予了多方面帮助和支持；尤其是责任编辑张华敏同志在本书编辑过程中，认真负责和精益求精的工作作风，令人十分钦佩。在此，编者一并表示深切的敬意和诚挚的感谢。

编 者
2001年12月

本书使用的主要符号说明

一、电气设备文字符号

新符号	中文名称	英文名称	旧符号
A	加强线	auxiliary feeder	q
AT	自耦变压器	auto transformer	
BT	吸流变压器	booster transformer	
C	电容器	capacitor	C
C	承力索	carrying cable	C
CC	同轴电力电缆	coaxial cable	
F	馈电线，正馈线	feeder	
F	避雷器，放电间隙，放电器	arrester, discharger	BL, Jx, SD
FU	熔断器	fuse	RD
G	发电机	generator	F
L	电抗器	reactor	X
M	电动机	motor	D
n, N	回流线，负馈（电）线	negative feeder	h, H
P	集电弓，受电弓	pantograph	G
QF	断路器	circuit breaker	DL
QS	隔离开关	disconnector	GK
R	钢轨，轨道	rail	G, g
SP	分区所	Section post	
SS	变电所	substation	
T	变压器	transformer	B
T	接触网，接触线	trolley line	J, j
TA	电流互感器	current transformer	LH
TE	电力机车变压器	engine transformer	B
TV	电压互感器	potential transformer	YH
UR	整流器	rectifier	Z, BZ
UI	逆变器	inverter	BN
VD	半导体二极管	diode	D
VI	绝缘栅双极型晶体管	IGBT (Insulated Gate Bipolar Transistors)	
VT	晶闸管	thyristor	T, S, SCR

I

二、量和单位的符号

量的名称	量的符号	单位名称	单位符号
电　流	I	安［培］	A
电　压	$U,(V)$	伏［特］，千伏	V, kV
电　阻	R	欧［姆］	Ω
电　抗	X	欧［姆］	Ω
阻　抗	Z	欧［姆］	Ω
电　导	G	西［门子］	S
电　容	C	法［拉］	F
自感系数	L	亨［利］	H
互感系数	M	亨［利］	H
单位［长度］电阻	r	欧［姆］每千米	Ω/km
单位［长度］电抗	x	欧［姆］每千米	Ω/km
单位［长度］阻抗	z	欧［姆］每千米	Ω/km
单位［长度］自感系数	l	亨［利］每千米	H/km
单位［长度］互感系数	m	亨［利］每千米	H/km
视在功率	S	千伏安，兆伏安	kVA, MVA
有功功率	P	千瓦，兆瓦	kW, MW
无功功率	Q	千乏	kvar
电　能	A	千伏安小时，千瓦小时，千乏小时	kVAh, kWh, kvarh
磁通［量］密度，磁感应强度	B	特［斯拉］	T
磁通［量］	Φ	韦［伯］	Wb
磁　阻	R_m	每亨［利］	H^{-1}
磁导率	μ	亨［利］每米	H/m
频　率	f	赫［兹］	Hz
角频率	ω	弧度每秒	rad/s
转速（旋转频率）	n	转每分	r/min
长度，距离	l, L	米，千米	m, km
距　离	d, r	米	m
半　径	r, R	毫米，厘米，米	mm, cm, m
直　径	d, D	毫米，厘米，米	mm, cm, m
时　间	t	分，小时，日，年	min, h, d, a
速　度	v	千米每小时	km/h
货物年运量，运输能力	Γ	万吨每年	10^4 t/a

续表

量的名称	量的符号	单位名称	单位符号
角	φ	度，[角]分，[角]秒	(°)，(′)，(″)
热力学温度	T	开[尔文]	K
摄氏温度	t, θ	摄氏度	℃
系数	K, α, β		
变压比	K, K_U, K_T		
变流比	K_I		
容量利用率，线材利用率	η		
阻抗匹配系数	λ		
差，损失，损耗	Δ		

三、右下角标

新符号	中文含义	英文含义	旧符号
a	附加的	additional	
a, A	安装	assembly	
A	加强线	auxiliary feeder	q
av	平均的，平均值	average	p
b	以外	beyond	W
b	增（加电）压	boost	Z
b	短时的	brief	
br	制动	brake	Z
C	承力索	carrying cable	C
C	接近（的），邻近（的）	close	j
c	综合的	composite	
C	对流	convection	
c	计算	count	j
d	基准	datum	j
D, d	三角形，△联结	delta	D, d
d	需要，要求	demand	x
d	直流的	direct	Z
d	双线铁路	double line rail	S
E	大地	earth	d
e	有效的	effective	x

续表

新符号	中文含义	英文含义	旧符号
e	励磁的	exciting	L
eq	等效的，当量的	equivalent	ε
et	（列车）有效的	（train）effective	ε
ext	外边，外部	exterior	W
f	结　构	fabric	j，J
f，F	馈电线	feeder	j，k
g	地	ground	
h，H	高　压	high voltage	
i	瞬时的	instantaneous	S
int	内　部	internal	N
k	短　路	Short-circuit	d
l	漏泄，漏磁	leakage	g
l	线路，电线，线	line	x
l，L	负荷，负载	load	f
m，M	磁性的	magnetic	
m	电动机	motor	d
max	最大值	maximum	
min	最小值	minimum	
n，N	回流线，负馈（电）线	negative feeder	h，H
N	中性点（线）	neutral	
n，N	额定的	nominal	e，E
n	次数，次序	number	
out	输出	output	c
p	平行的，并联的	parallel	
p	允许，容许	permit	y
p	相	phase	x
par	并联（的）	parallel	
R	辐　射	radiation	
R	钢轨，轨道	rail	g，G
r，R	实际的	real	S
r	回收	reclamation	H
S	屏蔽	shield	p
S	分路，分流	shunt	F
S	静电的	static	

续表

新符号	中文含义	英文含义	旧符号
S	日 照	sunshine	
S	同时（发生，出现）的	synchronous	
S	电力系统	power system	x
st	启 动	start	qd
ser	串联（的）	series	
t	温 度	temperature	
t	牵 引	traction	q
t，T	变压器	transformer	b，B
t，T	接触网，接触线	trolley line	j，J
u	用，使用	use	g
v	电 压	voltage	y
w	母 线	bus-bar	M
w	（电缆）芯线	component wire	C
w	监 视	watch	
w	波	wave	B
Σ	相加，总和，合计	summation	Ad

目 录

绪 论 ·· 1

第一章 供电系统的结构、原理与电力机车（动车组）的相关知识 ······················ 7
第一节 电力系统与电气化铁道供电系统 ··· 7
第二节 牵引变电所 ·· 16
第三节 牵引网 ·· 43
第四节 电力机车（动车组）的相关知识 ·· 48

第二章 牵引变电所容量计算和选择 ·· 67
第一节 计算条件 ··· 67
第二节 馈线电流 ··· 69
第三节 牵引变压器的计算容量 ··· 77
第四节 牵引变压器的校核容量 ··· 81
第五节 牵引变压器的安装容量 ··· 87

第三章 牵引网阻抗 ··· 94
第一节 牵引网导线的参数 ··· 94
第二节 牵引网的等效电路及其阻抗 ·· 100
第三节 单线牵引网阻抗 ··· 103
第四节 双线牵引网阻抗 ··· 110

第四章 牵引供电系统的电压损失 ·· 118
第一节 牵引网的电压损失 ··· 118
第二节 牵引变电所的电压损失 ··· 124
第三节 电力系统的电压损失和供电臂的电压水平 ·· 130
第四节 改善供电臂电压水平的措施 ·· 131

第五章 牵引供电系统的电能损失 ·· 139
第一节 牵引网的电能损失 ··· 139
第二节 牵引变电所的电能损失 ··· 146
第三节 减少牵引供电系统电能损失的措施 ·· 151
第四节 导线与接触悬挂允许载流量的确定及截面面积的选择 ······················· 152

第六章　牵引负荷对电力系统的影响与对策 ········· 160
第一节　负序电流 ········· 160
第二节　负序电流对电力系统的影响 ········· 173
第三节　牵引变电所换接相序 ········· 181
第四节　谐波电流 ········· 187
第五节　功率因数 ········· 195
第六节　并联电容补偿 ········· 196

第七章　牵引网的电磁影响与对策 ········· 202
第一节　带电接触网电场和磁场影响概述 ········· 202
第二节　危险影响 ········· 203
第三节　噪声干扰影响 ········· 218
第四节　地中电流影响 ········· 220
第五节　防护措施 ········· 224

第八章　带回流线的直接供电方式和自耦变压器供电方式 ········· 230
第一节　带回流线的直接供电方式 ········· 230
第二节　自耦变压器供电方式 ········· 233

第九章　牵引供电系统设计和运行的若干问题 ········· 252
第一节　牵引供电系统设计的程序与内容 ········· 252
第二节　高速铁路和准高速电气化铁路牵引供电系统设计的主要原则 ········· 256
第三节　牵引供电系统的应急运行 ········· 260
第四节　牵引变电所牵引侧负序电压与 10 kV 配电装置中的三次谐波电压 ········· 263

附录 A　矩阵、概率与双曲函数 ········· 268

附录 B　列车运行图和铁路区间通过能力 ········· 283

附录 C　常用牵引供电计算方法 ········· 286

附录 D　牵引变压器过负荷能力的确定方法 ········· 292

附录 E　高过载能力低阻抗电压牵引变压器的应用 ········· 297

附录 F　电磁干扰防护 ········· 298

参考文献 ········· 299

绪 论

一、电气化铁路的组成

铁路的牵引动力设备是机车。从我国铁路发展历史来看，实际使用的机车有蒸汽机车、内燃机车和电力机车三种。与此对应的铁路牵引方式也有蒸汽牵引、内燃牵引和电力牵引三种。所谓电力牵引，就是由外电源供给动力车电能的牵引方式。采用电力牵引的铁路称为电气化铁路。

作为电气化铁路牵引动力的电力机车，本身不带能源。它必须从外部电源和牵引供电系统获得电能，电能经过变换后，输送到牵引电动机，使牵引电动机旋转来驱动车轮转动进而牵引列车运行。因此，电气化铁路除了一般的铁路线路、车站、通信、信号等设施外，还包括特殊的牵引供电系统、电力机车以及相应的运行、维修和管理单位供电段、电力机务段、供电调度及其主管部门等。

二、我国电气化铁路发展概况

1. 确定电流制与额定电压

我国电气化铁路是从 20 世纪 50 年代初开始筹划的。当时，主要是讨论采用什么样的电流制与多高的额定电压。经过反复研究论证，结合国内外情况，确定我国电气化铁路采用工频单相 25 kV 交流制。这种电流制与额定电压在技术上、经济上都有很大的优越性，在世界各国电气化铁路建设中，已得到了广泛的应用。本教材的内容就是针对工频单相 25 kV 交流制电气化铁路而言的。

2. 电气化铁路线路和里程

我国第一条电气化铁路宝成线的宝鸡—凤州段，93 km，1958 年开工，1960 年建成，1961 年 8 月 15 日正式投入运营。从此，揭开了我国电气化铁路的序幕。

1969—1977 年，宝成线的凤州—成都段、阳安线（阳平关—安康）两条电气化铁路建成投入运营，共计约 940 km。

1980—1990 年，有石太线（石家庄—太原）、襄渝线的襄樊—达县段、京包线的丰台—大同段、成渝线（成都东—重庆西）、京秦线（丰台西—山海关）、太焦线的长治北—月山段、陇海线的郑州—兰州西段、京广线的郴州—韶关段、大秦线的韩家岭—大石庄段、湘黔线的贵阳南—大龙段、鹰厦线的来舟—漳平段、北同蒲线（太原北—平旺）、贵昆线（贵阳南—昆明）等十几条（段）电气化铁路建成投入运营，共计约 5 940 km，是 1958—1961 年的 63 倍多，是 1969—1977 年的 6 倍多。

1991—2000年，有川黔线（珞璜—贵阳南）、大秦线的大石庄—秦皇岛段、鹰厦线的鹰潭—来舟段与漳平—厦门段、京广线的北京西—武昌南段与孟庙—平顶山段、湘黔线的大龙—株洲段、兰新线的兰州西—武威南段、宝中线（虢镇—迎水桥）、包兰线的石嘴山—兰州东段、干塘—武威南段、侯月线（侯马—月山）、焦枝线的济源—关林段、襄渝线的达县—重庆西段、南昆线（南宁—昆明南）、广深线（广州东—深圳）、成昆线（成都东—昆明东）、西康线（窑村—安康东）、外福线（外洋—福州）、大准线的大同东—薛家湾段、神朔线（神池南—朔州）等二十几条（段）电气化铁路建成投入运营，共计约 7 800 km。其中，"八五"末（约 9 980 km）比"七五"末（约 6 970 km）增加约 43%，"九五"末又比"八五"末增加约 48%。

2001—2005年，即"十五"期间，有武广线（武昌—广州）的武昌—郴州段和韶关—广州段、哈大线（哈尔滨—大连）、朔黄线（朔州—黄骅）的神池南—黄骅段、娄六双线（娄底—六盘水）、宝兰双线（宝鸡—兰州东）、西安南京铁路的西安—信阳段、秦沈客运专线（秦皇岛—沈阳）、内昆线（内江—昆明）的内江—宜宾段和安边—梅花山段、水柏线（六盘水—柏果）、沟海线（沟帮子—海城）等十几条（段）电气化铁路建成投入运营，共计约 5 280 km，比"九五"末增加约 35.7%。

国发〔2005〕21号《国务院关于做好节约型社会近期重点工作的通知》要求加快发展电气化铁路，实现以电代油。截至 2008 年 10 月，我国电气化铁路兴建五十周年，电气化铁路总里程达 26 000 km，电气化率达 32.7%。

2008—2015年，"四纵四横"高速铁路主骨架基本建成。"四纵"客运专线已开通运营北京—上海、北京—广州、北京—哈尔滨（大连）、上海—杭州—宁波—福州—深圳等；"四横"客运专线已开通运营青岛—济南、石家庄—太原、郑州—西安—宝鸡、南京—合肥—武汉—重庆—成都、杭州—南昌—长沙—贵阳等。此外，还相继开通运营太原—西安、兰州—西宁—乌鲁木齐、合肥—福州、哈尔滨—齐齐哈尔、贵阳—广州、盘锦—营口、沈阳—丹东、吉林—图们—珲春等高速铁路，以及北京—天津等一批城际客运专线。到"十二五"末，全国铁路营业里程达到 121 000 km，居世界第二位；其中，高速铁路运营里程超过 19 000 km，居世界第一位，占世界高速铁路总里程的 60% 以上。

2016年及以后，加快建设济南—石家庄、徐州—郑州、宝鸡—兰州、贵阳—昆明、北京—沈阳、西安—成都、重庆—贵阳、重庆—万州、杭州—黄山、南昌—吉安—赣州、哈尔滨—牡丹江、商丘—合肥—杭州等高速铁路。2016 年内，上述徐州—郑州、贵阳—昆明等高速铁路已开通运营。

国家铁路局 2014 年 12 月 1 日发布的《高速铁路设计规范》第 3.2.3 条规定："高速铁路应按双线电气化铁路设计，正线应按双方向行车设计。"国家"十三五"规划纲要，2016 年 6 月国务院通过、7 月国家发展和改革委员会、交通运输部和铁路总公司印发的《中长期铁路网规划》，要求在"四纵四横"主骨架基础上，逐步形成以"八纵八横"主通道为骨架、区域连接线衔接、城际铁路补充的高速铁路网。"八纵"主通道是：大连—沈阳—天津—青岛—上海—杭州—深圳—湛江；北京—上海—福州；北京—深圳；哈尔滨—香港；呼和浩特—南宁；呼和浩特—三亚；银川—福州；西安—昆明。"八横"主通道是：北京—兰州；青岛—银川；连云港—兰州—乌鲁木齐；上海—成都（拉萨）；上海—昆明；重庆—厦门；广州—成都；广州—昆明。还要求既有线普速铁路电气化 25 000 km；当然，新建线普速铁路也有一部分要电气化。

中国国家铁路集团有限公司2021年1月工作会议指出，铁路"十三五"规划圆满结束。从2016年到2020年，全国铁路营业里程由121 000 km增加到146 300 km，增长20.9%；高铁由19 800 km增加到37 900 km，翻了近一番；双线率由53.5%增长到59.5%；电气化率由61.8%增长到72.8%；"四纵四横"高铁网已经形成，"八纵八横"高铁网正加密成型。根据"十四五"规划和2035年远景目标纲要，到2025年，全国铁路营业里程将达到170 000 km左右，其中高铁50 000 km，全国铁路电气化率将达到75%左右。该纲要明确：基本贯通"八纵八横"高速铁路，加快普速铁路建设和既有铁路电气化改造，加快城际铁路、市域（郊）铁路建设。（本自然段是2024年8月第11次印刷改写的）

3. 牵引供电系统设施的发展

牵引网向电力机车供电的方式，除了直接供电方式外，相继采用了BT供电方式、AT供电方式和带架空回流线的直接供电方式。

牵引变电所主变压器的联结形式，除了YNd11三相联结外，相继采用了单相、单相Vv、斯科特、YNd11d1三相联结、YN▽联结阻抗匹配平衡变压器、非阻抗匹配YN▽联结平衡变压器、YN▽联结平衡变压器、三相不等容量YNd11联结牵引变压器和三相Vv联结牵引变压器等。

在断路器方面，早期采用多油、少油断路器，相继采用了六氟化硫断路器和真空断路器。在断路器操动机构方面，早期采用电磁操动机构，相继采用了液压机构和弹簧机构等。

在继电保护方面，早期采用机电型（电磁型、感应型），相继采用了晶体管型和集成电路型继电保护。进入21世纪，已广泛采用微型计算机继电保护和综合自动化系统。

在接触网悬挂方式方面，有半补偿链形悬挂、全补偿简单链形悬挂、全补偿弹性链形悬挂和简单悬挂、补偿弹性简单悬挂等。接触线方面，除了曾经采用较多的铜接触线、钢铝接触线和铝包钢接触线外，还有钢芯铝合金复合接触线、热处理铝镁硅稀土合金接触线等。进入21世纪，铜合金接触线与铜合金绞线承力索的应用已经相当广泛。

在调度方式方面，除了早期采用电话调度外，已经普遍采用了微型计算机远动调度。

在检测技术方面，已有了接触网自动检测车、牵引网短路参数微机测试仪、牵引变压器直接测温装置和牵引变电所电气设备程控试验装置等。

4. 电力机车的发展

我国铁路电力机车除了少量是进口的以外，大部分是使用国产机车。韶山SS型交—直型电力机车研制了1~9型（连续），主要批量生产的是1（2014年9月已退役）、3、4、7~9型。其中，SS_4型货运机车应用了晶闸管电子技术，实现了无级调速，并将6轴改为8轴，机车功率达到6 400 kW；SS_8和SS_9型客运机车最高速度都提高到170 km/h，已初步满足牵引重载货运、大编组客运列车，进行快速或准高速运输。而且，从"八五"开始，已进行新型交—直—交型电力机车的研制开发，它具有功率因数高，谐波电流含量小，牵引性能好，牵引电动机质量轻、体积小、功率大等许多优点。2000年以来，我国机车车辆制造能力有了新的进展，如交—直—交型电力机车和动车组研制成功并正式投入运用；我国自主设计制造的运行最高速度达200 km/h，300 km/h和350 km/h的动车组等就是实例。

综上所述，我国的电气化铁路发展方兴未艾，前景美好。

三、电气化铁路的优越性及存在的问题

1. 电气化铁路的优越性

（1）拉得多，跑得快，运输能力大

可满足重载、高速、大运量的铁路干线和大陡坡、长隧道的山区铁路运输的需要。

首先，就蒸汽、内燃、电力三种牵引方式的运输能力进行比较，如表0.1所示。

表0.1 蒸汽、内燃、电力三种牵引方式的比较

限制坡度	牵引方式	运输能力/(10^4 t/a)	
		单线 半自动闭塞	双线 自动闭塞
6‰	电力牵引	2 700	6 200
	内燃牵引	2 000	5 600
	蒸汽牵引	1 400	3 600
12‰	电力牵引	1 400	3 400
	内燃牵引	900	3 200
	蒸汽牵引	700	1 970

再以我国第一条电气化铁路——宝凤段为例，以其电气化开通前后的运输能力进行比较，如表0.2所示（该区段限制坡度为30‰）。

表0.2 宝凤段电气化开通前后比较

项 目	电气化前（蒸汽牵引）	电气化后（电力牵引）
牵引定数/（吨/列）	960	2 400
行车速度/（km/h）	20	50
年运量/（10^4 t/a）	250	1 300

（2）节约能源消耗，综合利用能源

蒸汽牵引要燃烧优质煤，其总功效（做功效率）一般约为6%。内燃牵引要以价格较高的柴油为燃料，其总功效约为25%。电力牵引从现代化的电力系统取得电能，如果是火力发电，电力牵引的总功效也可达到25%；如果是水力发电，电力牵引的总功效高达60%；如果按火力、水力发电综合考虑，电力牵引的总功效约为30%。水力发电占的比例越大，电力牵引的总功效越高。

由于电力牵引是从电力系统取得电能，而电力系统可综合利用煤炭（包括劣质煤）、太阳能、水力、风力、重油、天然气、原子能（也叫核能）等各种能源发电，所以电力牵引可以综合利用各种能源，达到经济合理地使用国家能源的目的。

（3）经济效益好

首先，电力牵引的上述两个优点，必然能产生好的经济效益，大大降低运输成本。而且电力机车不需添加燃料，速度快，宜跑长交路，从而减少了检修基地、机器设备和人员；电

力机车功率大，拉得多，跑得快，周转时间短，减少了机车运用台数；电力机车可实现电气制动，在长而大的下坡道上，可减少机车和车辆的闸瓦磨耗，节省大量金属；电力机车的电机和电器等运行可靠，检修周期长、次数少等，这些都能促使运输成本大大降低。不仅如此，电力牵引基建投资回收期也短，运量越大的线路越显著。例如，单线区段，如果年运量为 1 000 万吨，基建投资回收期约 10 年；如果年运量达 1 500 万吨，回收期约 8 年；双线区段，如果年运量为 4 000 万吨，则回收期约 4 年。

（4）对环境无污染，劳动条件好，有利于实现环保运输

蒸汽机车在运行中会排出大量煤烟，其中的一氧化碳、二氧化碳和散发的高温气体对人身体危害很大。内燃机车运行时，排出的油烟中含有丙烯醛、甲醛、氮氧化物、一氧化碳等有害物质，对人身体也有危害。这些危害，在山区、多隧道的铁路上更加明显。

电力机车运行时，不会产生上述有害气体。对环境无污染，铁路乘务人员劳动条件好，旅客比较舒服，铁路沿线居民不受煤烟、油烟之害，有利于实现环保运输。不仅如此，而且电力机车启动稳、加速快，既能使旅客舒服，又能缩短旅行时间。特别是采用先进的无级调速装置，使调速更平稳。电力机车运行在长而大的下坡道上实行电气制动时，既可提高列车下坡速度，又可使制动平稳，改善运行状态。电力机车的采用不仅减少乘务员人数，而且使他们的工作条件大为改善。

（5）有利于铁路沿线实现电气化，促进工农业发展

因为牵引供电系统除了主要向电力机车供电以外，还可以解决无地方电源地区的铁路其他用电，以及铁路沿线的城镇、乡村小量用电。

由上所述，除了知道电气化铁路的优越性以外，还可知蒸汽机车不能适应我国铁路运输和国民经济发展的需要。所以，蒸汽机车从 20 世纪 60 年代初开始逐渐被淘汰，到 21 世纪"十五"末已经被淘汰。

2. 电气化铁路存在的问题

在介绍电气化铁路的优越性的同时，也要指出它存在的下列问题：

① 对给电气化铁路牵引负荷供电的电力系统造成负序电流和（在使用交—直型电力机车情况下）高次谐波含量增大、功率因数降低等不良影响；

② 对沿电气化铁路邻近的通信光缆或电缆［简称光（电）缆］线路、油气管道与油气库等有一定的电磁干扰；

③ 基建投资比蒸汽牵引和内燃牵引大；

④ 接触网检修需要"天窗"时间。

显然，第③、第④两个问题可利用其基建投资回收期短和运输能力大的优点得到弥补。对于第①、第②方面的问题，也已研究出行之有效的对策。

四、本学科的研究对象

"交流电气化铁道牵引供电系统"是电气工程及其自动化专业（铁道牵引电气化与自动化方向）的必修专业课程之一。它是学习电气化铁道总体供电方案设计知识和技能的课程。它主要研究解决电气化铁道设计和运营中的重大技术和经济问题，即研究交流电气化铁道牵引

供电系统的结构、基本原理、分析方法和供电计算全过程，以及在输送电能过程中所产生的影响与相应的对策，并给出决定最重要的电气与经济参数的方法。内容包括电力系统、牵引变电所和牵引网的结构原理，电力机车（动车组）的相关知识，牵引变电所容量计算和选择，牵引网阻抗、牵引供电系统的电压损失与电能损失计算，改善供电臂电压水平与减少牵引供电系统电能损失的措施，导线与接触悬挂允许载流量的确定及截面面积的选择，牵引负荷对电力系统的影响（负序电流、高次谐波、功率因数）与对策，牵引网的电磁影响（危险电压、噪声干扰、地中电流）与对策，带回流线的直接供电方式和自耦变压器供电方式，牵引供电系统设计和运行的若干问题等。本课程的专业性和总体性比较突出，涉及的理论性问题较多。在学完了高等数学、物理学等基础课与电路、电机学等专业基础课之后，才学习本课程。

第一章　供电系统的结构、原理与电力机车（动车组）的相关知识

第一节　电力系统与电气化铁道供电系统

一、电力系统与电气化铁道供电系统的构成

1. 电力系统

通常把包括动力、发电、输电、变电、配电到用电的全部系统称为动力系统。其中，将发电、输电、变电、配电到用电的有机整体称为电力系统。电力网络则是将输电、变电、配电联系起来的总体，也称电力网，或简称电网。它们的关系如图 1.1 所示。

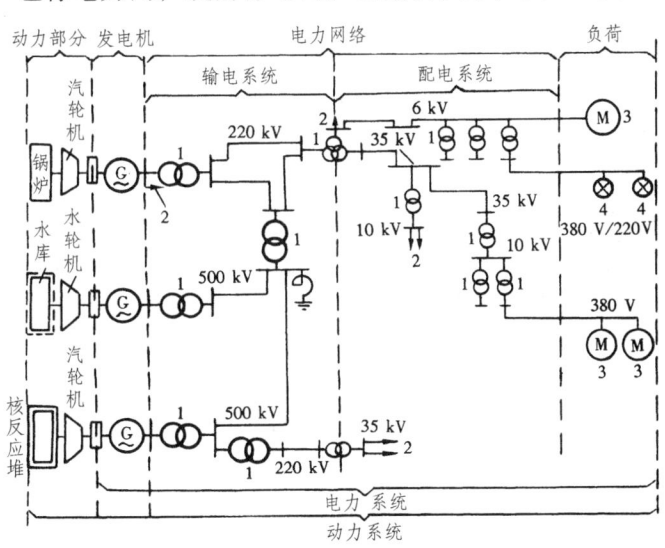

1—变压器；2—负荷；3—电动机；4—电灯。

图 1.1　动力系统、电力系统和电力网络示意图

电力网络按供电范围的大小和电压的高低可分为地方电网、区域电网与超高压电网三种类型。地方电网一般指 35 kV（或 110 kV）、送电距离几十千米，满足城镇、工矿和农村用电需要的配电网络。区域电网则是把地区发电厂联系在一起，输电距离达数百千米，用户类型众多，一般电压在 110~220 kV 的网络（存在于各省、自治区）。而超高压远距离送电网络主

要由交流 330~500 kV，或直流±500 kV，或更高电压的送电线路组成，它承担从大型水电站、坑口火电站或核电站送电给负荷中心的任务，可联系几个区域电网，可以跨省（自治区）甚至在国与国之间组成联合电网。

电力系统与电力网络应包括相应的通信、安全自动化、继电保护和调度自动化等设施，以保证安全可靠地运行。

电气化铁道用电量较大。我国的电气化铁道均是由电力系统供电。这样，就不但保证了电气化铁道供电的可靠性，而且保证了电气化铁道供电的经济性。

2. 电气化铁道供电系统

电气化铁道供电系统的简单原理图如图1.2所示。图中，1为区域变电站或发电厂；2为三相交流高压输电线，这两部分可称为电气化铁道一次供电系统（又称外部电源系统），其功能是发电、变电和输电；3为牵引变电所，把一次供电系统输送来的三相交流高压电能变换成较低电压的适合电力机车使用要求的电能；4为馈电线，把牵引变电所变换后的电能送到接触网；5为接触网，把电能送到电力机车；6为轨道、地，作为牵引电流回归通路；7为回流线，把轨道、地中的牵引回归电流导入牵引变电所的主变压器；8为电力机车。通常把4~7称为牵引网，把牵引变电所和牵引网称为牵引供电系统。

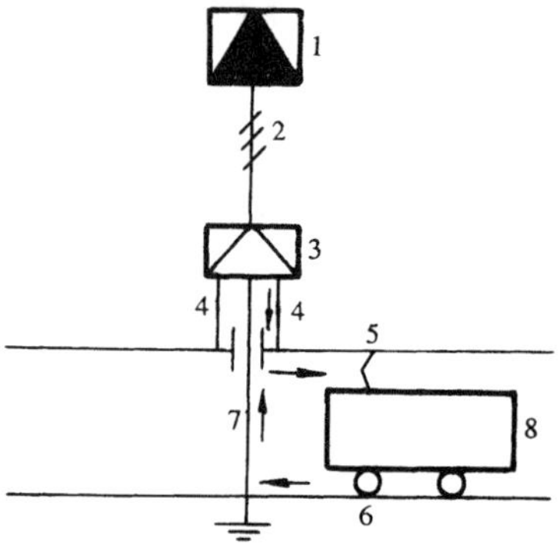

对电气化铁道供电系统的基本要求是：

① 保证向电气化铁路安全、可靠、不间断行车供电；
② 提高供电质量，保证必需的电压水平；
③ 提高功率因数，减少电能损失，降低工程投资和运营费用；
④ 尽量减少单相牵引负荷在电力系统中引起的负序电流和高次谐波的影响；
⑤ 尽量减小对沿线邻近的通信光（电）缆线路、油气管道与油气库等的电磁干扰影响。

图 1.2 电气化铁道供电系统原理电路图

按国家规定，电气化铁道为一级电力负荷。因此，牵引变电所应有两路电源供电，每路输电线要有各自的杆塔和走线；两路电源若从同一座地区变电站或发电厂引出，必须引自所需电压等级的不同母线；当任一路故障或停电检修时，另一路仍应正常供电。牵引变电所一次侧（电源侧，标称电压为110 kV 或 220 kV 或 330 kV）的供电方式，可分为一边供电、两边供电和环形供电。

（1）一边供电

一边供电就是牵引变电所的电能由电力系统中一个方向的发电厂送来，如图1.3所示。

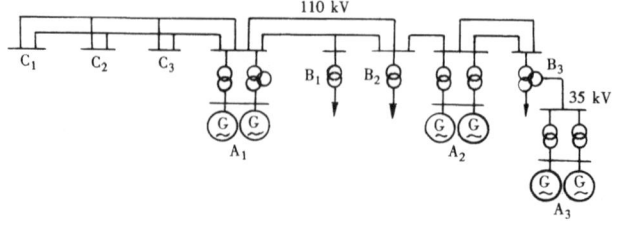

图 1.3 牵引变电所一次侧的一边供电方式

A_1，A_2，A_3 为发电厂，B_1，B_2，B_3 为地区变电站，C_1，C_2，C_3 为牵引变电所。三个牵引变电所通过两路 110 kV 输电线接到发电厂 A_1 的 110 kV 母线。发电厂 A_1 通过两路 110 kV 输电线接到地区变电站 B_2 的 110 kV 母线。地区变电站 B_2 还通过单回 110 kV 输电线从发电厂 A_2 获得电能。发电厂 A_2 还通过两路 110 kV 输电线送电到地区变电站 B_3。地区变电站 B_3 采用三绕组变压器，其 35 kV 母线与发电厂 A_3 连接。由于牵引变电所 C_1，C_2，C_3 与发电厂 A_1 的"电距离"要比与发电厂 A_2，A_3 的"电距离"近得多，所以牵引负荷由发电厂 A_1 担负着较大比例的份额。

（2）两边供电

两边供电就是牵引变电所的电能由电力系统中两个方向的发电厂送来。如图 1.4 所示，A_1，A_2 为发电厂，B 为地区变电站，C 为牵引变电所。牵引变电所的电能从两边分别由发电厂 A_1 和 A_2 供应。

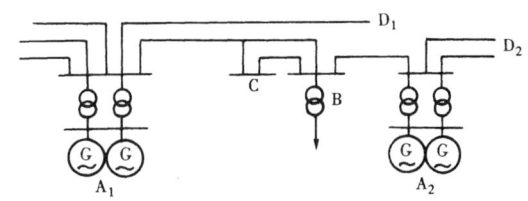

图 1.4 牵引变电所一次侧的两边供电方式

（3）环形供电

环形供电是指若干个发电厂、地区变电站通过高压输电线连接成环形的电力系统，牵引变电所处于环形电力系统的一个环路之中。仍以图 1.4 来说明，如果发电厂 A_1 通过输电线 D_1，D_2 与发电厂 A_2 或 A_2 以远的电网连接，则形成环形电力系统。于是牵引变电所 C 将处于环形电力系统中的一个环路之中。

牵引变电所一次侧供电方式，究竟采用一边供电，还是两边供电或环形供电，决定于电气化铁路所经过的地区电力系统的具体情况。两边供电或环形供电，比一边供电有更高的可靠性和更好的供电质量，更高的可靠性主要表现在当任一座发电厂发生故障时，电气化铁路的供电都不会中断；更好的供电质量则主要表现在电力系统的频率稳定、电压波动的幅度较小。因此，牵引变电所一次侧供电方式，应尽可能采用两边供电或环形供电。

二、电力系统的参数和短路容量

发电机、变压器和输电线是构成电力系统的主要元件，为了进行电气化铁道供电系统的计算和设计，现将经常用到的电力系统的参数简述如下。

1. 电力系统的参数

（1）发电机的常用参数
- 超瞬态电抗　指突然短路时发电机表现出来的电抗的初始值，用 X_d'' 表示。
- 负序电抗　指对负序电流表现出来的电抗，用 X_2 表示（详见第六章第一节）。

两者的典型值列于表 1.1，斜线左边为电抗平均值，斜线右边为电抗值范围。

表 1.1　发电机电抗

发电机类型	汽轮发电机	水轮发电机（有阻尼）	水轮发电机（无阻尼）
$X_d''/\%$	15/（10~22）	21/（16~35）	25/（15~35）
$X_2/\%$	16/（11~23）	22/（17~37）	51/（37~60）

（2）变压器的常用参数

变压器的常用参数主要指短路阻抗。现以双绕组变压器为例，说明短路阻抗的含义：当一个绕组接成短路时，在另一个绕组中为产生额定电流所加的电压（额定频率，额定分接）叫作短路电压，常以额定电压的百分数表示，这时所表现出来的阻抗，称为短路阻抗。该参数有时称为短路电压，或阻抗电压，或阻抗。对于大、中型变压器，短路阻抗 Z_T 的电阻部分 R_T 可忽略不计，只取电抗部分 X_T。Z_T 标准值列于表1.2。

表1.2 变压器短路阻抗

电压等级/kV	6~10	35（27.5）	66（55）	110	220	330
短路阻抗/%	4~4.5	6.5~8	8~9	10.5	12~14	13~15

该参数有如下特点：

① 电抗的百分值 $X_T\%$ 与其阻抗电压的百分值 $U_k\%$ 相等。设三相变压器的短路阻抗、短路电压、额定电压和额定电流分别为 Z_T，U_k，U_N 和 I_N，因为

$$X_T\% = Z_T(\%) = \frac{Z_T}{\frac{U_N}{\sqrt{3}I_N}} \times 100\% = \frac{\sqrt{3}I_N Z_T}{U_N} \times 100\% = \frac{U_k}{U_N} \times 100\%$$

$$U_k\% = \frac{U_k}{U_N} \times 100\%$$

所以

$$X_T\% = U_k\%$$

② 单相变压器的电抗百分值与三相变压器的相同。从表达公式来看，由上面的推导过程可以说明；从具体数值来看，则是根据运行要求，由技术条件和设计制造决定的。

③ 三相变压器和接成三相的单相变压器组，其负序电抗和正序电抗相等（参见第六章第一节）。

④ 三绕组变压器的等效电抗还与高、中、低压绕组的排列有关。对于常见的110 kV 三绕组变压器，其等效电抗平均值如表1.3所示。其中的 X_1，X_2 和 X_3 分别代表高压、中压和低压绕组的等效电抗百分值。

表1.3 110 kV 三绕组变压器等效电抗

绕组排列	X_1	X_2	X_3
高—中—低	10.75%	-0.25%	6.75%
高—低—中	10.75%	6.75%	-0.25%

如果有的资料上给定的是三绕组变压器的阻抗电压百分值 U_{k12}，U_{k23} 和 U_{k13}，则变压器的等效电抗百分值 X_1，X_2 和 X_3 可按下式计算

$$X_1 = \frac{1}{2}(U_{k12} + U_{k13} - U_{k23})$$

$$X_2 = \frac{1}{2}(U_{k12} + U_{k23} - U_{k13})$$

$$X_3 = \frac{1}{2}(U_{k13} + U_{k23} - U_{k12})$$

由于绕组排列距离大小和漏磁通多少的影响，三绕组变压器的等效电抗有时出现负值（见表 1.3）。

以上关于变压器的电抗（或等效电抗）百分值数据，是变压器的标准设计数据。变压器也可以有非标准设计。

（3）输电线的常用参数

架空输电线电抗的有名值（Ω）主要与线路长度 l（km）有关，而与导线截面面积、电压等级关系不大。其单位长度电抗（简称单位电抗）用 x 表示，可按下式计算

$$x = 0.145 \lg \frac{d}{R_{eq}} \quad (\Omega/\text{km})$$

式中，d 代表三相导线相互间的距离，距离不等时可取

$$d = \sqrt[3]{d_{ab} d_{bc} d_{ca}}$$

称为几何平均距离；R_{eq} 代表导线的等效半径（或当量半径），一般由制造厂给定。

由于对数的性质，当比值 $a = d/R_{eq}$（注意 d 与 R_{eq} 单位一致）不同时，x 值变化很小，如图 1.5 所示。所以在供电计算中，一般取输电线单位电抗的平均值 $x = 0.4\ \Omega/\text{km}$；对于 10 kV 以下的输电线，可取 $x = 0.35\ \Omega/\text{km}$。

（4）标幺值

以上所列发电机、变压器的电抗，是归算到各自的额定容量 S_N 和额定电压 U_N 的百分值，输电线的电抗是有名值。在有些情况下，用归算到基准容量 S_d 和基准电压 U_d 的标幺值计算比较方便。标幺值的含义已在"电机学"等课程中叙述。归算到基准容量 S_d 和基准电压 U_d 的电抗标幺值（加右下角标"*"表示；但为了简化有时将"*"省略）按下式计算：

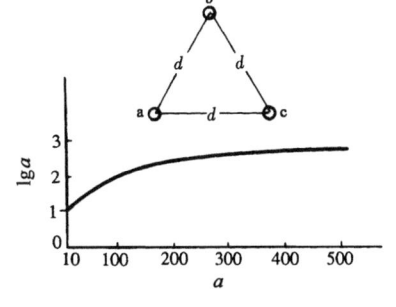

图 1.5 单位电抗与比值 a 的对应关系

- 发电机 $\qquad X''_{d*} = \dfrac{X''_d\%}{100} \cdot \dfrac{S_d}{S_N}$ (1.1)

- 变压器 $\qquad X_{T*} = \dfrac{X_T\%}{100} \cdot \dfrac{S_d}{S_N}$ (1.2)

- 输电线（接触网） $\qquad X_* = X \cdot \dfrac{S_d}{U_d^2}$ (1.3)

式中，S_N 为发电机或变压器的额定容量（MVA）；S_d 为基准容量（MVA），供电计算中通常取 $S_d = 100$ MVA；U_d 为基准电压（kV），按输电线所在的电压级列于表 1.4。

发电机、变压器和输电线（接触网）的电抗标幺值计算式可证明如下。

表 1.4　基准电压

电压级/kV	330	220	110	35	25	10	6
基准电压 U_d/kV	345	230	115	37	27.5	10.5	6.3

首先确定基准量。对于三相系统，通常按化成等效星形联结的电路为依据。设基准三相功率为 S_d，基准线电压为 U_d，基准线电流为 I_d，每相基准电抗为 X_d，则根据欧姆定律和功率关系有以下各式

$$S_d = \sqrt{3}\, U_d I_d$$

$$U_d = \sqrt{3}\, I_d X_d$$

$$I_d = \frac{S_d}{\sqrt{3}\, U_d}$$

$$X_d = \frac{U_d}{\sqrt{3}\, I_d} = \frac{U_d^2}{S_d}$$

设发电机或变压器的额定电压、额定电流分别为 U_N, I_N，发电机电抗标幺值计算式（1.1）的证明如下：

因为

$$X_d''\% = \frac{X_d''}{\dfrac{U_N}{\sqrt{3}\, I_N}} \cdot 100 = X_d'' \cdot \frac{\sqrt{3} I_N \cdot U_N}{U_N \cdot U_N} \cdot 100 = X_d'' \cdot \frac{S_N}{U_N^2} \cdot 100$$

则

$$X_d'' = \frac{X_d''\%}{100} \cdot \frac{U_N^2}{S_N}$$

所以

$$X_{d*}'' = \frac{X_d''}{X_d} = \frac{X_d''\%}{100} \cdot \frac{U_N^2}{S_N} \cdot \frac{S_d}{U_d^2} = \frac{X_d''\%}{100} \cdot \frac{S_d}{S_N}$$

变压器电抗标幺值计算式（1.2）的证明如下：

因为

$$U_k\% = \frac{U_k}{U_N} \cdot 100 = \frac{\sqrt{3} I_N X_T}{U_N} \cdot 100 = X_T \cdot \frac{S_N}{U_N^2} \cdot 100$$

则

$$X_T = \frac{U_k\%}{100} \cdot \frac{U_N^2}{S_N}$$

所以

$$X_{T*} = \frac{X_T}{X_d} = \frac{U_k\%}{100} \cdot \frac{U_N^2}{S_N} \cdot \frac{S_d}{U_d^2} = \frac{X_T\%}{100} \cdot \frac{S_d}{S_N}$$

输电线（接触网）电抗标幺值计算式（1.3）的证明如下：

$$X_* = \frac{X}{X_d} = X \cdot \frac{S_d}{U_d^2}$$

例 1　某热电厂发电机电压母线系统三台汽轮发电机：两台额定有功功率 $P_N = 50$ MW，超瞬态电抗 $X_d''(\%) = 14.75$；一台 $P_N = 25$ MW，$X_d''(\%) = 12.22$；三台额定功率因数都是 $\cos\varphi = 0.8$。求每台以及三台并联运行时的超瞬态电抗标幺值。

解

$$50\text{MW}: \quad X_{d*}'' = \frac{X_d''\%}{100} \cdot \frac{S_d}{S_N} = \frac{14.75}{100} \times \frac{100}{50/0.8} = 0.236\,0$$

$$25\text{MW}: X_{d*}'' = \frac{X_d''\%}{100} \cdot \frac{S_d}{S_N} = \frac{12.22}{100} \times \frac{100}{25/0.8} = 0.3910$$

3台并联：$$X_{d*}'' = \frac{0.2360 \times 0.3910}{2 \times 0.3910 + 0.2360} = 0.0906$$

例 2 某牵引变电所装有 2 台主变压器：一台 15 MVA，另一台 10 MVA。求每台及 2 台并联时的电抗标么值。

解

$$15\text{ MVA}: X_{T*} = \frac{X_T\%}{100} \cdot \frac{S_d}{S_N} = \frac{10.5}{100} \times \frac{100}{15} = 0.7$$

$$10\text{ MVA}: X_{T*} = \frac{10.5}{100} \times \frac{100}{10} = 1.05$$

2 台并联：$$X_{T*} = \frac{10.5}{100} \times \frac{100}{15+10} = 0.42 \quad \text{或} \quad X_{T*} = \frac{0.7 \times 1.05}{0.7 + 1.05} = 0.42$$

例 3 某牵引变电所一个供电臂(单线)长度 $L = 28$ km，牵引网单位阻抗 $z = 0.445$ Ω/km。求供电臂牵引网阻抗标么值 Z_*。

解 牵引网是一种特殊的输电线，其阻抗标么值也采用式(1.3)计算。

$$Z_* = zL \cdot \frac{S_d}{U_d^2} = 0.445 \times 28 \times \frac{100}{27.5^2} = 1.648$$

2. 短路容量

牵引供电计算和设计所需要的短路容量，主要指电力系统在牵引变电所进线点（通常称为负载点）短路时的短路容量。将电力系统各元件的电抗归算到统一的基准容量后，便可以应用等效发电机原理将网络化简，得出电力系统到牵引变电所进线点的总电抗的标么值 $X_{*\Sigma}$。电力系统在牵引变电所进线点短路时的短路容量 S_k 便可按下式计算

$$S_k = \frac{S_d}{X_{*\Sigma}} \quad (\text{MVA}) \tag{1.4}$$

式(1.4)可证明如下：

设电力系统到牵引变电所进线点的每相总电抗为 X_Σ；该点三相短路时每相短路电流及其标么值分别为 I_k，I_{k*}；正常时该点每相电流及其标么值分别为 I，I_*；该点所在电网电压级的平均线电压为 U_{av}，额定电压为 U_N，相电压标么值为 U_{p*}，线电压及其标么值分别为 U_l，U_{l*}。

因为 $$S_k = \sqrt{3}\, U_{av} I_k = \sqrt{3}\, U_d I_{k*} I_d = S_d I_{k*}$$

$$U_{p*} = X_{*\Sigma} I_* = \frac{X_\Sigma}{X_d} \cdot \frac{I}{I_d} = \frac{\sqrt{3} X_\Sigma I}{\sqrt{3} X_d I_d} = \frac{U_l}{U_d} = U_{l*} = 1$$

$$I_{k*} = \frac{U_{p*}}{X_{*\Sigma}} = \frac{1}{X_{*\Sigma}}$$

所以 $$S_k = \frac{S_d}{X_{*\Sigma}}$$

电力系统的短路容量与电力系统的发电容量有关,还与负载点所在位置有关。一般来说,电力系统的发电容量越大,短路容量越大;负载点距离电力系统电源越远,短路容量越小。负载点距离电力系统电源的远近,可用等效输电线长度来表示。由于实际中一般不是用一条输电线将负载点与一个单一的发电厂联通,所以等效输电线长度只是从概念上表示负载点与电力系统电源的"电距离"。计算表明,只有当负载点距离电力系统电源较近时,短路功率 S_k 的值受系统容量的影响才较大。而距离电源愈远,短路功率 S_k 受系统容量的影响愈小。

电力系统的短路容量是选择牵引变电所高压开关设备所必需的,也是估计电力系统的负荷能力的重要依据。

三、电力系统的电压波动

1. 电力系统的电压波动的含义

为了分析电力系统的电压状态,考察图 1.6(a)所示的简单情形。该图表示单一的发电厂和 110 kV 输电线,C 表示牵引变电所负载点。发电机母线电压由自动电压调节装置保持为额定电压,故升压变压器 T 的空载电压为 121 kV,比输电线标称电压 110 kV 高 10%。牵引变电所空载时,发电厂原有的负载电流在升压变压器和输电线中产生的电压损失如图 1.6(b)折线 1 所示,U_0 代表电力系统在牵引变电所进线点的原有电压水平。牵引变电所负载时,电力系统的电压状态如图 1.6(b)折线 2 所示,这时电力系统在牵引变电所进线点的电压为 U。电压差 $\Delta U = U_0 - U$ 表示由于牵引变电所的负荷而引起的电压波动量,它是牵引负荷电流在升压变压器和输电线中产生的附加电压损失。由于电力负载的变化,实际 U_0 不是恒定值。但是在大电力系统中,一般 U_0 变化不大;ΔU 的值也很小,只是在专供牵引变电所的输电线很长时,由于负载而引起的电压波动 ΔU 才具有可观的数值。可见,这里所谓电力系统的电压波动,就是由负载引起的电压偏离额定值或标称值的电压差,随负载变化而起伏不定。一般说来,距离发电厂较近的牵引变电所,系统电压水平较高,电压波动也较小。而远离发电厂的牵引变电所,电压水平较低,电压波动也较大。

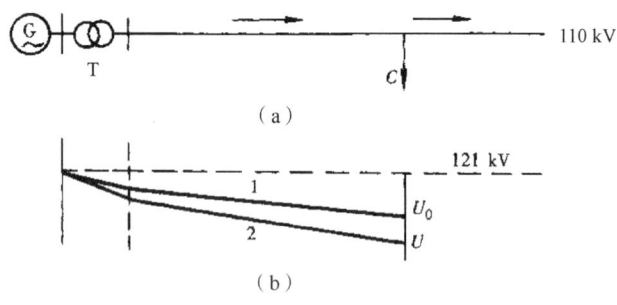

图 1.6 电力系统的电压波动示意图

2. 牵引变电所主变压器分接开关及其运行位置的选择

分析电力系统的电压状态和电压波动的目的之一,就是为了合理选择牵引变电所主变压器分接开关及其运行位置。一般要求适当选择分接开关运行位,使牵引侧母线空载电压保持在 28~29 kV(对直接、带回流线的直接供电方式)或 56~58 kV(对 AT 供电方式),以确保电力机车牵引列车正常运行。为此，在牵引变电所的设计、施工与运行中，应选用合适的主变压器高压绕组电压分接范围和级数。

主变压器高压绕组的电压分接范围和级数有多种，例如 $110\times(1\pm2\times2.5\%)$ kV，$110\times(1^{+1}_{-3}\times2.5\%)$ kV，$110\times(1^{+2}_{-3}\times4.55\%)$ kV 等。最常用的是第一种，第二种只用于系统电压明显偏低的场合，第三种用于系统电压明显偏高的场合。在电力系统电压波动幅度较大（例如超过其平均值 $\pm5\%$）、波动次数较频繁的场合，可在牵引变电所采用带有载调压分接开关的主变压器，这种主变压器高压绕组调节范围可达 $\pm3\times2.5\%$，而且可在负载情况下调节而无须停电。主变压器牵引侧母线空载电压等于系统电压 U_0 除以变压比 K。

图 1.7 所示为采用了上述第一种高压绕组电压分接范围和级数的三相 YNd11 联结主变压器实例。下面举例说明它的应用。

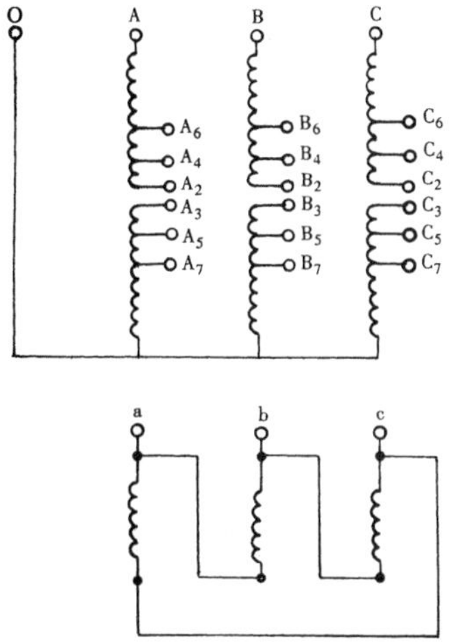

分接位置	各相抽头连接	高压侧电压/V	低压侧电压/V	变压比
Ⅰ	2—3	115 500		4.2
Ⅱ	3—4	112 750		4.1
Ⅲ	4—5	110 000	27 500	4.0
Ⅳ	5—6	107 250		3.9
Ⅴ	6—7	104 500		3.8

图 1.7 采用了第一种高压绕组电压分接范围和级数的三相 YNd11 联结主变压器实例

例 4 已知牵引变电所主变压器高压绕组的电压分接范围和级数采用上述第一种，系统电压 U_0 为 110 000 V。若分接开关选用第Ⅲ位运行，则牵引侧母线空载电压为

$$U_{02}=\frac{U_0}{K}=\frac{110\ 000}{4}=27\ 500\quad(\text{V})$$

若分接开关选用第Ⅴ位运行，则牵引侧母线空载电压为

$$U_{02}=\frac{U_0}{K}=\frac{110\ 000}{3.8}=28\ 947\quad(\text{V})$$

例 5 已知牵引变电所主变压器高压绕组的电压分接范围和级数同例 1，当分接开关在第Ⅱ位运行时，牵引侧母线空载电压为 26 000 V；要求提高至 28 000 V 以上，问应将分接开关调整到何位运行？

解 先求主变压器高压侧电压 U_0：

$$U_0=26\ 000\times4.1=106\ 600\quad(\text{V})$$

再求所需要的变压比 K，由题意可得

$$\frac{U_0}{K} > 28\ 000$$

$$K < \frac{U_0}{28\ 000} = \frac{106\ 600}{28\ 000} = 3.807$$

而主变压器分接开关第 V 位变压比 $K = 3.8 < 3.807$，所以，应将分接开关调整到第 V 位运行。

调整后，牵引侧母线空载电压为

$$U_{02} = \frac{106\ 600}{3.8} = 28\ 053 \quad (\text{V})$$

第二节　牵引变电所

一、电力牵引的电流制和牵引变电所的分类

1. 电力牵引的电流制

电力牵引按牵引网供电电流的种类可分为三种电流制，即直流制、低频单相交流制和工频单相交流制。

（1）直流制

即牵引网供电电流为直流的电力牵引电流制。电力系统将三相交流电送到牵引变电所一次侧，经过牵引变电所降压并整流变成直流电，再通过牵引网供给电力机车使用。直流制发展最早，有相当多的国家的电气化铁路应用。我国仅工矿、城市电车和地下铁道采用。牵引网电压有 1 200 V，1 500 V，3 000 V 和 600 V，750 V 等，后两种分别用于城市电车、地下铁道。直流制存在的主要问题是，直流牵引电动机额定电压受到换向条件的限制不能太高，即牵引网电压很难进一步提高，这就要求沿牵引网输送大量电流来供应电力机车。由于牵引电流增大，接触网导线截面要随着加大（一般得使用两根铜接触线和铜承力索），牵引网电压损失也相应增大，所以牵引变电所之间的距离要缩短，一般只有 15~30 km。牵引变电所的数量多，并且为完成整流任务而变得较复杂。由于这些缘故，不少国家已逐渐停止发展直流制。

（2）低频单相交流制

即牵引网供电电流为低频单相交流的电力牵引电流制。这种电流制是继直流制之后出现的，牵引网供电电流频率为 $16\frac{2}{3}$ Hz，牵引网电压为 15 kV 或 11 kV，电力机车上采用交流整流子式牵引电动机。交流容易变压，因此，可以在牵引网中用高电压送电，而在电力机车上降低电压，以供应低电压的交流整流子式牵引电动机。低频单相交流制的出现，与力图提

高牵引网电压以降低接触网中的有色金属用量有关。应用低频的条件，一方面是由于欧洲电力工业发展的初期原来就存在低于 50 Hz 的频率；另一方面，交流整流子式牵引电动机因存在变压器电势而对整流过程造成困难，不适宜在较高的频率下运行。因此，在欧洲，低频单相交流制于 20 世纪 50 年代前得到较大发展。另外，在美国等国家，还采用牵引网供电电流频率为 25 Hz、电压为 11～13 kV 的低频单相交流制。电力工业主要采用 50 Hz 标准频率后，低频制电气化铁道或者需自建专用的低频率的发电厂，或者在牵引变电所变频后送入牵引网，这就变得复杂化，于是其发展受到了限制。

（3）工频单相交流制（结合应用交—直型电力机车阐述）

即牵引网供电电流为工业频率单相交流的电力牵引电流制。它是在 20 世纪 50 年代中期法国电气化铁路应用交—直型（整流型）电力机车获得成功之后开始推广的。从那时以来，许多国家都相继采用。这种电流制在电力机车上将交流电降压后应用整流装置整流来供应直流牵引电动机。由于频率提高，牵引网阻抗加大，牵引网电压也相应提高。较普遍应用的接触网额定电压是 25 kV。采用工频单相交流制的优点是，消除了低频单相交流制的两个主要缺点（与电力工业标准频率并行的非标准频率和构造复杂的交流整流子式牵引电动机）；牵引供电系统的结构和设备大为简化，牵引变电所只要选择适宜的牵引变压器，就可以完成降压、分相、供电的功能；接触网额定电压较高，其中通过的电流相对较小，从而使接触网导线截面减小、结构简化；牵引变电所的间距延长、数量减少；工程投资和金属消耗量降低，电能损失和运营费用减少；电力机车采用直流串励牵引电动机，也远比交流整流子式牵引电动机牵引性能好，运行可靠。采用工频单相交流制的缺点是，对电力系统引起负序电流分量和高次谐波含量增加以及功率因数降低；对电气化铁路沿线邻近的光（电）缆线路、油气管道与油气库等有电磁干扰。但是，经过技术方面和经济方面的综合分析比较，上述优点是主要的。因此，我国电气化铁路采用工频单相 25 kV 交流制。

2. 牵引变电所的分类

工频单相交流制牵引变电所的主要功能是降压、分相、为牵引负荷供电，主要设备是牵引变压器（又称主变压器）。由于铁路电力牵引属于一级负荷，所以牵引变电所须由两路高压输电线供电，并且在牵引变电所中设置两台牵引变压器。牵引变压器的额定电压，一次侧通常为 110 kV，或 220 kV，或 330 kV；二次侧为 27.5 kV，比接触网额定电压高 10%；AT 供电方式牵引变压器二次侧额定电压为 55 kV 或 2×27.5 kV。

牵引变电所可按以下方法分类。

（1）按高压输电线的引入方式分类

主要有"T"接线（又称分支接线）和"桥"接线。"T"接线如图 1.8（a）所示，其特点是外部的电力系统负载电流不进入牵引变电所；如果两回进线都能作为主供电源，并能互为热备用，可不设跨条隔离开关，则称线路变压器组接线。"桥"接线又可分为"内桥"接线［如图 1.8（b）所示］和"外桥"接线［如图 1.8（c）所示］，其共同特点是允许外部的电力系统负载电流穿越牵引变电所一次侧母线。一般来说，"内桥"接线适用于故障较多的长输电线路以及主变压器不需要经常切换的场合；"外桥"接线适用于故障较少的较短输电线路以及主变压器按固定备用方式需要经常切换的场合。

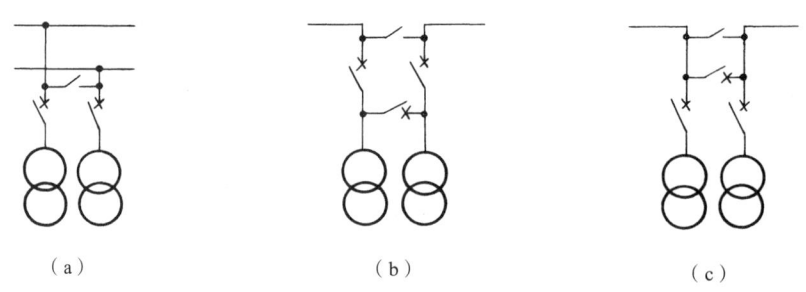

图 1.8 按高压输电线引入方式分类的牵引变电所的几种接线方式

（2）按牵引变压器的联结形式分类

有单相联结（又称简单单相联结，或纯单相联结）；单相 Vv 联结；三相 Vv 联结；三相 YNd11 联结和三相不等容量 YNd11 联结；三相 YNd11d1 十字交叉联结；斯科特联结；YN▽阻抗匹配平衡联结；非阻抗匹配 YN▽平衡联结；YN▽平衡联结等。我国台湾省电气化铁道采用的还有列勃兰联结。国外，主要在日本，还有伍德桥联结和改进伍德桥联结等。

（3）按承担供电臂的供电任务分类

有集中供电方式和分散供电方式。集中供电方式是指每个牵引变电所单独承担所辖供电臂的供电任务。分散供电方式是指每个牵引变电所除了在正常情况下承担所辖供电臂的供电任务外，还能在事故或检修的情况下承担相邻牵引变电所所辖供电臂的供电任务，即越区供电。迄今牵引变电所一般采用集中供电方式，分散供电方式很少采用。本教材不考虑后者。

二、单相联结牵引变电所

原理电路图如图 1.9 所示。牵引变电所装设两台单相联结牵引变压器（其联结组为 Ii0），可以两台并联运行，也可以一台运行，另一台固定备用。牵引变压器的一次侧只接入三相电力系统中的两相；二次侧一端与牵引侧母线连接，另一端与轨道、接地网连接。牵引变电所两供电臂由同一相（图中为 AB）供电。牵引负载对电力系统而言属于纯单相负载。

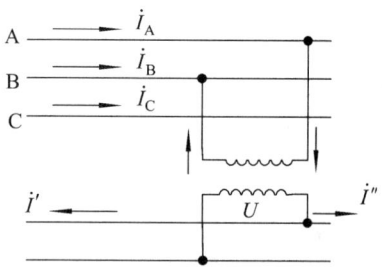

图 1.9 单相联结牵引变电所原理电路图

单相联结牵引变电所的优点：牵引变压器的容量利用率（额定输出容量与额定容量之比值）可达 100%；主接线简单，设备少，占地面积小，投资省等。其缺点是：不能供应地区和牵引变电所三相负荷用电；对电力系统的负序影响最大（参看第六章第一节第四部分第 6 项）；对接触网的供电不能实现两边供电。所以，这种联结只适用于电力系统容量较大，电力网比较发达，三相负荷用电能够可靠地由地方电网得到供应的场合。另外，单相牵引变压器要按全绝缘设计制造。

三、单相 Vv 联结牵引变电所

原理电路图和相量关系分别如图 1.10（a）和（b）所示。牵引变电所装设两台单相联结牵引变压器 1T 和 2T，作 Vv 联结。1T 和 2T 的一次侧分别接入电力系统的 BC 相和 AC 相；二次侧各有一端分别接到牵引侧的两相母线上，各有另一端与轨道、接地网连接。BC 相向左边供电臂的牵引网供电，AC 相向右边供电臂的牵引网供电，即通常所说的 60°接线。由于牵引变压器二次绕组电流等于供电臂电流，因此，供电臂长期允许电流就等于牵引变压器二次侧的额定电流，牵引变压器的容量能得到充分利用。

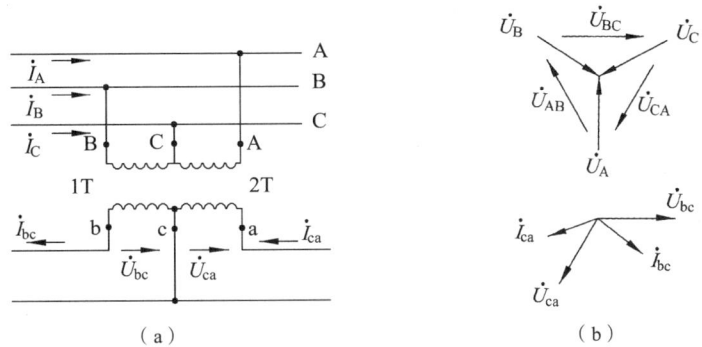

图 1.10 单相 Vv 联结牵引变电所原理电路图和相量关系

一、二次侧电流关系如下（忽略空载电流）

$$\left.\begin{array}{l}\dot{I}_A = \dfrac{-\dot{I}_{ca}}{K} \\ \dot{I}_B = \dfrac{\dot{I}_{bc}}{K} \\ \dot{I}_C = \dfrac{1}{K}(\dot{I}_{ca} - \dot{I}_{bc})\end{array}\right\} \qquad (1.5)$$

式中，K 为每台单相牵引变压器的变压比。

应用余弦定理，可得 1T 和 2T 二次侧 v 接顶点出线电流相量和为

$$I_c = \sqrt{I_{bc}^2 + I_{ca}^2 - 2I_{bc}I_{ca}\cos\varphi} \qquad (1.6)$$

式中，φ 为 $\dot{I}_{bc}$ 与 $\dot{I}_{ca}$ 的夹角，取 120°。

当两供电臂负荷电流相等（$I_{bc} = I_{ca} = I$）、功率因数也相等时，$\varphi = 120°$，$I_c = \sqrt{3}I$。一次电流也有对应的关系。

单相 Vv 联结牵引变电所的优点是：牵引变压器容量利用率可达到 100%；在正常运行时，牵引侧保持三相，所以可供应牵引变电所自用电和地区三相负载；主接线较简单，设备较少，投资较省；对电力系统的负序影响比单相联结小（参看第六章第一节第四部分第 6 项）；对接触网的供电可实现两边供电。它的主要缺点是：当一台牵引变压器故障时，另一台必须跨相供电，即兼供左右两边供电臂的牵引网。这就需要一个倒闸过程，即把故障变压器原来承担的供电任务转移到正常运行的变压器。在这一倒闸过程完成前，故障变压器原来供电的供电臂牵引网中断供电，这种情况甚至会影响行车。即使这一倒闸过程完成后，地区三相电力供应也要中断。牵引变电所三相自用电必须改由劈相机或单相—三相自用变压器供电。当一台

变压器（例如 1 T）停电由另一台变压器（例如 2 T）跨相供电时，在图 1.10 中原来由 BC 相供电的左边供电臂的牵引网也改由 AC 相供电，如图 1.11 所示。实质上它成为单相联结牵引变电所，对电力系统的负序影响随之增大。

四、三相 Vv 联结牵引变电所

这种牵引变电所中装设两台三相 Vv 联结牵引变压器，一台运行，一台固定备用。三相 Vv 联结牵引变压器是 20 世纪 90 年代新研制的产品，它是将两台容量相等或不相等的单相变压器器身安装于同一油箱内组成的。原理电路如图 1.12 所示。一次绕组接成固定的 V 联结，V 的顶点（A_2 与 X_1 连接点）为 C 相，A_1，X_2 分别为 A 相、B 相。二次绕组四个端子全都引出在油箱外部，根据牵引供电的要求，既可接成正"v"，也可接成倒"v"。接成正"v"时，a_2 与 x_1 连接为 c 相，即正"v"的顶点；a_1，x_2 分别为 a 相、b 相；其联结组为 Vv0。接成倒"v"时，a_1 与 x_2 连接为 c 相，即倒"v"的顶点；x_1，a_2 分别为 a 相、b 相；其联结组为 Vv6。在牵引变电所中安装时，三相 Vv 联结牵引变压器一次

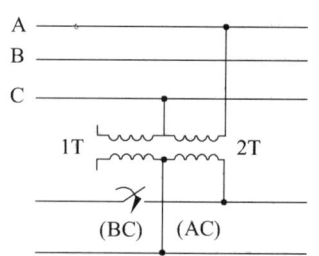

图 1.11 一台变压器停电时的单相 Vv 联结牵引变电所

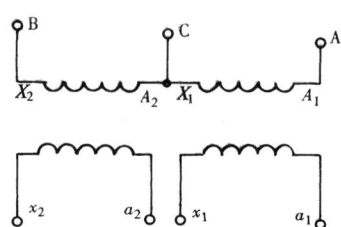

图 1.12 三相 Vv 联结牵引变压器原理电路图

侧 A，C，B 三相分别接入电力系统中的三相；二次侧 c 相与轨道、接地网连接，a 相、b 相分别接到牵引侧两相母线上，然后分别向对应的供电臂牵引网供电，也是 60° 接线。式（1.5）、式（1.6）也同样适用于三相 Vv 联结牵引变压器，以后容量计算和选择、电压损失、电能损失、负序电流等，都可以参照单相 Vv 联结牵引变压器对应地分析和解决。

三相 Vv 联结牵引变电所不但保持了单相 Vv 联结牵引变电所的主要优点，而且完全克服了单相 Vv 联结牵引变电所的缺点。最可取的是解决了单相 Vv 联结牵引变电所不便于采用固定备用及其自动投入的问题。同时，三相 Vv 联结牵引变压器有两台独立的铁芯和对应绕组，两台分别通过电磁感应进行变换和传递；两台的容量可以相等，也可以不相等；两台的二次侧电压可以相同，也可以不相同，有利于实现分相有载或无载调压。为牵引变压器的选型提供了一种新的联结形式。

五、三相 YNd11 联结牵引变电所

又简称三相牵引变电所。

1. 接线概况

这种牵引变电所中装设两台三相 YNd11 联结牵引变压器，可以两台并联运行；也可以一台运行，另一台固定备用。其原理电路和相量关系分别如图 1.13（a）和（b）所示。

图中约定：一、二次侧对应（同相）线圈相互平行；一、二次侧对应线圈的同名端在同方向；二次绕组的 c 端子接轨道、地回路。在牵引变电所中安装时，三相 YNd11 联结牵引变压器的高压侧通过引入线接到三相电力系统的高压输电线上；低压侧的一角 c 与轨道、接地网连接，另两个角 a 和 b 分别接到牵引侧两相母线上。由两相牵引母线分别向两侧对应的供

电臂供电。由图 1.13（a）可知，供应左边供电臂牵引网的电压是 $\dot{U}_{ac}(\dot{U}_a)$，供应右边供电臂牵引网的电压是 $\dot{U}_{bc}(-\dot{U}_c)$。由于 $\dot{U}_{ac}(\dot{U}_a)$ 和 $\dot{U}_{bc}(-\dot{U}_c)$ 之间的相位角为 60°，故也是 60°接线。按电力系统正常运行方式的相序（即正序），ac 侧是滞后相（A 相）供电臂；bc 侧是超前相（C 相）供电臂。需要指出的是，由于牵引变电所换接相序（详见第六章第三节），牵引变压器一次绕组端子所标的相序有时与接到电力系统的相序不一致，所以其实际相序要由电力系统的相序决定。（绕组是几个线圈的组合，它构成变压器每一侧的电路，线圈是绕组的一部分。）

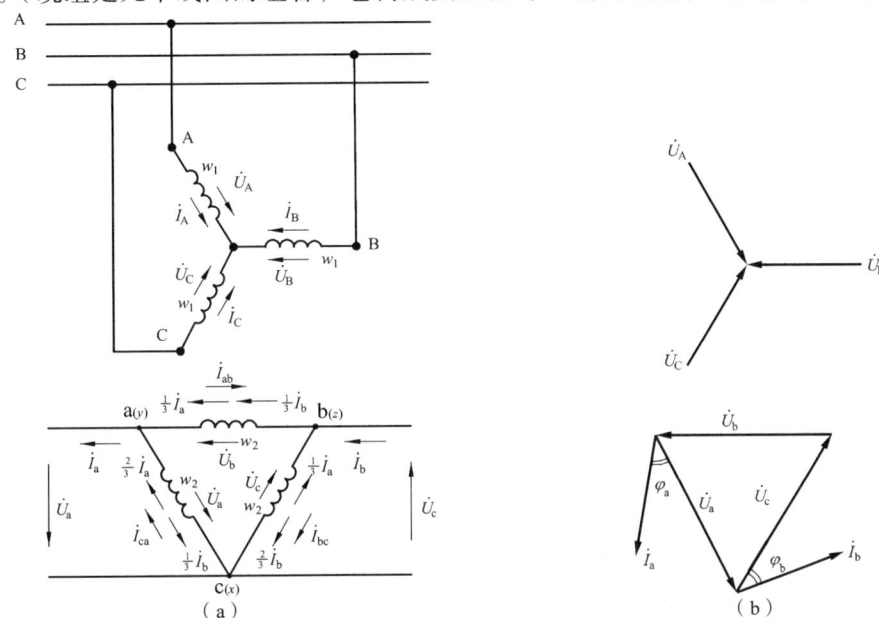

图 1.13 三相 YNd11 联结牵引变压器原理电路和相量关系

2. 牵引变压器绕组电流的分布

如图 1.13（a）所示，左侧供电臂电流 I_a 流经两条并联支路：一条是支路 c—a，只有一相线圈；另一条是支路 c—b—a，串联两相线圈。前者阻抗是后者的 1/2，前者电流是后者的两倍。因此，线圈 ac 流过 $(2/3)I_a$，线圈 bc，ab 流过 $(1/3)I_a$。同理，线圈 bc 流过 $(2/3)I_b$，线圈 ac，ab 流过 $(1/3)I_b$。当两供电臂都有电流时，可得二次侧三相线圈电流 $\dot{I}_{ca}$，$\dot{I}_{ab}$，$\dot{I}_{bc}$ 与供电臂电流 $\dot{I}_a$，$\dot{I}_b$ 的关系式如下

$$\begin{bmatrix} \dot{I}_{ca} \\ \dot{I}_{ab} \\ \dot{I}_{bc} \end{bmatrix} = \frac{1}{3} \begin{bmatrix} 2 & -1 \\ -1 & -1 \\ -1 & 2 \end{bmatrix} \begin{bmatrix} \dot{I}_a \\ \dot{I}_b \end{bmatrix} \tag{1.7}$$

忽略空载电流后，A，B，C 三相铁芯柱的磁势平衡方程为

$$\begin{cases} \dot{I}_A w_1 - \dot{I}_{ca} w_2 = 0 \\ \dot{I}_B w_1 - \dot{I}_{ab} w_2 = 0 \\ \dot{I}_C w_1 - \dot{I}_{bc} w_2 = 0 \end{cases}$$

式中，w_1，w_2 分别为一、二次侧线圈匝数。

参见图 1.13（b），由于 $\dot{U}_c = \dot{U}_a e^{j120°}$，当两个输出端口负荷功率因数相等时，$\dot{I}_b$ 比 $\dot{I}_a$ 超前 120°；以 $\dot{I}_a$ 为基准相量，则 $\dot{I}_a = I_a$，$\dot{I}_b = I_b e^{j120°}$；为了推导一次侧三相线圈电流 $\dot{I}_A$，$\dot{I}_B$，$\dot{I}_C$ 与二次侧两个输出端口电流 $\dot{I}_a$，$\dot{I}_b$ 的关系，由式（1.7）和磁势平衡方程联解得

$$\begin{bmatrix} \dot{I}_A \\ \dot{I}_B \\ \dot{I}_C \end{bmatrix} = \frac{w_2}{w_1} \begin{bmatrix} \dot{I}_{ca} \\ \dot{I}_{ab} \\ \dot{I}_{bc} \end{bmatrix} = \frac{1}{3K} \begin{bmatrix} 2 & -1 \\ -1 & -1 \\ -1 & 2 \end{bmatrix} \begin{bmatrix} \dot{I}_a \\ \dot{I}_b \end{bmatrix} = \frac{1}{\sqrt{3}K_U} \begin{bmatrix} 2 & -e^{j120°} \\ -1 & -e^{j120°} \\ -1 & 2e^{j120°} \end{bmatrix} \begin{bmatrix} I_a \\ I_b \end{bmatrix} \quad (1.8)$$

式中，$K = \dfrac{w_1}{w_2} = \dfrac{U_1}{\sqrt{3}U_2} = \dfrac{K_U}{\sqrt{3}}$，$U_1$，$U_2$ 分别为一、二次侧额定电压，K_U 为变压比，$e^{j120°} = \cos 120° + j\sin 120° = -\dfrac{1}{2} + j\dfrac{\sqrt{3}}{2}$。

式（1.8）表明：无论两个输出端口电流 $\dot{I}_a$，$\dot{I}_b$ 如何变化，一次侧三相线圈电流 $\dot{I}_A$，$\dot{I}_B$，$\dot{I}_C$ 都保持平衡，即 $\dot{I}_A + \dot{I}_B + \dot{I}_C = 0$，无零序电流，一次绕组的中性点可以接地；当 $\dot{I}_a = I$，$\dot{I}_b = I e^{j120°}$ 时，式（1.8）变换为

$$\begin{bmatrix} \dot{I}_A \\ \dot{I}_B \\ \dot{I}_C \end{bmatrix} = \frac{I}{\sqrt{3}K_U} \begin{bmatrix} 2 & -e^{j120°} \\ -1 & -e^{j120°} \\ -1 & 2e^{j120°} \end{bmatrix} = \frac{I}{\sqrt{3}K_U} \begin{bmatrix} \sqrt{7}e^{-j19.1°} \\ e^{-j120°} \\ \sqrt{7}e^{j139.1°} \end{bmatrix} \quad (1.8')$$

当 $\dot{I}_a = I$，$\dot{I}_b = I e^{j120°}$ 时，式（1.7）变换为

$$\begin{bmatrix} \dot{I}_{ca} \\ \dot{I}_{ab} \\ \dot{I}_{bc} \end{bmatrix} = \frac{I}{3} \begin{bmatrix} 2 & -e^{j120°} \\ -1 & -e^{j120°} \\ -1 & 2e^{j120°} \end{bmatrix} = \frac{I}{3} \begin{bmatrix} \sqrt{7}e^{-j19.1°} \\ e^{-j120°} \\ \sqrt{7}e^{j139.1°} \end{bmatrix} \quad (1.7')$$

可见，线圈 ca 与 bc 电流相等，等于供电臂负荷电流的 $\sqrt{7}/3$；线圈 ab 电流只有线圈 ca 或 bc 电流的 $1/\sqrt{7}$，即 0.378 倍，等于供电臂负荷电流的 1/3。因此，线圈 ca，bc 称为重负荷相线圈（又称臂线圈或接地相线圈），线圈 ab 称为轻负荷相线圈（又称中相线圈或非接地相线圈）。式（1.8'）、式（1.7'）中，$e^{-j120°} = \cos 120° - j\sin 120° = -\dfrac{1}{2} - j\dfrac{\sqrt{3}}{2}$。

式（1.7'）、式（1.8'）对应的相量图如图 1.14 所示。

3. 牵引变压器容量利用率

三相变压器△侧额定电流 I_N（线电流）等于线圈额定电流的 $\sqrt{3}$ 倍。当 $I_a = I_b = I$ 时，由式（1.7'）第一、第三式可知，I 等于线圈 ca 或 bc 电流的 $3/\sqrt{7}$，即 1.134 倍。当线圈 ca 或 bc 电流达到额定值（$I_N/\sqrt{3}$）时，$I = 1.134 \times \dfrac{I_N}{\sqrt{3}} = 0.655 I_N$。这时牵引变压器的输出容量为

$$S_{out} = 2U_N I = 2U_N \times 0.655 I_N = 1.31 U_N I_N$$

式中，U_N 为牵引变压器二次侧额定电压。三相变压器额定容量 $S_N = \sqrt{3} U_N I_N$。于是，牵引变压器的容量利用率为

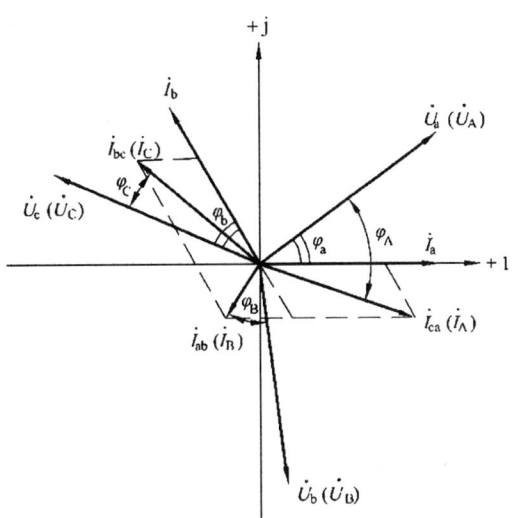

图 1.14 三相 YNd11 联结牵引变压器一、二次侧电压、电流相量关系

$$\eta = \frac{S_{\text{out}}}{S_N} = \frac{1.31\ U_N I_N}{\sqrt{3}\ U_N I_N} = 0.756 = 75.6\%$$

即三相 YNd11 联结牵引变压器承担单相牵引负荷时，其输出容量只能达到其额定容量的 75.6%。

但是在实际中，由于线圈 bc，ac 电流达到额定值时，线圈 ab 只达到 $1/\sqrt{7}$ 或 0.378 倍的额定电流。一次侧对应相线圈电流也是这样。所以三相牵引变压器还没有达到额定温升，即还有一定的负载能力。为了考虑这一负载能力，通常引入一个温度系数 K_t，可按下式计算

$$\frac{1}{K_t} = \sqrt{\frac{3.4 - \dfrac{2.4}{1+d}}{1 + \dfrac{0.8d}{1+d}\left[1 + \left(\dfrac{I_2}{I_1}\right)^2 + \left(\dfrac{I_3}{I_1}\right)^2\right]}} \tag{1.9}$$

式中，I_1 为最大一相线圈的负荷电流；I_2，I_3 为其余两相线圈的负荷电流；d 为变压器额定条件下的短路损耗与空载损耗之比值。若铁芯采用冷轧硅钢片，则 $d = 5\sim6$；若铁芯采用热轧硅钢片，则 $d = 3\sim4$。

由上式可知，d 为定值时，温度系数 K_t 与两供电臂负荷电流大小的比值 n 有关。

从研究三相牵引变压器的温升及冷却变化规律中可得

$$K_t = 0.87 + 0.04n \quad (n \leq 1) \tag{1.10}$$

在设计中，一般近似地取 $K_t = 0.9$，或取 $1/K_t = 1.111$，即三相牵引变压器的实际输出容量可在额定容量的 75.6% 的基础上再提高 11.1%，亦即其容量利用率可达到 $1.111 \times 0.756 = 0.84$。

4. 三相 YNd11 联结牵引变电所的优缺点

优点是牵引变压器低压侧保持三相，有利于供应牵引变电所自用电和地区三相电力。能

很好地适应当一个供电臂出现很大牵引负荷时，另一个供电臂却没有或只有很小牵引负荷的不均衡运行情况。三相YNd11联结变压器在我国采用的时间长，有比较多的经验，制造相对简单，价格也较便宜。一次侧YN联结中性点可以引出接地，一次绕组可按分级绝缘设计制造，与电力系统匹配方便。对接触网的供电可实现两边供电。

缺点主要是牵引变压器容量利用率不高。如前所述，当重负荷相线圈电流达到额定值时，牵引变压器的输出容量只能达到其额定容量的75.6%，引入温度系数也只能达到84%。

5. 三相不等容量YNd11联结牵引变压器

为了克服上述普通三相YNd11联结牵引变压器容量利用率不高的缺点，我国在普通三相YNd11联结牵引变压器的基础上，额定容量仍采用优先数R10系列（额定容量系列为公比与 $q_{10}=\sqrt[10]{10}\approx 1.25$ 近似的等比数列），尤其是三相绕组每相阻抗仍保持相等［以保证牵引负荷电流在三相绕组中的分布仍符合式（1.7）所示的规律］，将轻负荷相没有利用的容量减掉，平分增加到两个重负荷相，从而研制成三相不等容量YNd11联结牵引变压器。

从理论上说，如式（1.7′）、式（1.8′）所示，其三相容量比例应为

重负荷相：轻负荷相：重负荷相 = $\sqrt{7}$: 1 : $\sqrt{7}$ = 1 : 0.378 : 1

仍采用前面的设定符号和条件，则

$$\left.\begin{aligned} I_{bc} &= I_{ca} = \frac{\sqrt{7} S_N}{(2\sqrt{7}+1) U_N} \\ I_{ab} &= \frac{S_N}{(2\sqrt{7}+1) U_N} = \frac{I_{bc}}{\sqrt{7}} = \frac{I_{ca}}{\sqrt{7}} \\ I_a &= I_b = I = \frac{3}{\sqrt{7}} I_{bc} = \frac{3}{\sqrt{7}} I_{ca} = \frac{3 S_N}{(2\sqrt{7}+1) U_N} \\ S_{out} &= 2 U_N I = \frac{6 S_N}{2\sqrt{7}+1} \end{aligned}\right\} \quad (1.11)$$

于是，可得容量利用率为

$$\eta = \frac{S_{out}}{S_N} = \frac{6}{2\sqrt{7}+1} = 0.954 = 95.4\%$$

按文献[16]，其三相容量比例为

重负荷相：轻负荷相：重负荷相 = 2.5 : 1 : 2.5 = 1 : 0.4 : 1

比照上述推导方法［式（1.11）第一、第二式中 $\sqrt{7}$ 以2.5取代］，可得容量利用率为94.5%。

与普通三相YNd11联结牵引变压器比较，三相不等容量YNd11联结牵引变压器的优点是，容量利用率比75.6%提高25%~26%。因此，对于相同容量的牵引变压器，负载能力可提高一个容量等级；对于相同负载的牵引变电所，牵引变压器校核容量可降低一个容量等级。在实行老式两部电价制（按使用电能电价和受电变压器额定容量基本电价计算电费）的情况下，可节省的基本电费相当可观。

六、斯科特（Scott）联结牵引变电所

1. 接线概况

这种牵引变电所中装设两台斯科特联结牵引变压器，可以两台并联运行；也可以一台运行，另一台固定备用。斯科特联结牵引变压器实际上也是由两台单相变压器按规定连接而成。一台单相变压器的一次绕组两端引出，分别接到三相电力系统的两相，称为 M 座变压器；另一台单相变压器的一次绕组一端引出，接到三相电力系统的另一相，另一端接到 M 座变压器一次绕组的中点 O，称为 T 座变压器。这种联结形式把对称三相电压变换成对称二相电压，用其一相供应一边供电臂，另一相供应另一边供电臂。原理电路图如图 1.15 所示。该图中 M 座变压器一次绕组匝数、电压分别用 w_1，U_{1M} 表示，两端分别接入电力系统的 B，C 相；二次绕组匝数、电压分别用 w_2，U_{2M} 表示，向左边供电臂供电。M 座变压器变压比 $K_M = w_1/w_2$。T 座变压器一次绕组匝数、电压分别为 $(\sqrt{3}/2) w_1$，U_{1T}，一端接到 M 座变压器一次绕组的中点 O，另一端接到电力系统的 A 相；二次绕组匝数、电压分别为 w_2，U_{2T}，向右边供电臂供电。T 座变压器变压比 $K_T = (\sqrt{3}/2) w_1/w_2 = (\sqrt{3}/2) K_M$。一、二次电流如图 1.15 中标示。

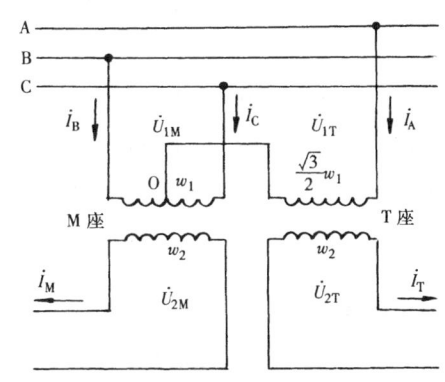

图 1.15 斯科特联结牵引变电所原理电路图

2. M 座和 T 座一、二次电压关系（忽略阻抗电压降）

一次电压相量关系如图 1.16（a）、（b）所示，三相电力系统线电压为 $\dot{U}_{AB}$，$\dot{U}_{BC}$，$\dot{U}_{CA}$，相电压为 $\dot{U}_A$，$\dot{U}_B$，$\dot{U}_C$，A 相至 O 点的电压为 $\dot{U}_{AO}$。$\dot{U}_{1M} = \dot{U}_{BC}$，$\dot{U}_{1T} = \dot{U}_{AO} = (\sqrt{3}/2)\dot{U}_{AB} = (\sqrt{3}/2)\dot{U}_{BC} = (\sqrt{3}/2)\dot{U}_{1M}$。根据图 1.15 和图 1.16（a），（b）所示可写出

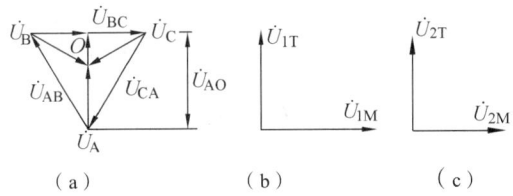

图 1.16 M 座和 T 座一、二次电压相量关系

$$\begin{cases} \dot{U}_{2M} = \dfrac{\dot{U}_{1M}}{K_M} = \dfrac{\dot{U}_{BC}}{K_M} = \dfrac{\dot{U}_B - \dot{U}_C}{K_M} \\ \dot{U}_{2T} = \dfrac{\dot{U}_{1T}}{K_T} = \dfrac{\dot{U}_{AO}}{K_T} = \dfrac{\dot{U}_{AB} + (1/2)\dot{U}_{BC}}{(\sqrt{3}/2)K_M} = \dfrac{2\dot{U}_A - \dot{U}_B - \dot{U}_C}{\sqrt{3}K_M} \end{cases}$$

由上式可得以矩阵形式表示的一、二次电压关系：

$$\begin{bmatrix} \dot{U}_{2M} \\ \dot{U}_{2T} \end{bmatrix} = \frac{1}{\sqrt{3}K_M} \begin{bmatrix} 0 & \sqrt{3} & -\sqrt{3} \\ 2 & -1 & -1 \end{bmatrix} \begin{bmatrix} \dot{U}_A \\ \dot{U}_B \\ \dot{U}_C \end{bmatrix} \tag{1.12}$$

当 $\dot{U}_A, \dot{U}_B, \dot{U}_C$ 对称时，以 $\dot{U}_A$ 为基准，则 $\dot{U}_B = \dot{U}_A e^{-j120°}$，$\dot{U}_C = \dot{U}_A e^{j120°}$，代入式（1.12），经过演算得

$$\begin{bmatrix} \dot{U}_{2M} \\ \dot{U}_{2T} \end{bmatrix} = \frac{\sqrt{3}}{K_M} \dot{U}_A \begin{bmatrix} e^{-j90°} \\ e^{j0°} \end{bmatrix} \quad (1.12')$$

由式（1.12'）可得斯科特变压器变压比为

$$K_U = \frac{\dot{U}_{1N}}{U_{2N}} = \frac{\sqrt{3}\dot{U}_A}{U_{2M}} = \frac{\sqrt{3}\dot{U}_A}{U_{2T}} = K_M \quad (1.13)$$

式中，$\dot{U}_{1N}$，U_{2N} 分别为斯科特变压器一、二次额定电压。

式（1.12'）表明，斯科特联结变压器可以把对称三相电压变换成对称二相电压（$\dot{U}_{2M}$ 与 $\dot{U}_{2T}$ 大小相等，$\dot{U}_{2M}$ 比 $\dot{U}_{2T}$ 滞后 90°），如图 1.16（c）所示。由于 M 座与 T 座变压器一次电压的关系对应于等边三角形底与高的关系，所以通常又称 M 座为底变压器，T 座为高变压器。

3. M 座和 T 座一、二次电流关系（忽略空载电流）

由上述分析已知 $\dot{U}_{2T}$ 比 $\dot{U}_{2M}$ 超前 90°。当 M 座和 T 座两供电臂功率因数相等（$\cos\varphi_M = \cos\varphi_T = \cos\varphi$）时，则 $\dot{I}_T$ 比 $\dot{I}_M$ 也超前 90°。以 $\dot{I}_M$ 为基准相量，则 $\dot{I}_M = I_M$，$\dot{I}_T = jI_T$。见图 1.15 和相关说明，由于 $\dot{I}_A = \frac{\dot{I}_T}{K_T}$，$\dot{I}_B = \frac{\dot{I}_M}{K_M} - \frac{\dot{I}_A}{2}$，$\dot{I}_C = \frac{-\dot{I}_M}{K_M} - \frac{\dot{I}_A}{2}$，所以可直接写出

$$\left.\begin{array}{l} \dot{I}_A = \dfrac{\dot{I}_T}{(\sqrt{3}/2)K_M} = j\dfrac{2}{\sqrt{3}K_U}I_T \\[6pt] \dot{I}_B = \dfrac{\dot{I}_M}{K_M} - \dfrac{1}{2}\cdot\dfrac{\dot{I}_T}{(\sqrt{3}/2)K_M} = \dfrac{I_M}{K_U} - j\dfrac{I_T}{\sqrt{3}K_U} = \dfrac{1}{\sqrt{3}K_U}(\sqrt{3}I_M - jI_T) \\[6pt] \dot{I}_C = -\dfrac{\dot{I}_M}{K_M} - \dfrac{1}{2}\dfrac{\dot{I}_T}{(\sqrt{3}/2)K_M} = -\dfrac{I_M}{K_U} - j\dfrac{I_T}{\sqrt{3}K_U} = \dfrac{1}{\sqrt{3}K_U}(-\sqrt{3}I_M - jI_T) \end{array}\right\} \quad (1.14)$$

式（1.14）表明，无论 $\dot{I}_M$，$\dot{I}_T$ 如何变化，一次侧三相电流平衡，即 $\dot{I}_A + \dot{I}_B + \dot{I}_C = 0$，无零序电流。式（1.14）还可以变换为如下矩阵形式

$$\begin{bmatrix} \dot{I}_A \\ \dot{I}_B \\ \dot{I}_C \end{bmatrix} = \frac{1}{\sqrt{3}K_U} \begin{bmatrix} 0 & j2 \\ \sqrt{3} & -j \\ -\sqrt{3} & -j \end{bmatrix} \begin{bmatrix} I_M \\ I_T \end{bmatrix} = \frac{1}{\sqrt{3}K_U} \begin{bmatrix} 2I_T e^{j90°} \\ \sqrt{3I_M^2 + I_T^2}\,e^{j\arctan\frac{-I_T}{\sqrt{3}I_M}} \\ \sqrt{3I_M^2 + I_T^2}\,e^{j\arctan\frac{-I_T}{-\sqrt{3}I_M}} \end{bmatrix} \quad (1.15)$$

当 M 座和 T 座两供电臂负荷电流相等（$I_M = I_T = I$）时，式（1.15）变换为

$$\begin{bmatrix} \dot{I}_A \\ \dot{I}_B \\ \dot{I}_C \end{bmatrix} = \frac{I}{\sqrt{3}K_U} \begin{bmatrix} 0 & j2 \\ \sqrt{3} & -j \\ -\sqrt{3} & -j \end{bmatrix} = \frac{2I}{\sqrt{3}K_U} \begin{bmatrix} e^{j90°} \\ e^{-j30°} \\ e^{-j150°} \end{bmatrix} \quad (1.15')$$

由式（1.15'）可得斯科特变压器的变流比为

$$K_I = \frac{I_{2N}}{I_{1N}} = \frac{I}{I_A} = \frac{I}{I_B} = \frac{I}{I_C} = \frac{\sqrt{3}}{2} K_U \qquad (1.16)$$

式中，I_{1N}，I_{2N} 分别为斯科特变压器一、二次额定电流。

式（1.15'）对应的相量图如图 1.17 所示。可见，在 M 座和 T 座两供电臂负荷电流大小相等、功率因数也相等的条件下，斯科特联结牵引变压器一次侧三相电流大小相等、相位差各为 120°，相序旋转方向是顺时针的，即一次侧三相电流对称。

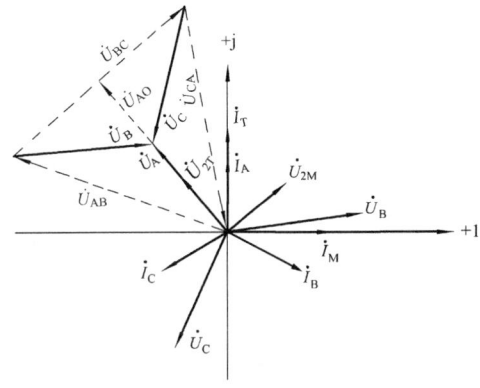

图 1.17 斯科特联结牵引变压器一、二次电压和电流相量图

4. 斯科特联结牵引变压器的容量及容量利用率

M 座和 T 座二次电压 $U_{2M} = U_{2T} = U$。首先分析变压器的结构容量 S_f（即决定变压器绕组及其导线、铁芯等主要部件尺寸和材料消耗的容量）。从一次侧看，当 $I_M \neq I_T$ 时，有

$$S_{1f} = K_U U \cdot \frac{1}{\sqrt{3} K_U} \sqrt{3 I_M^2 + I_T^2} + \frac{\sqrt{3}}{2} K_U U \cdot \frac{2 I_T}{\sqrt{3} K_U} = U\left(\frac{1}{\sqrt{3}}\sqrt{3 I_M^2 + I_T^2} + I_T\right) \qquad (1.17)$$

当 $I_M = I_T = I$ 时，有

$$S_{1f} = K_U U \cdot \frac{2I}{\sqrt{3} K_U} + \frac{\sqrt{3}}{2} K_U U \cdot \frac{2I}{\sqrt{3} K_U} = \frac{2+\sqrt{3}}{\sqrt{3}} UI = 2.1547\, UI$$

从二次侧看，当 $I_M \neq I_T$ 时，有

$$S_{2f} = U I_M + U I_T = U(I_M + I_T)$$

当 $I_M = I_T = I$ 时，有

$$S_{2f} = UI + UI = 2UI$$

注意：因为 M 座变压器一次绕组的 BO 和 CO 两半部都流过绝对值为 $I_A/2$，而方向相反的分电流，两者产生的磁势互相抵消，不向二次侧传变电压和电流，即不向二次侧传递功率，所以 $S_{2f} < S_{1f}$。

再分析变压器的输出容量 S_{out}。当 $I_M \neq I_T$ 时，有

$$S_{out} = U I_M + U I_T = U(I_M + I_T)$$

当 $I_M = I_T = I$ 时，有

$$S_{out} = UI + UI = 2UI$$

可见，变压器的输出容量 S_{out} 与二次侧的结构容量 S_{2f} 相等。

最后分析变压器的线材利用率（输出容量与结构容量之比值）和容量利用率。显然，二次侧线材利用率 $\eta_2 = 1$。

设一次侧线材利用率为 η_1，$n = I_T / I_M$。当 $I_M \neq I_T$ 时，有

$$\eta_1 = \frac{S_{\text{out}}}{S_{1f}} = \frac{U(I_M + I_T)}{U\left(\sqrt{I_M^2 + \frac{1}{3}I_T^2} + I_T\right)} = \frac{I_M + nI_M}{\sqrt{I_M^2 + \frac{1}{3}(nI_M)^2} + nI_M} = \frac{1+n}{\sqrt{1+\frac{1}{3}n^2} + n} \quad (1.18)$$

由式（1.18）可知，当 $n = 1$（即 $I_M = I_T = I$）时，一次侧线材利用率 $\eta_1 = 0.9282$，一、二次侧线材利用率平均值 $\eta = (\eta_1 + \eta_2)/2 = (0.9282 + 1)/2 = 0.9641$；当 $n < 1$（即 $I_M > I_T$）时，$\eta_1 > 0.9282$，$\eta > 0.9641$；当 $n > 1$（即 $I_M < I_T$）时，$\eta_1 < 0.9282$，$\eta < 0.9641$。所以，将重负荷供电臂由 M 座变压器供电，能略微提高变压器的一次侧线材利用率和一、二次侧线材利用率平均值。

变压器容量利用率为 100%（因为二次侧 M 座、T 座绕组电压和电流分别等于对应的供电端口输出电压和电流，即输出容量等于额定容量）。

5. 斯科特联结牵引变电所的优缺点

优点是当 M 座和 T 座两供电臂负荷电流大小相等、功率因数也相等时，斯科特联结变压器一次侧三相电流对称；变压器容量可全部利用；能供应牵引变电所自用电和站区三相电力（用逆斯科特联结变压器把对称两相电压变换成对称三相电压）；对接触网的供电可实现两边供电。

缺点是斯科特联结牵引变压器制造难度较大，绝缘水平要采用全绝缘，造价较高；牵引变电所主接线复杂，设备较多，工程投资也较多；维护、检修工作量和相应的费用也有所增加。

七、采用 YN▽ [也可称为 YNd11（延边）] 联结阻抗匹配平衡变压器的牵引变电所

1. 接线概况

这种牵引变电所中装设两台 YN▽ 联结阻抗匹配平衡牵引变压器，可以两台并联运行；也可以一台运行，另一台固定备用。YN▽ 联结阻抗匹配平衡牵引变压器是 20 世纪 90 年代初我国研制成功的。这种牵引变压器一次侧情况与普通三相 YNd11 联结变压器的一次侧情况完全相同，铁芯也是三相芯式的。其主要特点是通过二次绕组三角形联结的结构和阻抗的改变，实现将三相对称电压变换成二相对称电压。

二次绕组三角形联结结构的改变如图 1.18（a）所示，即在非接地相（中相）改设两个外延线圈 $a\alpha$、$b\beta$，内缩三角形联结的一角 c 与轨道、接地网连接，α、β 两端分别接到牵引侧两相母线上，由两相牵引母线分别向两侧对应的供电臂牵引网供电。

2. 电流关系

如图 1.18（a）所示，设二次侧内缩三角形 abc 中各相阻抗 $Z_{ac} = Z_{bc} = Z_2$，$Z_{ab} = \lambda Z_2$。按 $\dot{I}_\alpha$、$\dot{I}_\beta$ 在内缩三角形 abc 各支路的电流分配关系（与各并联支路阻抗成反比例分配），应用叠加原理可得到各支路的总电流

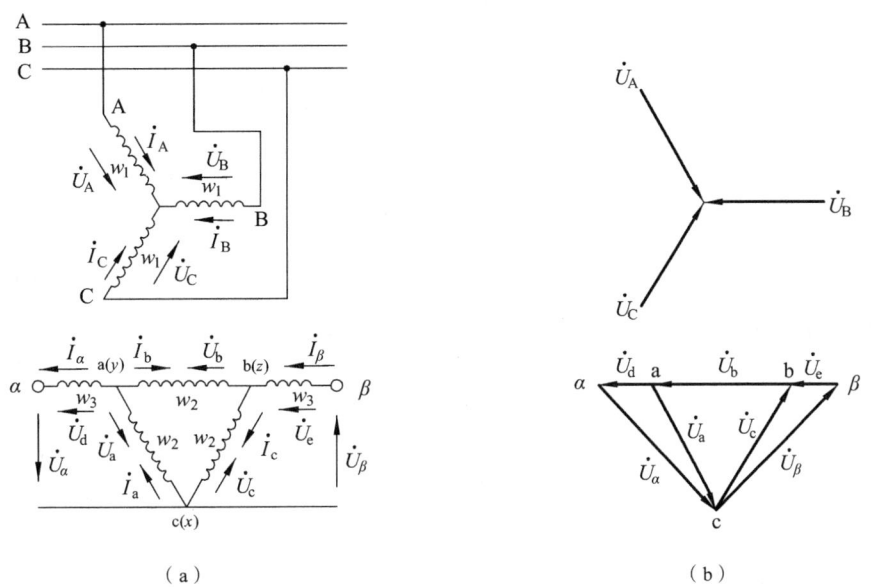

（a） （b）

图1.18 YN▽[YNd11（延边）]联结阻抗匹配平衡变压器原理电路和电压相量图

$$\begin{bmatrix} \dot{I}_a \\ \dot{I}_b \\ \dot{I}_c \end{bmatrix} = \frac{1}{\lambda+2} \begin{bmatrix} \lambda+1 & -1 \\ -1 & -1 \\ -1 & \lambda+1 \end{bmatrix} \begin{bmatrix} \dot{I}_\alpha \\ \dot{I}_\beta \end{bmatrix} \tag{1.19}$$

忽略空载电流后，A，B，C三相铁芯柱的磁势平衡方程为

$$\begin{cases} w_1 \dot{I}_A - w_2 \dot{I}_a = 0 \\ w_1 \dot{I}_B - w_2 \dot{I}_b + w_3(\dot{I}_\alpha + \dot{I}_\beta) = 0 \\ w_1 \dot{I}_C - w_2 \dot{I}_c = 0 \end{cases}$$

为了推导一次侧三相线圈电流 $\dot{I}_A$，$\dot{I}_B$，$\dot{I}_C$ 与二次侧两个输出端口电流 $\dot{I}_\alpha$，$\dot{I}_\beta$ 的关系，由式（1.19）和上述磁势平衡方程联解得

$$\begin{bmatrix} \dot{I}_A \\ \dot{I}_B \\ \dot{I}_C \end{bmatrix} = \frac{1}{K} \begin{bmatrix} \dfrac{\lambda+1}{\lambda+2} & -\dfrac{1}{\lambda+2} \\ -\left(\dfrac{1}{\lambda+2}+k_3\right) & -\left(\dfrac{1}{\lambda+2}+k_3\right) \\ -\dfrac{1}{\lambda+2} & \dfrac{\lambda+1}{\lambda+2} \end{bmatrix} \begin{bmatrix} \dot{I}_\alpha \\ \dot{I}_\beta \end{bmatrix} \tag{1.20}$$

式中，$K = \dfrac{w_1}{w_2}$，$k_3 = \dfrac{w_3}{w_2}$。

k_3 的值应满足 $\dot{U}_\beta = j\dot{U}_\alpha$（即 $\dot{U}_\beta$ 与 $\dot{U}_\alpha$ 大小相等，$\dot{U}_\beta$ 比 $\dot{U}_\alpha$ 超前90°；后同）；在此前提下，当两个输出端口负载功率因数相等 $(\cos\varphi_\alpha = \cos\varphi_\beta)$ 时，$\dot{I}_\beta$ 比 $\dot{I}_\alpha$ 超前90°；以 $\dot{I}_\alpha$ 为基准相量，则式（1.20）变换为

$$\begin{bmatrix} \dot{I}_A \\ \dot{I}_B \\ \dot{I}_C \end{bmatrix} = \frac{1}{K} \begin{bmatrix} \dfrac{\lambda+1}{\lambda+2} & -j\dfrac{1}{\lambda+2} \\ -\left(\dfrac{1}{\lambda+2}+k_3\right) & -j\left(\dfrac{1}{\lambda+2}+k_3\right) \\ -\dfrac{1}{\lambda+2} & j\dfrac{\lambda+1}{\lambda+2} \end{bmatrix} \begin{bmatrix} I_\alpha \\ I_\beta \end{bmatrix} \quad (1.20')$$

分析式（1.20'）可知，为了达到"一次侧三相电流平衡（$\dot{I}_A+\dot{I}_B+\dot{I}_C=0$），并且当$\dot{I}_\beta=j\dot{I}_\alpha$时，一次侧三相电流对称（以$\dot{I}_A$为基准，$\dot{I}_B=\dot{I}_A e^{-j120°}$，$\dot{I}_C=\dot{I}_A e^{j120°}$）"的要求，应满足下列方程

$$\left.\begin{aligned} \dfrac{\lambda-1}{\lambda+2} &= k_3 \\ \dfrac{\dfrac{\lambda+1}{\lambda+2}}{-\dfrac{1}{\lambda+2}} &= \tan 105° = \dfrac{2+\sqrt{3}}{-1} \end{aligned}\right\} \quad (1.21)$$

解式（1.21）得

$$\left.\begin{aligned} \lambda &= \sqrt{3}+1 \\ k_3 &= \dfrac{\sqrt{3}-1}{2} \end{aligned}\right\} \quad (1.22)$$

λ称为阻抗匹配系数，按阻抗匹配要求，二次侧内缩三角形 abc 联结中相（非接地相）线圈阻抗设计为边相（接地相）线圈阻抗的λ倍。k_3可称为分匝比（分压比），每个外移线圈（aα，bβ）匝数（电压）分别为二次侧内缩三角形 abc 联结每相线圈（ax，by，cz）匝数（电压）的k_3倍。

将式（1.22）代入式（1.20'），可得

$$\begin{bmatrix} \dot{I}_A \\ \dot{I}_B \\ \dot{I}_C \end{bmatrix} = \frac{1}{2\sqrt{3}K} \begin{bmatrix} \sqrt{3}+1 & -j(\sqrt{3}-1) \\ -2 & -j2 \\ -(\sqrt{3}-1) & j(\sqrt{3}+1) \end{bmatrix} \begin{bmatrix} I_\alpha \\ I_\beta \end{bmatrix} \quad (1.23)$$

式（1.23）表明，无论负载电流I_α，I_β如何变化，一次侧三相电流$\dot{I}_A$，$\dot{I}_B$，$\dot{I}_C$都保持平衡，即$\dot{I}_A+\dot{I}_B+\dot{I}_C=0$，无零序电流，一次绕组的中性点可以接地；当$\dot{I}_\beta=j\dot{I}_\alpha$时，式（1.23）变换为

$$\begin{bmatrix} \dot{I}_A \\ \dot{I}_B \\ \dot{I}_C \end{bmatrix} = \frac{I_\alpha}{2\sqrt{3}K} \begin{bmatrix} \sqrt{3}+1 & -j(\sqrt{3}-1) \\ -2 & -j2 \\ -(\sqrt{3}-1) & j(\sqrt{3}+1) \end{bmatrix} = \frac{\sqrt{6}}{3K} I_\alpha \begin{bmatrix} e^{-j15°} \\ e^{-j135°} \\ e^{j105°} \end{bmatrix} \quad (1.23')$$

式（1.23'）对应的相量图如图 1.19 所示。可见，当$\dot{I}_\beta=j\dot{I}_\alpha$时，YN▽联结阻抗匹配平衡牵引变压器一次侧三相电流对称。

由式（1.23'）可得该牵引变压器的变流比为

$$K_I = \frac{I_{2N}}{I_{1N}} = \frac{\dot{I}_\alpha}{\dot{I}_A} = \frac{3K}{\sqrt{6}} = \sqrt{\frac{3}{2}}K \quad (1.24)$$

式中，I_{1N}，I_{2N} 分别为一、二次额定电流。

将 $\lambda = \sqrt{3}+1$ 代入式（1.19），并考虑 $\dot{I}_\beta$ 比 $\dot{I}_\alpha$ 超前 90°，可得

$$\begin{bmatrix} \dot{I}_a \\ \dot{I}_b \\ \dot{I}_c \end{bmatrix} = \frac{1}{2\sqrt{3}} \begin{bmatrix} \sqrt{3}+1 & -j(\sqrt{3}-1) \\ -(\sqrt{3}-1) & -j(\sqrt{3}-1) \\ -(\sqrt{3}-1) & j(\sqrt{3}+1) \end{bmatrix} \begin{bmatrix} \dot{I}_\alpha \\ \dot{I}_\beta \end{bmatrix} \quad (1.25)$$

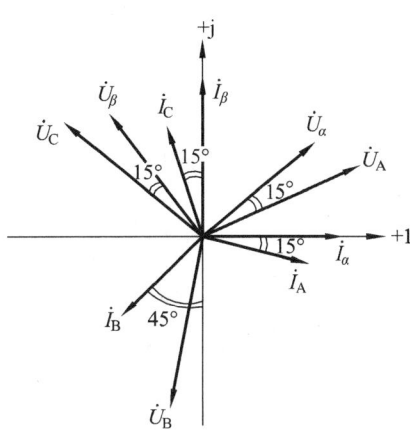

图 1.19 阻抗匹配平衡变压器一、二次电压和电流相量图

当 $\dot{I}_\beta = j\dot{I}_\alpha$ 时，式（1.25）变为

$$\begin{bmatrix} \dot{I}_a \\ \dot{I}_b \\ \dot{I}_c \end{bmatrix} = \frac{\sqrt{6}}{3}\dot{I}_\alpha \begin{bmatrix} e^{-j15°} \\ \frac{\sqrt{3}-1}{2}e^{-j135°} \\ e^{j105°} \end{bmatrix} \quad (1.25')$$

3. 电压关系（忽略阻抗电压降）

二次侧两相输出端口的电压平衡方程为（参阅图1.18）

$$\begin{cases} \dot{U}_\alpha = \dot{U}_a - \dot{U}_d = \frac{1}{K}(\dot{U}_A - k_3\dot{U}_B) \\ \dot{U}_\beta = \dot{U}_c - \dot{U}_e = \frac{1}{K}(\dot{U}_C - k_3\dot{U}_B) \end{cases}$$

以 $k_3 = \frac{\sqrt{3}-1}{2}$ 代入上式，经过演算得一、二次电压变换关系

$$\begin{bmatrix} \dot{U}_\alpha \\ \dot{U}_\beta \end{bmatrix} = \frac{1}{2K} \begin{bmatrix} 2 & -(\sqrt{3}-1) & 0 \\ 0 & -(\sqrt{3}-1) & 2 \end{bmatrix} \begin{bmatrix} \dot{U}_A \\ \dot{U}_B \\ \dot{U}_C \end{bmatrix} \quad (1.26)$$

当 $\dot{U}_A$，$\dot{U}_B$，$\dot{U}_C$ 对称时，式（1.26）变换为

$$\begin{bmatrix} \dot{U}_\alpha \\ \dot{U}_\beta \end{bmatrix} = \frac{\sqrt{3}}{\sqrt{2}K}\dot{U}_A \begin{bmatrix} e^{j15°} \\ e^{j105°} \end{bmatrix} \quad (1.27)$$

式（1.27）表明，这已经实现了将三相对称电压输入变换为二相对称电压输出，并且 $\dot{U}_\beta = j\dot{U}_\alpha$，对应的相量图亦如图1.19所示。

由式（1.27）可得变压比为

$$K_U = \frac{U_{1N}}{U_{2N}} = \frac{\sqrt{3}U_A}{U_\alpha} = \sqrt{2}K \tag{1.28}$$

式中，U_{1N}，U_{2N} 分别为一、二次额定电压。

由式（1.28）可得

$$K = \frac{K_U}{\sqrt{2}} \tag{1.29}$$

又因为 $K = \frac{w_1}{w_2} = \frac{U_{1N}}{\sqrt{3}U_a}$，所以

$$U_a = U_b = U_c = \frac{U_{1N}}{\sqrt{3}K} = \frac{U_{1N}}{\sqrt{3}} \cdot \frac{\sqrt{2}}{K_U} = \sqrt{\frac{2}{3}}\, U_{2N} \tag{1.30}$$

由 $k_3 = \frac{w_3}{w_2} = \frac{U_d}{U_a} = \frac{\sqrt{3}-1}{2}$ 和式（1.30）可得

$$U_d = U_e = k_3 U_a = \frac{\sqrt{3}-1}{2} \cdot \sqrt{\frac{2}{3}}\, U_{2N} = \frac{\sqrt{3}-1}{\sqrt{6}}\, U_{2N} \tag{1.31}$$

α 和 β 之间的电压为

$$U_{\alpha\beta} = U_b + U_d + U_e = \sqrt{\frac{2}{3}}\, U_{2N} + 2\cdot\frac{\sqrt{3}-1}{\sqrt{6}}U_{2N} = \sqrt{2}U_{2N} \tag{1.32}$$

4. 功率关系

当 $I_\alpha = I_\beta = I_{2N}$，$U_\alpha = U_\beta = U_{2N}$ 时，二次侧两相视在功率为

$$S_2 = U_\alpha I_\alpha + U_\beta I_\beta = 2U_{2N}I_{2N}$$

一次侧三相视在功率为

$$S_1 = 3U_A I_A = 3 \cdot KU_a \cdot \frac{\sqrt{6}}{3K}I_\alpha = \sqrt{6} \cdot \sqrt{\frac{2}{3}}\, U_{2N}I_\alpha = 2U_{2N}I_{2N}$$

可见一次侧三相视在功率与二次侧两相视在功率是相等的（忽略变压器的损耗）。亦即变压器一次侧线材利用率 $\eta_1 = 1$。

二次侧结构容量（二次侧各线圈视在功率之和）为

$$\begin{aligned}S_{2f} &= 2\cdot U_a \cdot \frac{\sqrt{6}}{3}I_\alpha + U_a \cdot \frac{\sqrt{6}}{3} \cdot \frac{\sqrt{3}-1}{2}I_\alpha + 2\cdot\frac{\sqrt{3}-1}{2}U_a \cdot I_\alpha \\ &= \left(2\cdot\frac{\sqrt{6}}{3} + \frac{\sqrt{6}}{3}\cdot\frac{\sqrt{3}-1}{2} + 2\cdot\frac{\sqrt{3}-1}{2}\right)U_a I_\alpha \\ &= 2.663\,9\sqrt{\frac{2}{3}}\, U_{2N}I_{2N} \\ &= 2.175\, U_{2N}I_{2N}\end{aligned}$$

二次侧输出功率为

$$S_{2\text{out}} = S_2 = 2U_{2N}I_{2N}$$

变压器二次侧线材利用率为

$$\eta_2 = \frac{S_{2\text{out}}}{S_{2f}} = \frac{2U_{2N}I_{2N}}{2.175U_{2N}I_{2N}} = 0.9195$$

变压器一、二次侧线材利用率平均值为

$$\eta = \frac{1}{2}(\eta_1 + \eta_2) = \frac{1}{2} \times (1 + 0.9195) = 0.9598$$

变压器容量利用率为100%（因为输出容量等于额定容量）。

5. YN▽联结阻抗匹配平衡牵引变压器的优缺点

优点是当阻抗匹配系数 $\lambda = \sqrt{3}+1$ 时，无论二次侧 $I_\alpha = I_\beta$ 或 $I_\alpha \neq I_\beta$，一次侧三相电流平衡，即无零序电流。当二次侧 $I_\alpha = I_\beta$，$\cos\varphi_\alpha = \cos\varphi_\beta$ 时，一次侧三相电流对称，没有负序电流对电力系统的影响。一次侧三相制的视在功率完全转化为二次侧二相制的视在功率，变压器容量可全部利用。一次侧仍为YN联结，中性点引出，与高压中性点接地电力系统匹配方便。二次侧仍有△联结绕组，三次谐波电流可以流通，使主磁通和电势波形有较好的正弦度。利用逆斯科特联结变压器把对称两相电压变换成对称三相电压，可供应牵引变电所自用电和站区三相电力。对接触网的供电可实现两边供电。

缺点是设计计算及制造工艺复杂，造价较高。α，β 两供电臂之间的分相绝缘器两端承受的电压为 $\sqrt{2}U_{2N} = \sqrt{2} \times 27.5 = 38.89$ (kV)，因此分相绝缘器的绝缘应注意加强。

与YN▽联结阻抗匹配平衡变压器类似的还有YN▽联结平衡变压器和非阻抗匹配YN▽联结平衡变压器。

八、YN▽[也可称为YNd11（曲折延边）]联结平衡变压器

1. 原理电路

现代交流电气化铁道牵引供电系统向高电压、大容量发展，需要牵引变压器的一次绕组接成YN形，二次绕组含有△形回路。根据平衡变压器的工作原理，要求：

① 一次侧接三相对称电源电压时，二次侧二相输出端口空载电压对称（即大小相等，相位差为90°）；

② 二次侧二相输出端口带相同负载时，一次侧三相电流对称。

YN▽联结阻抗匹配平衡变压器，虽然满足了上述需要和要求，但是平衡线圈 $a\alpha$（或 $b\beta$）与 ax（或 by, cz）线圈的匝数比 $w_3/w_2 = (\sqrt{3}-1)/2$ 和阻抗匹配系数 $\lambda = \sqrt{3}+1$ 都是固定值。一般来说，绕组匝数的配合比较容易。而无论从设计上，还是制造工艺上来讲，要得到预先确定的某一阻抗匹配系数 λ 都是相当困难的。YN▽联结阻抗匹配平衡变压器要求 $\lambda = \sqrt{3}+1$，在设计上和制造工艺上的难度是不言而喻的。鉴于此，下面围绕对平衡变压器的要求①和②，寻求改进方案，以减少对 λ 取值的严格限制。

先不考虑阻抗匹配,即 $\lambda=1$(亦即二次侧内缩△形回路 ax,by,cz 各线圈的阻抗 Z_2 相等)。当 $w_3=[(\sqrt{3}-1)/2]w_2$ 时,满足要求①。但二次侧两个输出端口带相同负载时,B 相安匝数大于 A(或 C)相安匝数。现在 ax,cz 线圈所在铁芯各增加一个匝数为 w_4 的线圈,分别流过负载电流 $\dot{I}_\alpha$,$\dot{I}_\beta$,使其产生的磁势补偿 ax,cz 线圈电流磁势,以满足要求②。新增加的线圈称为补偿线圈。定义 $k_3=w_3/w_2$,$k_4=w_4/w_2$,都称为分匝比。当 $k_3=k_4=\sqrt{3}/3$ 时,可以构成一种平衡变压器。原理电路和电压相量图分别示于图 1.20(a)和(b),其中二次侧内缩△回路 abc 外部 ad,be 为平衡线圈,df,eg 为补偿线圈。

分析图 1.20(b)所示的电压相量图可以看出,增加补偿线圈后,满足要求①的 k_3,k_4 并不是唯一的。如果考虑 k_3,k_4 可变,要求①仅靠 k_3,k_4 配合就可以实现,要求②则要靠 k_3,k_4 和 λ 三者配合来实现。在 k_3,k_4 满足要求①的条件下,若带两相平衡负载,当 $k_3>k_4$ 时,B 相安匝数大于 A(C)相安匝数,适当增大 by 线圈阻抗,即取 $\lambda>1$ 的适当值,可以实现要求②;反之,当 $k_3<k_4$ 时,B 相安匝数小于 A(C)相安匝数,则适当减小 by 线圈阻抗,即取 $\lambda<1$ 的适当值,可以实现要求②。可见,采用将平衡线圈、补偿线圈、阻抗匹配相结合的方法,能使 λ,k_3,k_4 满足一定的关系,同时实现要求①和②,构成 YN▽ 联结平衡变压器,其原理电路和电压相量图仍分别如图 1.20(a)和(b)所示。增加补偿线圈使 λ 的取值范围发生了根本性的变化,由只能取唯一值扩展到可以在大于零的一定范围内取值。

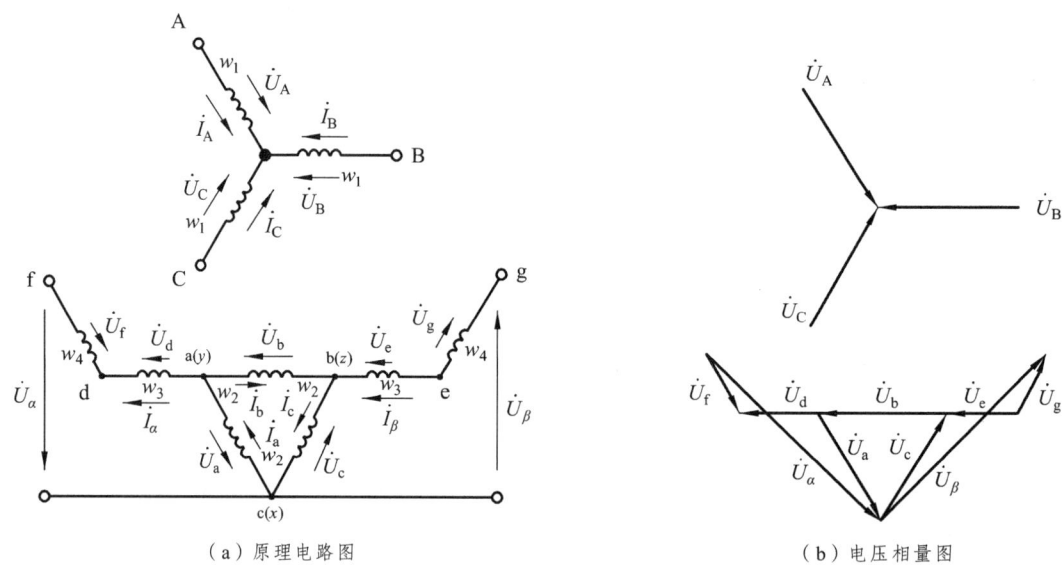

(a)原理电路图　　　　　　　　　　(b)电压相量图

图 1.20　YN▽[YNd11(曲折延边)]联结平衡变压器原理电路和电压相量图

2. 电流变换关系

设 ax,by,cz 线圈阻抗分别为 Z_2,λZ_2,Z_2,由图 1.20(a)可得 ax,by,cz 线圈电流与负载电流的关系为

$$\begin{bmatrix}\dot{I}_a\\ \dot{I}_b\\ \dot{I}_c\end{bmatrix}=\frac{1}{\lambda+2}\begin{bmatrix}\lambda+1 & -1\\ -1 & -1\\ -1 & \lambda+1\end{bmatrix}\begin{bmatrix}\dot{I}_\alpha\\ \dot{I}_\beta\end{bmatrix} \quad (1.33)$$

忽略空载电流后，A，B，C 三相铁芯柱的磁势平衡方程为

$$\left.\begin{array}{l} w_1\dot{I}_A - w_2\dot{I}_a - w_4\dot{I}_\alpha = 0 \\ w_1\dot{I}_B - w_2\dot{I}_b + w_3(\dot{I}_\alpha + \dot{I}_\beta) = 0 \\ w_1\dot{I}_C - w_2\dot{I}_c - w_4 I_\beta = 0 \end{array}\right\} \tag{1.34}$$

为了推导一次侧三相线圈电流 $\dot{I}_A$，$\dot{I}_B$，$\dot{I}_C$ 与二次侧两个输出端口电流 $\dot{I}_\alpha$，$\dot{I}_\beta$ 的关系，由式（1.33）、式（1.34）联解得

$$\begin{bmatrix} \dot{I}_A \\ \dot{I}_B \\ \dot{I}_C \end{bmatrix} = \frac{1}{K}\begin{bmatrix} \dfrac{\lambda+1}{\lambda+2}+k_4 & -\dfrac{1}{\lambda+2} \\ -\dfrac{1}{\lambda+2}-k_3 & -\dfrac{1}{\lambda+2}-k_3 \\ -\dfrac{1}{\lambda+2} & \dfrac{\lambda+1}{\lambda+2}+k_4 \end{bmatrix}\begin{bmatrix} \dot{I}_\alpha \\ \dot{I}_\beta \end{bmatrix} \tag{1.35}$$

式中，$K = w_1/w_2$。

k_3，k_4 的值应满足 $\dot{U}_\beta = \mathrm{j}\dot{U}_\alpha$；在此前提下，当两个输出端口负载功率因数相等时，$\dot{I}_\beta$ 比 $\dot{I}_\alpha$ 超前 90°；以 $\dot{I}_\alpha$ 为基准相量，则式（1.35）变换为

$$\begin{bmatrix} \dot{I}_A \\ \dot{I}_B \\ \dot{I}_C \end{bmatrix} = \frac{1}{K}\begin{bmatrix} \dfrac{\lambda+1}{\lambda+2}+k_4 & -\mathrm{j}\dfrac{1}{\lambda+2} \\ -\left(\dfrac{1}{\lambda+2}+k_3\right) & -\mathrm{j}\left(\dfrac{1}{\lambda+2}+k_3\right) \\ -\dfrac{1}{\lambda+2} & \mathrm{j}\left(\dfrac{\lambda+1}{\lambda+2}+k_4\right) \end{bmatrix}\begin{bmatrix} I_\alpha \\ I_\beta \end{bmatrix} \tag{1.35'}$$

分析式（1.35'）可知，为了达到"一次侧三相电流平衡，并且当 $\dot{I}_\beta = \mathrm{j}\dot{I}_\alpha$ 时，一次侧三相电流对称"的要求，应满足下列方程

$$\left.\begin{array}{l} \dfrac{\lambda-1}{\lambda+2} = k_3 - k_4 \\ \dfrac{\dfrac{\lambda+1}{\lambda+2}+k_4}{-\dfrac{1}{\lambda+2}} = \tan 105° = \dfrac{2+\sqrt{3}}{-1} \end{array}\right\} \tag{1.36}$$

解式（1.36）得

$$\left.\begin{array}{l} k_3 = \dfrac{\sqrt{3}}{\lambda+2} \\ k_4 = \dfrac{1+\sqrt{3}-\lambda}{\lambda+2} \end{array}\right\} \tag{1.37}$$

因 $\lambda > 0$，故 $k_3 > 0$；而当 $\lambda \leq \sqrt{3}+1$ 时，$k_4 \geq 0$；当 $\lambda > \sqrt{3}+1$ 时，$k_4 < 0$。当取 $\lambda > \sqrt{3}+1$ 时，图 1.20（a）中补偿线圈的两个线头要对调。

将式（1.37）代入式（1.35′），经过演算得电流变换关系

$$\begin{bmatrix} \dot{I}_A \\ \dot{I}_B \\ \dot{I}_C \end{bmatrix} = \frac{1}{(\lambda+2)(\sqrt{3}-1)K} \begin{bmatrix} \sqrt{3}+1 & -j(\sqrt{3}-1) \\ -2 & -j2 \\ -(\sqrt{3}-1) & j(\sqrt{3}+1) \end{bmatrix} \begin{bmatrix} I_\alpha \\ I_\beta \end{bmatrix} \quad (1.38)$$

式（1.38）表明，无论负载电流 I_α，I_β 如何变化，一次侧三相电流 $\dot{I}_A$，$\dot{I}_B$，$\dot{I}_C$ 都保持平衡，无零序电流，一次绕组的中性点可以接地；当 $\dot{I}_\beta = j\dot{I}_\alpha$ 时，$\dot{I}_A$，$\dot{I}_B$，$\dot{I}_C$ 对称，即

$$\begin{bmatrix} \dot{I}_A \\ \dot{I}_B \\ \dot{I}_C \end{bmatrix} = \frac{I_\alpha}{(\lambda+2)(\sqrt{3}-1)K} \begin{bmatrix} \sqrt{3}+1 & -j(\sqrt{3}-1) \\ -2 & -j2 \\ -(\sqrt{3}-1) & j(\sqrt{3}+1) \end{bmatrix}$$

$$= \frac{\sqrt{2}(\sqrt{3}+1)}{(\lambda+2)K} I_\alpha \begin{bmatrix} \angle -15° \\ \angle -135° \\ \angle 105° \end{bmatrix} \quad (1.38′)$$

式（1.38′）对应的相量图和图 1.19 相同。

由式（1.38′）可得变流比为

$$K_I = \frac{I_{2N}}{I_{1N}} = \frac{I_\alpha}{I_A} = \frac{(\lambda+2)K}{\sqrt{2}(\sqrt{3}+1)} \quad (1.39)$$

式中，I_{1N}，I_{2N} 分别为变压器一、二次额定电流。

当 $\dot{I}_\beta = j\dot{I}_\alpha$ 时，式（1.33）变换为

$$\begin{bmatrix} \dot{I}_a \\ \dot{I}_b \\ \dot{I}_c \end{bmatrix} = \frac{1}{\lambda+2} I_\alpha \begin{bmatrix} (\lambda+1) & -j \\ -1 & -j \\ -1 & j(\lambda+1) \end{bmatrix}$$

$$= \frac{1}{\lambda+2} I_\alpha \begin{bmatrix} \sqrt{\lambda^2+2\lambda+2} & \angle \arctan\frac{-1}{\lambda+1} \\ \sqrt{2} & \angle \arctan\frac{-1}{-1} \\ \sqrt{\lambda^2+2\lambda+2} & \angle \arctan\frac{\lambda+1}{-1} \end{bmatrix} \quad (1.33′)$$

3. 电压变换关系（忽略阻抗电压降）

二次侧两相输出端口的电压平衡方程为（参见图 1.20）

$$\left.\begin{array}{l}\dot{U}_\alpha = \dot{U}_a - \dot{U}_d + \dot{U}_f = \dfrac{1}{K}[(1+k_4)\dot{U}_A - k_3\dot{U}_B] \\ \dot{U}_\beta = \dot{U}_c - \dot{U}_e + \dot{U}_g = \dfrac{1}{K}[(1+k_4)\dot{U}_C - k_3\dot{U}_B]\end{array}\right\} \qquad (1.40)$$

将式（1.37）代入式（1.40），经过演算得一、二次电压变换关系

$$\begin{bmatrix}\dot{U}_\alpha \\ \dot{U}_\beta\end{bmatrix} = \dfrac{\sqrt{3}}{(\lambda+2)K}\begin{bmatrix}\sqrt{3}+1 & -1 & 0 \\ 0 & -1 & \sqrt{3}+1\end{bmatrix}\begin{bmatrix}\dot{U}_A \\ \dot{U}_B \\ \dot{U}_C\end{bmatrix} \qquad (1.41)$$

当 $\dot{U}_A$，$\dot{U}_B$，$\dot{U}_C$ 对称时，式（1.41）变换为

$$\begin{bmatrix}\dot{U}_\alpha \\ \dot{U}_\beta\end{bmatrix} = \dfrac{3(\sqrt{3}+1)}{\sqrt{2}(\lambda+2)K}\dot{U}_A\begin{bmatrix}\angle 15° \\ \angle 105°\end{bmatrix} \qquad (1.42)$$

这表明三相对称电压输入转换成两相对称电压输出，并且 $\dot{U}_\beta = j\dot{U}_\alpha$，对应的相量图亦和图 1.19 相同。

由式（1.42）可得变压比为

$$K_U = \dfrac{U_{1N}}{U_{2N}} = \dfrac{\sqrt{3}U_A}{U_\alpha} = \dfrac{\sqrt{2}(\lambda+2)K}{\sqrt{3}(\sqrt{3}+1)} \qquad (1.43)$$

式中，U_{1N}，U_{2N} 分别为变压器一、二次额定电压。

由式（1.43）可得

$$K = \dfrac{\sqrt{3}(\sqrt{3}+1)}{\sqrt{2}(\lambda+2)}K_U \qquad (1.44)$$

又因为 $K = w_1/w_2 = U_{1N}/(\sqrt{3}U_a)$，所以

$$U_a = U_b = U_c = \dfrac{\sqrt{2}(\lambda+2)}{3(\sqrt{3}+1)}\cdot\dfrac{U_{1N}}{K_U} = \dfrac{\sqrt{2}(\lambda+2)}{3(\sqrt{3}+1)}\cdot U_{2N} \qquad (1.45)$$

由 $k_3 = w_3/w_2 = U_d/U_a = U_e/U_a = \sqrt{3}/(\lambda+2)$ 和式（1.45）可得

$$U_d = U_e = k_3 U_a = \dfrac{\sqrt{3}}{\lambda+2}\cdot\dfrac{\sqrt{2}(\lambda+2)}{3(\sqrt{3}+1)}\cdot U_{2N} = \dfrac{\sqrt{6}}{3(\sqrt{3}+1)}U_{2N} \qquad (1.46)$$

由 $k_4 = w_4/w_2 = U_f/U_a = U_g/U_a = (1+\sqrt{3}-\lambda)/(\lambda+2)$ 和式（1.45）可得

$$U_f = U_g = k_4 U_a = \dfrac{1+\sqrt{3}-\lambda}{\lambda+2}\cdot\dfrac{\sqrt{2}(\lambda+2)}{3(\sqrt{3}+1)}\cdot U_{2N} = \dfrac{\sqrt{2}(1+\sqrt{3}-\lambda)}{3(\sqrt{3}+1)}U_{2N} \qquad (1.47)$$

4. 功率关系

当 $\dot{I}_\beta = j\dot{I}_\alpha$ 时，二次侧视在功率（输出容量）

$$S_2 = 2U_\alpha I_\alpha \tag{1.48}$$

从电流、电压变换关系可知，一次侧三相视在功率相同。一次侧总视在功率

$$S_1 = 3I_A U_A = 3 \cdot \frac{\sqrt{2}(\sqrt{3}+1)}{(\lambda+2)K} I_\alpha \cdot \frac{\sqrt{2}(\lambda+2)K}{3(\sqrt{3}+1)} U_\alpha = 2U_\alpha I_\alpha \tag{1.49}$$

由式（1.48）、式（1.49）显而易见，$S_1 = S_2$，变压器容量利用率为 100%（因为输出容量等于额定容量），一次侧线材利用率 $\eta_1 = 1$。

二次侧结构容量

$$S_{2f} = 2U_a \cdot \frac{\sqrt{\lambda^2+2\lambda+2}}{\lambda+2} I_\alpha + U_a \cdot \frac{\sqrt{2}}{\lambda+2} I_\alpha + 2 \cdot \frac{\sqrt{3}}{\lambda+2} U_a I_\alpha + 2\left|\frac{1+\sqrt{3}-\lambda}{\lambda+2}\right| U_a I_\alpha$$

$$= \frac{\sqrt{6}-\sqrt{2}}{6} \cdot 2U_\alpha I_\alpha \left(\sqrt{\lambda^2+2\lambda+2} + \frac{\sqrt{2}}{2} + \sqrt{3} + |1+\sqrt{3}-\lambda|\right) \tag{1.50}$$

二次侧线材利用率

$$\eta_2 = \frac{S_2}{S_{2f}} = \frac{6}{(\sqrt{6}-\sqrt{2})\left(\sqrt{\lambda^2+2\lambda+2} + \frac{\sqrt{2}}{2} + \sqrt{3} + |1+\sqrt{3}-\lambda|\right)} \tag{1.51}$$

YN▽联结平衡变压器，一次侧三相电流保持平衡；当二次侧两个输出端口带相同负载时，一次侧三相电流对称，且三相视在功率一样，故可以采用普通三相三柱式铁芯。

5. 讨 论

（1）k_3，k_4 与 λ 之间的关系

k_3，k_4 与 λ 由式（1.37）的两个式子联系，这三个参数并不独立，留有选择余地。任选 $\lambda > 0$，得相应的 k_3 和 k_4，都可以构成平衡变压器。若以某 λ 值为目标进行设计，当所得到的 λ 偏离目标值时，还可以根据所得到的 λ 值由式（1.37）确定 k_3 和 k_4。当新的 λ 值和前次的 k_3 和 k_4 满足式（1.37）时，变压器就达到平衡，即使所得到的 λ 与预先确定的目标值有差别，也不会破坏变压器的平衡性能。可见，YN▽联结平衡变压器对 λ 的取值无严格限制，这使得设计、制造更加方便。

图 1.21 给出了 k_3，$|k_4|$ 与 λ 的关系曲线。图中有对应 $\lambda = 1$，$\sqrt{3}+1$ 和 $2\sqrt{3}+1$ 的三个特殊点，选择其中某几个 λ 值构成的平衡变压器具有特殊意义。

若取 $\lambda = 1$，$k_3 = k_4 = \sqrt{3}/3$，此种变压器的平衡线圈和补偿线圈的匝数相同，不需要专门进行阻抗匹配，按结构对称性布置绕组就可以使变压器达到平衡，值得特别推荐。

若取 $\lambda = \sqrt{3}+1$，$k_3 = (\sqrt{3}-1)/2$，$k_4 = 0$，此种变压器正好是前面介绍的 YN▽ 联结阻抗匹配平衡变压器。可以说，YN▽ 联结阻抗匹配平衡变压器是 YN▽ 联结平衡变压器当 $\lambda = \sqrt{3}+1$ 时的特例。λ 取 $\sqrt{3}+1$ 与取其他值对应的变压器比较，二次侧少两个补偿线圈。如果 w_1 和一次侧施加的电压相同，要得到相同幅值的输出电压，二次绕组的总匝数之比为

$$\frac{w_{2\Sigma(\lambda)}}{w_{2\Sigma(\sqrt{3}+1)}} = \frac{\lambda + 4(2+\sqrt{3})}{9+5\sqrt{3}} \quad (1.52)$$

上式表明，在 $0 < \lambda \leq \sqrt{3}+1$ 范围内，$\lambda = \sqrt{3}+1$ 对应的变压器二次绕组的总匝数最多。

由式（1.51）计算可知，$\lambda = 2\sqrt{3}+1$ 对应的 YN▽ 联结平衡变压器的二次侧线材利用率 η_2 太低，无实用意义。

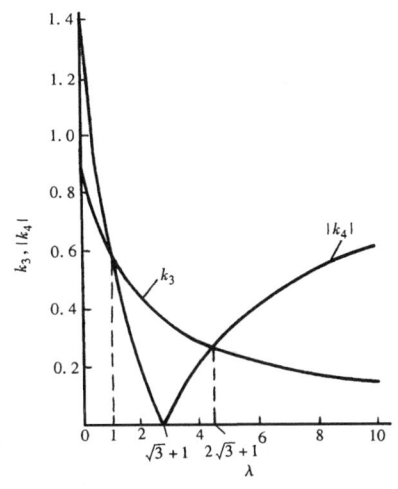

图 1.21　k_3，$|k_4|$ 与 λ 之间的关系曲线

（2）λ 的取值范围

在理论上，当 $\lambda > 0$ 时，k_3 和 k_4 取相应值都可以构成平衡变压器，但 λ 的取值要合乎工程实际，并要衡量变压器的有关指标。

当 $\lambda > \sqrt{3}+1$ 时，补偿线圈要反接。因此，$\lambda > \sqrt{3}+1$ 不可取。

图 1.22 为 η_2-λ 曲线。在 $0 < \lambda \leq \sqrt{3}+1$ 范围内，η_2 随 λ 增加而增大；在 $\lambda = \sqrt{3}+1$ 时达到最大值；当 $\lambda > \sqrt{3}+1$ 时，η_2 随 λ 增大而急剧下降。当 $\lambda > \sqrt{3}+1$ 时，二次侧线材利用率太低，不可取；当 $1 \leq \lambda \leq \sqrt{3}+1$ 时，$0.9045 \leq \eta_2 \leq 0.9195$，$\eta_2$ 的差别不大；虽然 $\eta_2|_{\lambda=1} < \eta_2|_{\lambda=\sqrt{3}+1}$，但 $\lambda = 1$ 时，无须专门进行阻抗匹配，绕组布置中还可以节省部分空间，减少部分绝缘材料，从而缩小变压器体积，故总的材料利用率并不一定低。

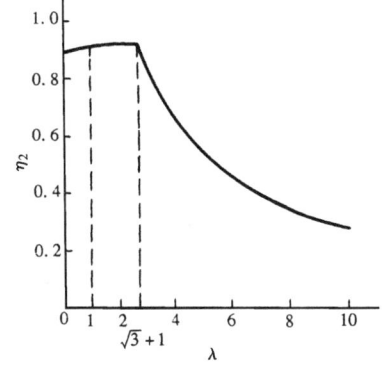

图 1.22　η_2-λ 曲线

综上所述，阻抗匹配系数 λ 的合理取值范围为 $1 \sim (\sqrt{3}+1)$。

6. 结　论

通过对 YN▽ 联结阻抗匹配平衡变压器的改进，构造了一种新型的 YN▽ 联结平衡变压器，其阻抗匹配系数可以在一定范围内任意选取，因而使变压器的设计和制造更加方便。阻抗匹配系数取值的灵活性对绕组布置具有重要意义，除平衡性能外，设计人员还可以尽量考虑减小电磁力、环流等问题。

为了使补偿线圈不反接、线材利用率较高等，阻抗匹配系数在 $1 \sim (\sqrt{3}+1)$ 范围取值较合适。

九、非阻抗匹配 YN▽ [YNd11（曲折延边）] 联结平衡变压器

在前面所述的 YN▽ 联结平衡变压器中，当 $\lambda = 1$，$k_3 = k_4 = \sqrt{3}/3$ 时，不需要专门进行阻抗匹配，按结构对称性布置绕组，就可以使该变压器达到平衡。这是 YN▽ 联结平衡变压器取 $\lambda = 1$ 的特例。由于它不需要专门进行阻抗匹配，所以称为非阻抗匹配 YN▽ 联结平衡变压器。

按类似前面所述的分析方法，经过演算得非阻抗匹配 YN▽ 联结平衡变压器的以下各种关系（参见图 1.20）。

1. 电压变换关系（忽略阻抗电压降）

二次侧两相输出端口的电压平衡方程与式（1.40）相同。

以 $k_3 = k_4 = \sqrt{3}/3$ 代入式（1.40），经过演算得二次侧两相输出端口电压 $\dot{U}_\alpha$，$\dot{U}_\beta$ 与一次侧三相电压 $\dot{U}_A$，$\dot{U}_B$，$\dot{U}_C$ 的关系为

$$\begin{bmatrix} \dot{U}_\alpha \\ \dot{U}_\beta \end{bmatrix} = \frac{\sqrt{3}}{3K} \begin{bmatrix} \sqrt{3}+1 & -1 & 0 \\ 0 & -1 & \sqrt{3}+1 \end{bmatrix} \begin{bmatrix} \dot{U}_A \\ \dot{U}_B \\ \dot{U}_C \end{bmatrix} \quad (1.53)$$

当 $\dot{U}_A$，$\dot{U}_B$，$\dot{U}_C$ 对称时，式（1.53）变换为

$$\begin{bmatrix} \dot{U}_\alpha \\ \dot{U}_\beta \end{bmatrix} = \frac{\sqrt{3}+1}{\sqrt{2}K} \dot{U}_A \begin{bmatrix} \underline{/15°} \\ \underline{/105°} \end{bmatrix} \quad (1.54)$$

式（1.54）表明对称三相电压输入后可转换成对称两相电压输出，并且 $\dot{U}_\beta = j\dot{U}_\alpha$，对应的相量图和图 1.19 相同。

由式（1.54）可得变压比为

$$K_U = \frac{U_{1N}}{U_{2N}} = \frac{\sqrt{3}\,U_A}{U_\alpha} = \frac{\sqrt{3}\sqrt{2}K}{\sqrt{3}+1} = \frac{\sqrt{6}}{\sqrt{3}+1} K \quad (1.55)$$

式中，U_{1N}，U_{2N} 分别为变压器一、二次额定电压。

由式（1.55）可得

$$K = \frac{\sqrt{3}+1}{\sqrt{6}} K_U \quad (1.56)$$

又因为 $K = w_1/w_2 = U_{1N}/(\sqrt{3}U_a)$，所以

$$U_a = U_b = U_c = \frac{\sqrt{6}}{\sqrt{3}+1} \cdot \frac{U_{1N}}{\sqrt{3}\,K_U} = \frac{\sqrt{2}}{\sqrt{3}+1} U_{2N} \quad (1.57)$$

由 $k_3 = w_3/w_2 = \sqrt{3}/3$ 和式（1.57）可得

$$U_\mathrm{d} = U_\mathrm{e} = k_3 U_\mathrm{a} = \frac{\sqrt{3}}{3} \cdot \frac{\sqrt{2}}{\sqrt{3}+1} U_\mathrm{2N} = \frac{\sqrt{2}}{3(\sqrt{3}+1)} U_\mathrm{2N} \tag{1.58}$$

由 $k_4 = w_4/w_2 = \sqrt{3}/3$ 和式（1.57）可得

$$U_\mathrm{f} = U_\mathrm{g} = k_4 U_\mathrm{a} = \frac{\sqrt{3}}{3} \cdot \frac{\sqrt{2}}{\sqrt{3}+1} U_\mathrm{2N} = \frac{\sqrt{2}}{3(\sqrt{3}+1)} U_\mathrm{2N} \tag{1.59}$$

2. 电流变换关系

二次侧内缩三角形 abc 接线线圈电流 $\dot{I}_\mathrm{a}$，$\dot{I}_\mathrm{b}$，$\dot{I}_\mathrm{c}$ 与两个输出端口负载电流 $\dot{I}_\alpha$，$\dot{I}_\beta$ 的关系为（参见图 1.20）

$$\begin{bmatrix} \dot{I}_\mathrm{a} \\ \dot{I}_\mathrm{b} \\ \dot{I}_\mathrm{c} \end{bmatrix} = \frac{1}{3} \begin{bmatrix} 2 & -1 \\ -1 & -1 \\ -1 & 2 \end{bmatrix} \begin{bmatrix} \dot{I}_\alpha \\ \dot{I}_\beta \end{bmatrix} \tag{1.60}$$

忽略空载电流后，A，B，C 三相铁芯柱的磁势平衡方程同式（1.34）。

因为 $\dot{U}_\beta = \mathrm{j}\dot{U}_\alpha$，所以当两个输出端口负荷功率因数相等时，$\dot{I}_\beta$ 比 $\dot{I}_\alpha$ 超前 90°；为了推导一次侧三相线圈电流 $\dot{I}_\mathrm{A}$，$\dot{I}_\mathrm{B}$，$\dot{I}_\mathrm{C}$ 与二次侧两个输出端口电流 $\dot{I}_\alpha$，$\dot{I}_\beta$ 的关系，以 $\dot{I}_\alpha$ 为基准相量，由式（1.34）、式（1.60）联解得

$$\begin{bmatrix} \dot{I}_\mathrm{A} \\ \dot{I}_\mathrm{B} \\ \dot{I}_\mathrm{C} \end{bmatrix} = \frac{1}{3(\sqrt{3}-1)K} \begin{bmatrix} \sqrt{3}+1 & -\mathrm{j}(\sqrt{3}-1) \\ -2 & -\mathrm{j}\,2 \\ -(\sqrt{3}-1) & \mathrm{j}(\sqrt{3}+1) \end{bmatrix} \begin{bmatrix} I_\alpha \\ I_\beta \end{bmatrix} \tag{1.61}$$

式（1.61）表明，无论负载电流 I_α，I_β 如何变化，一次侧三相电流 $\dot{I}_\mathrm{A}$，$\dot{I}_\mathrm{B}$，$\dot{I}_\mathrm{C}$ 都保持平衡，无零序电流，一次侧中性点可以接地；当 $\dot{I}_\beta = \mathrm{j}\dot{I}_\alpha$ 时，$\dot{I}_\mathrm{A}$，$\dot{I}_\mathrm{B}$，$\dot{I}_\mathrm{C}$ 对称，式（1.61）变换为

$$\begin{bmatrix} \dot{I}_\mathrm{A} \\ \dot{I}_\mathrm{B} \\ \dot{I}_\mathrm{C} \end{bmatrix} = \frac{I_\alpha}{3(\sqrt{3}-1)K} \begin{bmatrix} \sqrt{3}+1 & -\mathrm{j}(\sqrt{3}-1) \\ -2 & -\mathrm{j}\,2 \\ -(\sqrt{3}-1) & \mathrm{j}(\sqrt{3}+1) \end{bmatrix}$$

$$= \frac{\sqrt{2}(\sqrt{3}+1)}{3K} I_\alpha \begin{bmatrix} \underline{/-15°} \\ \underline{/-135°} \\ \underline{/105°} \end{bmatrix} \tag{1.61'}$$

式（1.61'）对应的相量图亦和图 1.19 相同。

由式（1.61'）可得变流比为

$$K_I = \frac{I_\mathrm{2N}}{I_\mathrm{1N}} = \frac{I_\alpha}{I_\mathrm{A}} = \frac{3K}{\sqrt{2}(\sqrt{3}+1)} \tag{1.62}$$

式中，I_1N，I_2N 分别为一、二次额定电流。

当 $\dot{I}_\beta = \mathrm{j}\dot{I}_\alpha$ 时，式（1.60）变换为

$$\begin{bmatrix} \dot{I}_a \\ \dot{I}_b \\ \dot{I}_c \end{bmatrix} = \frac{1}{3} \dot{I}_\alpha \begin{bmatrix} 2 & -j \\ -1 & -j \\ -1 & j2 \end{bmatrix} = \frac{1}{3} \dot{I}_\alpha \begin{bmatrix} \sqrt{5} \underline{/-26.6°} \\ \sqrt{2} \underline{/-135°} \\ \sqrt{5} \underline{/116.6°} \end{bmatrix} \tag{1.60'}$$

3. 功率关系（当 $I_\alpha = I_\beta$ 时）

二次侧两相视在功率（输出容量）

$$S_2 = U_\alpha I_\alpha + U_\beta I_\beta = 2U_\alpha I_\alpha$$

一次侧三相视在功率

$$S_1 = 3U_A I_A = 3 \cdot \frac{\sqrt{2}K}{\sqrt{3}+1} U_\alpha \cdot \frac{\sqrt{2}(\sqrt{3}+1)}{3K} I_\alpha = 2U_\alpha I_\alpha$$

可见，一次侧三相视在功率与二次侧两相视在功率是相等的（忽略变压器的损耗）。亦即变压器一次侧线材利用率 $\eta_1 = 1$，并且变压器容量利用率为 100%（因为输出容量等于额定容量）。

二次侧结构容量

$$S_{2f} = 2U_a \cdot \frac{\sqrt{5}}{3} I_\alpha + U_a \cdot \frac{\sqrt{2}}{3} I_\alpha + 4 \cdot \frac{\sqrt{3}}{3} U_a \cdot I_\alpha = \frac{1}{3}(2\sqrt{5} + \sqrt{2} + 4\sqrt{3})U_a I_\alpha$$

$$= \frac{1}{3}(2\sqrt{5} + \sqrt{2} + 4\sqrt{3}) \cdot \frac{\sqrt{2}}{\sqrt{3}+1} U_\alpha I_\alpha = 2.2111 U_\alpha I_\alpha$$

变压器二次侧线材利用率

$$\eta_2 = \frac{S_2}{S_{2f}} = \frac{2U_\alpha I_\alpha}{2.2111 U_\alpha I_\alpha} = 0.9045$$

变压器一、二次侧线材利用率平均值

$$\eta = \frac{1}{2}(\eta_1 + \eta_2) = \frac{1}{2} \times (1 + 0.9045) = 0.9523$$

4. 非阻抗匹配 YN▽ 联结平衡变压器与 YN▽ 联结阻抗匹配平衡变压器的比较

采用非阻抗匹配 YN▽ 联结平衡变压器的牵引变电所接线情况，与采用 YN▽ 联结阻抗匹配平衡变压器的牵引变电所类似，二者的优缺点基本相同（如前述）。下面再略述二者的若干不同点。

非阻抗匹配 YN▽ 联结平衡变压器与 YN▽ 联结阻抗匹配平衡变压器分别是 YN▽ 联结平衡变压器取 $\lambda = 1$ 与 $\lambda = \sqrt{3}+1$ 的特例。在 YN▽ 联结平衡变压器中，前者不需要专门进行阻抗匹配，绕组布置最容易，设计制造最方便；后者绕组设计条件 $[\lambda = \sqrt{3}+1, w_3/w_2 = (\sqrt{3}-1)/2]$ 最苛刻，设计制造最困难；λ 取其他值的情况则介于二者之间。

根据式（1.52），在 YN▽ 联结平衡变压器中，在相同的额定容量和额定电压条件下以及 $0 < \lambda \le \sqrt{3}+1$ 的范围内，$\lambda = \sqrt{3}+1$ 对应的 YN▽ 联结阻抗匹配平衡变压器二次绕组总匝数最多；非阻抗匹配 YN▽ 联结平衡变压器二次绕组总匝数比前者少将近 10%。

YN▽ 联结阻抗匹配平衡变压器二次侧线材利用率为 0.919 5，非阻抗匹配 YN▽ 联结平衡变压器二次侧线材利用率为 0.904 5，二者差别不大。后者虽然比前者约低 1.5%，但因无须专门进行阻抗匹配，绕阻布置中还可以节省部分空间，减少部分绝缘材料，从而缩小变压器体积，故总的材料利用率并不一定低。

计算表明，在 λ 偏离标准值 ±5% 的条件下，在一次侧（YN 侧）引起的中性点电流 I_N，其在非阻抗匹配 YN▽ 联结平衡变压器内的值略小于其在 YN▽ 联结阻抗匹配平衡变压器内的值。

由上述可知，YN▽ 联结平衡变压器的基础理论具有一般性，它涵盖了 YN▽ 联结阻抗匹配平衡变压器和非阻抗匹配 YN▽ 联结平衡变压器各个对应的方面。因此，后面阐述平衡变压器的容量计算、电压损失等技术经济参数时，均首先以 YN▽ 联结平衡变压器为基础进行阐述，然后推演到 YN▽ 联结阻抗匹配平衡变压器和非阻抗匹配 YN▽ 联结平衡变压器。不仅如此，还应该明确指出下列三点：

① 上述三种平衡变压器的一、二次电流变换关系式可以统一，变为相同的公式，即将式（1.29）代入式（1.23），将式（1.44）代入式（1.38），将式（1.56）代入式（1.61），经过演算均可得到下式

$$\begin{bmatrix} \dot{I}_A \\ \dot{I}_B \\ \dot{I}_C \end{bmatrix} = \frac{1}{\sqrt{6}K_U} \begin{bmatrix} \sqrt{3}+1 & -j(\sqrt{3}-1) \\ -2 & -j2 \\ -(\sqrt{3}-1) & j(\sqrt{3}+1) \end{bmatrix} \begin{bmatrix} I_\alpha \\ I_\beta \end{bmatrix} \quad (1.63)$$

② 上述三种平衡变压器的变流比 K_I 与变压比 K_U 的关系式相同，即将式（1.29）代入式（1.24），将式（1.44）代入式（1.39），将式（1.56）代入式（1.62），经过演算均可得到下式

$$K_I = \frac{\sqrt{3}}{2} K_U \quad (1.64)$$

③ 将 $(\sqrt{3}+1) \geq \lambda \geq 1$ 的实际数值分别代入 YN▽ 联结平衡变压器的各有关公式，可得到 YN▽ 联结阻抗匹配平衡变压器、非阻抗匹配 YN▽ 联结平衡变压器和 λ 为 $1 \sim (\sqrt{3}+1)$ 之间的任一值的 YN▽ 联结平衡变压器的各对应的公式，使分析变得简便。

这三点无论在理论研究上，还是在技术应用上，都是很有意义的。

第三节　牵引网

一、牵引网的组成

最简单的牵引网是由馈电线、接触网、轨道和大地、回流线构成的供电网的总称。牵引电流从牵引变电所主变压器流出，经由馈电线、接触网供给电力机车，然后沿轨道和大地、回流线流回牵引变电所主变压器。

馈电线由硬铝绞线或钢芯铝绞线架设在电杆上组成，其截面面积应满足馈电电流的要求。

接触网是牵引网的主体。接触网悬挂方式采用架空式的简单悬挂或单链形悬挂。前者没有承力索，只有接触线等，分为简单接触悬挂和弹性简单接触悬挂，如图1.23（a）、（b）所示；后者除接触线外，还有承力索、吊弦等，分为简单支柱吊弦单链形悬挂（简称简单链形悬挂）和弹性支柱吊弦单链形悬挂（简称弹性链形悬挂），如图1.24（a）、（b）所示。

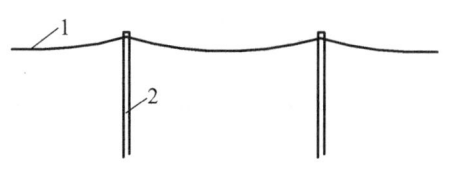

（a）简单接触悬挂示意图

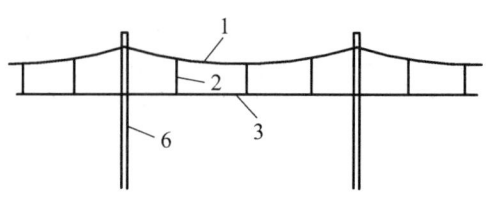

（a）简单支柱吊弦单链形悬挂示意图

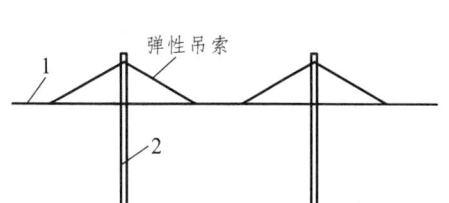

（b）弹性简单接触悬挂示意图

图 1.23 架空式的简单悬挂示意图

1—接触线；2—支柱

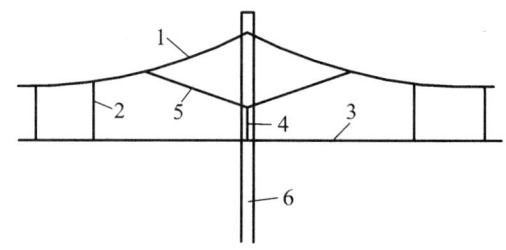

（b）弹性支柱吊弦单链形悬挂示意图

图 1.24 架空式的单链形悬挂示意图

1—承力索；2—吊弦；3—接触线；4—短吊弦；
5—辅助绳；6—支柱

在国外（如日本）的高速铁路上，还采用架空式的弹性双链形悬挂，即在承力索与接触线间增加一根辅助承力索，如图1.25所示。

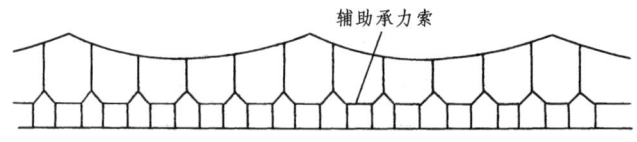

图 1.25 弹性双链形悬挂示意图

接触线和承力索，在20世纪90年代以前，GLCA-$\frac{100}{215}$与GLCB-$\frac{85}{173}$型钢铝接触线和GJ-70与GJ-100型钢绞线承力索用得较多，部分采用TCG-100与TCG-85型铜接触线和TJ-95与TJ-100型铜绞线承力索（这些型号规格及其表示方法都是沿用老的）。进入21世纪初，《铁路电力牵引供电设计规范》规定，接触线宜采用铜合金或铜接触线；新建干线电气化铁路承力索采用铜合金绞线，一些次要电气化铁路（如矿山铁路、地方专用线等）承力索可采用除铜合金或铜以外的其他材质绞线。先是关于高速铁路设计的几个暂行规定，后是《高速铁路设计规范》，都明确要求，接触线、承力索应采用铜合金材质。既有干线电气化铁路承力索采用铜绞线的区段，按铁运函〔2012〕976号文件要求，应逐步更换成铜合金绞线。

铜与铜合金接触线按材料分类,有铜、铜银合金、高强度铜银合金、铜镁合金、高强度铜镁合金与铜锡合金等类型;按标称截面面积分类,有 85 mm²,110 mm²,120 mm² 和 150 mm² 等规格。产品型号用以下形式表示:

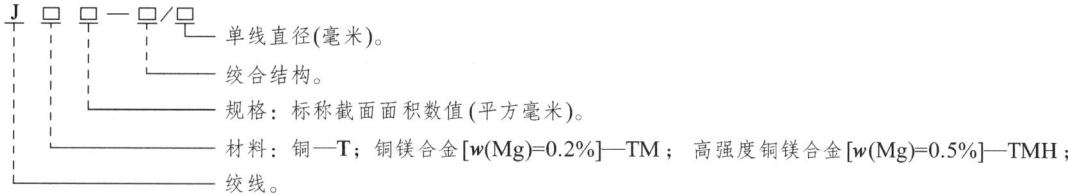

铜与铜合金绞线承力索按材料分类,有铜、铜镁合金、高强度铜镁合金等类型;按标称截面面积分类,有 70 mm²,95 mm²,120 mm² 和 150 mm² 等规格。产品型号用以下形式表示（绞合结构和单线直径可略去）:

```
J□□□-□/□ ── 单线直径(毫米)。
           ── 绞合结构。
           ── 规格:标称截面面积数值(平方毫米)。
           ── 材料:铜—T;铜镁合金[w(Mg)=0.2%]—TM;高强度铜镁合金[w(Mg)=0.5%]—TMH;
           ── 绞线。
```

不过,一些次要的电气化铁路（如矿山铁路、地方专用线等）仍有采用钢铝接触线和钢绞线承力索的,其型号规格与基本参数和从前相同。

在牵引电流大于一根承力索和一根接触线构成的接触悬挂允许载流量的区段,可增大接触线、承力索截面面积,或增设加强线与接触悬挂并联。加强线可采用 LGJ-185 型钢芯铝绞线、LBLGJ-185 型铝包钢芯铝绞线或 LJ-185 型铝绞线,也有采用 LGJ-240 型钢芯铝绞线或 LJ-240 型铝绞线的。

钢轨按其每米质量分别为 75 kg/m、60 kg/m、50 kg/m、43 kg/m 等,钢轨定尺长主要有 100 m,75 m,25 m,12.5 m。有缝线路轨道毗连两根钢轨间有鱼尾板连接,两条轨道每隔 300 m 用圆钢并联。国家干线铁路多采用焊接无缝线路轨道。

在设置自动闭塞装置的线路上,全线一般分成许多闭塞分区。闭塞分区的工作也利用轨道电路,如图 1.26（a）所示,相邻闭塞分区之间的轨道接缝相互绝缘。在电气化区段,绝缘轨缝两侧,各设一个扼流线圈,每侧两轨道间借助扼流线圈并联,两扼流线圈中点互连,以便牵引电流流通。而信号电流仅在各闭塞分区的轨道电路以内流通,不会越过绝缘轨缝两侧扼流线圈中点的互连线。

在设置自动闭塞的双线上,两线路之间可在闭塞分区分界点并联。这时只需将两线路对应的扼流线圈中点的连接线接通即可,如图 1.26（b）所示。

牵引变电所主变压器 27.5 kV 侧接地相的回流线,一方面必须用扁钢与接地网相连。其连接方法,可以直接与接地网相连,也可以通过接地放电保护装置与接地网相连。另一方面必须与轨道相连。其连接方法,在牵引变电所有专用岔线的情况下,直接用扁钢和专用岔线轨道相连,岔线的所有轨缝的电连接应连接可靠。在牵引变电所无专用岔线的情况下,为了将主变压器 27.5 kV 侧接地相端子与轨道相连,有时中间相当长一段回流线要采用架空硬铝绞线或钢芯铝绞线,或采用电力电缆。回流线截面面积应满足回归电流的要求。

常用的接触线、承力索、加强线等主要导线和钢轨的类型与基本参数,详见第三章第一节。导线与接触悬挂允许载流量的确定及截面面积的选择,详见第五章第四节。

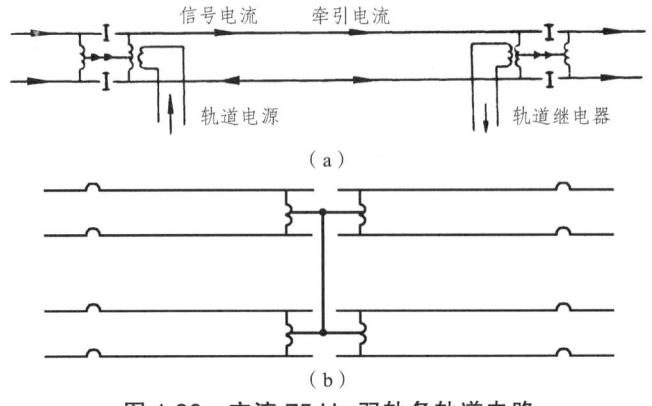

图 1.26 交流 75 Hz 双轨条轨道电路

二、牵引变电所向接触网的供电方式（简称接触网供电方式）

1. 单线区段

我国的电气化铁路牵引变电所向接触网的供电方式普遍采用一边供电。单线区段的一边供电方式如图 1.27 所示，接触网供电分区由牵引变电所从一边供应电能。由于这个缘故，每个接触网供电分区通常称为一个供电臂。相邻两牵引变电所之间毗连的供电臂相互绝缘，电力机车只从一个牵引变电所取用电流。除单相联结牵引变电所外，相邻两牵引变电所之间毗连的供电分区属于同相（图中 A,C；C,B 为对应供电臂电压相序）。这样，在必要时，也可在分界点设置分区所，将毗连的两个供电分区连通，由一个牵引变电所越区供电。由于我国的电气化铁路接触网普遍采用一边供电方式，越区供电方式也不经常应用，所以在相邻两牵引变电所之间的毗连供电分区分界点，迄今不设置分区所，只设置分相绝缘器和一台联络开关。联络开关应纳入远动系统，当需要时，也可实现越区供电。一边供电方式的优点是倒闸操作和继电保护比较简单，独立性强，牵引网中也不会出现穿越电流或平衡电流。

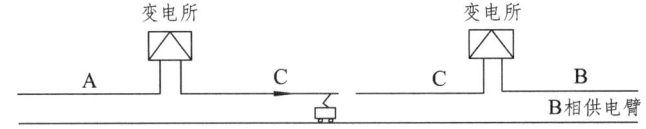

图 1.27 单线区段的一边供电方式

2. 双线区段

（1）同相一边并联供电

如图 1.28 所示，图中 A,C 和 C,B 为对应供电臂相序，两相邻牵引变电所之间毗连的供电臂上、下行接触网电压皆属同相。在两相邻牵引变电所之间的供电臂分界点设置分区所。在每个供电臂的末端，通过分区所的断路器等装置，可以将上、下行接触网连通。因此，这种供电方式称为同相一边并联供电，也称上、下行串联供电。电力机车通过上、下行接触网从一个牵引变电所取用电流，使分配到每条接触网中的电流减小，从而可以显著降低牵引网中的电压损失和电能损失，上、下行接触悬挂负载较均匀，一般都采用这种供电方式。这种供电方式的缺点是开关设备、继电保护和倒闸操作比较复杂。

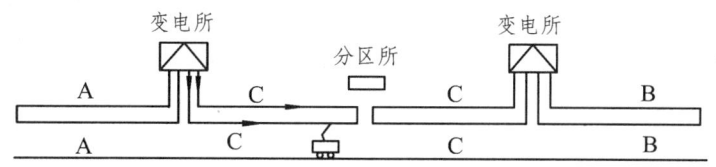

图 1.28 双线区段的同相一边并联供电方式

(2) 同相一边分开供电

仍可用图 1.28 说明，不同点在于供电臂的上、下行接触网不连接，电力机车通过行驶的本线路的接触网从一个牵引变电所取用电流。这种供电方式的优点是开关设备、继电保护和倒闸操作比较简单。其缺点是，不能降低牵引网中的电压损失和电能损失；而且在运行中，上、下行接触网之间容易出现较大的电压差，当电力机车受电弓通过车站线岔时，可能产生电弧，将站场接触网的分段绝缘器烧伤。

(3) 同相一边全并联供电

同相一边全并联供电是在每个车站利用柱上负荷开关将上、下行接触网并联，形成并联网络。并联负荷开关可以自动投切，也可以经设于车站的远动终端 RTU 由电力调度控制。

同相一边全并联供电方式比同相一边末端并联供电方式更能有效地减小牵引网阻抗，减小牵引网电压损失和电能损失。又能对接触网短路进行有效的保护，即当接触网短路时，牵引变电所两馈线断路器自动跳闸，接触网瞬时失电，负荷开关随即自动断开，上、下行接触网分开。此时，通过变电所的故障判断装置确定故障线路，而非故障线路即刻自动重合送电。如果是瞬时性故障，两条线路分别送电成功后，负荷开关自动重合，又恢复到全并联供电方式。但是，同相一边全并联供电方式的开关设备、继电保护和自动化装置复杂。

三、牵引网向电力机车的供电方式（简称牵引网供电方式）

牵引网向电力机车的供电方式有直接供电（DF）方式、带回流线的直接供电（DN）方式、自耦变压器（AT）供电方式、吸流变压器（BT）供电方式和同轴电力电缆（CC）供电方式等。

直接供电（Direct Feed）方式是将从牵引变电所输出的电能，直接通过接触网供应给电力机车，而回归电流则通过轨道、大地回到牵引变电所（参见图 1.2）。这种供电方式的特点是，供电回路的构成最简单，工程投资、运营成本和维修工作量都少；但对邻近的通信光（电）缆线路、油气管道和油气库等有较大的电磁干扰影响，钢轨电位在理论上比其他供电方式要高。在第八章之前涉及的牵引网内容，就是针对直接供电方式的牵引网来叙述的。

带回流线的直接供电方式和自耦变压器供电方式分别详见第八章第一节、第二节。吸流变压器供电方式已经退役，同轴电力电缆供电方式因我国电气化铁道未采用，故从略。

牵引网向电力机车的供电方式的选择，应综合铁路、电力系统等技术经济因素比选确定。一般情况宜采用直接供电方式或带回流线的直接供电方式；运输繁忙的干线、高速重载区段或沿铁路电力系统电源点（发电厂、地区变电站）较少的区段和高速铁路，可采用自耦变压器供电方式。至于理由，在学习了第八章后便知。

第四节 电力机车（动车组）的相关知识

电力机车的工作过程是：牵引变电所输出的高压交流电送到接触网以后，由机车受电弓和接触线接触而引入机车，机车电流经过主断路器（含隔离刀闸）、高压电流互感器，到机车变压器一次绕组，再经过低压电流互感器、车体、接地电刷、轮轴、车轮到轨道，然后经轨道、大地等流回牵引变电所。机车变压器将高压交流电变为较低电压的交流电，经过整流器整流后变为直流电，供给直流牵引电动机（对于交—直型电力机车）；或者经过脉冲整流器整流后变为直流电，输入逆变器，逆变器将直流电逆变为对称三相交流电，供给交流三相异步牵引电动机（对于交—直—交型电力机车）。牵引电动机得电旋转，其转轴输出的机械功率通过齿轮传动装置使轮对转动，轮对作用于轨道，轨道以大小相等、方向相反的力作用于轮对，而且轮轨之间存在足够的黏着力，于是产生轮周牵引力，使机车牵引列车运行。下面分别简介交—直型电力机车和交—直—交型电力机车，以及列车电流曲线和列车能耗等相关知识。

一、交—直型电力机车

交—直型（又称整流型）电力机车有多种型号，如适用于重载货运的 SS_4 型，适用于快速客运和准高速客运的 SS_8 型和 SS_9 型，适于客货运通用的 SS_3 型和 SS_7 型等。这里以 SS_8 型为例。

1. 概　述

SS_8 型客运电力机车是工频交流晶闸管相控整流机车，该机车采用 $B_0—B_0$ 轴式，总重 88 t，轴重 22 t，机车持续功率为 3 600 kW，机车最高速度为 170 km/h。工作电压额定值为 25 kV，最高值为 29 kV，最低值为 20 kV。

SS_8 型电力机车的主要技术特点为：

① 主电路为不等分三段半控桥式整流电路，转向架电机并联供电，采用晶闸管分路的无级磁场削弱电路，可实现全运行区无级调速。

② 机车电制动方式为加馈电阻制动，在低速区也能保持大的制动力。

③ 采用微机控制系统，控制功能有：特性控制（恒流准恒速控制）、空转（滑行）保护控制、速度分级控制系统的制动配合控制、过电分相的操纵控制以及诊断、监测显示功能。

④ 机车设有列车供电系统，可向旅客列车提供照明、风扇、空调、采暖、茶炉等供能电源。

⑤ 机车可安装速度分级控制系统，与车载微机进行通信、查询，并执行牵引至电制动的优先转换。

⑥ 转向架采用轮对空心轴六连杆弹性传动装置，减轻了簧下质量。牵引装置为推挽式低位平牵引杆。

⑦ 采用 900 kW 脉流牵引电动机。该牵引电动机为全叠片结构，双 H 级绝缘。

⑧ 空气制动机系统采用 DK—1 型机车电控制动机，具有空电联合制动功能，并能实现列车的电控制动系统的电指令直通控制。

⑨ 车体为整体承载结构。

2. 主电路

SS_8 型电力机车的主电路包括：牵引变压器（又称机车变压器、主变压器）、整流调压电路及磁场削弱电路、牵引电动机电路和电制动电路。

（1）牵引变压器

牵引变压器的一次侧——网侧，电路原理图如图 1.29 所示。它是 25 kV 高压电路。

如前所述，单相工频交流电流从接触网流入升起的受电弓，经主断路器 QF、主变压器 TE 的高压绕组，再由车体、轮对、轨道、大地返回牵引变电所。

电压互感器 1 TV 检测接触网电压，其电压比为 25 kV/100 V。它接在主断路器 QF 之前，升起受电弓，就可判断接触网是否有电。二次侧通过保护用自动开关 QA，接至网压表 1 PV、2 PV 和电能表 PJ 的电压线圈。

主断路器 QF 除接通和开断机车的总电源外，当主电路发生短路、过载、接地等故障时，还起最后一级保护作用。

主断路器的隔离刀闸一端接避雷器 F，用以抑制操作过电压和大气过电压。

电流互感器 1 TA 和 2 TA 都是用于测量主变压器

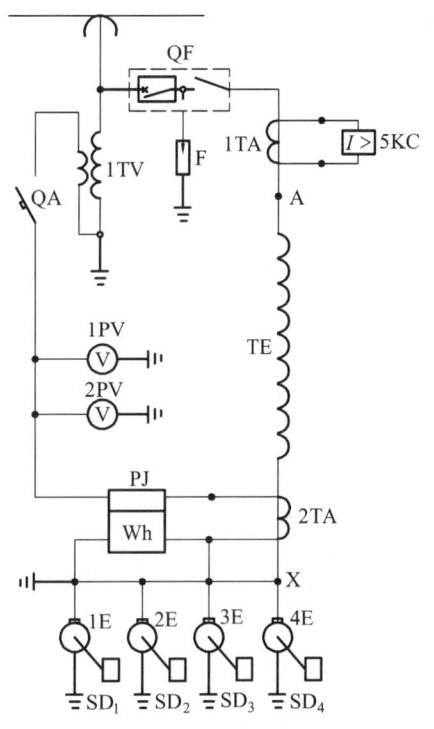

图 1.29 网侧电路原理图

的网侧电流的，但作用不同。1 TA 主要用作短路电流的检测，是保护用电流互感器；其二次电流用作驱动过电流继电器 5 KC 动作，因而对其饱和度有较高要求，对其检测精度的要求比测量用电流互感器低。它接在主变压器高压绕组的 A 端，即使主变压器高压绕组对地短路也能保护。2 TA 用来测量机车正常运行时的工作电流，要求其有较高的测量精度，负载为电能表 PJ 的电流线圈。2 TA 安装于主变压器高压绕组的 X 端，以降低对电流互感器的绝缘要求。

机车每一轴端装有接地电刷 1 E ~ 4 E，用以构成回流电路，以防止电流流过车轴轴承产生电蚀。轮对的另一轴端装有速度传感器 SD_1 ~ SD_4，用以检测轮对的转速。

牵引变压器二次侧有牵引绕组、励磁绕组和辅助绕组。牵引绕组向整流调压电路供电，励磁绕组在加馈电阻制动时用于构成励磁电源，辅助绕组用于向辅助电路供电。

（2）整流调压电路及磁场削弱电路

整流调压电路及磁场削弱电路由两个独立的单元组成，分别向对应转向架上两台并联的牵引电动机供电。这里以其中Ⅰ端转向架的整流调压单元为例，说明其调压过程。

图 1.30 为Ⅰ端转向架整流调压单元的简化电路，它是不等分三段半控桥式整流电路，可以提高机车整个调速区功率系数的平均值。

49

在使用整流调压方式调节机车速度时，先控制牵引绕组 a_2—x_2 供电的整流桥，改变其晶闸管 VT_5 和 VT_6 的相控角，使整流电压由 0 增加至 $\frac{1}{2}U_d$，整流电压波形如图 1.31（a）所示；随后控制牵引绕组 a_1—b_1 供电的整流桥，改变其晶闸管 VT_1 和 VT_2 的相控角，使整流电压从 $\frac{1}{2}U_d$ 增加至 $\frac{3}{4}U_d$，整流电压波形如图 1.31（b）所示；接着控制牵引绕组 b_1—x_1 供电的整流桥，改变其晶闸管 VT_3 和 VT_4 的相控角，使整流电压从 $\frac{3}{4}U_d$ 增加至 U_d，整流电压波形如图 1.31（c）所示。

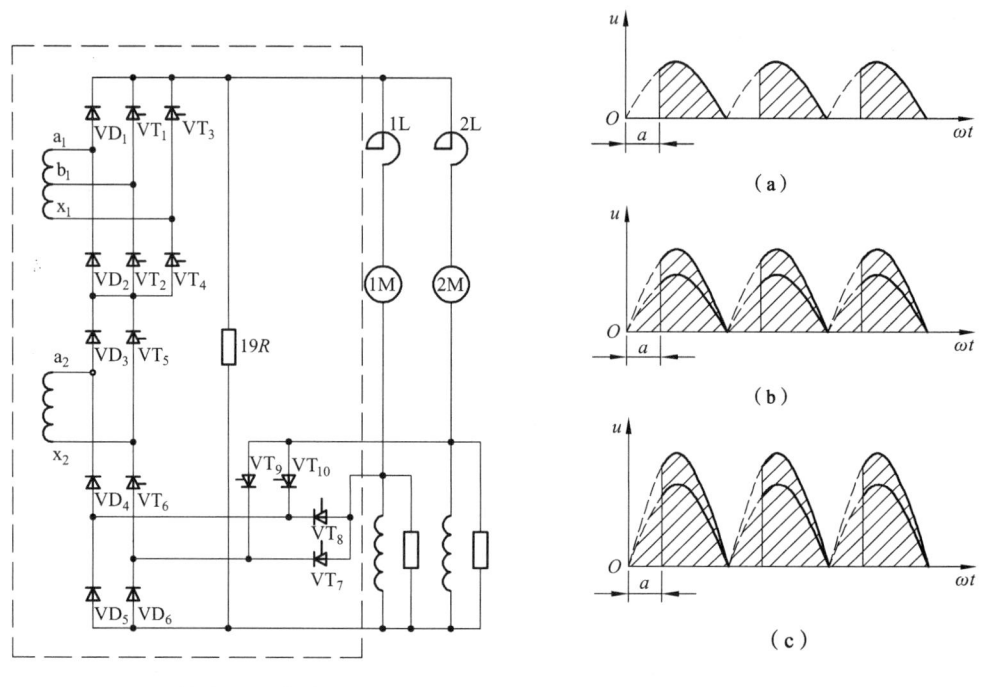

图 1.30 整流调压电路原理图　　　　图 1.31 整流电压波形

另外，当晶闸管未触发时，即在相控角 α 这一段时间内，牵引电动机电流将通过半导体二极管 VD_1，VD_2，VD_3，VD_4，VD_5 续流。

Ⅱ端转向架的整流调压电路与Ⅰ端转向架的整流调压电路类似。

当牵引电动机的端电压达到最大值后，如果要求机车继续加速，那么就要使用磁场削弱方式控制。在图 1.30 中，晶闸管 VT_7、VT_8 构成牵引电动机 1M 的磁场削弱控制电路，控制它们在正、负半周的轮流导电时间，并将励磁电流分路，实现从满磁场到最深磁场的削弱。电路中半导体二极管 VD_5 和 VD_6 的作用是使晶闸管 VT_7 和 VT_8 电压过零时截止。

（3）牵引电动机电路

SS_8 型电力机车向前牵引时的牵引电动机电路原理图如图 1.32 所示，图中以牵引电动机 1M 为例，各电器的作用如下：

① 平波电抗器 1 L。由于机车采用相控整流调压，其电压波形有很大的脉动，因此在牵引电动机电路中串联平波电抗器 1 L，以抑制谐波电流，改善牵引电动机的换向。

② 接触器 1 KM。其作用是带负荷操作断开和接通牵引电动机电路。

③ 电流传感器 1 SC 和 5 SC。分别测量牵引电动机的电枢电流和励磁电流。

④ 电压传感器 1 SV。测量牵引电动机的端电压。

⑤ 固定分路电阻 1 R。其作用是使电枢电流中的交流分量分流，以减小磁通的脉动和主极温升。

⑥ 隔离开关 1 QS。为了使牵引电动机因故障被切除时电路有明显的断开点。

⑦ 位置转换开关（图中未示出）。机车的方向控制是利用位置转换开关改变励磁电流的方向来实现。

⑧ 库用电源插头 1 XS 和开关 7 QS。在库内动车时使用。

（4）电制动电路

SS_8 型电力机车电制动方式采用加馈电阻制动。在电制动时，牵引电机各励磁绕组串联后由励磁电源供电。牵引电机的电枢电路除串联制动电阻外，还串联接入一段整流桥（加馈电阻制动由此得名），其电制动工况的简化电路图如图 1.33 所示。由于电枢电路中串联接入一段整流桥，因而电制动时，电枢电流方向应与牵引时相同。机车进行电制动时，列车的运行方向不变，牵引电机已从电动机状况转换至发电机状况。为了保证电驱电流的方向与牵引时相同，电制动时励磁

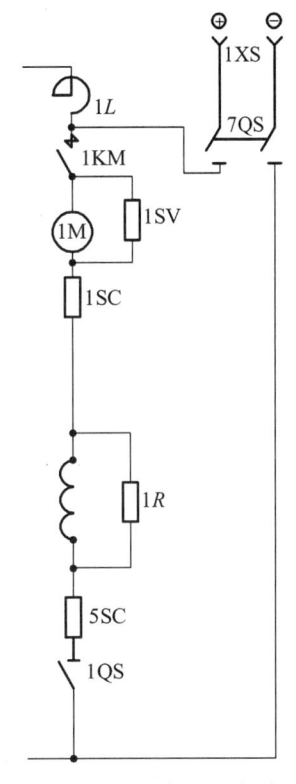

图 1.32　向前牵引时电动机 1 M 支路原理图

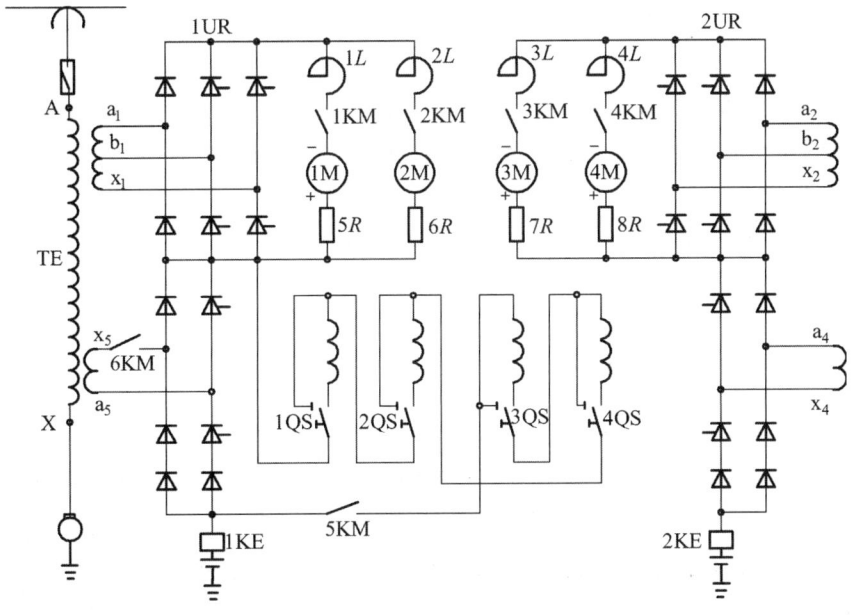

图 1.33　电制动工况简化电路图

电流的方向应与牵引时相反。在高速区，制动力通过改变励磁电流来调节；在低速区，随着机车速度的降低，逐步提高加馈整流电压，以保持大的制动力。电力机车电阻制动时，运行在发电机状况的牵引电机发出的电能由制动电阻消耗掉；而加馈电阻制动时，要从接触网汲取电能。

3. 机车特性

SS$_8$型电力机车由脉流串励牵引电动机驱动，牵引电动机由晶闸管整流器供电。机车采用闭环控制，对晶闸管整流器进行相位控制，可以输出平滑的可变电压；对晶闸管整流器进行磁场削弱控制，可得到连续变化的励磁电流。因而可以得到无级调速的运行特性。

（1）机车速度特性

机车速度特性是指机车运行速度 v 与牵引电动机电枢电流 I_a 的关系 $v = f(I_a)$。机车速度特性计算公式为

$$v = \frac{U_d - I_a R_d}{C\Phi} \tag{1.65}$$

式中，v 为机车运行速度（km/h）；U_d 为牵引电动机端电压（V）；I_a 为牵引电动机电枢电流（A）；R_d 为牵引电动机回路电阻（Ω）；Φ 为牵引电动机主极磁通（Wb）；C 为机车常数。

由于机车采用恒流准恒速控制（特性控制），机车运行电流和速度随司机控制器手柄级位而变化。SS$_8$型电力机车的司机控制器手柄分18级，但级位是连续的，即标定的两级位间的位置也可以使用。

SS$_8$型电力机车牵引电动机的额定参数为：额定功率 915 kW，额定电压 1 030 V，额定电流 945 A，额定转速 1 095 r/min，最深磁场削弱系数 0.43。该机车在牵引电动机达到额定电压 1 030 V、额定电流 945 A 以后，若要使机车继续增加速度，则使电压逐渐增加至 1 100 V，相应的电流由 945 A 线性减小至 885 A，以维持机车功率不变。减小电枢电流的目的在于改善牵引电动机的换向。为了继续增加速度，可采用磁场削弱的方式，将磁场分路系数 β 从 0.87 减小至 0.43。

SS$_8$型电力机车速度特性曲线 $v = f(I_a)$ 如图 1.34 所示。图中，1，2，…，18，表示司机控制器手柄级位，对于不同级位的速度特性，由两段直线组成了机车的恒流准恒速特性。ABCDEFG 为限制曲线，例如，AB 为机车最大启动电流限制曲线，FG 为机车最高速度限制曲线，等等。

（2）机车牵引力特性

机车牵引力特性是指机车轮周牵引力 F_k 与牵引电动机电枢电流 I_a 的关系 $F_k = f(I_a)$。机车牵引力特性计算公式为

$$F_k = \frac{3.6 N U_d I_a \eta_d \eta_c}{v} \cdot 10^{-3} \tag{1.66}$$

式中，F_k 为机车轮周牵引力（kN）；N 为牵引电动机台数；U_d 为牵引电动机端电压（V）；I_a 为牵引电动机电枢电流（A）；η_d 为牵引电动机效率；η_c 为机车传动效率；v 为机车运行速度（km/h）。

根据牵引电动机的试验数据所得到的机车牵引力特性数值绘制的机车牵引力特性曲线 $F_k = f(I_a)$ 如图 1.35 所示。图中，β 为磁场分路系数（也称磁场削弱系数）。

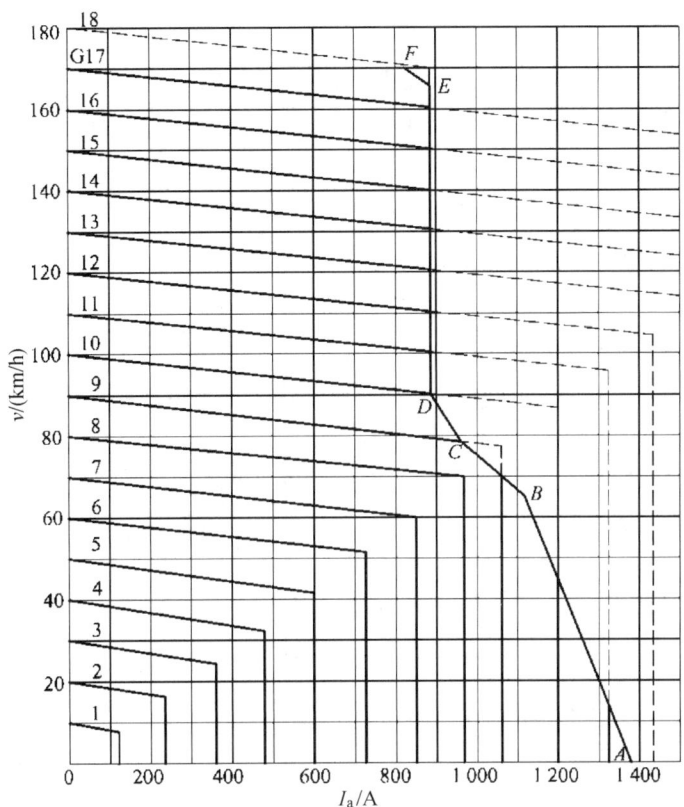

图 1.34 机车速度特性曲线 $v = f(I_a)$

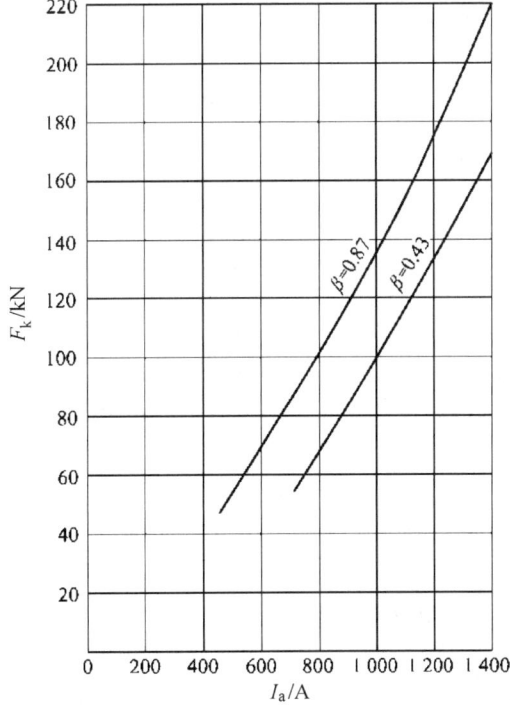

图 1.35 机车牵引力特性曲线 $F_k = f(I_a)$

（3）机车牵引特性

机车牵引特性是指机车轮周牵引力 F_k 与机车运行速度 v 的关系 $F_k = f(v)$。机车牵引特性 $F_k = f(v)$ 可由前述机车速度特性 $v = f(I_a)$ 和机车牵引力特性 $F_k = f(I_a)$ 求得。SS_8 型电力机车的牵引特性如图 1.36 所示。图中，2，4，…，16，表示司机控制器手柄级位；ABCDEFG 表示限制曲线，SS_8 型电力机车可以运行于该图中限制曲线以内的任何一点。

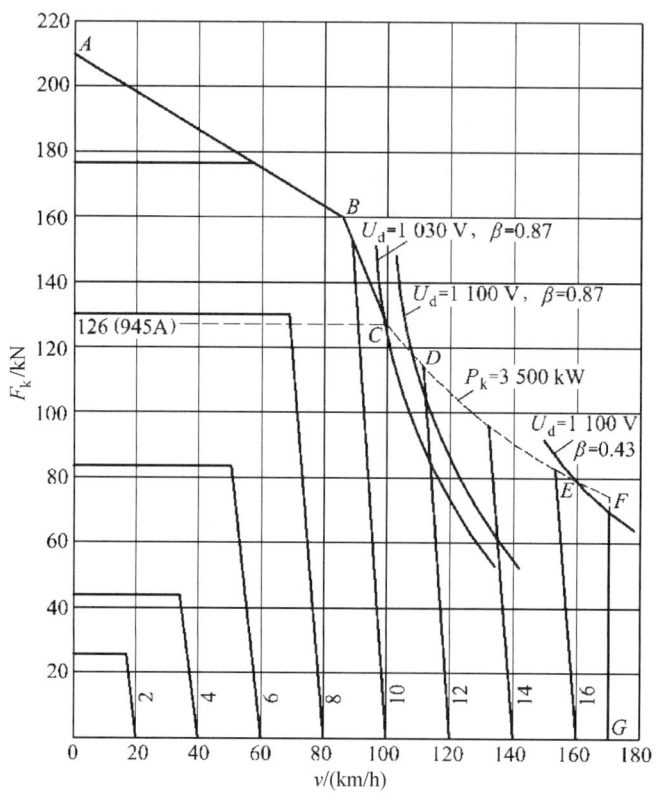

图 1.36 机车牵引特性曲线 $F_k = f(v)$

4. 交—直型电力机车的谐波电流和功率因数

（1）谐波电流

交—直型电力机车由于换相过程（对于二极管整流器机车）或相控过程（对于晶闸管相控整流器机车），导致机车电流波形发生了畸变；又由于平波电抗器感抗并非无限大，而为某一定值，因此实际通过整流器的电流波形也不是平滑的直流电流，依然有脉动。于是，反映到机车变压器一次侧的电流（机车电流）$i(\omega t)$ 波形是周期性的非正弦波。利用傅里叶级数可将其分解为一系列频率为基波频率整数倍的正弦波的叠加，表达式为

$$i(\omega t) = I_0 + \sum_{n=1}^{\infty} \sqrt{2} I_n \sin(n\omega t + \varphi_n) \tag{1.67}$$

式中，I_0 为直流分量；$\sqrt{2} I_1 \sin(\omega t + \varphi_1)$ 为基波电流；I_n 为第 n 次谐波电流有效值；φ_n 为第 n 次谐波电流初相角。

所以，交—直型电力机车是牵引供电系统或电力系统的谐波源之一。

（2）功率因数

电力机车的功率因数是指机车变压器一次侧的有功功率与视在功率之比，以 μ 表示，即

$$\mu = \frac{\text{有功功率} P}{\text{视在功率} S}$$

在交—直型电力机车牵引时，由上述已知，机车电流不再是正弦波，变成了基波和谐波的组合波。其中只有基波电流才能产生有功功率（一次电压 U_1 近似认为是正弦波），谐波电流由于跟电压不同频率，不产生有功功率。因此功率因数 μ 即为

$$\mu = \frac{U_1 I_1 \cos\varphi_1}{U_1 I} = \frac{I_1}{I} \cos\varphi_1 = \lambda \cos\varphi_1 \tag{1.68}$$

式中，$\lambda = I_1 / I$ 为基波电流有效值与非正弦电流有效值之比，称为电流波形畸变系数；$\cos\varphi_1$ 为基波电流与一次电压之间的相移系数。

畸变系数 λ 表示机车电流波形相对于正弦波形的畸变程度。如果电流波形没有畸变，则 $\lambda = 1$；电流波形的畸变程度越大，λ 越小。对于交—直型电力机车，由于上述原因导致的机车电流波形畸变是不可避免的，所以畸变系数 λ 恒小于 1。

相移系数 $\cos\varphi_1$ 亦即基波电流的功率因数。对于交—直型电力机车，上述原因不但导致机车电流波形畸变，而且使机车变压器一次侧的基波电流 I_1 明显滞后于同侧的电压 U_1。因此，相移系数 $\cos\varphi_1$ 小于 1。

所以，交—直型电力机车的功率因数 $\mu = \lambda \cos\varphi_1$ 比较低，一般在 0.9 以下，平均为 0.8~0.85。

二、交—直—交型电力机车

1. 概 述

交—直—交型电力机车又称交流传动电力机车。目前，世界电力牵引动力已转向以交流传动电力机车为主体。发达国家新造的高速机车、重载机车与客货运通用机车已经全部为交流传动机车。

我国于 1996 年研制成功第一台 4 轴 4 000 kW 交流传动干线电力机车 AC 4 000，这标志着我国电力牵引技术进入了交流传动时代。到 2000 年，首批可供商用的大功率交流传动电力机车投入运营。其中，熊猫号交流传动高速客运电力机车与蓝箭号交流传动高速动车组动力车是我国当时技术最先进、功率最大、并达到国际先进水平的机车。AC 4 000、熊猫号（DJ 型）、蓝箭号（DJJ 型）的牵引功率分别为 4 000 kW、4 800 kW、4 800 kW；最高速度分别为 120 km/h、220 km/h、305 km/h；调速方式都是变压变频方式（VVVF）；电制动方式都是再生制动。后来发展为和谐号（如 HXD_1 型~HXD_3 型等）交流传动电力机车、和谐号（如 CRH_1 型~CRH_3 型、CRH_5 型等）与复兴号（如 CR400AF 型、CR400BF 型等）交流传动高速动车组等。

2. 主电路

主电路由牵引变压器、牵引变流器、牵引电动机等主要部件构成,如图 1.37 示例。主电路的作用是把来自接触网的单相工频交流电变换成满足牵引电动机要求的可连续平滑变压、变频的对称三相交流电,经牵引电动机产生机械牵引力,以满足电力牵引的要求。

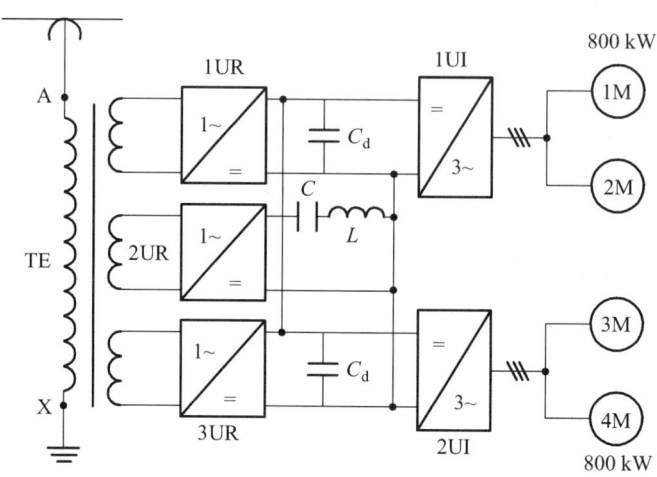

图 1.37 交—直—交型电力机车主电路图示例

(1) 牵引变压器

牵引变压器 TE 的一次侧——网侧,电路原理图与图 1.29 基本相同,参见该图和对应的说明。牵引变压器二次侧牵引绕组各自给牵引变流器的各脉冲整流器供电。牵引变压器二次侧还有辅助绕组给辅助电路供电。

(2) 牵引变流器

牵引变流器包括脉冲整流器 UR 和逆变器 UI,采用大功率自关断电力半导体器件 IGBT 构成,是交—直—交型电力机车主电路的关键环节。机车牵引时,脉冲整流器将接触网输入的交流电变换成电压稳定的直流电供给逆变器;逆变器将直流电变换为对称三相交流电供给牵引电机。再生制动时,逆变器将牵引电机发出的交流电变换为直流电;脉冲整流器将直流电变换为交流电,通过牵引变压器反馈回接触网。机车再生制动时,主电路不作任何改变,只需要通过控制装置使转差频率 $f_{S1} = sf_S$(s 为转差率,f_S 为定子频率)为负即可实现再生制动。为了使系统有更好的动态特性,并尽可能地消除对系统影响最大的谐波,广泛使用了正弦脉冲宽度调制(SPWM)技术。后面图 1.40、图 1.41、图 1.42 和图 1.44 中,VI 为绝缘栅双极型晶体管 IGBT,它是双极型晶体管 BJT 和功率场控晶体管 MOSFET 的复合器件。IGBT 所能应用的范围基本上替代了传统的晶闸管 SCR、可关断晶闸管 GTO 和双极型晶体管 BJT 等器件。IGBT 具有高可靠性、驱动简单、保护容易、开关频率高以及不用缓冲电路等特点。

① 脉冲整流器的结构和原理。

a. 脉冲整流器的基本结构和滤波器。

脉冲整流器是应用 SPWM 技术发展起来的一种新型电源变流器,它既可将电网输入的交流电变换成直流电输出,用以牵引,也可将直流电逆变成交流电反馈回电网。无论牵引或逆变,它都可以使交流电网侧的电流和电压同相位、波形近似正弦,从而使脉冲整流器交流侧的功率因数接近1。因此，它能大大提高电网的功率因数，使电网的谐波污染减小到最低程度。
图1.38是一个理想的脉冲整流器示意图，设交流输入侧的电压$u_N(t)$、电流$i_N(t)$均为正弦且同相位，直流侧输出功率$P_d(t)$恒定，脉冲整流器无功率损耗，则根据能量守恒定律得

$$P_N(t) = u_N(t) \cdot i_N(t) = U_N I_N [1 - 2\cos(2\omega t)] = P_d(t) = u_d(t) \cdot i_d(t) \quad (1.69)$$

式中，$P_N(t)$为交流输入侧功率，U_N和I_N分别为交流输入侧电压和电流有效值。

若脉冲整流器直流侧输出电压$u_d(t)$恒定，且其平均值为U_d，则输出电流为

$$i_d(t) = \frac{u_N(t) \cdot i_N(t)}{u_d(t)} = \frac{U_N I_N}{U_d}[1 - 2\cos(2\omega t)] \quad (1.70)$$

由此可见，脉冲整流器输出直流电流与交流输入侧功率，都以2倍电网频率脉动。若要在逆变器输入端得到平滑的直流电压与电流，必须在脉冲整流器与逆变器之间并联接入一个由电感L_2、电容C_2串联组成的滤波器，用以平衡以2倍电网频率脉动的能量。若要使交流输入侧电流$i_N(t)$为正弦且与同侧电压$u_N(t)$同相位，则要在脉冲整流器与牵引变压器二次侧牵引绕组之间串联接入一个滤波电感L_N，以消除因SPWM产生的高次谐波，如图1.39所示。另外，图中C_d为并联支撑电容，它的作用是稳定直流电压，同时对脉冲整流器和逆变器产生的高次谐波电流滤波；当它充电到逆变器额定电压时，逆变器可以投入工作。

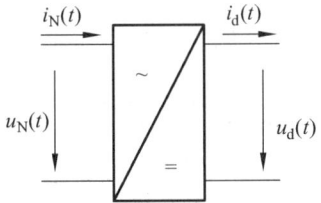

图1.38 脉冲整流器的基本结构

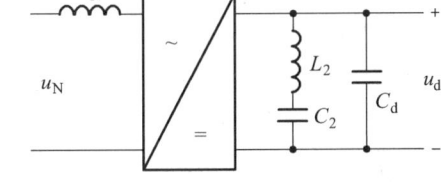

图1.39 脉冲整流器的滤波器

b. 脉冲整流器的主电路结构与工作原理。

脉冲整流器的基本主电路如图1.40所示，图1.40（b）是图1.40（a）的另一种画法。电路中，$u_N(t)$是牵引变压器二次侧牵引绕组的正弦电压，U_d是脉冲整流器输出的恒定直流电压，$u_S(t)$是脉冲整流器输入端的电压，它是用单相逆变器在SPWM控制下的电压。

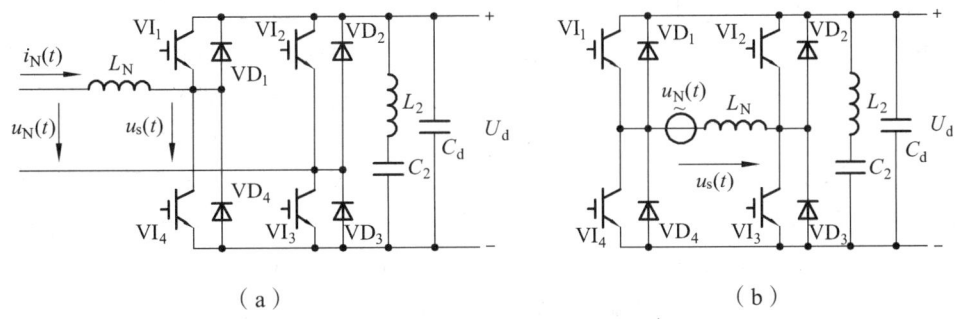

图1.40 脉冲整流器的基本主电路

在图 1.40 所示的电路中，设直流电压 U_d 恒定，电路按 SPWM 方式工作。$u_N(t)$，L_N 支路中的电压、电流的极性（方向）可有以下几种：

VI_1，VI_3 导通，电流由 VI_1 流向 VI_3，这时，电压、电流均为正；

VD_1，VD_3 导通，电流由 VD_3 流向 VD_1，这时，电压为正，电流为负；

VI_2，VI_4 导通，电流由 VI_2 流向 VI_4，这时，电压、电流均为负。

VD_2，VD_4 导通，电流由 VD_4 流向 VD_2，这时，电压为负，电流为正。

若用"象限"的概念来表示电压、电流的相对极性，则上述四种工作模式可用 1~4 象限来表示，即脉冲整流器能够在四个象限中运行，因此它也被称为四象限整流器。从本质上说，这种整流器是按斩波方式工作的整流器，所以，它通常被称为脉冲整流器。

总之，脉冲整流器（四象限整流器）能够在四个象限内按正弦脉冲宽度调制 SPWM 方式工作，除维持中间直流电压恒定外，还能够控制 $u_s(t)$ 的相位和大小以及 $i_N(t)$ 的升降变化速度，使接触网侧电流波形接近正弦，并使基波电流与接触网电压保持同相位。

② 逆变器的结构和原理。

a. 单相桥式逆变器的结构和原理。

逆变器的作用是将直流电变换为交流电。图 1.41 为单相桥式逆变器电路与波形图，当开关 VI_1，VI_3 导通、VI_2，VI_4 断开时，u_0 为正；当开关 VI_2，VI_4 导通、VI_1，VI_3 断开时，u_0 为负。逆变器输出电压 u_0 为交流。改变两组开关的切换频率就可以改变输出交流电的频率。当负载为电阻—电感性质时，假设开关 VI_2，VI_4 导通前，负载电压、电流均为正，那么当开关 VI_2，VI_4 导通、VI_1，VI_3 断开时，负载电压的极性立刻变负。由于负载中有电感，所以电流不能立刻改变而仍然维持原来的方向。这时，负载电流将经过 VD_2、直流电源、VD_3 流通，负载中的储能向电源反馈，负载电流减小，当负载电流为零后才反向并逐渐增大。

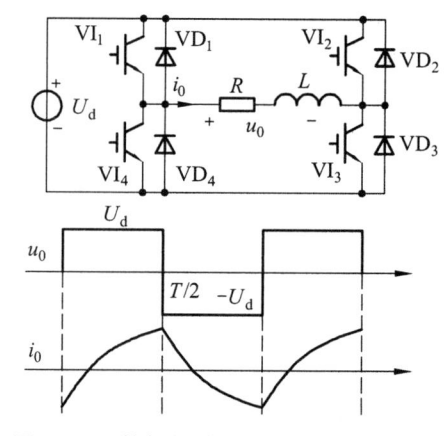

图 1.41 单相桥式逆变器电路与波形图

在逆变器中，若直流电源是电压源，则称电压源逆变器；若直流电源是电流源，则称电流源逆变器。由于电压源逆变器优点突出，所以国内外大都采用它构成交—直—交型电力机车的主电路。

b. 三相方波电压源逆变器。

三相方波电压源逆变器电路如图 1.42 所示。该电路是 180° 导通型的，即每个桥臂导电角度为 180°。各相开始导电的角度依次相差 120°，这样在任意瞬间，都有三个桥臂同时导通，每次换流总是在同一相上下两个桥臂之间进行。依据这个原则，在图 1.42 所示电路中，主开关的导通顺序为：第一步，VI_1，VI_2，VI_3 导通；第二步，VI_2，VI_3，VI_4 导通；第三步，VI_3，VI_4，VI_5 导通；第四步，VI_4，VI_5，VI_6 导通；第五步，VI_5，VI_6，VI_1 导通；第六步，VI_6，VI_1，VI_2 导通；……；每个状态持续 60°，如此循环运行。当负载为三相对称"星形连接"时，根据导通规则，可得到逆变器输出端对假想的电源中点 O 之间的电压 u_{AO}，u_{BO}，u_{CO}，输出线电压 u_{AB}，负载上的相电压 u_{AN} 的波形，如图 1.43 所示。

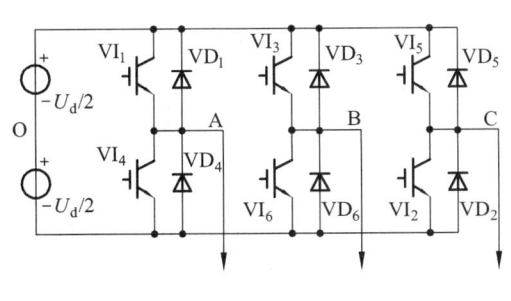
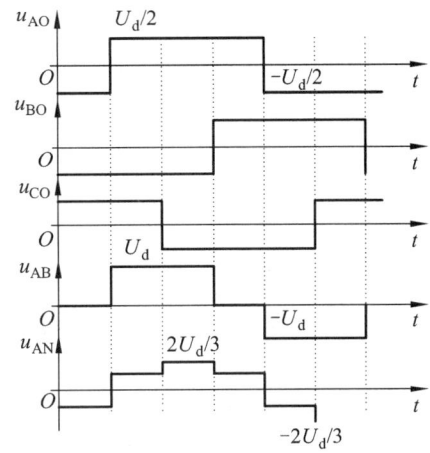

图 1.42 三相 180°方波电压源逆变器　　图 1.43 负载星形连接时图 1.42 电路的波形图

将线电压、相电压分别作傅氏级数分解，再分别计算有效值以后可知，在方波方式下，逆变器输出电压中主要的谐波为 5，7 次，其占比重不大；而输出电压的有效值与基波电压的有效值大，直流电压的利用好，有利于发挥牵引变流器与牵引电机的功率。所以，交—直—交型电力机车的逆变器在调速的最后阶段都工作在这种方式下。

c. 两电平逆变器与多电平逆变器。

在图 1.42 中，逆变器桥臂输出端对假想的直流电源中点的电压只有两种：$U_d/2$ 或 $-U_d/2$。所以，这种逆变器称为两电平逆变器。它的结构和控制都简单，因此被广泛使用。随着变流器容量与电压的提高，一种多电平逆变器被开发出来，应用前景最好的是三电平逆变器，也称中点钳位逆变器，其 A 相电路如图 1.44 所示。

与两电平逆变器不同，三电平逆变器桥臂输出端对直流电源中点的电压有三种：$U_d/2$，0，$-U_d/2$。当逆变器方波运行时，牵引电机的相电压有 12 个阶梯，这样可以

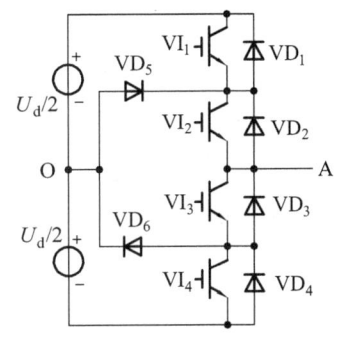

图 1.44 三电平逆变器的 A 相电路

使牵引电机的转矩脉动减小。三电平逆变器的另一个突出优点是，如果采用主管串联方式，则主管的耐压值可以降低一半，因此，可以选用耐压值较低的元件来构成高压、大型逆变器，而系统的成本不致过大。

③ 脉冲宽度调制的基本原理。

脉冲宽度调制（PWM）是将电压控制与频率控制集中于逆变器一起完成。通过对逆变器开关器件的通、断进行控制，使逆变器输出一系列幅值相等而宽度不同的脉冲，用它来代替正弦波。按照一定的规则控制各脉冲的宽度，可实现逆变器输出电压与频率的调节。其主要优点是，可得到接近正弦的输出电压，且系统简单，动态响应好。

PWM 技术是利用一个控制信号（通常是正弦波，此时输出波形接近正弦波，称为正弦脉冲宽度调制 SPWM）与一个较高频率的等腰三角波相比较，以产生开关的通断控制信号。其规则是，当正弦控制信号幅值大于等腰三角波幅值时，比较器输出 $+U_d/2$，反之输出 $-U_d/2$。

这样就得到双极性的脉冲列，脉冲宽度与控制信号的高度（幅值）成正比，如图 1.45 所示。将此脉冲列作傅氏级数分解，可知其成分是控制信号与高次谐波。若去除高次谐波，就得到被放大了的开关的通断控制信号。图 1.45 中，等腰三角波为载波，正弦波为调制波。

通常等腰三角波的频率与幅值固定，正弦波的幅值与频率是调节量。正弦控制信号的幅值与等腰三角波信号的幅值之比称为幅值调制比（m_a）；等腰三角波信号的频率与正弦控制信号的频率之比称为频率调制比（m_f）。

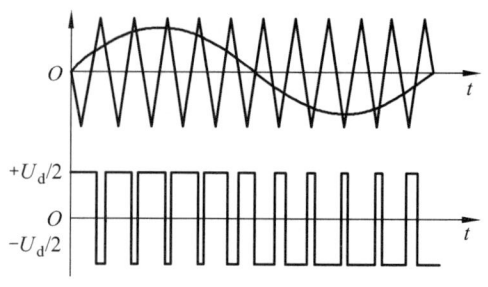

图 1.45　SPWM 原理示意图

实现 SPWM 的方式有三种：分离（混合）电路、专用集成电路和计算机（单片机）电路。（不详述）

（3）牵引电动机

交—直—交型电力机车的牵引电动机就是交流三相异步电动机。与直流电机相比，交流电机特别是三相异步电动机具有以下优点：

① 功率大、体积小、质量轻、运行可靠。异步电动机没有换向器和电刷装置，它不受有换向器的电机中所谓的电抗电势与片间电压的限制，能以更高的转速运行。

② 结构简单，维修工作量很小，环境适应能力更强。

③ 有良好的牵引性能。合理地设计系统的调压调频特性，可以实现大范围的平滑调速；异步电动机的硬机械特性有助于提高黏着利用率并有防止空转的能力；此外，异步电动机过载能力强，可有更大的启动力矩。

但是，三相异步电动机的调速比直流电动机的调速困难得多，原因是三相异步电动机的调速需要同时调节电机的定子电压与频率。在过去很长时期内，由于无法实现高效率、大范围、平滑的电压与频率调节，致使交流牵引系统未能得到应用。近几十年来，随着科学技术的进步，电力半导体开关和系统控制理论得到了迅速的发展。于是，体积小、质量轻、功率大、效率高的静止牵引变流器投入应用，使交流三相异步电动机成功地应用于交—直—交型电力机车，为交流传动电力机车的应用与发展奠定了基础。

三相异步电动机在逆变器供电的情况下，电机的定子电压与频率均可独立进行调节，这使得电机的转速与力矩的控制非常灵活方便。笼型三相异步电动机的调速方法很多，但在变频调速方面主要有三种方法：转差频率—电流控制调速，矢量变换—磁场定向控制（矢量变换控制）调速，直接转矩控制调速。（不详述）

3. 交—直—交型电力机车的牵引特性和制动特性

三相异步电动机在逆变器供电的情况下，通过调节电机的定子电压与频率而调节转子转速与转矩的控制方式有以下几种（不详述；右下角标 S 代表定子）。

（1）恒电压频率比控制：保持电压频率比（U_S/f_S）为常数进行控制的方式。

（2）恒磁通控制：保持电势频率比（E_S/f_S）不变，按磁通（Φ_S）为常数进行控制的方式。

（3）恒电流控制：保持定子电流（I_S）为常数进行控制的方式。

（4）恒功率控制：当电机端电压上升到某一个值后不再随频率升高而升高，这时电机的定子电压不变，频率可变，电机将以恒电磁功率（P_S）为条件进行控制的方式。

如果按一定的函数关系对三相异步电动机的定子电压与频率进行协调控制，就可以使电机在某种最佳性能指标下运行。不同控制方式下的三相异步电动机的特性构成了交—直—交型电力机车的牵引特性和制动特性。

图 1.46 是交—直—交型电力机车的牵引特性和制动特性示意图。牵引特性分为如下几段：从启动至 5～10 km/h 为低速区。在这一区段内要求牵引力能克服启动阻力，以保持足够的加速度。此时，黏着系数最大，牵引力也最大。随着运行速度的提高，根据列车运行动力学可知，列车的黏着系数将减小。为防止黏着破坏而引起打滑，牵引力必须在黏着限制区内，所以牵引力应随着运行速度的提高而降低。在恒功率区，牵引力与运行速度成反比。

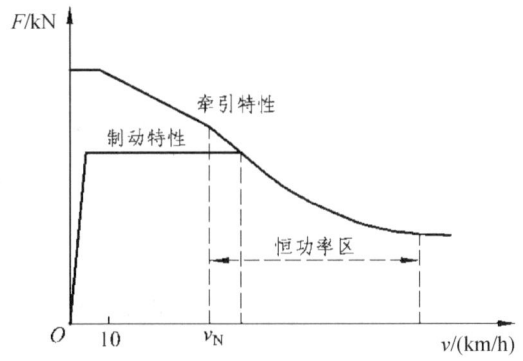

图 1.46　交—直—交型机车的牵引特性和制动特性

为了得到所需的牵引特性，可在低速启动段对电机进行恒磁通控制，这样，电机有大的恒定牵引力；当机车运行速度提高后，应改变电机的工作点，如减小转差频率值，使电机的转矩变小，机车的牵引力下降；当达到机车的额定运行速度 v_N 时，进入恒功率区，按转差率 s 为常数控制，使电机恒功率运行，机车也恒功率运行。

再生制动时，通过控制电机的转差频率使其为负值，以实现牵引电机的发电运行。在低速段，采用恒磁通控制，使制动力矩为常值；在高速区段，采用恒功率控制，以防止电机过载。

机车再生制动时，牵引电机工作在发电状况，并向逆变器供电；逆变器工作在整流状况，并向脉冲整流器供电；脉冲整流器工作在逆变状况，并向牵引变压器二次侧牵引绕组供电；再通过牵引变压器高压绕组，将再生电能反馈回接触网。

4. 交—直—交型电力机车的谐波电流和功率因数

如前所述，交—直—交型电力机车的脉冲整流器是应用 SPWM 技术发展起来的新型电源整流器。无论是牵引或逆变，都可以通过 SPWM 技术，控制脉冲整流器交流侧的电压 $u_s(t)$ 的相位和大小以及电流 $i_N(t)$ 的升降变化速度，使网侧交流电流与电压波形近似正弦、相位差接近 0°，从而使对电网的谐波污染减小到最低程度，网侧的功率因数大大提高。

分析表明，脉冲整流器的输入功率和输出电流都是以 2 倍电网频率脉动。由于在脉冲整流器与逆变器之间并联一个由电感电容串联组成的滤波器，用以平衡以 2 倍电网频率脉动的能量；还并联一个支撑电容，它们都有滤去高次谐波的作用。又由于在脉冲整流器交流侧与牵引变压器二次侧牵引绕组之间串联一个滤波电感，从而消除因 SPWM 而产生的高次谐波。

如果交—直—交型电力机车的 N 组（如 6 组）脉冲整流器的调制波相位一致，但载波相位不一致，依次相差 30°、60°、…、30°·N（如 30°×6 = 180°），即载波与调制波错开相位，则能更好地减小谐波电流。

简言之，交—直—交型电力机车运行时，机车变压器网侧交流电流中，谐波电流含量减小、频谱加宽；功率因数大大提高，可达 0.98 以上。

三、列车电流曲线和列车能耗

1. 列车运行的状况

列车电流曲线是指列车电流 i 与列车运行里程 l 的关系 $i = f(l)$，或列车电流 i 与列车运行时间 t 的关系 $i = f(t)$。列车电流曲线与列车运行的状况有关。列车运行的状况有多种，有的在前面已零散提及，这里再集中简述如下：

- 启动 机车由静止状况到所要求的正常牵引状况的过程。
- 牵引 电力机车用电运行，即牵引电动机通电旋转，将电能变为机械能，驱动轮对转动，使机车牵引列车运行。
- 加速 机车运行速度提高。
- 减速 机车运行速度降低。
- 惰行 电力机车不用电运行，即牵引电动机不通电，列车靠惯性前进。
- 制动 对列车加制动力，使列车减速或停止前进。电力机车有空气制动、电阻制动、加馈电阻制动和再生制动等。
- 停站 在中间站因会让、待避列车或列车装卸等原因使机车无作业的停留。此时，电力机车受电弓一般不予降下，其耗电量按惰行的同样计算。

列车的运行状况还有前进、后退等。列车的各种运行状况都是司机利用司机室的对应设备操纵实现的。

列车启动时，电流逐渐增加到最大值，然后随着列车展速而减小。对交—直型电力机车而言，列车运行级位高时速度增高，电流加大；运行级位低时速度降低，电流减小。列车惰行和停站时，电力机车只使用小量自用电电流。

列车电流曲线和列车运行的状况，还与铁路线路的情形有关。铁路线路有平直道、曲线和坡道等。上坡时列车自重所形成的阻力使列车运行阻力加大。电力机车的牵引力就是用来克服摩擦力、空气阻力、坡道阻力等各种形式的阻力的。阻力加大，所需牵引力和列车电流也加大。下坡时，列车的自重形成牵引力，这时可采用惰行、减速或制动等方式运行。由于电力机车可以施行电阻制动，或加馈电阻制动，或再生制动，所以可在具有长而大的下坡道的线路上提高列车牵引定数（又称牵引吨数或列车重量标准，指一定类型的机车在一定的限制坡度下，可以牵引车辆的总吨数）。

2. 电力机车牵引电流特性曲线

对于前面简介的交—直型电力机车和交—直—交型电力机车,作者没有搜集到对应的牵引电流特性资料,以致该特性缺项。故此处作为弥补,以 SS_4 型电力机车牵引电流特性曲线为例进行介绍,以便初学者对该特性曲线具有基本概念。

电力机车牵引电流(即机车牵引变压器一次侧——网侧电流)i 与机车速度 v 的函数关系 $i=f(v)$ 称为牵引电流特性。图 1.47 为 SS_4 型(1~158 号)与 SS_4 改型电力机车 $i=f(v)$ 特性曲线,其中 SS_4 型(1~158 号)为实线,由该型机车型式试验数据整理得出;SS_4 改型为虚线,由有关试验数据整理得出。

图 1.47 表明,最大牵引电流在机车牵引特性的恒功区,SS_4 型(1~158 号)为点 $N\sim N_3$,相应速度为 51.5~73.5 km/h,$i=310\sim313$ A(与牵引电机额定电流 840 A 对应);SS_4 改型为 $N'\sim N_3'$,相应速度为 51.5~83 km/h,$i=300\sim292$ A。启动区 $Q\sim N$ 与 $Q'\sim N'$,i 均较小,随 v 增加而增大。由于 SS_4 改型功率因数补偿装置已投入工作,所以 v 大于 30 km/h 后,SS_4 改型牵引电流小于 SS_4 型(1~158 号)牵引电流。

$i=f(v)$ 特性曲线还显示,该机车在正常牵引运行情况下,当速度低(负载重)时,取用电流增大;当速度高(负载轻)时,取用电流减小。

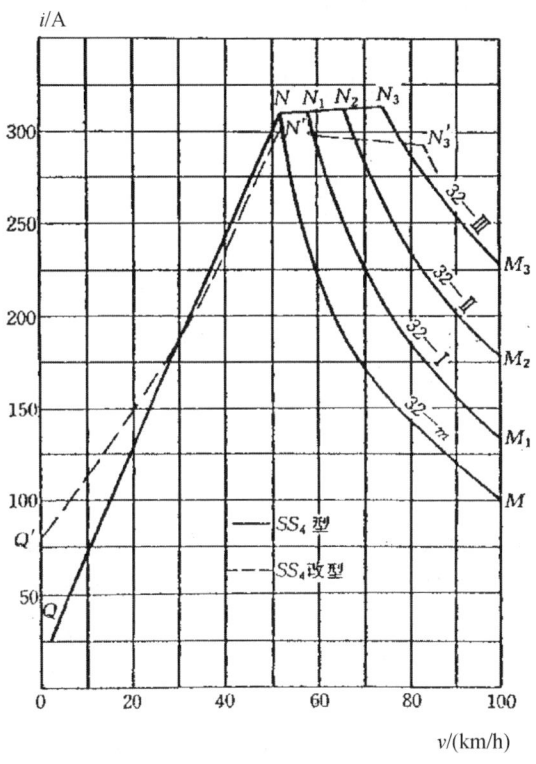

图 1.47 SS_4 型(1~158 号)与 SS_4 改型电力机车牵引电流特性曲线 $i=f(v)$

3. 实测列车电流曲线和列车能耗

在已经运行的电气化铁路上,可以用实测的方法获得列车电流曲线和列车能耗。图 1.48 是实测的交—直型电力机车牵引的列车运行时的电流曲线 $i=f(l)$。沿线路有 -1.92‰ 到 +8.7‰ 的上、下坡道,主要是上坡。列车在 1~2 km 处启动完毕。随后列车电流的起伏反映着线路崎岖的情形。曲线上所标的数字表示列车电流的功率因数,其平均值为 0.8。

电力机车上装有电能表,用来测量列车运行中的电能消耗量。

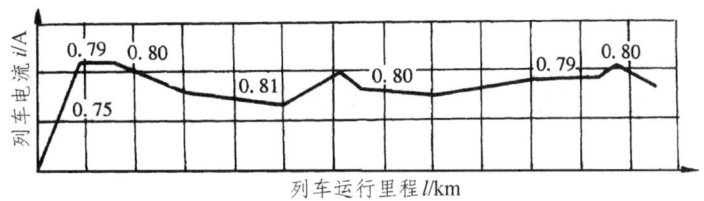

图 1.48 实测的列车运行时的电流曲线

4. 求算列车电流曲线的步骤

在铁路电气化工程设计中,需要根据列车牵引计算数据求得列车电流曲线和列车能耗。

在列车牵引计算中,根据单位合力曲线通过图解法画出列车运行曲线,即列车运行速度 v 与运行里程 l 的关系 $v = f(l)$ 和列车运行时间 t 与运行里程 l 的关系 $t = f(l)$,然后便可求得区间的列车运行时分、用电运行时分和运行里程。除此之外,还必须提供列车能耗。这样,就为牵引供电计算提供了重要的原始资料。而列车能耗的求算,主要是根据列车电流曲线来决定的。

求算列车电流曲线的步骤如下:

① 从列车牵引计算可得列车运行速度 v 与运行里程 l 的关系 $v = f(l)$ 和列车运行时间 t 与运行里程 l 的关系 $t = f(l)$。并可从《列车牵引计算规程》等文献查得电力机车牵引电流特性 $i = f(v)$。

② 利用 $v = f(l)$ 曲线和电力机车牵引电流特性 $i = f(v)$ 可得列车电流 i 与运行里程 l 的关系 $i = f(l)$ 曲线。

③ 利用 $t = f(l)$ 曲线和 $i = f(l)$ 曲线,就可得到列车电流 i 与运行时间 t 的关系 $i = f(t)$。

5. 求算列车能耗的原理

列车电流曲线 $i = f(t)$ 对 t 的积分,再乘以电力机车受电弓处牵引网的平均电压,就是列车能耗。图 1.49 表示按上述步骤求得的列车电流曲线 $i = f(t)$。求算列车能耗的方法如下:

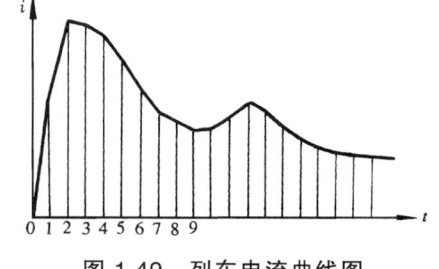

图 1.49 列车电流曲线图

① 把时间坐标 t 划分为若干等分 Δt(min)。Δt 分得越小,计算结果越准确,但计算工作量越大。

② 每隔 Δt 从 $i = f(t)$ 曲线上读取对应的列车电流值 i_0,i_1,i_2,i_3,…。

③ 列车通过供电臂的能耗 A 可用下式计算

$$A = \frac{n\Delta t}{60} \cdot \frac{U}{n+1} \sum_{k=0}^{n} i_k \quad (\text{kVAh}) \qquad (1.71)$$

式中,n 为列车通过供电臂的运行时间划分为时间等分 Δt 的个数;$n+1$ 为读取对应的列车电流 i 值的个数;k 为读取对应的列车电流 i 值的时刻序号;i_k 为第 k 时刻的列车瞬时电流(A);U 为电力机车受电弓处牵引网平均电压,取 25 kV。

列车能耗是铁路电气化工程设计的基本数据之一。铁路线路状况、列车牵引定数不同,列车能耗也不同。

四、动车组编组、动力分配和相关技术参数简介

电力机车和有的准高速铁路动车组采用动力集中型,高速铁路和有的准高速铁路动车组采用动力分散型。动车组的牵引传动系统采用交—直—交型传动方式,其主电路中除了受电

弓、主断路器等高压电器以外，主要由牵引变压器、牵引变流器和牵引电动机等构成。下面以和谐号为例，简介几种动车组的编组、动力分配和相关技术参数，以便有益于初学者理解高速铁路牵引变电所主变压器、分区所和自耦变压器所的自耦变压器，容量都比较大的原因。

1. 动车组编组、动力分配简介

图 1.50 为 CRH1 型动车组编组示意图。该动车组主要是 8 辆形式（也有 7 辆形式），其中 1 号、8 号、3 号、6 号和 4 号为 5 辆动车，每辆动车车体地板下装有 1 台牵引变流器和 2 台牵引电动机；2 号、7 号和 5 号为 3 辆拖车，2 号和 7 号拖车车顶上各安装 1 台受电弓；2 台受电弓之间用高压电缆连接；2 号、7 号和 5 号拖车车体地板下各装有 1 台牵引变压器。设有 5 台主断路器：2 台用来控制 2 台受电弓与高压电缆之间的联结，3 台用来控制 3 台牵引变压器。2 号拖车和 1 号、3 号动车构成 1 个牵引系统，7 号拖车和 8 号、6 号动车构成 1 个牵引系统，5 号拖车和 4 号动车构成 1 个牵引系统，3 个牵引系统是相对独立的。正常运行情况下，3 个牵引系统都工作；当 1 个牵引系统发生故障时，可以自动切断故障源，继续运行。

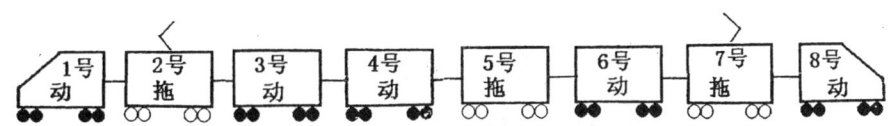

图 1.50　CRH1 型动车组编组示意图

图 1.51 为 CRH2 型动车组编组示意图。该动车组由 8 辆车组成，其中，2 号、3 号、7 号、6 号为 4 辆动车，每辆车体地板下各装有 1 台牵引变流器和 2 台牵引电动机，在 2 号和 6 号车体地板下还各装有 1 台牵引变压器；在 4 号和 6 号车顶上各装设 1 台受电弓；1 号、4 号、8 号、5 号为拖车。2 号、3 号动车和 1 号、4 号拖车构成 1 个牵引系统，7 号、6 号动车和 8 号、5 号拖车构成另 1 个牵引系统，2 个牵引系统是相对独立的。正常运行情况下，2 个牵引系统都工作；当 1 个牵引系统发生故障时，可以自动切断故障源，继续运行。

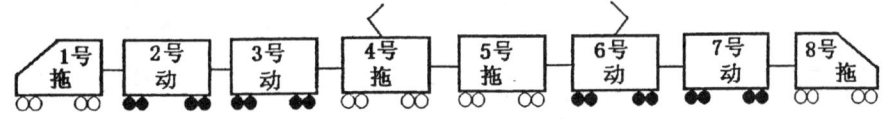

图 1.51　CRH2 型动车组编组示意图

图 1.52 为 CRH5 型动车组编组示意图。该动车组由 8 辆车组成，其中 1 号、2 号、8 号、7 号、4 号为 5 辆动车，每辆车体地板下装有 1 台牵引变流器和 2 台牵引电动机；3 号、6 号、5 号为 3 辆拖车，3 号和 6 号拖车车体地板下各装有 1 台牵引变压器，3 号和 6 号拖车车顶上各装设 1 台受电弓。1 号、2 号、4 号动车和 3 号拖车构成 1 个牵引系统，8 号、7 号动车和 6 号、5 号拖车构成 1 个牵引系统，2 个牵引系统是相对独立的。正常运行情况下，2 个牵引系统都工作，当 1 个牵引系统发生故障时，可以自动切断故障源，继续运行。

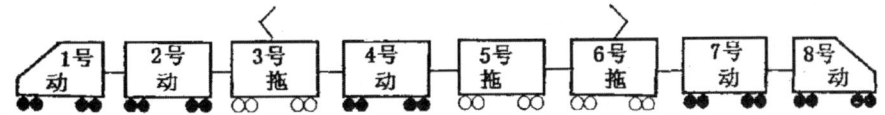

图 1.52　CRH5 型动车组编组示意图

图 1.53 为 CRH3 型动车组编组示意图。该动车组由 8 辆车组成，其中 1 号、3 号、8 号、6 号为 4 辆动车，每辆动车车底架下的牵引箱中装有 1 台牵引变流器，转向架的每个轮对装有 2 台牵引电动机，共 16 台；2 号、4 号、7 号、5 号为 4 辆拖车，2 号和 7 号拖车车体地板下各装有 1 台牵引变压器，2 号和 7 号拖车车顶上各装有 1 台受电弓。1 号、3 号动车和 2 号、4 号拖车构成 1 个牵引系统，8 号、6 号动车和 7 号、5 号拖车构成 1 个牵引系统，2 个牵引系统是相对独立的，用 1 根车顶高压电缆连接。正常运行情况下，2 个牵引系统都工作；当 1 个牵引系统发生故障时，可以自动切断故障源，继续运行。

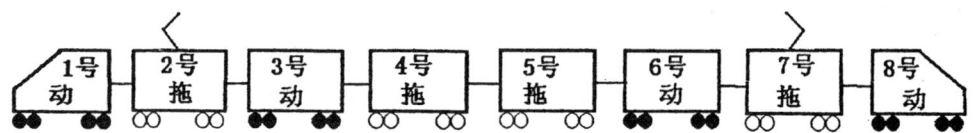

图 1.53 CRH3 型动车组编组示意图

2. 动车组相关技术参数简介

和谐号动车组部分车型相关技术参数选录见表 1.5。

表 1.5 和谐号动车组部分车型相关技术参数选录

序号	车型	最高试验速度 /(km/h)	标记速度 /(km/h)	动车分配方式	牵引总功率 /kW	牵引变压器台数容量 /(台×kVA)
1	CRH1A	250	200	5 动 3 拖	5 500	3×2 340
2	CRH1B	275	200	10 动 6 拖	11 000	
3	CRH2A	275	200	4 动 4 拖	4 800	2×3 060
4	CRH2B	275	200	8 动 8 拖	9 600	
5	CRH2C	350	300	6 动 2 拖	7 728	
6	CRH5A	250	250	5 动 3 拖	5 500	
7	CRH3C	385	350	4 动 4 拖	8 800	2×5 644
8	CRH380A	385	380	6 动 2 拖	9 600	
9	CRH380B	385	350	4 动 4 拖	9 200	
10	CRH380AL	420	380	14 动 2 拖	21 560	
11	CRH380BL	420	380	8 动 8 拖	18 400	
12	CRH380CL	420	380	8 动 8 拖	19 200	

表中 设计寿命：CRH1A 型、CRH1B 型为 25 年，CRH5A 型为 30 年，其余车型都为 20 年。
车体材质：CRH1A 型、CRH1B 型为不锈钢，其余车型都为铝合金。
正常运行网压：全部为 22.5～29 kV。

第二章 牵引变电所容量计算和选择

牵引变电所容量计算和选择，就是指牵引变压器容量的计算和选择。一般分三个步骤进行。

① 按给定的计算条件求出牵引变压器供应牵引负荷所必需的最小容量，称为计算容量。

② 按列车紧密运行时供电臂的有效电流与充分利用牵引变压器的过负荷能力，求出所需要的容量，称为校核容量。这是为确保牵引变压器安全运行所必需的容量。

③ 根据计算容量和校核容量，再考虑其他因素（如备用方式等），最后按实际系列产品的规格选定牵引变压器的台数和容量，称为安装容量或设计容量。

牵引变压器是牵引供电系统的重要设备，其容量大小关系到能否完成国家交给的运输任务和运营成本。从安全运行和经济方面来看，容量过小会使牵引变压器长期过载，将造成其寿命缩短，甚至烧损；反之，容量过大将使牵引变压器长期不能满载运行，从而造成其容量浪费，损耗增加，使运营费用增大。因此，在进行牵引变压器容量计算时，正确地确定计算条件，以便合理地选定牵引变压器的额定容量是十分重要的。

第一节 计算条件

牵引变压器的计算容量取决于各供电臂的负荷电流。各供电臂的负荷电流主要取决于电力机车类型、牵引定数、牵引方式、线路坡道、行车量和线路通过能力等，即主要由牵引计算结果、行车量及线路通过能力等条件决定。在诸多因素中，当线路断面确定后，最关键的是年运量。由年运量可以算出需要的线路通过能力，它反映了列车负荷密度。其次是列车用电量，由它可以算出列车电流，进而算出各供电臂电流。

一、计算列车数 N 的计算条件

牵引变压器容量应和铁路运输量的大小及其增长速度相适应。列车密度一般应按运量计算需要的线路通过能力，并留有一定的储备能力。考虑储备能力是因为有时会发生由于线路维修、港口卸货及自然灾害等引起的列车密集运行情况。其储备系数一般单线采用20%，双线采用15%。如果近期按调查运量计算，还需考虑货运量的波动性，波动系数一般采用20%。远期按国家要求的输送能力计算时，仅考虑储备能力。

若国家规定的需要输送能力已经接近线路输送能力时，可按线路输送能力计算；若低于

线路输送能力的一半时，可按 2 倍需要输送能力计算。这两种情况下，都不再考虑波动系数和储备系数。

因此，在计算牵引变压器容量时，计算列车数 N 可按不同条件分别计算如下：

当采用近期运量计算时

$$N = \frac{K_1 K_2 \varGamma \times 10^4}{365 G \gamma_{净}} \quad （列/日） \tag{2.1}$$

式中，$\varGamma$ 为线路货物年运量，或需要输送能力（10^4 t/a）；G 为列车牵引重量（吨/列）；K_1 为波动系数，取 1.2；K_2 为储备系数，单线取 1.2，双线取 1.15；$\gamma_{净}$ 为货物列车净载重系数，即货车净载重与货车总重之比；365 为全年的日数（日/年）。

当需要输送能力接近线路输送能力时

$$N = \frac{\varGamma_{线} \times 10^4}{365 G \gamma_{净}} \quad （列/日） \tag{2.2}$$

式中，$\varGamma_{线}$ 为线路输送能力（10^4 t/a）。

当需要输送能力低于线路输送能力的一半时

$$N = \frac{2 \varGamma \times 10^4}{365 G \gamma_{净}} \quad （列/日） \tag{2.3}$$

二、列车用电量的计算条件

在铁路运输中，除了满载的直通货物列车（重车）外，还有零担列车、摘挂列车、不满载列车和旅客列车。当上、下行两个方向货运量不一致时，会出现一部分空载列车。因此，牵引变压器容量必须满足各类电力牵引列车用电的需要。一般对于不同类型的列车，都按满载货物列车考虑。当电力牵引的旅客列车数比例较大时，或上（下）行方向空载车数比例很大时，也可分别按实际的客、货、空列车的用电量计算。

三、牵引变压器校核容量的计算条件

牵引变压器校核容量的计算条件，是按其最大容量的需要来确定的。应计算最大列车数 $N_{\max}$（$N_{非}$）。具体有下列规定：

① 重负荷臂按对应于非平行运行图区间通过能力 $N_{非}$（或按线路输送能力）的 95% 列车数概率积分最大值来计算供电臂最大短时电流（简称最大电流），轻负荷臂取对应 $N_{非}$（或线路输送能力）的供电臂有效电流。

② 应用非平行运行图区间通过能力 $N_{非}$ 来校核。非平行运行图区间通过能力 $N_{非}$ 的计算见附录 B。

在铁路电气化工程设计中，牵引变压器容量计算所需要的年运量、电力机车类型、牵引定数、牵引方式、线路坡道、追踪间隔时分等，在国家下达的设计任务书中都有规定。因此，具体计算时，要以设计任务书为依据。

第二节 馈线电流

牵引变电所的负荷主要是电力牵引列车。与电力系统的负荷相比有很大的差别，其特点是：

① 列车以变化的速度沿线路运行，即牵引负荷的位置是移动的。

② 牵引负荷的大小随线路坡度、列车密度等因素而发生很大的变化，当列车上大陡坡或列车密集运行时则负荷电流大，反之则负荷电流小以至为零，牵引变压器负荷率很低。

③ 列车可以在供电分区任意分布，即牵引负荷在供电分区任意分布。当然，这是从牵引供电计算方法的角度来说的。

④ 在使用交—直型电力机车的情况下，接触网电流变为非正弦波。

以上这些特点，使牵引供电计算变得相当复杂。

一、列车电流

为了计算馈线电流，首先要计算列车电流。电力牵引的列车电流有以下几种特征值：

- 列车瞬时电流 i_h 指列车电流的即时有效值（h 为供电臂内运行的列车数，$h=1$，2，$\cdots$，n）。

- 列车平均电流 I_t 指列车在计算区段运行时间 t 内，列车瞬时电流 i_h 的平均值。即

$$I_t = \frac{1}{t}\int_0^t i_h \mathrm{d}t \tag{2.4}$$

- 列车用电平均电流 I 指列车在计算区段内运行时，在用电运行时间 t_u 内，列车瞬时电流的平均值。即

$$I = \frac{1}{t_u}\int_0^{t_u} i_h \mathrm{d}t \tag{2.5}$$

- 列车用电方均电流 I_{et}^2 指列车在计算区段内运行时，在用电运行时间 t_u 内，列车瞬时电流二次方 i_h^2 的平均值。即

$$I_{et}^2 = \frac{1}{t_u}\int_0^{t_u} i_h^2 \mathrm{d}t \tag{2.6}$$

- 列车用电方均根电流 I_{et} 即列车用电有效电流，为

$$I_{et} = k_{et} I = 1.05 I \tag{2.7}$$

式中，k_{et} 为列车用电有效电流系数（$k_{et}^2 = 1.1$，$k_{et}=\sqrt{1.1}=1.05$）。

按以上基本定义，结合线路（单线、双线）、供电臂、区间的情况，有关列车电流又可分为以下几类。

1. 列车电流平均值

① 单线区段供电臂内第 i 区间的区间列车平均电流 I_{ti}

$$I_{ti} = \frac{60A_i}{Ut_i} = 2.4\frac{A_i}{t_i} \quad (\text{A}) \tag{2.8}$$

式中，t_i 为列车在第 i 区间的上、下行全部运行时间（包括停站时间，单位为 min）；A_i 为列车在 t_i 内的能耗（kVAh）；U 为牵引网额定电压（25 kV）。

② 双线区段上（下）行供电臂内第 i 追踪间隔（相当于单线第 i 区间）的列车平均电流

$$I_{ti\text{上(下)}} = 2.4\frac{A_{i\text{上(下)}}}{t_{i\text{上(下)}}} \quad (\text{A}) \tag{2.9}$$

式中，$t_{i\text{上(下)}}$ 为列车在上（下）行方向的第 i 追踪间隔内的全部运行时间（一般不包括停站时间，单位为 min）；$A_{i\text{上(下)}}$ 为列车在 $t_{i\text{上(下)}}$ 内的能耗（kVAh）。

③ 供电臂内列车平均电流

$$I_t = 2.4\frac{\sum A_i}{\sum t_i} \quad (\text{A}) \tag{2.10}$$

式中，$\sum t_i$ 为列车在供电臂内上、下行全部运行时间（min），单线区段还包括启、停和附加时间（一般考虑为每区间 7 min，即启动 1 min、停车 1 min、会车 1 min、不同时到达 4 min）；$\sum A_i$ 为列车在 $\sum t_i$ 内的能耗（kVAh）。

④ 双线区段上（下）行供电臂列车平均电流

$$I_{t\text{上(下)}} = 2.4\frac{\sum A_{i\text{上(下)}}}{\sum t_{i\text{上(下)}}} \quad (\text{A}) \tag{2.11}$$

式中，$\sum t_{i\text{上(下)}}$ 为列车在供电臂内上（下）行方向的全部运行时间（min）；$\sum A_{i\text{上(下)}}$ 为列车在 $\sum t_{i\text{上(下)}}$ 内的能耗（kVAh）。

⑤ 各种列车的用电平均电流

将式（2.8）~式（2.11）中的全部运行时间改为用电时间，可得：

单线区段供电臂内第 i 区间的区间列车用电平均电流

$$I_i = 2.4\frac{A_i}{t_{ui}} \quad (\text{A}) \tag{2.12}$$

双线区段上（下）行供电臂内第 i 追踪间隔的列车用电平均电流

$$I_{i\text{上(下)}} = 2.4\frac{A_{i\text{上(下)}}}{t_{ui\text{上(下)}}} \quad (\text{A}) \tag{2.13}$$

供电臂内列车用电平均电流

$$I = 2.4\frac{\sum A_i}{\sum t_{ui}} \quad (\text{A}) \tag{2.14}$$

双线区段上（下）行供电臂列车用电平均电流

$$I_{\text{上(下)}} = 2.4\frac{\sum A_{\text{上(下)}}}{\sum t_{ui\text{上(下)}}} \quad (\text{A}) \tag{2.15}$$

2. 列车电流有效值

供电臂用电列车电流有效值可用式（2.7）计算。即

$$I_{et} = k_{et}I = 1.05I$$

当列车电流以供电臂内列车平均电流 I_t 表示时，供电臂列车电流有效值按下式计算

$$I'_{et} = k_{et}\sqrt{\alpha}I_t = k'_{et}I_t \quad (A) \tag{2.16}$$

式中，k'_{et} 为列车平均电流有效系数；α 为列车电流间断系数，该值可按第 i 区间（α_i），供电臂（α）以及双线区段的上（或下）行 $[\alpha_{上(下)}]$ 进行计算。

由式（2.7）、式（2.10）、式（2.14）和式（2.16）可得

$$\frac{I'_{et}}{I_{et}} = \sqrt{\alpha}\,\frac{\sum t_{ui}}{\sum t_i}$$

令

$$\alpha = \frac{\sum t_i}{\sum t_{ui}} \tag{2.17}$$

于是

$$\frac{I'_{et}}{I_{et}} = \frac{1}{\sqrt{\alpha}} \tag{2.18}$$

二、馈线电流

馈线电流主要有以下几种特征值：

• 馈线瞬时电流 i_a（供电臂瞬时电流 i_a） 指供电臂中各区间运行列车瞬时电流的相量和。当各列车电流的功率因数相同时，则可按算术叠加，即

$$i_a = i_1 + i_2 + \cdots + i_n \quad (A) \tag{2.19}$$

• 馈线平均电流 I_{av}（供电臂平均电流 I_{av}） 指供电臂在计算时间 T（昼夜）内的平均电流值，即

$$I_{av} = \frac{1}{T}\int_0^T i_a dt \tag{2.20}$$

利用 I_{av} 可以估计变压器容量利用率，确定接触网的分相和供电分区，算出一次侧电力系统中由于牵引负荷所造成的负荷大小等。

• 馈线方均电流（供电臂方均电流）I_e^2 指馈线瞬时电流二次方 i_a^2 的平均值，即

$$I_e^2 = \frac{1}{T}\int_0^T i_a^2 dt \tag{2.21}$$

• 馈线方均根电流（供电臂方均根电流）I_e 即馈线有效电流，其值为

$$I_e = \sqrt{\frac{1}{T}\int_0^T i_a^2 dt}$$

在供电计算中常用下式表示，即

$$I_e = k_e I_{av} \tag{2.22}$$

式中，k_e 为馈线有效电流系数。

电气设备的温升是由有效电流决定的，因此，I_e 可用于计算变压器容量、导线的电能损失和发热等。

1. 馈线平均电流和有效电流

馈线平均电流 I_{av} 和有效电流 I_e 的计算方法，多采用"平均行车量法"和"概率计算法"。前者是以给定的运量作为依据，并应用牵引计算的结果（列车能耗、列车运行时间和列车用电时间）规定了有关条件。后者主要应用概率知识和有关列车对数、列车电流和列车运行时间计算 I_{av} 与 I_e。

I_{av} 与 I_e 的计算须区分单线和双线区段，以及牵引变电所向接触网的供电方式。

（1）单线区段一边供电

① 馈线平均电流 I_{av}：

$$I_{av} = mI_t \quad (A) \tag{2.23}$$

式中，m 为供电臂同时存在的平均列车数，即

$$m = \frac{N\sum t_i}{T} \tag{2.24}$$

式中，N 为供电臂的列车对数（对/日）；T 为全日时间，即 1 440 min。

I_{av} 也可用以下算式表示

$$I_{av} = \frac{60N\sum A_i}{TU} = 1.667N\sum A_i \times 10^{-3} \quad (A) \tag{2.25}$$

或

$$I_{av} = \sum I_i p_i = nIP \quad (A) \tag{2.26}$$

式中，p_i 为供电臂内第 i 区间的列车用电概率；p 为供电臂内 n 个区间的列车用电平均概率。即

$$p_i = \frac{Nt_{ui}}{T} \tag{2.27}$$

$$p = \frac{\sum p_i}{n} \tag{2.28}$$

② 馈线有效电流：

由附录 A 例 6 可得馈线有效电流为

$$\left.\begin{aligned} I'_e &= \sqrt{I_{av}^2 + m\left(I'^2_{et} - I_t^2\right)} \\ I'_e &= K'_e I_{av} \end{aligned}\right\} \quad (A) \tag{2.29}$$

或

式中，K'_e 为馈线有效电流系数：

$$K'_e = \sqrt{1 + \frac{K'^2_{et} - 1}{m}} = \sqrt{1 + \frac{1.1\alpha - 1}{m}} \tag{2.30}$$

馈线有效电流通常还可用下式计算

$$\left.\begin{array}{l}I_e = \sqrt{(npI)^2 + n[pI_{et}^2 - (pI)^2]} \\ I_e = K_e I_{av}\end{array}\right\} \quad (A) \qquad (2.31)$$

或

式中，K_e 为馈线有效电流系数，即

$$K_e = \sqrt{1 + \frac{K_{et}^2 - p}{np}} = \sqrt{1 + \frac{1.1 - p}{np}} \qquad (2.32)$$

求式（2.30）与式（2.32）之比值，并由式（2.17）、式（2.28）、式（2.27）与式（2.24）知 $m = \alpha np$，可得

$$\frac{K_e'}{K_e} = \sqrt{\frac{m + 1.1\alpha - 1}{m + 1.1\alpha - \frac{m}{n}}} \qquad (2.33)$$

在单线区段，$m \leq n$，$m/n \leq 1$，则根号内分子 $\leq$ 分母，$K_e'/K_e \leq 1$，因此，$K_e' \leq K_e$。只有在行车密度比较大的情况下，两者才比较接近。除行车密度比较小以外，一般采用 K_e 作为馈线有效电流系数。

关于式（2.31）、式（2.32）的由来，可做以下说明：

设供电臂的区间数为 n，在各区间运行的列车瞬时电流为 i_1，i_2，…，i_n，馈线瞬时电流为 i_a。依馈线有效电流的定义，可先写出其瞬时电流，然后求其方均根值，则

$$i_a = i_1 + i_2 + \cdots + i_n$$

取其二次方，得

$$i_a^2 = (i_1 + i_2 + \cdots + i_n)^2$$

显然，上式右端可展开为自乘项如 i_1^2 和交乘项如 $i_1 i_2$ 等等之和。馈线方均电流 I_e^2 即馈线瞬时电流的二次方（i_a^2）的平均值，按上式即等于其右端各自乘项和交乘项的平均值之和。

在列车用电运行时间内，自乘项如 i_1^2 的方均值即其用电运行的方均电流 I_{et1}^2。但区间 1 并非全日都有列车用电运行，故 i_1^2 的全日平均值为

$$\overline{i_1^2} = \frac{N \sum t_{u1}}{T} I_{et1}^2 = p_1 I_{et1}^2$$

式中，$\sum t_{u1}$ 为列车在区间 1 用电运行总时间（min）；$N \sum t_{u1}$ 为全日区间 1 有 N 对列车用电运行总时间（min）；$p_1 = (N \sum t_{u1})/T$ 为区间 1 出现用电运行列车的概率。

对于交乘项如 $i_1 i_2$，由于各列列车电流是相互独立的，所以 $i_1 i_2$ 的平均值等于 i_1 的平均值与 i_2 的平均值之积，即

$$\overline{i_1 i_2} = \overline{i_1} \cdot \overline{i_2} = \frac{N \sum t_{u1}}{T} I_1 \cdot \frac{N \sum t_{u2}}{T} I_2 = p_1 I_1 \cdot P_2 I_2$$

在实际工作中，通常采用简化计算，即

$$I_1 = I_2 = \cdots = I_n = I$$

$$\sum t_{u1} = \sum t_{u2} = \cdots = \sum t_{un} = \frac{\sum t_u}{n}$$

则
$$p_1 = p_2 = \cdots = p_n = p$$

式中，p 为区间出现用电运行列车的平均概率，其值为

$$p = \frac{N\sum t_u}{nT}$$

于是自乘项与交乘项的平均值，可分别表示为 pI_{et}^2 与 $p^2 I^2$。i_a^2 算式右端展开后有 n 个自乘项与 $n(n-1)$ 个交乘项。所以有

$$I_e^2 = npI_{et}^2 + n(n-1)p^2 I^2$$

$$I_e = \sqrt{(npI)^2 + n[pI_{et}^2 - (pI)^2]} \qquad [式（2.31）第一式]$$

由式（2.7），$I_{et} = k_{et} I$，则上式变为

$$I_e = \sqrt{(npI)^2 + n[pk_{et}^2 I^2 - (pI)^2]} = \sqrt{(npI)^2 \left(1 + \frac{k_{et}^2 - p}{np}\right)}$$

由式（2.26），$I_{av} = npI$，所以馈线有效电流

$$I_e = I_{av}\sqrt{1 + \frac{k_{et}^2 - p}{np}} = K_e I_{av} \qquad [式（2.31）第二式]$$

其中

$$K_e = \sqrt{1 + \frac{k_{et}^2 - p}{np}} = \sqrt{1 + \frac{1.1 - p}{np}} \qquad [式（2.32）]$$

（2）双线区段一边供电

① 并联供电方式的上、下行馈线电流。如图 2.1 所示。

上、下行馈线平均电流为

$$\left.\begin{array}{l} I_{av上} = p_上 I_上 \sum\limits_{i=1}^{n} \dfrac{2L - l_{ip}}{2L} + p_下 I_下 \sum\limits_{i=1}^{n} \dfrac{l_{ip}}{2L} \\ I_{av下} = p_下 I_下 \sum\limits_{i=1}^{n} \dfrac{2L - l_{ip}}{2L} + p_上 I_上 \sum\limits_{i=1}^{n} \dfrac{l_{ip}}{2L} \end{array}\right\} (A) \qquad (2.34)$$

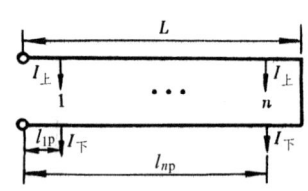

图 2.1 并联供电计算图示

上、下行馈线方均电流为

$$\left.\begin{array}{l} I_{e上}^2 = \left(\dfrac{3}{4} m_上 I_{t上} + \dfrac{1}{4} m_下 I_{t下}\right)^2 + \left(\dfrac{3}{4} m_上 I_{t上}\right)^2 \dfrac{1.14\alpha_上 - 1}{m_上} + \left(\dfrac{1}{4} m_下 I_{t下}\right)^2 \dfrac{1.46\alpha_下 - 1}{m_下} \\ I_{e下}^2 = \left(\dfrac{3}{4} m_下 I_{t下} + \dfrac{1}{4} m_上 I_{t上}\right)^2 + \left(\dfrac{3}{4} m_下 I_{t下}\right)^2 \dfrac{1.14\alpha_下 - 1}{m_下} + \left(\dfrac{1}{4} m_上 I_{t上}\right)^2 \dfrac{1.46\alpha_上 - 1}{m_上} \end{array}\right\} (A^2)$$

$$(2.35)$$

上、下行馈线有效电流为 $I_{e\text{上}}$，$I_{e\text{下}}$，由式（2.35）计算结果开二次方即得。

② 分开供电方式的上、下行馈线电流。如图 2.2 所示。

上、下行馈线平均电流为

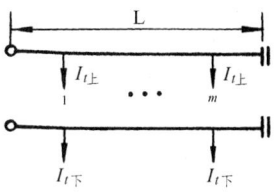

$$\left. \begin{array}{l} I_{\text{av}\text{上}} = m_{\text{上}} I_{t\text{上}} = \alpha_{\text{上}} n p_{\text{上}} I_{t\text{上}} = n p_{\text{上}} I_{\text{上}} \\ I_{\text{av}\text{下}} = m_{\text{下}} I_{t\text{下}} = \alpha_{\text{下}} n p_{\text{下}} I_{t\text{下}} = n p_{\text{下}} I_{\text{下}} \end{array} \right\} \quad (\text{A}) \qquad (2.36)$$

图 2.2 分开供电计算图示

上、下行馈线有效电流为

$$\left. \begin{array}{l} I_{e\text{上}} = K_{e\text{上}} I_{\text{av}\text{上}} \\ I_{e\text{下}} = K_{e\text{下}} I_{\text{av}\text{下}} \end{array} \right\} \quad (\text{A}) \tag{2.37}$$

或

$$\left. \begin{array}{l} I'_{e\text{上}} = K'_{e\text{上}} I_{\text{av}\text{上}} \\ I'_{e\text{下}} = K'_{e\text{下}} I_{\text{av}\text{下}} \end{array} \right\} \quad (\text{A}) \tag{2.38}$$

式中，$K'_{e\text{上}}$，$K'_{e\text{下}}$ 与 $K_{e\text{上}}$，$K_{e\text{下}}$ 可分别按式（2.30）、式（2.32）计算。

③ 计算双线区段上、下行馈线总电流。

上、下行馈线总平均电流为

$$I_{\text{av}} = I_{\text{av}\text{上}} + I_{\text{av}\text{下}} = npI = 1.667 N \sum A_i \times 10^{-3} \quad (\text{A}) \tag{2.39}$$

上、下行馈线总有效电流为

$$I_e = \sqrt{I_{e\text{上}}^2 + I_{e\text{下}}^2 + 2 I_{\text{av}\text{上}} I_{\text{av}\text{下}}} \quad (\text{A}) \tag{2.40}$$

可采用简化公式，即

$$I'_e = K'_e I_{\text{av}} \quad (\text{A}) \tag{2.41}$$

式中

$$K'_e = \sqrt{1 + \frac{1.1\alpha - 1}{m_{\text{上}} + m_{\text{下}}}} \tag{2.42}$$

上、下行馈线总有效电流也可简化为

$$I_e = K_e I_{\text{av}} \quad (\text{A}) \tag{2.43}$$

式中，K_e 的计算可按式（2.32），但式中的 n，p 都为双线上、下行总的追踪间隔数和列车用电平均概率。

2. 馈线最大电流

为了整定继电保护装置、计算牵引变压器的最大容量和检验牵引变压器的过负荷能力，还需要计算馈线瞬时最大工作电流、最大有效电流与短时（持续 1～2 min 以上）最大工作电流。

（1）瞬时最大工作电流 $I_{i\,max}$

用于整定继电保护装置。通常按一列列车在供电臂远端启动，而在其余区间都同时有车用电运行计算。

① 单线区段：

$$I_{i\,max} = I_{st} + (m_{max} - 1)I \quad (A) \tag{2.44}$$

式中，I_{st} 为列车启动电流峰值，在双机区段可取 $1.5I_{st} \sim 1.75I_{st}$ 作为双机启动电流；m_{max} 为供电臂内可能出现的最大列车数，通常取 $m_{max} = n$。

② 双线区段：上、下行馈线瞬时最大工作电流按分开供电时，重负荷方向的馈线瞬时最大工作电流计算，计算方法同单线区段。

（2）最大有效电流 $I_{e\,max}$

用于计算牵引变压器的最大容量。按非平行运行图区间通过能力（或线路输送能力）的列车数计算。单线区段按式（2.23）~ 式（2.32）计算出馈线平均电流、有效电流系数和有效电流，但须注意，计算列车数按非平行运行图区间通过能力 $N_{非}$ 计算。双线区段上、下行馈线最大有效电流按分开供电时，重负荷方向的馈线最大有效电流计算，计算方法同单线区段。

（3）短时最大工作电流 $I_{b\,max}$

用于检验牵引变压器的过负荷能力。可按下式计算：

$$I_{b\,max} = n_s I \quad (A) \tag{2.45}$$

式中，n_s 为供电臂同时存在的列车数（单线区段取供电臂的区间数）。

为了能符合实际列车运行情况，短时最大工作电流 $I_{b\,max}$ 也可以从供电臂的最大瞬时负荷图求得。而一般主要采用概率统计法，即按供电臂用电运行列车数概率积分曲线的 95% 概率积分对应的最大列车数与每列列车平均电流求得。关于供电臂用电运行列车数概率积分曲线与相应的 $I_{b\,max} = f(p)$ 曲线，可参阅附录 C。

三、母线电流

在牵引变电所牵引侧一相母线连接多条馈电线的情况下，需要计算该母线的电流，以代替牵引变压器容量计算公式中的相关供电臂电流。

母线平均电流为

$$I_W = \sum_{j=1}^{k} I_{av\,j} = \sum_{j=1}^{k} m_j I_{t\,j} \quad (A) \tag{2.46}$$

式中，$I_{av\,j}$ 为第 j 条馈电线的平均电流（A）；m_j 为第 j 条馈电线对应的供电分区同时存在的平均列车数（列）；$I_{t\,j}$ 为第 j 条馈电线对应的供电分区列车平均电流（A）；k 为馈电线条数。

母线有效电流为

$$I_{We} = I_W \sqrt{1 + \frac{1.1\alpha - 1}{\sum_{j=1}^{k} m_j}} \quad (A) \tag{2.47}$$

式中
$$m_j = \frac{N\sum_{j=1}^{k} t_{ij}}{T}$$

其中，t_{ij} 为列车在第 j 条馈电线对应的供电分区第 i 区间（追踪间隔）的上、下行全部运行时间（min）。

母线有效电流也可表示为

$$I_{We} = I_W \sqrt{1 + \frac{1.1 - \sum_{j=1}^{k} p_j}{\sum_{j=1}^{k} n_j \sum_{j=1}^{k} p_j}} \quad (A) \tag{2.48}$$

式中，n_j 为第 j 条馈电线对应的供电分区区间（追踪间隔）数；p_j 为第 j 条馈电线对应的供电分区 n 个区间（追踪间隔）的列车用电平均概率。

第三节 牵引变压器的计算容量

牵引变压器容量应能满足负荷的需要。不同联结形式的变压器，其负荷电流计算除了按前述计算条件外，都应将负荷电流变换成变压器绕组的有效电流，然后用绕组有效电流计算变压器的容量。对于三相变压器，由于在低压侧三角形联结绕组中的三相电流是不均匀的，故有重负荷相与轻负荷相之分。为此，应以重负荷线圈中的有效电流计算其容量。

一、不同联结形式牵引变压器的绕组有效电流

计算牵引变压器绕组有效电流，首先要明确供电臂负荷电流在不同联结形式牵引变压器绕组中的分配关系。这样就可用供电臂有效电流和平均电流求得牵引变压器的绕组有效电流。

1. 单相联结牵引变压器绕组的有效电流

① 单相联结牵引变压器供给一个供电臂时，绕组有效电流 I_{1e} 为

$$I_{1e} = I_e \quad (A) \tag{2.49}$$

式中，I_e 为供电臂有效电流。

② 单相联结牵引变压器供给两个供电臂时，绕组有效电流 I_{1e} 为

$$I_{1e} = \sqrt{I_{1e}^2 + I_{2e}^2 + 2I_{1av}I_{2av}} \quad (A) \tag{2.50}$$

式中，I_{1e}，I_{2e} 为供电臂 1，2 的有效电流；I_{1av}，I_{2av} 为供电臂 1，2 的平均电流。

式（2.50）的由来，可参照式（2.52）的推导进行说明。

2. Vv 联结牵引变压器绕组的有效电流

Vv 联结牵引变压器是由两台单相牵引变压器连接而成，每台变压器供给所辖供电臂的

负荷。所以其绕组有效电流 I_{ve} 即为供电臂有效电流，故

$$\left.\begin{array}{l}I_{ve} = I_{1e} \\ I_{ve} = I_{2e}\end{array}\right\} \quad (A) \tag{2.51}$$

式中，I_{ve} 为 v 联结绕组有效电流。

3. 三相 YNd11 联结牵引变压器重负荷线圈的有效电流

设供电臂 a 的有效电流大于供电臂 b 的有效电流，即 $I_{ae} > I_{be}$，则重负荷线圈 ca 的有效电流 I_{cae} 可按下式计算

$$I_{cae} = \frac{1}{3}\sqrt{4I_{ae}^2 + I_{be}^2 + 2I_{aav}I_{bav}} \quad (A) \tag{2.52}$$

式（2.52）的推导如下：
由式（1.7），可知线圈 ca 中的电流为

$$i_{ca} = \frac{2}{3}i_a - \frac{1}{3}i_b$$

式中，i_{ca} 为线圈 ca 中的瞬时相量电流；i_a，i_b 分别为供电臂 a 与 b 的瞬时相量电流。

见图 1.14，按余弦定理可得

$$i_{ca}^2 = \left(\frac{2}{3}i_a\right)^2 + \left(\frac{1}{3}i_b\right)^2 - 2\times\frac{2}{3}i_a \times \frac{1}{3}i_b \cos 120° = \frac{1}{9}(4i_a^2 + i_b^2 + 2i_a i_b)$$

取 i_{ca}^2 的平均值，则

$$I_{cae}^2 = \overline{i_{ca}^2} = \frac{1}{9}\overline{(4i_a^2 + i_b^2 + 2i_a i_b)} = \frac{1}{9}(4I_{ae}^2 + I_{be}^2 + 2I_{aav}I_{bav})$$

故线圈 ca 有效电流为

$$I_{cae} = \frac{1}{3}\sqrt{4I_{ae}^2 + I_{be}^2 + 2I_{aav}I_{bav}} \quad (A)$$

式中，I_{ae}，I_{be} 与 I_{aav}，I_{bav} 分别为供电臂 a，b 的有效电流与平均电流。

4. 斯科特联结牵引变压器的绕组有效电流

斯科特联结变压器两个二次绕组是相互独立的，故二次绕组有效电流为

$$\left.\begin{array}{l}I_{Me} = I_{1e} \\ I_{Te} = I_{2e}\end{array}\right\} \quad (A) \tag{2.53}$$

式中，I_{Me}，I_{Te} 分别为 M 座、T 座二次绕组有效电流，I_{1e}，I_{2e} 分别为对应于 M 座、T 座的供电臂 1，2 的有效电流。

5. 平衡变压器绕组有效电流

设 $I_{\alpha e}$，$I_{\beta e}$ 分别为 α，β 供电臂的有效电流，$n = \frac{I_{\beta e}}{I_{\alpha e}}$，并注意 i_β 比 i_α 超前 90°，则由式

（1.33）可得，YN▽联结平衡变压器二次侧 ax，by，cz 线圈有效电流依次为

$$\left. \begin{array}{l} I_{ae} = \sqrt{\left(\dfrac{\lambda+1}{\lambda+2}I_{\alpha e}\right)^2 + \left(-\dfrac{1}{\lambda+2}I_{\beta e}\right)^2} = \dfrac{I_{\alpha e}}{\lambda+2}\sqrt{(\lambda+1)^2 + n^2} \\ I_{be} = \sqrt{\left(-\dfrac{1}{\lambda+2}I_{\alpha e}\right)^2 + \left(-\dfrac{1}{\lambda+2}I_{\beta e}\right)^2} = \dfrac{I_{\alpha e}}{\lambda+2}\sqrt{1+n^2} \\ I_{ce} = \sqrt{\left(-\dfrac{1}{\lambda+2}I_{\alpha e}\right)^2 + \left(\dfrac{\lambda+1}{\lambda+2}I_{\beta e}\right)^2} = \dfrac{I_{\alpha e}}{\lambda+2}\sqrt{1+(\lambda+1)^2 n^2} \end{array} \right\} \quad (A) \quad (2.54)$$

将 $\lambda = \sqrt{3}+1$ 代入式（2.54），则得 YN▽联结阻抗匹配平衡变压器二次侧 ax，by，cz 线圈有效电流依次为

$$\left. \begin{array}{l} I_{ae} = \dfrac{I_{\alpha e}}{\sqrt{3}(1+\sqrt{3})}\sqrt{(\sqrt{3}+2)^2 + n^2} \\ I_{be} = \dfrac{I_{\alpha e}}{\sqrt{3}(1+\sqrt{3})}\sqrt{1+n^2} \\ I_{ce} = \dfrac{I_{\alpha e}}{\sqrt{3}(1+\sqrt{3})}\sqrt{1+(\sqrt{3}+2)^2 n^2} \end{array} \right\} \quad (A) \quad (2.55)$$

将 $\lambda = 1$ 代入式（2.54），则得非阻抗匹配 YN▽联结平衡变压器二次侧 ax，by，cz 线圈有效电流依次为

$$\left. \begin{array}{l} I_{ae} = \dfrac{I_{\alpha e}}{3}\sqrt{4+n^2} \\ I_{be} = \dfrac{I_{\alpha e}}{3}\sqrt{1+n^2} \\ I_{ce} = \dfrac{I_{\alpha e}}{3}\sqrt{1+4n^2} \end{array} \right\} \quad (A) \quad (2.56)$$

二、牵引变压器计算容量的确定

明确了各种联结形式的牵引变压器绕组有效电流的计算，则牵引变压器的计算容量就可很方便地求出。

1. 单相联结牵引变压器的计算容量

① 当单相联结变压器只供一个供电臂时，其计算容量为

$$S = U \sum I_e \quad (\text{kVA}) \quad (2.57)$$

式中，$\sum I_e$ 为牵引变电所牵引侧母线有效电流，当该母线上只有一条馈线时，母线有效电流即馈线有效电流；U 为牵引变电所牵引侧母线额定电压（kV）。

② 当单相联结变压器供两个供电臂时，其计算容量为

$$S = U\sqrt{I_{1e}^2 + I_{2e}^2 + 2I_{1av}I_{2av}} \quad (\text{kVA}) \tag{2.58}$$

2. 单相 Vv 联结牵引变压器的计算容量

单相 Vv 联结变压器由两台单相变压器连接而成，其两台变压器计算容量分别为

$$\left.\begin{array}{l} S_1 = UI_{ve} = UI_{1e} \\ S_2 = UI_{ve} = UI_{2e} \end{array}\right\} \quad (\text{kVA}) \tag{2.59}$$

3. 三相 YNd11 联结牵引变压器的计算容量

设 $I_{1e} > I_{2e}$（供电臂 1 为重负荷，供电臂 2 为轻负荷），则计算容量为

$$S = K_t U \sqrt{4I_{1e}^2 + I_{2e}^2 + 2I_{1av}I_{2av}} \quad (\text{kVA}) \tag{2.60}$$

式中，I_{1e}，I_{1av} 为重负荷臂有效电流和平均电流（A）；I_{2e}，I_{2av} 为轻负荷臂有效电流和平均电流（A）；K_t 为三相变压器的温度系数，一般取 $K_t = 0.9$。

作为近似计算，可将式（2.60）简化，即

$$S = K_t U(2I_{1e} + 0.65 I_{2e}) \quad (\text{kVA}) \tag{2.61}$$

4. 斯科特联结牵引变压器的计算容量

设 $n = I_{Te}/I_{Me} = I_{2e}/I_{1e}$，则由式（1.17）可得斯科特联结牵引变压器从一次侧看的计算容量为

$$\begin{aligned} S &= U\left(\sqrt{I_{Me}^2 + \frac{1}{3}I_{Te}^2} + I_{Te}\right)\eta_1 = U\left[\sqrt{I_{Me}^2 + \frac{1}{3}(nI_{Me})^2} + nI_{Me}\right]\eta_1 \\ &= UI_{Me}\left(\sqrt{1 + \frac{1}{3}n^2} + n\right)\eta_1 \quad (\text{kVA}) \end{aligned} \tag{2.62}$$

式中，η_1 为斯科特联结牵引变压器的一次侧线材利用率，参见式（1.18）。

或者，从斯科特联结牵引变压器二次侧看，其计算容量可径直按下式确定

$$S = U(I_{Me} + I_{Te}) \quad (\text{kVA}) \tag{2.63}$$

或 $$S = 2UI_e \quad (\text{kVA}) \tag{2.64}$$

式中，I_e 取 I_{Me} 和 I_{Te} 中之大者。

5. 平衡变压器的计算容量

由式（1.45）至式（1.47）与式（2.54），并考虑二次侧线材利用率 η_2，可得 YN▽ 联结平衡变压器的计算容量为

$$S = \left\{ \frac{\sqrt{2}(\lambda+2)}{3(\sqrt{3}+1)} U \cdot \frac{I_{\alpha e}}{\lambda+2} \left[\sqrt{(\lambda+1)^2 + n^2} + \sqrt{1+n^2} + \sqrt{1+(\lambda+1)^2 n^2} \right] + \right.$$

$$\left. \left[\frac{\sqrt{6}}{3(\sqrt{3}+1)} U + \frac{\sqrt{2}(1+\sqrt{3}-\lambda)}{3(\sqrt{3}+1)} U \right] I_{\alpha e}(1+n) \right\} \eta_2$$

$$= \left\{ \frac{\sqrt{2}}{3(\sqrt{3}+1)} UI_{\alpha e} \left[\sqrt{(\lambda+1)^2 + n^2} + \sqrt{1+n^2} + \sqrt{1+(\lambda+1)^2 n^2} + (1+2\sqrt{3}-\lambda)(1+n) \right] \right\} \eta_2 \quad (\text{kVA})$$

(2.65)

将 $\lambda = \sqrt{3}+1$，$\eta_2 = 0.9195$ 代入式（2.65），可得 YN▽联结阻抗匹配平衡变压器的计算容量为

$$S = 0.1587 UI_{\alpha e} \left[\sqrt{(\sqrt{3}+2)^2 + n^2} + \sqrt{1+n^2} + \sqrt{1+(\sqrt{3}+2)^2 n^2} + \sqrt{3}(1+n) \right] \quad (\text{kVA})$$

(2.66)

将 $\lambda = 1$，$\eta_2 = 0.9045$ 代入式（2.65），可得非阻抗匹配 YN▽联结平衡变压器的计算容量为

$$S = 0.1561 UI_{\alpha e} \left[\sqrt{4+n^2} + \sqrt{1+n^2} + \sqrt{1+4n^2} + 2\sqrt{3}(1+n) \right] \quad (\text{kVA}) \quad (2.67)$$

或者，上述三种平衡变压器的计算容量均径直采用下式确定

$$S = U(I_{\alpha e} + I_{\beta e}) \quad (\text{kVA}) \quad (2.68)$$

或

$$S = 2UI_e \quad (\text{kVA}) \quad (2.68')$$

式中，I_e 取 $I_{\alpha e}$ 和 $I_{\beta e}$ 中之大者。

第四节 牵引变压器的校核容量

对牵引变压器进行容量校核，要达到两方面的目的：一方面是为了满足列车紧密运行的需要；另一方面是为了保证牵引变压器在充分利用过负荷能力的情况下能安全运行。

按第一方面的条件所得出的牵引变压器容量，称为最大容量，但不是校核容量，因为并没有考虑牵引变压器的过负荷能力。变压器的过负荷能力，是以过负荷倍数（负荷电流与额定电流之比值，又称负荷系数或负载系数）K 来表示的。例如，已知牵引变压器过负荷倍数 $K = 150\%$，由第一方面的条件得到的最大容量 $S_{\max}$ 为 23 145 kVA；充分利用过负荷能力后的容量，才是校核容量 $S_{校}$，即 $S_{校} = 23145/1.5 = 15430$ kVA。虽然 $S_{校}$ 小于 $S_{\max}$，但却可以充分利用过负荷能力满足 $S_{\max}$ 的需要。这就是对牵引变压器计算校核容量，以达到既可满足列车紧密运行的需要，又可充分利用过负荷能力而能安全运行的目的。

一、变压器的过负荷能力

变压器具有过负荷能力,是指在保证变压器正常寿命的前提下,可以带超过额定值的负荷运行一段时间。可见允许变压器过负荷的主要条件,是不损害变压器的正常使用期限。相应的,对负荷的大小与其允许的运行时间也都依此做了规定。

1. 变压器寿命与过负荷

变压器的寿命是由绝缘(主要指匝绝缘)材料的老化程度决定的。而绝缘材料的老化,主要取决于运行温度、绝缘材料结构中的氧气含量、含潮率等。但运行温度是决定绝缘材料老化程度的最主要因素。即运行温度对变压器寿命起着决定性的作用。

油浸式变压器绕组匝绝缘用的电缆纸,在 80 ℃ ~ 140 ℃ 范围内,其寿命 L 与温度的关系,可用蒙特辛格(Montsinger)公式表示

$$L = L_n \exp[-(\theta_h - \theta_0)\ln 2/6] = L_n \exp[-0.1155(\theta_h - 98)] \tag{2.69}$$

式中,θ_0 为保证变压器绝缘正常寿命的绕组热点温度,$\theta_0 = 98$ ℃;θ_h 为实际的绕组热点温度(℃);L_n 为 $\theta_h = \theta_0$ 条件下的变压器绝缘正常寿命(h 或 a)。

L_n 可用阿仑尼斯(Arrhenius)定律(公式)计算,即

$$L_n = \exp[A + B/(273+\theta_h)] \quad (\text{h}) \tag{2.70}$$

式中,A 与 B 为常数,在 95 ℃ ≤ θ_h ≤ 180 ℃ 范围内,$A = -30.834$,$B = 16054$。并以 $\theta_h = \theta_0 = 98$ ℃ 代入式(2.70)得

$$L_n = \exp[-30.834 + 16054/(273+98)] = 252265 \text{ h} = 28.8 \text{ a}$$

对于按国家标准《电力变压器》(GB 1094)设计制造的变压器,在额定负载和正常环境温度下,绕组热点温度的常用基准值就是 98 ℃。此基准值与"在环境温度为 20℃ 和绕组热点温升为 78 K 下运行"相对应。其中绕组热点温升 78 K 则是绕组热点对绕组顶部油的温差(22 ~ 29 K)与绕组顶部油温升(56 ~ 49 K)之和。电缆纸在 98 ℃ 下使用,其老化寿命在 20 年以上。在该运行条件下的老化寿命称为正常老化寿命,其每天的寿命损失为正常日寿命损失;同样有正常年寿命损失。

由式(2.69)可知,电缆纸在 80 ℃ ~ 140 ℃ 范围内,温度与 98 ℃ 相比每升高 6 ℃,其老化速度加快一倍;反之,与 98 ℃ 相比每降低 6 ℃,其老化速度减慢一半,即遵循绝缘老化六度定则。

虽然式(2.69)、式(2.70)能定性地说明变压器的寿命值,但是目前还没有简单而又统一的终点寿命判断标准,来定量地说明变压器的剩余寿命。因此,以热老化率(或称寿命损失率)为基础来比较变压器的终点寿命是有意义的。热老化率是以式(2.69)的倒数表示,即

$$热老化率 = \frac{\exp[(\theta_h - \theta_0)\ln 2/6]}{L_n}$$

而热老化率又是以绕组热点温度为基础的。当绕组热点温度为 θ_h 时,按绝缘老化六度定则计算的相对热老化率(或称相对寿命损失率)为

$$V = \frac{\theta_h \text{下的热老化率}}{98℃\text{下的热老化率}} = \frac{\frac{1}{L_n}\exp[(\theta_h-\theta_0)\ln 2/6]}{\frac{1}{L_n}\exp[(98-\theta_0)\ln 2/6]} = \exp[(\theta_h-98)\ln 2/6]$$

$$= 2^{(\theta_h-98)/6} = \exp[0.693(\theta_h-98)/6] = 10^{(\theta_h-98)/19.93} \quad (2.71)$$

由式（2.71）可以算出，绕组热点温度 θ_h 在 80℃～140℃ 范围内的相对寿命损失率 V 见表2.1。

表2.1 绕组热点温度在80℃～140℃范围内的相对寿命损失率

θ_h/℃	80	86	92	98	104	110	116	122	128	134	140
V	0.125	0.25	0.5	1	2	4	8	16	32	64	128

从表中可知，当 θ_h 低于 80℃ 时，变压器寿命损失可忽略不计。若变压器在24小时的周期内，在某一高于 98℃ 的恒定的绕组热点温度 θ_h 下运行了 t 小时，其余的时间，即 $(24-t)$ 小时都在寿命损失可忽略不计的低温下运行，正常日寿命损失维持不变，则在 θ_h 下运行允许的持续时间 t 可按下式计算

$$t = \frac{V_t}{V} = \frac{24}{10^{(\theta_h-98)/19.93}} = 24 \times 10^{(98-\theta_h)/19.93} \quad (\text{h}) \quad (2.72)$$

式中，V_t 为正常日寿命损失。

变压器按上述情况，在绕组热点温度为 98℃～140℃ 的条件下允许运行的持续时间 t 的计算结果见表2.2。

表2.2 变压器在绕组热点温度98℃～140℃下允许运行的持续时间

θ_h/℃	98	101.5	104	107.5	110	113.5	116	119.5	122	125.5	128	131.5	134	137.5	140
t/h	24	16	12	8	6	4	3	2	1.5	1	0.75	0.5	0.375	0.25	0.187

通过以上关于变压器寿命的分析可知：
① θ_h 高于 98℃ 时所增加的寿命损失可由 θ_h 低于 98℃ 时所减少的寿命损失补偿；
② 负载大于额定容量所增加的寿命损失可由负载小于额定容量所减少的寿命损失补偿；
③ 当一年内或一日内冷却介质温度按自然规律变化时，高于年平均温度所增加的寿命损失可由低于年平均温度所减少的寿命损失补偿；
④ 在负载周期内，如果变化的负载系数所引起的相对寿命损失率等于1，则变压器具有正常寿命；
⑤ 允许温度限值是从安全角度考虑的；从热老化角度考虑，允许温度限值的持续时间是有限的，要由相对寿命损失来决定。

总之，增加的寿命损失是需要由减少的寿命损失来补偿的。否则，变压器的运行寿命将要缩短。

在实际运行中，变压器的负载与环境温度是经常变化的，特别是电气化铁道，其牵引负荷不断地剧烈变化。也就是说，引起变压器寿命损失增加与减少的因素是经常变化的。有时

过载，有时轻载；夏季环境温度高，冬季环境温度低。如上所述，各种因素引起的变压器寿命损失增加与减少是可以相互补偿的。因此，正常过负荷时，不会降低变压器的正常使用寿命。但是，在事故过负荷时，变压器的正常使用寿命将会减少。一般规定，事故过负荷所造成的额外寿命损失以不超过正常年寿命损失的1%为限。基于上述原则，规定了变压器的允许正常过负荷及事故过负荷。

《油浸式电力变压器负载导则》和《电力变压器运行规程》对油浸式电力变压器过负荷能力的确定方法，做了明确的规定。依照二者的有关条文，牵引变压器属于自然油循环冷却（ON）中型和大型变压器。

2. 牵引变压器的过负荷

可按以下几种情况来考虑。

① 正常运行时，牵引变压器的日平均负荷不会超过额定容量。然而，由于牵引负荷的剧烈变化，可能经常出现过负荷，但其值一般不大。至于牵引负荷电流的短时（1~2 min 以下）起伏与尖峰可以不考虑。这是因为，变压器的温度与时间的关系，是按指数曲线变化。变压器绕组的热时间常数为 5~10 min；变压器油的热时间常数长达 2~3 h。所以负荷变化引起的绕组温度变化需要约 15 min 才能达到稳定值，且绕组的短时允许温度可达 140°C。变压器油达到稳定温度所需要的时间就更长。

② 紧密运行时，牵引变压器可能出现持续时间超过绕组热时间常数的较大的偶发性过负荷。这种过负荷可使绕组绝缘温度较快上升，而较大地增加相对寿命损失。但其他时间内还有许多因素（如轻载、冬季等）可减少相对寿命损失，且变压器寿命损失的增加与减少可相互补偿。因此，设计规范曾有规定，在利用牵引变压器过负荷能力 50% 时，其容量应能分别满足近期或远期紧密运行时的负荷需要，是可以保证安全运行的。

③ 出现持续时间与绕组热时间常数相当的冲击性牵引负荷时，也应该能承受。这是因为，牵引变压器的负荷率（计算容量/安装容量）远小于1，其过负荷倍数和允许持续时间可以适当增加。

④ 三相 YNd11 联结牵引变压器，允许的供电臂负荷电流受三相绕组负荷不平衡的影响较大，可参照第一章第二节第五部分进行计算。

牵引变压器过负荷能力的具体确定方法详见附录 D。

3. 带直接测温装置的牵引变压器的过负荷

变压器过负荷能力的利用是否充分、合理，变压器过负荷运行是否安全、可靠，归根结底要由变压器各部温升来验证。而变压器各部温升的获得，除了通过计算方法以外，比较理想的方法就是用直接测温装置实时测量。带直接测温装置的牵引变压器已于 20 世纪 80 年代研制成功，并投入运行。

直接测温装置是由埋设在变压器高、低压绕组、铁芯、绝缘油、箱壁的铂膜电阻测温传感器，将测得的各处温度，通过传感器引出线、传输光纤、传输电缆，输送到计算机测温系统，再经过采样、计算、显示、打印，从而给出随负荷剧烈变化的绕组、铁芯和绝缘油的温度，特别是绕组最热点温度。温升试验与计算分析结果表明，油浸式电力变压器不管采用何种冷却方式，绕组顶部区的线饼为热点区。因此，只要将测点均匀分布在热点区，就可测出热点温度。掌握热点温度,就可以掌握变压器负载能力和绕组绝缘老化规律,进而掌握变压器运行寿命。因此,该装置完全不同于依靠测量油温来判别变压器内部温度情况。变压器油的热时间常数较大,故由负荷电流变化引起绕组、铁芯等发热变化,通过油的温升反映出来就需要较长一段时间,即油的温升不能直接及时地反映牵引负荷状态。

带直接测温装置的牵引变压器,能经常承受在负荷率为 0.5 的条件下,过负荷倍数为额定电流 3 倍的尖峰牵引负荷一次不超过 2 min,每次发生间隔不少于 30 min。当变压器在环境温度 θ_a 为 20°C 时,应能承受表 2.3 所列的短时过负荷倍数,此时,绕组最热点温度不得超过 140°C。

表 2.3 带直接测温装置的牵引变压器能承受的短时过负荷倍数

负荷率	持续时间/h			
	0.5	1	2	4
0.5	2.00	1.80	1.53	1.31
0.7	1.95	1.70	1.46	1.27

变压器内部直接测温装置,对充分利用牵引变压器过载能力,提高其使用寿命,保证供电可靠性、稳定性,减小变压器的安装容量,实现对牵引变压器的科学管理与指导其状态维修,都具有十分重要的意义。

随着科学技术的发展,目前已有许多变压器的绝缘结构使用高耐热等级的绝缘材料。国家标准《电力变压器》(GB 1094)对油浸式变压器并未考虑这种绝缘材料。对此,可以按制造厂和运行部门协议来考虑其热特性改善情况和温升限值。变压器使用高耐热等级的绝缘材料后,其预期的正常寿命,是以绕组热点温度为 110 °C 作基准的。应用这种新技术,可以设计制造高过载能力低阻抗电压牵引变压器(详见附录 E)。

二、牵引变压器校核容量的确定

1. 不同联结形式牵引变压器最大容量 S_{max} 的计算

(1)单相联结牵引变压器:

$$S_{max} = U(I_{a\,max} + I_{be}) \quad (kVA) \tag{2.73}$$

式中,$I_{a\,max}$ 为重负荷供电臂(a)的最大电流;I_{be} 为轻负荷供电臂(b)的有效电流。

(2)单相 Vv 联结牵引变压器:

$$\left.\begin{array}{l}S_{a\,max} = UI_{a\,max}\\S_{b\,max} = UI_{b\,max}\end{array}\right\} \quad (kVA) \tag{2.74}$$

式中,$I_{b\,max}$ 为供电臂(b)的最大电流。

(3)三相 YNd11 联结牵引变压器:

$$S_{max} = K_t U(2I_{a\,max} + 0.65I_{be}) \quad (kVA) \tag{2.75}$$

(4)斯科特联结牵引变压器:

从一次侧看，$S_{\max}$ 按下式计算

$$S_{\max} = U\left(\sqrt{I_{\mathrm{Mmax}}^2 + \frac{1}{3}I_{\mathrm{Tmax}}^2} + I_{\mathrm{Tmax}}\right)\eta_1 = U\left[\sqrt{I_{\mathrm{Mmax}}^2 + \frac{1}{3}(nI_{\mathrm{Mmax}})^2} + nI_{\mathrm{Mmax}}\right]\eta_1$$

$$= UI_{\mathrm{Mmax}}\left(\sqrt{1+\frac{1}{3}n^2}+n\right)\eta_1 \quad (\mathrm{kVA}) \tag{2.76}$$

式中，I_{Mmax}，I_{Tmax} 分别为 M 座、T 座二次绕组最大电流，$n = I_{\mathrm{Tmax}}/I_{\mathrm{Mmax}}$，$\eta_1$ 参见式（1.18）。

或者，从二次侧看，$S_{\max}$ 可径直按下式计算

$$S_{\max} = U(I_{\mathrm{Mmax}} + I_{\mathrm{Tmax}}) \quad (\mathrm{kVA}) \tag{2.77}$$

或

$$S_{\max} = 2UI_{\max} \quad (\mathrm{kVA}) \tag{2.77'}$$

式中，$I_{\max}$ 取 I_{Mmax} 和 I_{Tmax} 中之大者。

（5）平衡变压器：

设 $I_{\alpha\max}$ 和 $I_{\beta\max}$ 分别为按牵引变压器校核容量的计算条件确定的两供电臂最大电流（A），$n = \dfrac{I_{\beta\max}}{I_{\alpha\max}}$，则比照式（2.65）得 YN▽联结平衡变压器的最大容量为

$$S_{\max} = \left\{\frac{\sqrt{2}}{3(\sqrt{3}+1)}UI_{\alpha\max}\left[\sqrt{(\lambda+1)^2+n^2} + \sqrt{1+n^2} + \sqrt{1+(\lambda+1)^2 n^2} + (1+2\sqrt{3}-\lambda)(1+n)\right]\right\}\eta_2 \quad (\mathrm{kVA}) \tag{2.78}$$

比照式（2.66）得 YN▽联结阻抗匹配平衡变压器的最大容量为

$$S_{\max} = 0.158\,7 UI_{\alpha\max}\left[\sqrt{(\sqrt{3}+2)^2+n^2} + \sqrt{1+n^2} + \sqrt{1+(\sqrt{3}+2)^2 n^2} + \sqrt{3}(1+n)\right] \quad (\mathrm{kVA}) \tag{2.79}$$

比照式（2.67）得非阻抗匹配 YN▽联结平衡变压器的最大容量为

$$S_{\max} = 0.156\,1 UI_{\alpha\max}\left[\sqrt{4+n^2} + \sqrt{1+n^2} + \sqrt{1+4n^2} + 2\sqrt{3}(1+n)\right] \quad (\mathrm{kVA}) \tag{2.80}$$

或者，上述三种平衡变压器的最大容量均径直采用下式计算

$$S_{\max} = U(I_{\alpha\max} + I_{\beta\max}) \quad (\mathrm{kVA}) \tag{2.81}$$

或

$$S_{\max} = 2UI_{\max} \quad (\mathrm{kVA}) \tag{2.81'}$$

式中，$I_{\max}$ 取 $I_{\alpha\max}$ 和 $I_{\beta\max}$ 中之大者。

式（2.73）~式（2.81'）中，电流的单位都是 A。

2. 牵引变压器校核容量的确定

在最大容量（S_{max}）的基础上，再考虑牵引变压器的过负荷能力后所确定的容量，就是校核容量（$S_{校}$），即

$$S_{校} = \frac{S_{max}}{K} \quad (kVA) \tag{2.82}$$

式中，K 为牵引变压器过负荷倍数，取 $K = 1.5$。

第五节　牵引变压器的安装容量

牵引变压器的安装容量，是在计算容量与校核容量的基础上，再考虑备用方式，最后按其系列产品确定的牵引变压器台数与容量。为了确定牵引变压器的安装容量，除了其计算容量与校核容量外，主要考虑因素是其备用方式。

一、备用方式

牵引变压器在检修或发生故障时，都需要有备用变压器投入，以确保电气化铁路的正常运输。在大运量的双线区段，牵引变压器一旦出现故障，应尽快投入备用变压器，显得比单线区段要求更高。备用变压器投入的快慢，将影响到恢复正常供电的时间，并且与采用的备用方式有关。备用方式的选择，必须从实际的电气化铁路线路、运量、牵引变电所的规模、选址、供电方式及外部条件（如有无公路）等因素，综合考虑比较后确定。从我国的电气化铁路历史来看，牵引变压器备用方式有以下两种。

1. 移动备用

采用移动变压器作为备用的方式，称为移动备用。采用移动备用方式的电气化区段，每个牵引变电所装设两台牵引变压器，正常时两台运行。所内设有铁路专用岔线。备用变压器安放在移动变压器车上，停放于适中位置的牵引变电所内或供电段段部，以便于需要作为备用变压器投入时，缩短运输时间。在电气化区段的牵引变电所不超过 5~8 个的情况下，设一台移动变压器，其额定容量应与该区段的最大单台牵引变压器额定容量相同。

当牵引变压器需要检修时，可将移动变压器按计划调入牵引变电所。但在牵引变压器发生故障时，移动变压器的调运和投入约需数小时。此间，靠一台牵引变压器供电往往不能保证铁路正常运输。这种影响，在单线区段或运量小的双线区段可很快恢复正常；但在大运量的双线区段须予以重视。可按牵引变压器一台故障停电后由另一台单独运行，允许超载 30%，并持续 4 小时，而能符合计算容量（满足正常运输）的要求进行检算。

采用移动备用方式，除上述影响外，还需要修建铁路专用岔线。这将导致牵引变电所选址困难、场地面积和土石方工程量增加，相应加大投资。不仅如此，移动变压器车辆进厂检修时，需要把备用变压器从车上拆卸吊下来；车辆修好出厂后，又要把备用变压器吊上车安

装好。这项工作十分麻烦和困难,非常费时费力费钱。采用移动备用方式的优点是牵引变压器容量较省。因此,移动备用方式可用于沿线无公路区段和单线区段。

2. 固定备用

采用加大牵引变压器容量或增加台数作为备用的方式,称为固定备用。采用固定备用方式的电气化区段,每个牵引变电所一般装设两台(组)牵引变压器:一台(组)运行,一台(组)备用。每台(组)牵引变压器容量应能承担全所最大负荷,满足铁路正常运输的要求。

采用固定备用方式的优点是,其投入快速方便,发挥备用主变压器自动投入装置的功能,可实现不间断行车可靠供电,确保铁路正常运输;又可不修建铁路专用岔线,牵引变电所选址方便、灵活,场地面积较小,土石方工程量较少;电气主接线较简单。其缺点是增加了牵引变压器的安装容量,变电所内设备检修业务要靠公路运输。因此,固定备用方式适用于沿线有公路条件的大运量区段。

在当前进行电气化铁路牵引供电系统的设计中,牵引变压器的备用方式不再考虑移动备用方式,全都采用固定备用方式。

二、牵引变压器安装容量的确定

当牵引变压器的计算容量和校核容量确定以后,选择两者中较大者,并按采用的备用方式、牵引变压器的系列产品(额定容量优先数为 R10 系列,即 10 000 kVA,12 500 kVA,16 000 kVA,20 000 kVA,25 000 kVA,31 500 kVA,40 000 kVA,50 000 kVA,63 000 kVA,80 000 kVA,100 000 kVA 等)以及有否地区动力负荷等诸因素,即可确定牵引变压器的安装容量。

三、牵引变压器容量计算和选择举例

例 1 某单线区段,近期年运量 $\Gamma = 1\,700$ 万吨/年,牵引定数 $G = 2\,100$ 吨,$\gamma_{净}$ 取 0.705,波动系数 K_1 取 1.2,储备系数 K_2 取 1.2,非平行列车运行图区间通过能力 $N_{非} = 42$ 对/日。

牵引计算结果:

供电臂 1—— $n = 3$,$\sum A_1 = 2\,115$ kVAh,$\sum t_{u1} = 29.3$ min;

供电臂 2—— $n = 3$,$\sum A_2 = 1\,724$ kVAh,$\sum t_{u2} = 28.3$ min。

求:三相牵引变电所主变压器采用固定备用时的安装容量。

解

第一步:计算列车对数 N

由式(2.1)得

$$N = \frac{K_1 K_2 \Gamma \times 10^4}{365 G \gamma_{净}} = \frac{1.2 \times 1.2 \times 1\,700 \times 10^4}{365 \times 2\,100 \times 0.705} = 45.3 \text{ 列/日} = 23 \text{ 对/日}$$

第二步:计算 I_{1av},I_{2av},I_{1e},I_{2e}

由式(2.25)可得

$$I_{1av} = 1.667N\sum A_1 \times 10^{-3} = 1.667 \times 23 \times 2\,115 \times 10^{-3} = 81 \quad (A)$$
$$I_{2av} = 1.667N\sum A_2 \times 10^{-3} = 1.667 \times 23 \times 1\,724 \times 10^{-3} = 66 \quad (A)$$

由式（2.32）得

$$K_{1e} = \sqrt{1 + \frac{1.1 - p_1}{np_1}} = \sqrt{1 + \frac{1.1 - 0.156}{3 \times 0.156}} = 1.737$$

其中，$p_1 = (N\sum t_{u1})/nT = (23 \times 29.3)/(3 \times 1\,440) = 0.156$。

$$K_{2e} = \sqrt{1 + \frac{1.1 - p_2}{np_2}} = \sqrt{1 + \frac{1.1 - 0.151}{3 \times 0.151}} = 1.759$$

其中，$p_2 = (N\sum t_{u2})/nT = (23 \times 28.3)/(3 \times 1\,440) = 0.151$。

由式（2.31）得

$$I_{1e} = K_{1e}I_{1av} = 1.737 \times 81 = 141 \quad (A)$$
$$I_{2e} = K_{2e}I_{2av} = 1.759 \times 66 = 116 \quad (A)$$

第三步：计算变压器计算容量

由式（2.60）得

$$\begin{aligned}S &= K_t U\sqrt{4I_{1e}^2 + I_{2e}^2 + 2I_{1av}I_{2av}} \\ &= 0.9 \times 27.5\sqrt{4 \times 141^2 + 116^2 + 2 \times 81 \times 66} \\ &= 7\,969 \quad (kVA)\end{aligned}$$

采用简化公式

$$S = K_t U(2I_{1e} + 0.65I_{2e}) = 0.9 \times 27.5 \times (2 \times 141 + 0.65 \times 116) = 8\,846 \quad (kVA)$$

第四步：计算变压器校核容量

按非平行运行图区间通过能力 $N_\text{非}$ 的要求进行校核。

计算对应于 $N_\text{非}$ 的重负荷供电臂（1）的最大电流 I_{max}

$$p_1 = \frac{N_\text{非}\sum t_{u1}}{nT} = \frac{42 \times 29.3}{3 \times 1\,440} = 0.285$$

查附录 C 图 C.5 曲线 $I_{max} = f(n, p)$ 得

$$I_{max} = 2.38I = 2.38 \times 173 = 412 \quad (A)$$

其中，$I = 2.4(\sum A_1/\sum t_{u1}) = 2.4 \times (2\,115/29.3) = 173 \quad (A)$

计算对应于 $N_\text{非}$ 的轻负荷供电臂（2）的有效电流

$$p_2 = \frac{N_\text{非}\sum t_{u2}}{nT} = \frac{42 \times 28.3}{3 \times 1\,440} = 0.275$$

$$K_{2e} = \sqrt{1 + \frac{1.1 - p_2}{np_2}} = \sqrt{1 + \frac{1.1 - 0.275}{3 \times 0.275}} = 1.414$$

$$I_{2av} = 1.667 N_{\text{非}} \sum A_2 \times 10^{-3} = 1.667 \times 42 \times 1\,724 \times 10^{-3} = 121 \quad (\text{A})$$

$$I_{2e} = K_{2e} I_{2av} = 1.414 \times 121 = 171 \quad (\text{A})$$

三相 YNd11 联结变压器最大容量为

$$S_{\max} = K_t U(2I_{\max} + 0.65 I_{2e}) = 0.9 \times 27.5 \times (2 \times 412 + 0.65 \times 171) = 23\,145 \quad (\text{kVA})$$

三相 YNd11 联结变压器校核容量，由式（2.82）得

$$S_{\text{校}} = \frac{S_{\max}}{K} = \frac{23\,145}{1.5} = 15\,430 \quad (\text{kVA})$$

第五步：确定安装容量

将计算容量和校核容量进行比较，并结合采用的固定备用方式和系列产品，选用三相 YNd11 联结变压器的安装容量为 $2 \times 16\,000$（kVA）。

例 2 某双线区段采用上、下行并联供电方式，变压器为三相 YNd11 联结。

供电臂 1——$n = 2.8$，$N = 94$ 对/天，$N_{\text{非}} = 133$ 对/天；

供电臂 2——$n = 3.18$，$N = 77$ 对/天，$N_{\text{非}} = 126$ 对/天。

供电臂 1 和 2 内，各列车距馈电点距离和其余资料，如图 2.3 和表 2.4 所示。

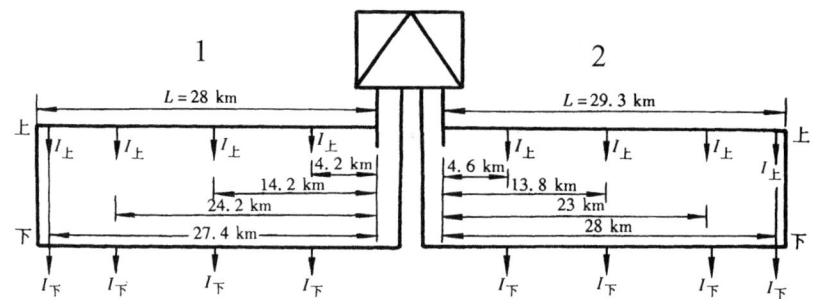

图 2.3 [例 2] 计算图

表 2.4 [例 2] 计算原始资料

供电臂		1	2
列车全部运行时间 $\sum t$ /min	上 行	25.2	27.5
	下 行	20.1	24.4
列车用电运行时间 $\sum t_u$ /min	上 行	16.7	15.8
	下 行	15.2	19.6
列车在 $\sum t(\sum t_u)$ 内的能耗/kVAh	上 行	970	852
	下 行	856	967

求：变压器采用固定备用时的安装容量。

解

第一步：供电臂 1，2 平均电流的计算

首先计算供电臂 1，2 的基本参数。

供电臂 1：

$$I_{t\text{上}} = 2.4 \frac{\sum A_\text{上}}{\sum t_\text{上}} = 2.4 \times \frac{970}{25.2} = 92.4 \quad (\text{A})$$

$$I_{t\text{下}} = 2.4 \frac{\sum A_\text{下}}{\sum t_\text{下}} = 2.4 \times \frac{856}{20.1} = 102.2 \quad (\text{A})$$

$$I_\text{上} = 2.4 \frac{\sum A_\text{上}}{\sum t_{u\text{上}}} = 2.4 \times \frac{970}{16.7} = 139.4 \quad (\text{A})$$

$$I_\text{下} = 2.4 \frac{\sum A_\text{下}}{\sum t_{u\text{下}}} = 2.4 \times \frac{856}{15.2} = 135.2 \quad (\text{A})$$

$$m_\text{上} = \frac{N \sum t_\text{上}}{T} = \frac{94 \times 25.2}{1\,440} = 1.65$$

$$m_\text{下} = \frac{N \sum t_\text{下}}{T} = \frac{94 \times 20.1}{1\,440} = 1.31$$

$$p_\text{上} = \frac{N \sum t_{u\text{上}}}{nT} = \frac{94 \times 16.7}{2.8 \times 1\,440} = 0.389$$

$$p_\text{下} = \frac{N \sum t_{u\text{下}}}{nT} = \frac{94 \times 15.2}{2.8 \times 1\,440} = 0.354$$

$$\alpha_\text{上} = \frac{\sum t_\text{上}}{\sum t_{u\text{上}}} = \frac{25.2}{16.7} = 1.51$$

$$\alpha_\text{下} = \frac{\sum t_\text{下}}{\sum t_{u\text{下}}} = \frac{20.1}{15.2} = 1.32$$

供电臂 2：

$$I_{t\text{上}} = 2.4 \frac{\sum A_\text{上}}{\sum t_\text{上}} = 2.4 \times \frac{852}{27.5} = 74.4 \quad (\text{A})$$

$$I_{t\text{下}} = 2.4 \frac{\sum A_\text{下}}{\sum t_\text{下}} = 2.4 \times \frac{967}{24.4} = 95.1 \quad (\text{A})$$

$$I_\text{上} = 2.4 \frac{\sum A_\text{上}}{\sum t_{u\text{上}}} = 2.4 \times \frac{852}{15.8} = 129.4 \quad (\text{A})$$

$$I_\text{下} = 2.4 \frac{\sum A_\text{下}}{\sum t_{u\text{下}}} = 2.4 \times \frac{967}{19.6} = 118.4 \quad (\text{A})$$

$$m_\text{上} = \frac{N \sum t_\text{上}}{T} = \frac{77 \times 27.5}{1\,440} = 1.47$$

$$m_\text{下} = \frac{N \sum t_\text{下}}{T} = \frac{77 \times 24.4}{1\,440} = 1.30$$

$$p_\text{上} = \frac{N \sum t_{u\text{上}}}{nT} = \frac{77 \times 15.8}{3.18 \times 1\,440} = 0.266$$

$$p_{下} = \frac{N\sum t_{u下}}{nT} = \frac{77\times 19.6}{3.18\times 1\ 440} = 0.330$$

$$\alpha_{上} = \frac{\sum t_{上}}{\sum t_{u上}} = \frac{27.5}{15.8} = 1.74$$

$$\alpha_{下} = \frac{\sum t_{下}}{\sum t_{u下}} = \frac{24.4}{19.6} = 1.25$$

按以上计算出的基本参数与计算图,则可用式(2.34)计算供电臂1,2的平均电流。此处直接用式(2.39)计算I_{av},即供电臂1,2的I_{av}为

$$I_{1av} = 1.667N\sum A\times 10^{-3} = 1.667\times 94\times(970+856)\times 10^{-3} = 286.1\ (A)$$

$$I_{2av} = 1.667N\sum A\times 10^{-3} = 1.667\times 77\times(852+967)\times 10^{-3} = 233.5\ (A)$$

第二步:供电臂1,2有效电流的计算

供电臂1,2的有效电流,通常用式(2.40)计算。现以实用简化的式(2.41)或式(2.43)计算,即

$$I_e = K'_e I_{av}$$

或

$$I_e = K_e I_{av}$$

供电臂1的有效电流I_{1e}为

$$I_{1e} = K'_e I_{1av}$$

而

$$K'_e = \sqrt{1+\frac{1.1\alpha-1}{m_{上}+m_{下}}} = \sqrt{1+\frac{1.1\times 1.42-1}{1.65+1.31}} = 1.09$$

其中

$$\alpha = \sum t \Big/ \sum t_u = (25.2+20.1)/(16.7+15.2) = 1.42$$

则

$$I_{1e} = 1.09\times 286.1 = 311.8\ (A)$$

供电臂2的有效电流I_{2e}为

$$I_{2e} = K'_e I_{2av}$$

而

$$K'_e = \sqrt{1+\frac{1.1\alpha-1}{m_{上}+m_{下}}} = \sqrt{1+\frac{1.1\times 1.47-1}{1.47+1.3}} = 1.106\ (A)$$

其中

$$\alpha = \sum t \Big/ \sum t_u = (27.5+24.4)/(15.8+19.6) = 1.47$$

则

$$I_{2e} = K'_e I_{2av} = 1.106\times 233.5 = 258.3\ (A)$$

第三步:求变压器的计算容量

由以上计算,可知$I_{1e} > I_{2e}$,故得

$$S = K_t U\sqrt{4I_{1e}^2 + I_{2e}^2 + 2I_{1av}I_{2av}} = 0.9\times 27.5\sqrt{4\times 311.8^2 + 258.3^2 + 2\times 286.1\times 233.5} = 18\ 998\ (kVA)$$

第四步：求变压器的校核容量

对应于 $N_\text{非}$ 的重负荷供电臂列车用电平均概率为

$$p_\text{上} = \frac{N_\text{非}\sum t_\text{u上}}{nT} = \frac{133\times 16.7}{2.8\times 1\,440} = 0.55$$

$$p_\text{下} = \frac{N_\text{非}\sum t_\text{u下}}{nT} = \frac{133\times 15.2}{2.8\times 1\,440} = 0.50$$

按双线有上行车或有下行车的概率为

$$p = p_\text{上} + p_\text{下} - p_\text{上} \cdot p_\text{下} = 0.55 + 0.5 - 0.55\times 0.5 = 0.775$$

由 p 查附录 C 图 C.5，可得重负荷臂最大电流 I_max 为

$$I_\text{max} = 3.3I = 3.3\times 137.4 = 453.4 \quad (\text{A})$$

其中 $\quad I = 2.4\left(\sum A_{(\text{上}+\text{下})}\Big/\sum t_{\text{u}(\text{上}+\text{下})}\right) = 2.4\times(970+856)/(16.7+15.2) = 137.4 \quad (\text{A})$

对应于 $N_\text{非}$ 的轻负荷供电臂的有效电流

$$m_\text{上} = \frac{N_\text{非}\sum t_\text{上}}{T} = \frac{126\times 27.5}{1\,440} = 2.41$$

$$m_\text{下} = \frac{N_\text{非}\sum t_\text{下}}{T} = \frac{126\times 24.4}{1\,440} = 2.14$$

已知 $\alpha = 1.47$ 故

$$K'_\text{e} = \sqrt{1+\frac{1.1\alpha-1}{m_\text{上}+m_\text{下}}} = \sqrt{1+\frac{1.1\times 1.47-1}{2.41+2.14}} = 1.07$$

$$I_\text{av} = 1.667 N_\text{非} \sum A_{(\text{上}+\text{下})}\times 10^{-3} = 1.667\times 126\times(852+967)\times 10^{-3} = 382.1 \quad (\text{A})$$

故得

$$I_{2\text{e}} = K'_\text{e} I_\text{av} = 1.07\times 382.1 = 408.8 \quad (\text{A})$$

最大容量 S_max 为

$$\begin{aligned}S_\text{max} &= K_t U(2I_\text{max} + 0.65 I_\text{e}) \\ &= 0.9\times 27.5\times(2\times 453.4 + 0.65\times 408.8) \\ &= 29\,020 \quad (\text{kVA})\end{aligned}$$

校核容量 $S_\text{校}$ 为

$$S_\text{校} = \frac{S_\text{max}}{K} = \frac{29\,020}{1.5} = 19\,347 \quad (\text{kVA})$$

第五步：求变压器的安装容量

将计算容量和校核容量进行比较，并结合采用固定备用方式和系列产品，选用三相 YNd11 联结变压器的安装容量为 $2\times 20\,000\,\text{kVA}$。

第三章 牵引网阻抗

牵引网阻抗是计算牵引网电压损失、电能损失和短路电流所必需的参数。牵引网阻抗值随牵引网的组成和布置尺寸而不同。为此,必须进行牵引网阻抗的计算。

牵引网阻抗值与牵引网的结构,选用导线(接触线、承力索、加强线、回流线、正馈线)的型号规格,钢轨的类型、数量和轨距,牵引网向电力机车的供电方式(DF,DN,AT),以及大地电导率等因素有关。

第三章至第五章的牵引网阻抗、电压损失、电能损失的计算和第七章的牵引网的电磁影响,都是针对直接供电方式的牵引网而言。至于其余两种供电方式的牵引网相关内容,则在第八章叙述。

第一节 牵引网导线的参数

牵引网阻抗计算所需要的导线参数,主要的是导线的有效电阻 r 和等效半径 R_{eq}。

导线对流过交流电流所呈现的电阻值比流过直流电流时的电阻值要大。其原因一是由于交流电流的集肤效应,使导线的实际有效截面减小,等效电阻增大;二是由于交流电流在铁磁材料中的磁滞与涡流造成损失,使导线中的电能损失加大,从而也使导线的等效电阻增大。导线对交变电流的电阻称为有效电阻,又称交流电阻。相应的导线对直流电流的电阻称为直流电阻,或称欧姆电阻。有效电阻 r 等于直流电阻 r_0 乘上大于 1 的有效系数 ξ,即 $r = \xi r_0$。有效系数 ξ 的值,随着交变电流频率的增高和导线截面面积的加大而显著增大。这是因为,频率越高和截面面积越大,导体芯部的电感越大,从而有效系数越大。此外,有效系数 ξ 的值还与导线的形状、导线材质的铁磁特性有关。但对于工频和牵引网中应用的截面面积不太大的铝、铜等非磁性导线,有效系数 $\xi \approx 1$,$r \approx r_0$。

等效半径 R_{eq} 是用来计算导线内感抗的一个参数。电感的定义是单位电流所产生的磁链。在导线内部,磁通只和部分导体交链。对一条流过交变电流的半径为 R 的导线,确定一个小于 R 的半径 R_{eq},使半径为 R_{eq} 的等效导线(见图 3.1)与 R_{eq} 至 R 这部分空间(空气)中的磁通交链所造成的感抗,等于半径为 R 的导线的内感抗。此时,半径 R_{eq} 就称为导线的等效半径。这样,取半径为等效半径 R_{eq} 的等效导线被看成无内感的导线。

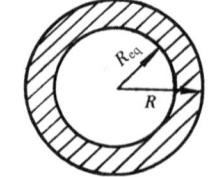

图 3.1 半径为 R_{eq} 的等效导线

根据电磁场理论，半径为 R 的导线内部磁通交链所造成的内感为

$$L_{\text{int}} = \frac{\mu l}{8\pi} = \frac{\mu_0 \mu_{\text{r}} l}{8\pi}$$

式中，l 为导线长度（m）；$\mu = \mu_0 \mu_{\text{r}}$ 为导线物质的磁导系数；μ_0 为真空的磁导系数，$\mu_0 = 4\pi \times 10^{-7}$ H/m；μ_{r} 为导线物质的相对磁导系数。

半径为 R_{eq} 的等效导线与 R_{eq} 至 R 这部分空间（空气）中的磁通交链所造成的外感为

$$L_{\text{ext}} = \frac{\mu_0 l}{2\pi} \ln \frac{R}{R_{\text{eq}}}$$

式中，取空气的磁导系数近似地等于真空的磁导系数 μ_0。

由等效半径 R_{eq} 的定义得 $\omega L_{\text{int}} = \omega L_{\text{ext}}$，从而

$$\frac{\mu_0 \mu_{\text{r}} l}{8\pi} = \frac{\mu_0 l}{2\pi} \ln \frac{R}{R_{\text{eq}}}$$

$$R_{\text{eq}} = R \, \text{e}^{-\frac{1}{4}\mu_{\text{r}}} = \alpha R \tag{3.1}$$

式中，$\alpha = \text{e}^{-\frac{1}{4}\mu_{\text{r}}}$，称为等效系数，部分导线的 α 值见表 3.1。由式（3.1）可知，导线的等效半径 R_{eq} 等于导线半径 R 乘以小于 1 的系数 α。

表 3.1 部分导线的 α 值

导线种类	铜、铝接触线	铜、铝绞线	钢铝接触线 钢芯铝绞线
等效系数 α	0.78	0.758（19 股）	0.95

导线的有效电阻和等效半径的值，通常由制造厂给定，或从手册上查得。我国电气化铁道的牵引网常用导线和钢轨的类型与有关数据见表 3.2～表 3.8。其中，表 3.2 与表 3.3 中的技术数据来源于铁道行业标准《电气化铁道用铜与铜合金接触线》（TB/T 2809—2005）和《电气化铁道用铜与铜合金绞线》（TB/T 3111—2005）；表 3.4～表 3.8 中的技术数据来源于文献[9]。对于非圆形截面的导线，一般用计算半径来代表导线半径 R。

如果制造厂只提供导线电阻率，则长度为 1km 的导线直流电阻 r 按下式确定

$$r = \frac{\rho \times 10^3}{q_{\text{c}}} \, (\Omega)$$

式中，ρ 为导线电阻率（$\Omega \cdot \text{mm}^2/\text{m}$）；$q_{\text{c}}$ 为导线计算截面面积（mm^2）。

如果需要考虑受温度变化影响后的直流电阻，则应按下式计算

$$r_2 = r_1[1 + \alpha(t_2 - t_1)]$$

式中，α 为电阻的温度系数（1/K，或 1/°C）；t_1 为变化前的温度（例如 20°C）；t_2 为变化后的温度（°C）；r_1 为 t_1 时的电阻（Ω）；r_2 为 t_2 时的电阻（Ω）。

表 3.2 铜与铜合金接触线类型和基本参数

名称	型号规格	截面面积/mm² 标称	截面面积/mm² 计算	断面尺寸 A/mm	断面尺寸 B/mm	参考单位质量/(kg/km)	计算半径/mm	等效半径/mm	直流电阻(20°C)/(Ω/km)	持续载流量/A 工作温度95°C	持续载流量/A 允许最高工作温度150°C	电阻温度系数(1/K)
铜接触线	CT85	85	86	10.80	10.76	769	5.23	4.08	0.207	410	—	0.003 81
	CT110	110	111	12.34	12.34	992	5.94	4.63	0.160	480	—	
	CT120	120	121	12.90	12.90	1082	6.21	4.84	0.147	510	—	
	CT150	150	151	14.40	14.40	1350	6.93	5.41	0.118	580	—	
铜银合金接触线	CTA85	85	86	10.80	10.76	769	5.23	4.08	0.207	—	—	0.003 81
	CTA110	110	111	12.34	12.34	992	5.94	4.63	0.160	480	650	
	CTA120	120	121	12.90	12.90	1082	6.21	4.84	0.147	510	690	
	CTA150	150	151	14.40	14.40	1350	6.93	5.41	0.118	580	800	
高强度铜银合金接触线	CTAH85	85	86	10.80	10.76	769	5.23	4.08	0.207	—	—	0.003 81
	CTAH110	110	111	12.34	12.34	992	5.94	4.63	0.160	480	650	
	CTAH120	120	121	12.90	12.90	1082	6.21	4.84	0.147	510	690	
	CTAH150	150	151	14.40	14.40	1350	6.93	5.41	0.118	580	800	
铜镁合金接触线	CTM110	110	111	12.34	12.34	992	5.94	4.63	0.202	450	640	0.001 85
	CTM120	120	121	12.90	12.90	1082	6.21	4.84	0.185	480	680	
	CTM150	150	151	14.40	14.40	1350	6.93	5.41	0.148	550	780	
高强度铜镁合金接触线	CTMH110	110	111	12.34	12.34	992	5.94	4.63	0.250	410	570	0.001 85
	CTMH120	120	121	12.90	12.90	1082	6.21	4.84	0.230	430	610	
	CTMH150	150	151	14.40	14.40	1350	6.93	5.41	0.184	490	700	
铜锡合金接触线	CTS110	110	111	12.34	12.34	992	5.94	4.63	0.216	380	570	0.003 65
	CTS120	120	121	12.90	12.90	1082	6.21	4.84	0.198	410	600	
	CTS150	150	151	14.40	14.40	1350	6.93	5.41	0.159	470	690	

注：1. 铜接触线（CT型）的允许最高工作温度为 95 °C；
2. 持续载流量计算条件为环境温度 40 °C、风速 0.5 m/s、日照强度 1 000 W/m²；
3. 计算半径 $R_c = \sqrt{\dfrac{q_c}{\pi}}$，其中 q_c 为计算截面面积（mm²）。

表 3.3 铜与铜合金绞线承力索类型和基本参数

名称	型号规格	截面面积/mm² 标称	截面面积/mm² 计算	根数×单线直径/mm	单位质量/(kg/km)	计算半径/mm	等效半径/mm	直流电阻（20℃）/(Ω/km)	持续载流量/A 工作温度95℃	持续载流量/A 允许最高工作温度150℃	电阻温度系数（1/K）
铜绞线	JT70	70	65.81	19×2.10	599	5.25	3.98	0.275	350	—	铜单线 0.003 81
铜绞线	JT95	95	93.27	19×2.50	849	6.25	4.74	0.194	435	—	
铜绞线	JT120	120	116.99	19×2.80	1065	7.00	5.31	0.155	505	—	
铜绞线	JT150	150	148.07	19×3.15	1347	7.90	5.99	0.122	585	—	
铜绞线	JT150	150	147.11	37×2.25	1342	7.90		0.123	580	—	
铜镁合金绞线	JTM70	70	65.81	19×2.10	599	5.25	3.98	0.346	310	420	铜镁合金单线 0.004 00
铜镁合金绞线	JTM95	95	93.27	19×2.50	849	6.25	4.74	0.244	385	525	
铜镁合金绞线	JTM120	120	116.99	19×2.80	1065	7.00	5.31	0.195	445	610	
铜镁合金绞线	JTM150	150	147.11	37×2.25	1342	7.90		0.155	515	705	
高强度铜镁合金绞线	JTMH70	70	65.81	19×2.10	599	5.25	3.98	0.430	280	380	
高强度铜镁合金绞线	JTMH95	95	93.27	19×2.50	849	6.25	4.74	0.303	345	475	
高强度铜镁合金绞线	JTMH120	120	116.99	19×2.80	1065	7.00	5.31	0.242	400	545	
高强度铜镁合金绞线	JTMH150	150	147.11	37×2.25	1342	7.90		0.193	465	635	

注：1. 铜绞线（JT型）的允许最高工作温度为 95 ℃；
2. 持续载流量计算条件为环境温度 40 ℃、风速 0.5m/s、日照强度 1 000 W/m²。

表 3.4 老式接触线类型和基本参数

名称	规格	截面面积/mm² 标称	截面面积/mm² 钢	截面面积/mm² 铝	断面尺寸 A/mm	断面尺寸 B/mm	单位质量/(kg/km)	直流电阻/(Ω/km)	计算半径/mm	等效半径/mm	持续载流量/A	20 min 载流量/A
钢铝电车线	GLCA-$\frac{100}{215}$	215	67	148	16.5	19.6	925	0.184	9.02	8.57	470	520
钢铝电车线	GLCB-$\frac{85}{173}$	173	54	119	16.7	13.2	744	0.23	7.47	7.1	400	440
铜接触线	TCG-100	100	—	—	10.8	12.81	890	0.179	5.9	4.6	600	
铜接触线	TCG-85	85	—	—	10.8	11.76	760	0.211	5.64	4.4	500	

注：1. 计算半径 $R = \frac{A+B}{4}$（mm）；

2. 表中 GLCB-$\frac{85}{173}$ 项的持续载流量和 20 min 载流量代表 GLCB-$\frac{85}{173}$ 试验值。

表 3.5 老式铜绞线类型和基本参数

名称	型号	计算截面面积/mm²	根数×单线直径/mm	单位质量/(kg/km)	计算半径/mm	等效半径/mm	电阻/(Ω/km)	持续载流量/A
硬铜绞线	TJ-70	68.8	19×2.14	618	5.35	4.055	0.28	340
	TJ-95	92.5	19×2.49	839	6.25	4.74	0.20	415
	TJ-120	117	19×2.80	1 057	7.00	5.31	0.158	485

表 3.6 老式铝绞线、钢芯铝绞线与钢绞线类型和基本参数

名称	型号	计算截面面积/mm²		根数×单线直径/mm		单位质量/(kg/km)	计算半径/mm	等效半径/mm	电阻/(Ω/km)	持续载流量/A
铝绞线	LJ-95	93.27		19×2.50		257	6.25	4.74	0.317	325
	LJ-120	116.99		19×2.80		323	7.00	5.31	0.253	375
	LJ-150	148.07		19×3.15		409	7.87	5.97	0.200	440
	LJ-185	182.80		19×3.50		504	8.75	6.63	0.162	500
钢芯铝绞线	LGJ-95	铝	钢	铝	钢	401	6.84	6.50	0.315	335
		94.23	17.81	28×2.07	7×1.8					
	LGJ-120	116.34	21.99	28×2.30	7×2.00	495	7.60	7.22	0.255	380
	LGJ-150	140.76	26.61	28×2.53	7×2.20	599	8.36	7.94	0.211	445
	LGJ-185	182.40	34.36	28×2.88	7×2.50	774	9.51	9.03	0.163	515
钢绞线	GJ-50	48.26		19×1.80		411.1	4.6		3.61（50A）	90
	GJ-70	72.20		19×2.20		615	5.75		1.93（50A）	120
	GJ-95						6.30		1.58（50A）	140
	GJ-100	100.83		19×2.60		859.4	6.50	6.18	1.45	

表 3.7 单条钢轨的类型和参数（100 A）

名称	规格/(kg/m)	钢轨质量/(kg/m)	钢轨截面面积/cm²	钢轨周长 L/mm	计算半径 R/mm	有效电阻 r_R/(Ω/km)	内电抗 x_{intR}/(Ω/km)	等效半径 R_{eqR}/mm
钢轨	43	44.653	57.0	558	88.8	0.22	0.22	2.70
	50	51.514	65.8	606	96.4	0.18	0.18	5.53
	60	60.35	77.08	685	109.0	0.135	0.135	12.78

注：$R=\dfrac{L}{2\pi}$，$0.145\lg\dfrac{D_g}{R_{eqR}}=x_{intR}+0.145\lg\dfrac{D_g}{R}$。

表 3.8 老式钢绞线的电阻 r 和内感抗 x_{int}（Ω/km）

通过电流/A	GJ-50		GJ-70		GJ-95		通过电流/A	GJ-50		GJ-70		GJ-95	
	r	x_{int}	r	x_{int}	r	x_{int}		r	x_{int}	r	x_{int}	r	x_{int}
1	2.75	0.23	1.70	0.16	1.55	0.08	35	3.25	0.69	1.79	0.33	1.56	0.09
2	2.75	0.24	1.70	0.17	1.55	0.08	40	3.40	0.80	1.83	0.37	1.57	0.10
3	2.75	0.25	1.70	0.17	1.55	0.08	45	3.52	0.91	1.83	0.41	1.57	0.11
4	2.75	0.25	1.70	0.18	1.55	0.08	50	3.61	1.00	1.93	0.45	1.58	0.11
5	2.75	0.26	1.70	0.18	1.55	0.08	60	3.69	1.10	2.07	0.55	1.58	0.13
6	2.75	0.27	1.70	0.19	1.55	0.08	70	3.73	1.14	2.21	0.65	1.61	0.15
7	2.75	0.27	1.70	0.19	1.55	0.08	80	3.70	1.15	2.27	0.70	1.63	0.17
8	2.76	0.28	1.70	0.20	1.55	0.08	90	3.68	1.14	2.29	0.72	1.67	0.20
9	2.77	0.29	1.70	0.20	1.55	0.08	100	3.65	1.13	2.33	0.73	1.71	0.22
10	2.78	0.30	1.70	0.21	1.55	0.08	125	3.58	1.04	2.33	0.73	1.83	0.31
15	2.80	0.35	1.70	0.23	1.55	0.08	150	3.50	0.95	2.38	0.73	1.87	0.34
20	2.85	0.42	1.72	0.25	1.55	0.09	175	3.45	0.94	2.23	0.71	1.89	0.35
25	2.95	0.49	1.74	0.27	1.55	0.09	200	—		2.19	0.69	1.88	0.35
30	3.10	0.59	1.77	0.30	1.56	0.09							

对于钢绞线、钢轨，其内感抗随流过电流大小而不同。因此，当 μ_r 值未知时，R_{eq} 不能用式（3.1）计算。制造厂一般是给定导线半径（或计算半径）R 与内感抗 x_{int}，而不给定等效半径 R_{eq}。长度为 1 km 的钢绞线、钢轨的内感抗 x_{int}（当 f = 50 Hz 时）可用下式表示

$$x_{int} = \omega L_{int} = \omega L_{ext} = 2\pi f \frac{\mu_0 l}{2\pi} \ln \frac{R}{R_{eq}}$$

$$= 50 \times 4\pi \times 10^{-7} \times 10^3 \frac{\lg \frac{R}{R_{eq}}}{\lg e}$$

$$= 0.145 \lg \frac{R}{R_{eq}} \quad (\Omega/\text{km}) \tag{3.2}$$

于是，钢绞线、钢轨的等效半径 R_{eq} 可由式（3.2）确定，即

$$R_{eq} = R \, 10^{-\frac{x_{int}}{0.145}} \tag{3.3}$$

第二节 牵引网的等效电路及其阻抗

一、牵引网的等效电路

如前所述，在牵引网中，牵引电流是由牵引变电所经馈电线、接触网送给电力机车，然后沿轨道、大地与回流线流回牵引变电所。轨道和大地形成并联回路。然而在实际工作中，为了分析和计算方便，对于牵引网，也像许多其他类似场合那样，应用等效电路。即牵引网电路参数的分析是按与上述不同的回路构成进行：接触网与地形成一个回路，轨道与地形成另一个回路。可以看出，该电路构成与原有牵引网单回简单电路等效。图3.2表示牵引网分成两个回路（接触网—地回路和轨道—地回路）的情形。

假设牵引电流只在接触网—地回路中流通。由于互感，而在轨道—地回路中感应产生电流，并且认为该电流与实际在轨道中流过的电流相等。这样，在地回路中便成为有两个方向相反的电流，其总电流就是牵引电流流入地回路中的部分，于是牵引网的等效电路可如图3.3所示。图中，1代表接触网—地回路，其端电压等于牵引变电所牵引侧电压与电力机车受电弓处电压的相量差 ΔU，即牵引电流通过牵引网阻抗而产生的电压降。2代表轨道—地回路，它是一个本身闭合的无源回路。Z_1，Z_2 和 Z_{12} 分别表示回路1和2的自阻抗以及两回路的互阻抗。从而，只要求出 Z_1，Z_2 和 Z_{12}，就可求出牵引网阻抗。

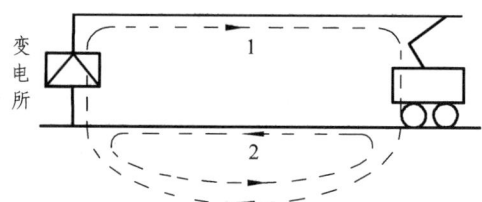

图 3.2 牵引网分成两个回路的情形

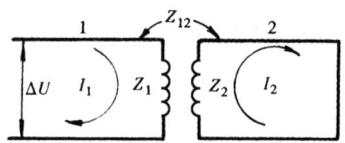

图 3.3 牵引网的等效电路

在该方法中，地回路用一条等效地回线代替，如图3.4所示。当假定导线为无限长，且地面为无限平面时，等效地回线入地的深度可证明为

$$D_g = \frac{0.208\,5}{\sqrt{f\sigma \times 10^{-9}}} \quad (\text{cm}) \quad (3.4)$$

式中，f 为电流频率（Hz）；σ 为大地电导率 $\left(\dfrac{1}{\Omega \cdot \text{cm}}\right)$。

式（3.4）称为 Carson 公式。由该式可知，D_g 的值与导线距地面的高度 H 无关，仅与 f，σ 的二次方根成反比。f，σ 愈大，交流电流的集肤效应愈显著，D_g 的值愈小；反之，f，σ 愈小，交流电流的集肤效应愈弱，D_g 的值愈大。当 f 为 50 Hz，σ 为 $10^{-3}\dfrac{1}{\Omega \cdot \text{cm}}$，$10^{-4}\dfrac{1}{\Omega \cdot \text{cm}}$，$10^{-5}\dfrac{1}{\Omega \cdot \text{cm}}$ 时，D_g 的值分别为 295 m，932 m，2 949 m。为了确定 D_g 的值，应测定电气化铁路地带的 σ 值。不同地质情况的大地电导率 σ 值可参照表

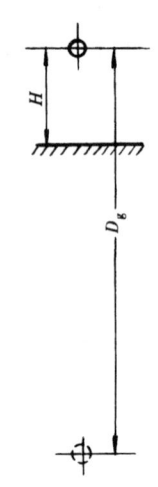

图 3.4 地回路的等效地回线

3.9。在缺乏资料的情况下,可取 $\sigma = 10^{-4} \frac{1}{\Omega \cdot cm}$。通过后面的内容将会知道,由于阻抗算式中对数的性质,采用略不相同的 σ 值,对阻抗计算结果影响甚小。

表 3.9 不同地质情况的大地电导率

地质情况	干燥地区	潮湿土壤	多岩地质	平均情况
$\sigma \left(\frac{1}{\Omega \cdot cm} \right)$	10^{-3}	$10^{-2} \sim 10^{-1}$	10^{-4} 以下	10^{-4}

大地电导率 σ 的单位除了以实用单位($\frac{1}{\Omega \cdot cm}$)表示外,还可用绝对电磁单位(CGSM)表示。两种单位的换算关系为 1×10^{-14} CGSM $= 10^{-5} \frac{1}{\Omega \cdot cm}$。当 σ 用绝对电磁单位(CGSM)表示时,式(3.4)可变为

$$D_g = \frac{0.208\,5}{\sqrt{f\sigma}} \quad (cm) \tag{3.5}$$

二、牵引网等效电路的阻抗

等效地回线的入地深度 D_g 与任何架空导线距地面的高度 H 相比,D_g 相对来说大得多,H 是很小的。因此,在计算牵引网电抗时,可将接触网—地回路 1、轨道—地回路 2 视为两个并行的导线—地回路。

根据 Carson 的推导,任何导线—地回路的单位自感系数 l,可用下式求出

$$l = \left(4.6 \lg \frac{D_g}{R_{eq}} - j \frac{\pi}{2} \right) \times 10^{-4} \quad (H/km) \tag{3.6}$$

式中,D_g 为等效地回线的入地深度(m);R_{eq} 为导线的等效半径(mm);$j\frac{\pi}{2}$ 为考虑电流流过等效地回线时在地中引起的电能损失的因素。

两并行导线—地回路间的单位互感系数 m,可按下式计算

$$m = \left(4.6 \lg \frac{D_g}{d} - j \frac{\pi}{2} \right) \times 10^{-4} \quad (H/km) \tag{3.7}$$

式中,d 为两并行导线间的距离。

任何导线—地回路的单位自阻抗为

$$\begin{aligned} z &= r + j\omega l = r + j\,2\pi f \left(4.6 \lg \frac{D_g}{R_{eq}} - j \frac{\pi}{2} \right) \times 10^{-4} \\ &= r + \pi^2 f \times 10^{-4} + j\,0.002\,9 f \lg \frac{D_g}{R_{eq}} \quad (\Omega/km) \end{aligned} \tag{3.8}$$

式中,r 为导线有效电阻(Ω/km);ω 为电流角频率($\omega = 2\pi f$);f 为电流频率(Hz)。

两并行导线—地回路间的单位互阻抗为

$$z_m = j\omega m = j2\pi f\left(4.6\lg\frac{D_g}{d} - j\frac{\pi}{2}\right)\times 10^{-4}$$
$$= \pi^2 f\times 10^{-4} + j\,0.002\,9f\lg\frac{D_g}{d} \quad (\Omega/\text{km}) \tag{3.9}$$

用式（3.8）计算回路 1 的单位自阻抗（当 f = 50 Hz 时，下同）得

$$z_1 = r_1 + 0.05 + j\,0.145\lg\frac{D_g}{R_{eq1}} \quad (\Omega/\text{km}) \tag{3.10}$$

用式（3.8）计算回路 2 的单位自阻抗得

$$z_2 = r_2 + 0.05 + j\,0.145\lg\frac{D_g}{R_{eq2}} \quad (\Omega/\text{km}) \tag{3.11}$$

用式（3.9）计算回路 1，2 的单位互阻抗得

$$z_{12} = 0.05 + j\,0.145\lg\frac{D_g}{d_{12}} \quad (\Omega/\text{km}) \tag{3.12}$$

在式（3.10）~式（3.12）中，r_1，r_2 分别为回路 1，2 的导线有效电阻（Ω/km）；R_{eq1}，R_{eq2} 分别为回路 1，2 的导线等效半径（mm）；d_{12} 为回路 1，2 的导线中心距离；0.05 代表等效地回线的有效电阻，反映地中的电能损失。等效地回线有效电阻的准确值为 $\pi^2 f\times 10^{-4}$，当 f = 50 Hz 时为 0.049 3。可见它只与电流频率有关，而与大地电导率 σ 无关。如前所述，地中交流电流的集肤效应随 σ 增大而愈显著。因此，σ 在等效地回线有效电阻表达式中消失可以解释为：当 σ 增大时，由于地中交流电流的集肤效应所增加的有效电阻值，恰好和由于 σ 加大而减少的欧姆电阻值相互抵消。

钢绞线、一条钢轨的等效半径 R_{eq} 除了用式（3.3）计算以外，在计算钢绞线—地回路或一条钢轨—地回路的自阻抗时，R_{eq} 还可用以下方法处理。

由式（3.2），得

$$x_{\text{int}} = 0.145\lg\frac{R}{R_{eq}} = 0.145\lg R - 0.145\lg R_{eq}$$

从而
$$-0.145\lg R_{eq} = x_{\text{int}} - 0.145\lg R \tag{a}$$

又因为

$$0.145\lg\frac{D_g}{R_{eq}} = 0.145\lg D_g - 0.145\lg R_{eq} \tag{b}$$

把式（a）代入式（b），得

$$0.145\lg\frac{D_g}{R_{eq}} = 0.145\lg D_g + x_{\text{int}} - 0.145\lg R = x_{\text{int}} + 0.145\lg\frac{D_g}{R} \tag{3.13}$$

式中，x_{int} 为钢绞线或一条钢轨的内感抗（Ω/km）；R 为钢绞线或一条钢轨的计算半径（mm）；

R_{eq} 为钢绞线或一条钢轨的等效半径（mm）；D_g 为等效地回线的入地深度。

从而，在计算钢绞线—地回路或一条钢轨—地回路的自阻抗时，可用 $x_{int}+0.145\lg\dfrac{D_g}{R}$ 代替 $0.145\lg\dfrac{D_g}{R_{eq}}$，而不必通过式（3.3）计算 R_{eq} 的值。

第三节　单线牵引网阻抗

电气化铁道接触网的悬挂，有三种典型结构形式：简单悬挂、单链形悬挂和有加强线的单链形悬挂。不同的悬挂结构，有不同数量的并联导线和不同的电流分布。但是它们有一个共同点，即由于各导线相互并联（简单悬挂除外），所以在任何长度的接触网分段中，牵引电流在各导线中所产生的电压降相同，各导线间的电流分布比例不变。由于这个缘故，单线接触网可与大地看成一个导线—地回路，接触网中各并联导线可归算成一条等效导线。基于同样的理由，组成轨道网的各条并联轨道也可归算成一条等效轨道，轨道网—地回路也可简化为单一的导线—地回路。这样，就可以直接利用上节将牵引网分成两个导线—地回路的方法。因此，本节的任务不但要完成图 3.2 中分成两个导线—地回路的牵引网的阻抗计算，而且要研究将并联导线—地回路归算成等效的单一导线—地回路的方法。

一、等效电路电压平衡方程式和牵引网等效单位阻抗

图 3.5 表示等效电路中等效导线和等效轨道的布置情形。代表接触网的等效导线 1 处于距地面较高的位置，而等效轨道 2 则设在地面上。如前所述，尽管两等效导线距地面有不同的高度，但它们与大地所组成的两个回路，可按同样的方法算出各自的自阻抗。等效导线距地面高度之差，只影响两回路的互阻抗。亦如前述，轨道—地回路是一个本身闭合的无源回路，而接触网—地回路则外加牵引变电所牵引侧与电力机车受电弓处电压之差，即牵引网中的电压降。对于每千米牵引网，接触网—地回路的外加电压即等于 1 km 牵引网中的电压降。因此，每千米牵引网也可有如图 3.6 所示的等效电路，其中 1 表示接触网—地回路，2 表示轨道—地回路，Δu 表示每千米牵引网的电压降，z_1、z_2 和 z_{12} 分别表示电路 1 和 2 的单位自阻抗和两者的单位互阻抗，I_1 和 I_2 分别表示电路 1 和 2 的回路电流。

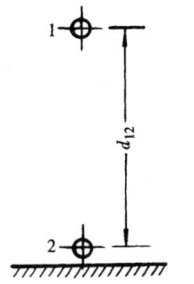

图 3.5　等效电路中等效导线和等效轨道的布置情形

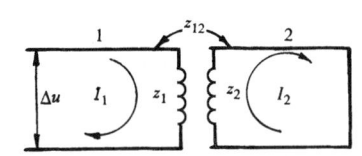

图 3.6　每千米牵引网的等效电路

根据电路理论，图 3.6 中回路 1 和 2 的电压平衡方程式分别为

$$\begin{cases} \Delta u = I_1 z_1 - I_2 z_{12} \\ 0 = -I_1 z_{12} + I_2 z_2 \end{cases}$$

将两方程式联解，得

$$\Delta u = I_1 \left(z_1 - \frac{z_{12}^2}{z_2} \right)$$

牵引网等效单位阻抗，等于 1 km 牵引网中的电压降与电流之比。因此，由上式可得牵引网等效单位阻抗为

$$z = \frac{\Delta u}{I_1} = z_1 - \frac{z_{12}^2}{z_2} \qquad (3.14)$$

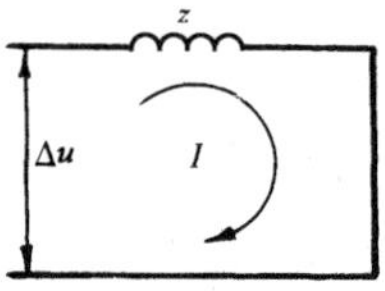

应用等效阻抗 z 的概念，牵引网可有如图 3.7 所示的等效电路。

式（3.14）是计算牵引网等效单位阻抗的最重要的基本公式。

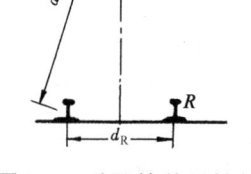

图 3.7 应用等效阻抗的牵引网等效电路

二、三种悬挂形式单线牵引网等效单位阻抗计算

现在分别研究采用简单悬挂、单链形悬挂和有加强线的单链形悬挂的单线牵引网的 z_1，z_2 和 z_{12} 的计算方法。z_1，z_2 和 z_{12} 算出后，即可代入式（3.14）计算 z。

1. 简单悬挂

采用简单悬挂的单线牵引网的布置如图 3.8 所示。接触网只有一条导线，即接触线，它同大地构成导线—地回路。而轨道网有两条并联轨道，因此必须归算成等效轨道—地回路。

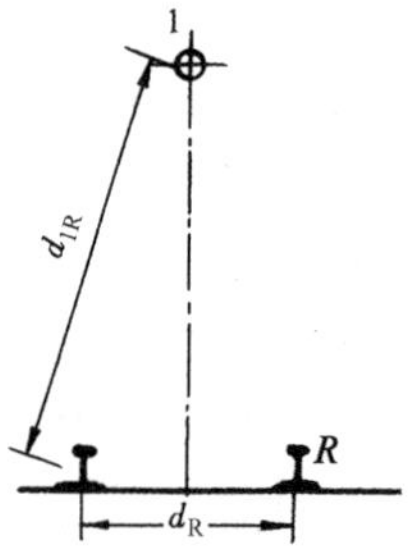

（1）接触线—地回路的自阻抗 z_1

按式（3.10）可得

$$z_1 = r_1 + 0.05 + j\,0.145 \lg \frac{D_g}{R_{eq1}} \quad (\Omega/\text{km}) \qquad (3.15)$$

式中，r_1 为接触线的有效电阻（Ω/km）；R_{eq1} 为接触线的等效半径。

（2）等效轨道—地回路的自阻抗 z_2

可按以下方法计算。

用 z_R 表示一条轨道—地回路的自阻抗，z_{mR} 表示两条轨道—地回路的互阻抗，则按式（3.11）、式（3.12）可得

$$z_R = r_R + 0.05 + j\,0.145 \lg \frac{D_g}{R_{eqR}} \quad (\Omega/\text{km})$$

$$z_{mR} = 0.05 + j\,0.145 \lg \frac{D_g}{d_R} \quad (\Omega/\text{km})$$

图 3.8 采用简单悬挂的单线牵引网的布置

等效电路如图 3.9（a）或（b）所示，因两者电压平衡方程式相同而等效；由于两条轨道

并联,所以也可如图 3.9(c)所示。各等效电路图中的开端电压都是来自接触线—地回路的互感电压 $I_1 z_{12}$。

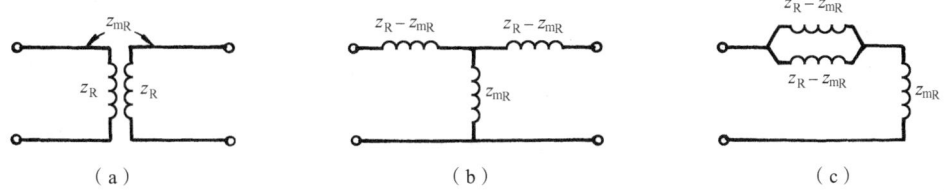

图 3.9 单线牵引网轨道—地回路的等效电路

因此,等效轨道—地回路的自阻抗为

$$z_2 = \frac{z_R - z_{mR}}{2} + z_{mR} = \frac{z_R + z_{mR}}{2}$$

或

$$\begin{aligned} z_2 &= \frac{1}{2}\left(r_R + 0.05 + j\,0.145\lg\frac{D_g}{R_{eqR}} + 0.05 + j\,0.145\lg\frac{D_g}{d_R}\right) \\ &= \frac{r_R}{2} + 0.05 + j\,0.145\lg\frac{D_g}{\sqrt{R_{eqR}d_R}} \quad (\Omega/\text{km}) \end{aligned} \tag{3.16}$$

式中,r_R 为一条钢轨的有效电阻(Ω/km);R_{eqR} 为一条钢轨的等效半径;d_R 为两条轨道的中心距离,标准轨距取 1 435 mm。

将式(3.16)与式(3.11)比较,可见

$$r_2 = \frac{r_R}{2}$$
$$R_{eq2} = \sqrt{R_{eqR}d_R}$$

即等效轨道的有效电阻 r_2,等于一条钢轨有效电阻 r_R 之半;等效轨道的等效半径 R_{eq2},等于一条钢轨的等效半径 R_{eqR} 与两条轨道中心距 d_R 的几何平均值。R_{eq2} 可用几何均距法直接计算,即 $R_{eq2} = \sqrt[4]{R_{eqR}^2 d_R^2} = \sqrt{R_{eqR}d_R}$。

(3)接触网—地回路与轨道—地回路的互阻抗

按式(3.12)可得

$$z_{12} = 0.05 + j\,0.145\lg\frac{D_g}{d_{1R}} \quad (\Omega/\text{km}) \tag{3.17}$$

式中,d_{1R} 为接触线与等效轨道的平均中心距离。如图 3.8 所示,接触线与每条钢轨的中心距离都是 d_{1R},故其平均中心距离亦为 d_{1R},即按几何均距法 $\sqrt{d_{1R}^2} = d_{1R}$。

(4)采用简单悬挂的单线牵引网的等效单位阻抗 z

将按式(3.15)、式(3.16)与式(3.17)算出的 z_1,z_2 与 z_{12} 的值代入式(3.14),即可求得采用简单悬挂的单线牵引网的等效单位阻抗 z。

2. 单链形悬挂

采用单链形悬挂的单线牵引网的布置如图3.10所示，T代表接触线，C代表承力索。与简单悬挂相比，多了一条承力索。接触线、承力索分别与地构成接触线—地回路、承力索—地回路。每个回路各有不相等的自阻抗，两回路相互有互阻抗。从而多了一项任务：必须把这两个回路归算成单一的等效导线—地回路，即单链形悬挂接触网—地回路。

（1）接触网—地回路的自阻抗 z_1

由式（3.10），接触线—地回路的自阻抗为

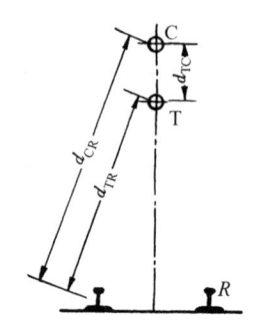

图3.10 采用单链形悬挂的单线牵引网的布置

$$z_T = r_T + 0.05 + j\,0.145\lg\frac{D_g}{R_{eqT}} \quad (\Omega/\text{km}) \tag{3.18}$$

式中，r_T 为接触线的有效电阻（Ω/km）；R_{eqT} 为接触线的等效半径。

同样由式（3.10），承力索—地回路的自阻抗为

$$z_C = r_C + 0.05 + j\,0.145\lg\frac{D_g}{R_{eqC}} \quad (\Omega/\text{km}) \tag{3.19}$$

式中，r_C 为承力索的有效电阻（Ω/km）；R_{eqC} 为承力索的等效半径。

由式（3.12），接触线—地回路与承力索—地回路相互的互阻抗为

$$z_{TC} = 0.05 + j\,0.145\lg\frac{D_g}{d_{TC}} \quad (\Omega/\text{km}) \tag{3.20}$$

式中，d_{TC} 为接触线与承力索的平均中心距离。

因为单链形悬挂承力索与接触线并不平行，所以两者的平均中心距离 d_{TC} 须按以下方法确定。图3.11表示了单链形悬挂一个跨距的布置情形。图中，h 表示接触悬挂的结构高度（取 1 100~1 600 mm），f_C 表示承力索的弛度（取 600~700 mm），$\overline{AB}$（虚线）为连接两悬挂点的水平线段。在实际计算中，假定承力索在跨距内成抛物线形分布已足够准确。由高等数学中定积分的应用，求出承力索与 $\overline{AB}$ 围成的平面图形的面积，再除以 $\overline{AB}$ 的长度，即得承力索各点与 $\overline{AB}$ 的距离平均值，等于 f_C 的 2/3。因此，接触线与承力索的平均中心距离为

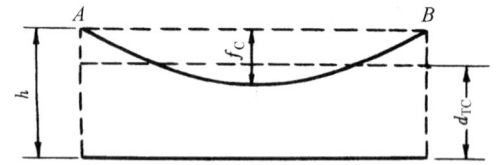

图3.11 单链形悬挂一个跨距的布置情形

$$d_{TC} = h - \frac{2}{3}f_C \tag{3.21}$$

接触线—地回路与承力索—地回路有相同的外加电压 Δu。因此，两回路可用图3.12（a），（b）或（c）中的等效电路表示；图3.12中（b）与（a）因电压平衡方程式相同而等效；由于承力索与接触线并联，所以也可用图3.12（c）表示。

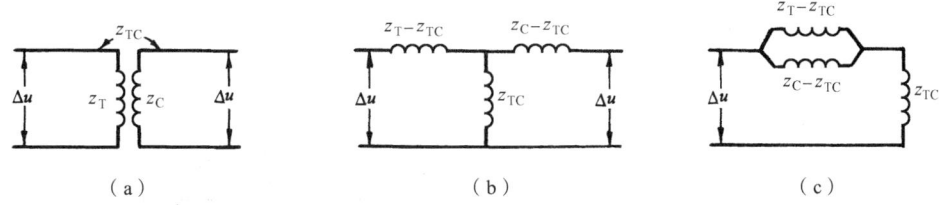

图 3.12 采用单链形悬挂的单线接触网—地回路的等效电路

由图 3.12（c）可知，接触网—地回路的自阻抗为

$$z_1 = z_{TC} + \cfrac{1}{\cfrac{1}{z_T - z_{TC}} + \cfrac{1}{z_C - z_{TC}}} \quad (\Omega/\text{km}) \tag{3.22}$$

式中，z_T，z_C，z_{TC} 分别按式（3.18）、式（3.19）、式（3.20）计算。

（2）等效轨道—地回路的自阻抗 z_2

计算方法与简单悬挂的情况相同，z_2 可直接按式（3.16）求得。

（3）接触网—地回路与轨道—地回路的互阻抗 z_{12}

由式（3.12）可得

$$z_{12} = 0.05 + j\,0.145 \lg \frac{D_g}{d_{12}} \quad (\Omega/\text{km}) \tag{3.23}$$

式中，d_{12} 为接触网等效导线与等效轨道间的距离。可直接应用几何均距法求得，即

$$d_{12} = \sqrt[4]{d_{TR}^2 d_{CR}^2} = \sqrt[4]{\left[\left(\frac{d_R}{2}\right)^2 + H^2\right] \cdot \left[\left(\frac{d_R}{2}\right)^2 + (H + d_{TC})^2\right]} \tag{3.24}$$

式中，d_{TR} 为接触线与钢轨的中心距离；d_{CR} 为承力索与钢轨的中心距离；H 为接触线至钢轨的平均高度。

（4）采用单链形悬挂的单线牵引网的等效单位阻抗 z

将按式（3.22）、式（3.16）与式（3.23）算出的 z_1，z_2 与 z_{12} 的值代入式（3.14），即可求得采用单链形悬挂的单线牵引网的等效单位阻抗 z。

3．有加强线的单链形悬挂

采用有加强线的单链形悬挂的单线牵引网的布置如图 3.13 所示（当加强线装设在承力索上方时）。图中 A 为加强线，它与大地也构成一个导线—地回路。所以必须把接触线、承力索和加强线分别同大地构成的三个导线—地回路归算成单一的等效导线—地回路，即有加强线的单链形悬挂接触网—地回路。

（1）接触网—地回路的自阻抗 z_1

接触线—地回路、承力索—地回路和加强线—地回路各有不相等的自阻抗，三个回路相互有互阻抗。三个回路相互并联，接于同一外加电压 Δu。因此，与图 3.12 相似，有加强线的单链形悬挂接触网—地回路的等效电路如图 3.14 所示。

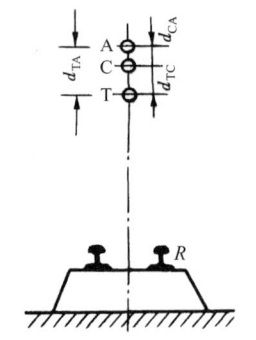
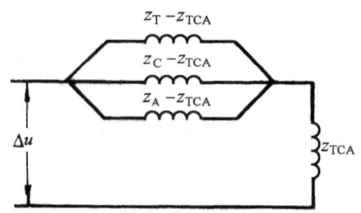

图3.13 有加强线的单链形
悬挂示意图

图3.14 有加强线的单链形悬挂
单线接触网—地回路的等效电路

由图3.14可知，接触网—地回路的自阻抗为

$$z_1 = z_{TCA} + \cfrac{1}{\cfrac{1}{z_T - z_{TCA}} + \cfrac{1}{z_C - z_{TCA}} + \cfrac{1}{z_A - z_{TCA}}} \quad (\Omega/\text{km}) \tag{3.25}$$

式中，z_T 为接触线—地回路的自阻抗，用式（3.18）计算；z_C 为承力索—地回路的自阻抗，用式（3.19）计算；z_A 为加强线—地回路的自阻抗，按式（3.10）可写成下式

$$z_A = r_A + 0.05 + j\,0.145\lg\frac{D_g}{R_{eqA}} \quad (\Omega/\text{km}) \tag{3.26}$$

式中，r_A 为加强线的有效电阻（Ω/km）；R_{eqA} 为加强线的等效半径。z_{TCA} 为接触线、承力索和加强线三个导线—地回路的互阻抗，按式（3.12）可写成下式

$$z_{TCA} = 0.05 + j\,0.145\lg\frac{D_g}{d_{TCA}} \quad (\Omega/\text{km}) \tag{3.27}$$

式中，d_{TCA} 为接触线、承力索和加强线三条导线间的几何平均距离，即

$$d_{TCA} = \sqrt[3]{d_{TC}d_{TA}d_{CA}} \tag{3.28}$$

式中，d_{TA} 为接触线与加强线的中心距离；d_{CA} 为承力索与加强线的中心距离。

（2）等效轨道—地回路的自阻抗 z_2

也可直接按式（3.16）计算。

（3）接触网—地回路与轨道—地回路的互阻抗 z_{12}

亦可由式（3.12）得

$$z_{12} = 0.05 + j\,0.145\lg\frac{D_g}{d_{12}} \quad (\Omega/\text{km}) \tag{3.29}$$

但此时接触网的等效导线和等效轨道间的距离 d_{12}，为接触网中的三条导线——接触线、承力索和加强线与两钢轨的几何平均距离，即

$$d_{12} = \sqrt[3]{d_{TR}d_{CR}d_{AR}} \tag{3.30}$$

式中，d_{AR} 为加强线与钢轨的中心距离。

（4）有加强线的单链形悬挂单线牵引网的等效单位阻抗 z

将按式（3.25）、式（3.16）与式（3.29）算出的 z_1，z_2 与 z_{12} 代入式（3.14），即可求得有加强线的单链形悬挂单线牵引网的等效单位阻抗 z。

三、计算举例

例 1 已知某单线电气化铁路接触网采用单链形悬挂（参见图 3.10）；接触线为 CTS120，$r_T = 0.198\,\Omega/\text{km}$，$R_{eqT} = 4.84\text{ mm}$；承力索为 JTM95，$r_C = 0.244\,\Omega/\text{km}$，$R_{eqC} = 4.74\text{ mm}$；接触线距轨面平均高度 $H = 5\,800\text{ mm}$；接触网结构高度 $h = 1\,400\text{ mm}$；承力索弛度 $f_C = 600\text{ mm}$；钢轨为 60 kg/m，$r_R = 0.135\,\Omega/\text{km}$，$x_{intR} = 0.135\,\Omega/\text{km}$，$R = 109.0\text{ mm}$，$d_R = 1\,435\text{ mm}$；大地电导率 $\sigma = 10^{-4}\,[1/(\Omega\cdot\text{cm})]$。

求：牵引网的等效单位阻抗 z。

解

第一步：计算等效接触网—地回路的自阻抗 z_1

接触线—地回路的自阻抗 z_T，按式（3.18）计算

$$z_T = r_T + 0.05 + j\,0.145\lg\frac{D_g}{R_{eqT}}$$

$$= 0.198 + 0.05 + j\,0.145\lg\frac{932\times10^3}{4.84}$$

$$= 0.248 + j\,0.766 = 0.805\,\underline{/72.1°}\quad(\Omega/\text{km})$$

式中

$$D_g = \frac{0.208\,5}{\sqrt{f\sigma\times10^{-9}}} = \frac{0.208\,5}{\sqrt{50\times10^{-4}\times10^{-9}}} = 932\quad(\text{m})$$

承力索—地回路的自阻抗 z_C，按式（3.19）计算

$$z_C = r_C + 0.05 + j\,0.145\lg\frac{D_g}{R_{eqC}}$$

$$= 0.244 + 0.05 + j\,0.145\lg\frac{932\times10^3}{4.74}$$

$$= 0.294 + j\,0.768 = 0.822\,\underline{/69.1°}\quad(\Omega/\text{km})$$

接触线—地回路与承力索—地回路的互阻抗 z_{TC}，按式（3.20）计算

$$z_{TC} = 0.05 + j\,0.145\lg\frac{D_g}{d_{TC}} = 0.05 + j\,0.145\lg\frac{932\times10^3}{1\,000}$$

$$= 0.05 + j\,0.431 = 0.434\,\underline{/83.4°}\quad(\Omega/\text{km})$$

式中

$$d_{TC} = h - \frac{2}{3}f_C = 1\,400 - \frac{2}{3}\times600 = 1\,000\quad(\text{mm})$$

等效接触网—地回路的自阻抗 z_1，按式（3.22）计算

$$z_1 = z_{TC} + \frac{(z_T - z_{TC})(z_C - z_{TC})}{(z_T - z_{TC}) + (z_C - z_{TC})}$$

$$= 0.05 + j\,0.431 + \frac{[(0.248 + j\,0.766) - (0.05 + j\,0.431)][(0.294 + j\,0.768) - (0.05 + j\,0.431)]}{[(0.248 + j\,0.766) - (0.05 + j\,0.431)] + [(0.294 + j\,0.768) - (0.05 + j\,0.431)]}$$

$$= 0.160 + j\,0.599 = 0.620\underline{/75.0°} \quad (\Omega/\text{km})$$

第二步：计算等效轨道—地回路的自阻抗 z_2

按式（3.16）计算

$$z_2 = \frac{r_R}{2} + 0.05 + j\,0.145\lg\frac{D_g}{\sqrt{R_{eqR}d_R}}$$

$$= \frac{0.135}{2} + 0.05 + j\,0.145\lg\frac{932\times10^3}{\sqrt{12.78\times1\,435}}$$

$$= 0.118 + j\,0.556 = 0.568\underline{/78.0°} \quad (\Omega/\text{km})$$

式中

$$R_{eqR} = R10^{-\frac{x_{intR}}{0.145}} = 109.0\times10^{-\frac{0.135}{0.145}} = 12.78 \quad (\text{mm})$$

第三步：计算等效接触网—地回路与等效轨道—地回路的互阻抗 z_{12}

按式（3.23）计算

$$z_{12} = 0.05 + j\,0.145\lg\frac{D_g}{d_{12}} = 0.05 + j\,0.145\lg\frac{932\times10^3}{6\,321}$$

$$= 0.05 + j\,0.314 = 0.318\underline{/81.0°} \quad (\Omega/\text{km})$$

式中

$$d_{12} = \sqrt[4]{\left[\left(\frac{d_R}{2}\right)^2 + H^2\right]\left[\left(\frac{d_R}{2}\right)^2 + (H + d_{TC})^2\right]}$$

$$= \sqrt[4]{\left[\left(\frac{1\,435}{2}\right)^2 + 5\,800^2\right]\left[\left(\frac{1\,435}{2}\right)^2 + (5\,800 + 1\,000)^2\right]}$$

$$= 6\,321 \quad (\text{mm})$$

第四步：计算牵引网的等效单位阻抗 z

按式（3.14）计算

$$z = z_1 - \frac{z_{12}^2}{z_2} = 0.160 + j\,0.599 - \frac{(0.318\underline{/81.0°})^2}{0.568\underline{/78.0°}}$$

$$= 0.141 + j\,0.422 = 0.445\underline{/71.5°} \quad (\Omega/\text{km})$$

第四节 双线牵引网阻抗

双线电气化铁路，上、下行线路的接触网通常是由各自的馈线分别供电。所有平行钢轨都并联。因此，双线牵引网有三条基本回路：上行接触网—地回路，下行接触网—地回路，轨道网—地回路。

一、等效电路的电压平衡方程式和等效四端网络

图 3.15 表示双线牵引网的典型布置情形。上、下行线路接触网都采用单链形悬挂,对称布置。1′与1″表示线路Ⅰ的承力索和接触线,2′与2″表示线路Ⅱ的承力索和接触线,3′,3″,3‴,3⁗表示轨道。在计算中,1′与1″同大地归算成回路1;2′与2″同大地归算成回路2;四条轨道同大地归算成回路3。三个基本等效导线—地回路所组成的双线牵引网的等效电路,如图 3.16 所示。其中,z_1,z_2,z_3 分别表示回路 1,2,3 的自阻抗;z_{12},z_{13},z_{23} 分别表示回路 1 与 2,1 与 3,2 与 3 之间的互阻抗;Δu_1,Δu_2 分别为回路 1 与 2 的外加电压,即上、下行线路牵引网的电压降。轨道网—地回路 3,自成无源闭合回路。I_1,I_2,I_3 分别为回路 1,2,3 的电流。

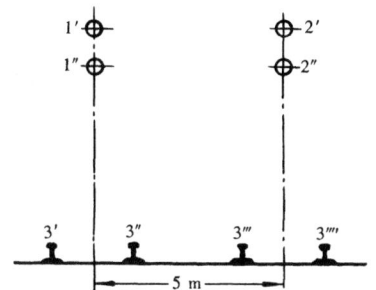

图 3.15 双线牵引网的典型布置情形

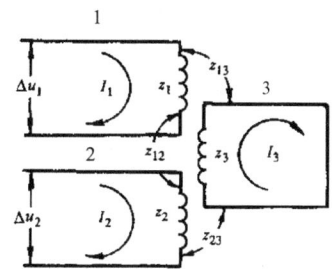

图 3.16 双线牵引网的等效电路

根据电路理论,图 3.16 所示的等效电路中回路 1,2,3 的电压平衡方程式分别为

$$\begin{cases} \Delta u_1 = I_1 z_1 + I_2 z_{12} - I_3 z_{13} \\ \Delta u_2 = I_1 z_{12} + I_2 z_2 - I_3 z_{23} \\ 0 = -I_1 z_{13} - I_2 z_{23} + I_3 z_3 \end{cases}$$

将方程组联解,可得

$$\Delta u_1 = I_1 \left(z_1 - \frac{z_{13}^2}{z_3} \right) + I_2 \left(z_{12} - \frac{z_{13} z_{23}}{z_3} \right)$$

$$\Delta u_2 = I_1 \left(z_{12} - \frac{z_{13} z_{23}}{z_3} \right) + I_2 \left(z_2 - \frac{z_{23}^2}{z_3} \right)$$

或写成

$$\left. \begin{array}{l} \Delta u_1 = I_1 z_{\mathrm{I}} + I_2 z_{\mathrm{I II}} \\ \Delta u_2 = I_1 z_{\mathrm{I II}} + I_2 z_{\mathrm{II}} \end{array} \right\} \quad (3.31)$$

式中

$$\left. \begin{array}{l} z_{\mathrm{I}} = z_1 - \dfrac{z_{13}^2}{z_3} \\[2pt] z_{\mathrm{II}} = z_2 - \dfrac{z_{23}^2}{z_3} \\[2pt] z_{\mathrm{I II}} = z_{12} - \dfrac{z_{13} z_{23}}{z_3} \end{array} \right\} \quad (3.32)$$

z_{I} 与 z_{II} 分别称为线路 I 与 II 牵引网的等效自阻抗，z_{III} 称为线路 I 与 II 牵引网之间的等效互阻抗。

根据式（3.31），可将图 3.16 中三回路等效电路简化为如图 3.17 所示的等效四端网络。在一般情况下，Δu_1 与 Δu_2 并不相等。因此，对于双线牵引网，通常不能得出像单线牵引网那样的单一的阻抗。而是先求出等效导线—地回路阻抗 z_1，z_2，z_3，z_{12}，z_{13}，z_{23} 的值，从而得出双线牵引网等效四端网络的阻抗 z_{I}，z_{II} 与 z_{III} 的值。

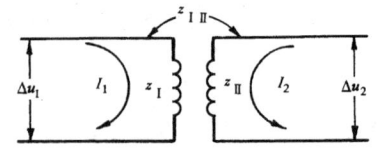

图 3.17 双线牵引网的等效四端网络

二、等效四端网络阻抗的计算

1. 上、下行接触网的等效导线—地回路的自阻抗 z_1 与 z_2

由于对称（参见图 3.15），$z_1 = z_2$。计算方法与单线接触网等效导线—地回路相同，根据不同的接触网悬挂类型分别用式（3.15）、式（3.22）与式（3.25）计算。

2. 轨道网—地回路的自阻抗 z_3

$$z_3 = \frac{r_R}{4} + 0.05 + j\,0.145 \lg \frac{D_g}{R_{eq3}} \quad (\Omega/\mathrm{km}) \tag{3.33}$$

式中，r_R 为一条钢轨的有效电阻（Ω/km）；R_{eq3} 为等效轨道的几何平均半径；由图 3.15 直接用几何均距法求得

$$R_{eq3} = \sqrt[8]{R_{eqR}^2 d_{3'3''} d_{3'3'''} d_{3'3''''} d_{3''3'''} d_{3''3''''} d_{3'''3''''}} \tag{3.34}$$

式中，R_{eqR} 为一条钢轨的等效半径；$d_{3'3''}$，$d_{3'3'''}$ 等为对应轨道的中心距离。

3. 等效接触网—地回路 1 与 2 的互阻抗 z_{12}

$$z_{12} = 0.05 + j\,0.145 \lg \frac{D_g}{d_{12}} \quad (\Omega/\mathrm{km}) \tag{3.35}$$

式中，d_{12} 为上、下行线路接触网等效导线的中心距离；对于单链形悬挂，由于对称（参见图 3.15）

$$d_{12} = \sqrt{d_{1'2'} \cdot d_{1'2''}} \tag{3.36}$$

式中，$d_{1'2'}$ 为上、下行线路接触线（或承力索）的中心距离；$d_{1'2''}$ 为一条线路接触线与另一条线路承力索的中心距离。

4. 回路 1—回路 3 的互阻抗 z_{13}、回路 2—回路 3 的互阻抗 z_{23}

由于对称（参见图 3.15）

$$z_{13} = z_{23} = 0.05 + j\,0.145 \lg \frac{D_g}{d_{13}} \quad (\Omega/\mathrm{km}) \tag{3.37}$$

式中，d_{13} 为上、下行线路 I 或 II 接触网中各导线与各轨道间的几何平均距离。对于单链形悬挂，由于对称（参见图 3.15）

$$d_{13} = \sqrt[8]{d_{1'3'} d_{1'3''} d_{1'3'''} d_{1'3''''} d_{1''3'} d_{1''3''} d_{1''3'''} d_{1''3''''}} \tag{3.38}$$

式中，$d_{1'3'}$，$d_{1'3''}$ 等为对应接触网导线与各轨道的中心距离。

5. 双线牵引网等效网络的阻抗 z_I，z_II 与 z_III

应用以上计算所得 z_1，z_2，z_3，z_{12}，z_{13}，z_{23} 的值，代入式（3.32）即可算出双线牵引网等效网络的阻抗 z_I，z_II 与 z_III。

三、不同接触网供电方式的双线牵引网阻抗

根据以上得出的 z_I（z_II）和 z_III 可对不同接触网供电方式的双线牵引网阻抗进行分析。

1. 两线路并联供电

一般指上、下行线路接触网在供电臂末端并联（又称上、下行串联供电），如图 3.18 所示。图中表示了一个负荷 I_1 处于线路 I 中，由上、下行牵引网同时供给负荷电流。所以须先求算上、下行线路接触网的电流分配 I_1' 与 I_1''。设供电臂长度为 L，负荷与牵引变电所距离为 l。由于上、下行线路牵引网对称，$z_\text{I} = z_\text{II}$。沿电流 I_1' 支路的牵引网电压降为

$$\Delta U_1 = (I_1' z_\text{I} + I_1'' z_\text{III}) l$$

沿电流 I_1'' 支路的牵引网电压降为

$$\Delta U_1 = (I_1'' z_\text{I} + I_1' z_\text{III}) l + 2 I_1'' (z_\text{I} - z_\text{III})(L - l)$$

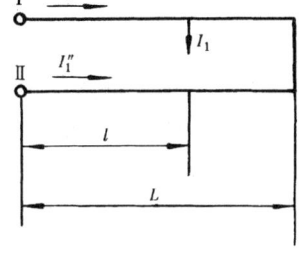

图 3.18 两线路并联供电示意图

以上两式等号左边相等，并且 $I_1' + I_1'' = I_1$，从而可得

$$\left. \begin{array}{l} I_1' = \dfrac{2L - l}{2L} I_1 \\ I_1'' = \dfrac{l}{2L} I_1 \end{array} \right\} \tag{3.39}$$

式中，$(2L-l)/(2L)$ 为负荷电流在本线路接触网的电流分配系数；$l/(2L)$ 为负荷电流在非本线路接触网的电流分配系数。

式（3.39）表明，在上、下行线路牵引网对称的情况下，负荷从两线路所取电流，与各电流支路的长度成反比。

将式（3.39）代入沿电流 I_1' 支路的牵引网电压降表达式，可得

$$\Delta U_1 = \left(\dfrac{2L - l}{2L} I_1 z_\text{I} + \dfrac{l}{2L} I_1 z_\text{III} \right) l$$

$$= I_1 \left(z_\text{I} - \dfrac{z_\text{I} - z_\text{III}}{2} \cdot \dfrac{l}{L} \right) l$$

从而双线牵引网等效阻抗为

$$Z = \frac{\Delta U_1}{I_1} = \left(z_1 - \frac{z_1 - z_{1\mathrm{II}}}{2} \cdot \frac{l}{L}\right) l \quad (\Omega) \tag{3.40}$$

双线牵引网等效单位阻抗为

$$z = \frac{Z}{l} = z_1 - \frac{z_1 - z_{1\mathrm{II}}}{2} \cdot \frac{l}{L} \quad (\Omega/\mathrm{km}) \tag{3.41}$$

式（3.41）表明，在两线路并联供电的情况下，双线牵引网等效单位阻抗 z 随负荷点的位置不同而变化。当 $l=0$ 时，$z=z_1$，双线牵引网单位阻抗 z 达到最大值。当 $l=L$ 时，$z=(z_1+z_{1\mathrm{II}})/2$，双线牵引网单位阻抗 z 达到最小值。

2. 两线路分开供电

即上、下行线路接触网在供电臂内无并联点，如图 3.19 所示。

（1）当线路Ⅰ有负荷电流 I_1，而线路Ⅱ无负荷电流时，则线路Ⅰ的牵引网单位阻抗为

$$z = z_1 \quad (\Omega/\mathrm{km}) \tag{3.42}$$

可见，这种情况与单线牵引网单位阻抗相似。

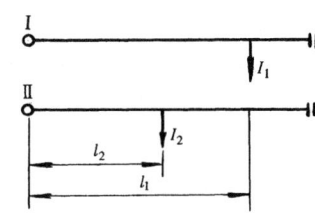

图 3.19 两线路分开供电示意图

（2）当线路Ⅰ有负荷电流 I_1，线路Ⅱ也有负荷电流 I_2 时，则可写出线路Ⅰ（Ⅱ）的牵引网电压降表达式，从而求出线路Ⅰ（Ⅱ）的牵引网单位阻抗。于是

$$\Delta U_1 = I_1 z_1 l_1 + I_2 z_{1\mathrm{II}} l_2$$

$$z = \frac{\Delta U_1}{I_1 l_1} = z_1 + \frac{I_2 l_2}{I_1 l_1} z_{1\mathrm{II}}$$

当 $l_2 < l_1$ 时（线路Ⅱ的电流 I_2 在线路Ⅰ中产生互感电压的范围 l_2 小于 l_1），

$$z = z_1 + \frac{I_2 l_2}{I_1 l_1} z_{1\mathrm{II}} \quad (\Omega/\mathrm{km}) \tag{3.43}$$

当 $l_2 > l_1$ 时［线路Ⅱ的电流 I_2 在线路Ⅰ中产生互感电压的范围 l_2 虽然大于 l_1，但超过的部分（$l_2 - l_1$）对线路Ⅰ的牵引网单位阻抗不产生影响，所以取 $l_2 = l_1$］，

$$z = z_1 + \frac{I_2}{I_1} z_{1\mathrm{II}} \quad (\Omega/\mathrm{km}) \tag{3.44}$$

式（3.43）与式（3.44）表明，在两线路分开供电且两线路都有负荷电流的情况下，双线牵引网单位阻抗 z 不仅随两线路负荷点的位置不同而变化，而且随两线路的负荷电流大小而变化。

3. 两线路全并联供电

两线路全并联供电方式，可以看作在理想情况下，两线路接触网有均匀分布的无数并联点，如图3.20所示。设供电臂有一列车运行，列车电流为 I_1，与牵引变电所距离为 l_1。显然，每条线路接触网中的电流为 $\frac{1}{2}I_1$，于是沿任一条线路的牵引网电压降为

$$\Delta U_1 = \frac{1}{2}I_1 z_{\mathrm{I}} l_1 + \frac{1}{2}I_1 z_{\mathrm{I\hspace{-1pt}I}} l_1 = \frac{1}{2}I_1 l_1 (z_{\mathrm{I}} + z_{\mathrm{I\hspace{-1pt}I}})$$

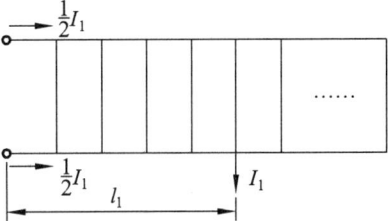

图3.20 两线路全并联供电示意图

设全并联的两线路牵引网等效单位阻抗为 z，则其牵引网电压降为

$$\Delta U_1 = I_1 z l_1$$

以上两式等号左边相等，所以

$$z = \frac{1}{2}(z_{\mathrm{I}} + z_{\mathrm{I\hspace{-1pt}I}}) \tag{3.45}$$

式（3.45）表明，一边全并联供电方式的双线牵引网等效单位阻抗，等于一条线路牵引网单位自阻抗与两条线路牵引网单位互阻抗之和的一半。

注意：两线路全并联供电方式，既然可以看作在理想情况下，两线路接触网有均匀分布的无数并联点，而且据此得出了像单线牵引网那样单一的牵引网单位阻抗计算公式，因此，在后面阐述双线牵引网电压损失和电能损失的相关章节，就不再另列小题目阐述两线路全并联供电方式的牵引网电压损失和电能损失的计算方法，而可以参照单线牵引网电压损失和电能损失的计算方法酌情解决。

四、计算举例

例2 已知一段双线电气化铁路，两线路轨道中心距离为5 m，参见图3.15所示。其他条件与上一节计算举例的已知条件相同。

计算：牵引网等效网络的阻抗 z_{I}，$z_{\mathrm{I\hspace{-1pt}I}}$ 与 $z_{\mathrm{I\hspace{-1pt}I\hspace{-1pt}I}}$。

解

第一步：计算上、下行线路接触网的等效导线—地回路的自阻抗 z_1 与 z_2

由上一节计算举例得

$$z_1 = z_2 = 0.160 + \mathrm{j}\,0.599 = 0.620 \underline{/75.0°}\ (\Omega/\mathrm{km})$$

第二步：计算轨道网—地回路的自阻抗 z_3

按式（3.33）计算

$$z_3 = \frac{r_R}{4} + 0.05 + j\,0.145\lg\frac{D_g}{R_{eq3}} = \frac{0.135}{4} + 0.05 + j\,0.145\lg\frac{932\times10^3}{814}$$
$$= 0.084 + j\,0.444 = 0.452\,\underline{/79.3°}\quad(\Omega/km)$$

式中，R_{eq3} 按式（3.34）计算

$$R_{eq3} = \sqrt[8]{R_{eqR}^2 d_{3'3''}\,d_{3'3'''}\,d_{3'3''''}\,d_{3''3'''}\,d_{3''3''''}\,d_{3'''3''''}}$$
$$= \sqrt[8]{12.78^2 \times 1\,435 \times 5\,000 \times 6\,435 \times 3\,565 \times 5\,000 \times 1\,435} = 814\quad(\text{mm})$$

第三步：计算上、下行线路接触网的等效导线—地回路 1 与 2 的互阻抗 z_{12}

按式（3.35）计算

$$z_{12} = 0.05 + j\,0.145\lg\frac{D_g}{d_{12}} = 0.05 + j\,0.145\lg\frac{932\times10^3}{5\,049}$$
$$= 0.05 + j\,0.329 = 0.333\,\underline{/81.3°}\quad(\Omega/km)$$

式中，d_{12} 按式（3.36）计算

$$d_{12} = \sqrt{d_{1'2'}d_{1'2''}} = \sqrt{5\,000 \times 5\,099} = 5\,049\quad(\text{mm})$$

第四步：计算上、下行线路接触网的等效导线—地回路 1，2 分别与轨道网—地回路 3 的互阻抗 z_{13}，z_{23}

按式（3.37）计算

$$z_{13} = z_{23} = 0.05 + j\,0.145\lg\frac{D_g}{d_{13}} = 0.05 + j\,0.145\lg\frac{932\times10^3}{7\,132}$$
$$= 0.05 + j\,0.307 = 0.311\,\underline{/80.7°}\quad(\Omega/km)$$

式中，d_{13} 按式（3.38）计算

$$d_{13} = \sqrt[8]{d_{1'3'}\,d_{1'3''}\,d_{1'3'''}\,d_{1'3''''}\,d_{1''3'}\,d_{1''3''}\,d_{1''3'''}\,d_{1''3''''}}$$
$$= \sqrt[8]{6\,838 \times 6\,838 \times 8\,036 \times 8\,884 \times 5\,844 \times 5\,844 \times 7\,210 \times 8\,144}$$
$$= 7\,132\quad(\text{mm})$$

第五步：计算双线牵引网等效网络的阻抗

线路 I 牵引网的自阻抗 z_I，按式（3.32）计算

$$z_I = z_1 - \frac{z_{13}^2}{z_3} = 0.160 + j\,0.599 - \frac{(0.311\,\underline{/80.7°})^2}{0.452\,\underline{/79.3°}}$$
$$= 0.131 + j\,0.387 = 0.409\,\underline{/71.3°}\quad(\Omega/km)$$

线路 II 牵引网的自阻抗 z_{II} 计算如下：

因为　　$z_1 = z_2$，$z_{13} = z_{23}$

所以
$$z_{\mathrm{II}} = z_2 - \frac{z_{23}^2}{z_3} = z_{\mathrm{I}} = 0.131 + \mathrm{j}\, 0.387 = 0.409\underline{/71.3°} \quad (\Omega/\mathrm{km})$$

线路 I，II 牵引网的互阻抗 $z_{\mathrm{I\,II}}$，按式（3.32）计算

$$z_{\mathrm{I\,II}} = z_{12} - \frac{z_{13} z_{23}}{z_3} = 0.05 + \mathrm{j}\, 0.329 - \frac{(0.311\underline{/80.7°})^2}{0.452\underline{/79.3°}}$$
$$= 0.021 + \mathrm{j}\, 0.117 = 0.119\underline{/79.8°} \quad (\Omega/\mathrm{km})$$

　　　　　　　※　　　　　　　　　　　※　　　　　　　　　　　※

通过本章阐述可知，单线牵引网阻抗对应一个二端网络（参见图 3.7），双线牵引网阻抗对应一个四端网络（参见图 3.17）。因此，实际单线与双线牵引网电路的构成可分别表示于图 3.21 与图 3.22。图中，R 即一般电路图中为完成电路所画的回线。电路阻抗沿线路长分布，图中标示的阻抗是单位长度的值。图 3.22 表示的双线上、下行牵引网之间，还分布着互阻抗 $z_{\mathrm{I\,II}}$。所以，对牵引网的分析是从实际的电路构成出发，为了分析和计算的方便，应用等效导线—地回路的概念，引入了一个本身闭合的无源轨道—地回路；而在对等效电路的电压平衡方程组联解过程中，又将轨道—地回路精简，回复到原来的实际牵引网电路。

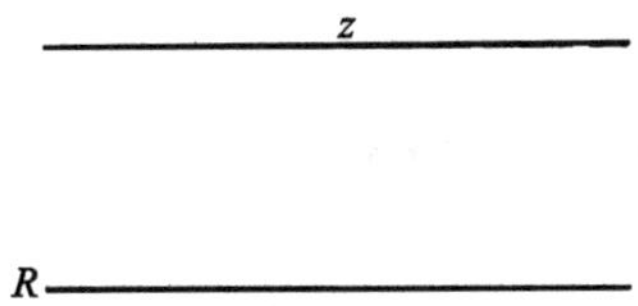

图 3.21　单线牵引网电路构成 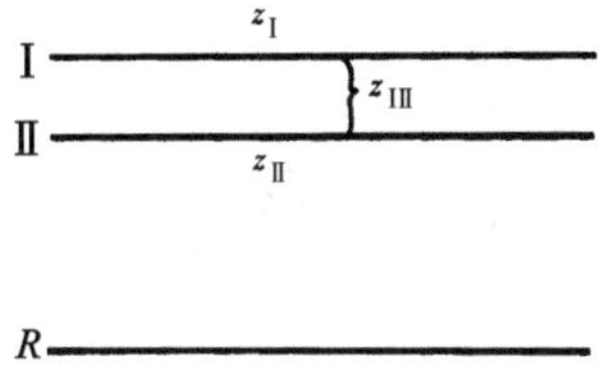　　　　图 3.22　双线牵引网电路构成

第四章 牵引供电系统的电压损失

供电系统由于阻抗与负荷而导致供电电压降低,其降低的数值称为电压损失。牵引负荷引起的电压损失主要由两部分组成:牵引网的电压损失和牵引变电所的电压损失。有时,还应计入电力系统的电压损失。三部分电压损失的计算,基本原理相同。

电气化铁路牵引变电所牵引侧母线的额定电压为 27.5 kV,采用自耦变压器供电方式情况下为 55 kV 或 2×27.5 kV;电力机车、电动车组受电弓和接触网的额定电压为 25 kV,最高允许电压为 29 kV;电力机车、电动车组受电弓上最低工作电压为 20 kV;电力机车、电动车组在供电系统非正常(检修或事故)情况下运行时,受电弓上的电压不得低于 19 kV。

为了保证电力牵引列车的正常运行,牵引供电系统的设计,必须进行电压损失计算,以校核供电臂末端区间电力机车、电动车组受电弓上的短时最低电压,要求不低于上述标准。

第一节 牵引网的电压损失

一、电压损失计算和牵引网当量阻抗

牵引网的电压损失,等于牵引变电所牵引侧母线电压与电力机车受电弓上电压的算术差。它不同于牵引网的电压降,因为牵引网的电压降等于牵引网电流与牵引网阻抗的乘积,也就是变电所牵引侧母线电压与电力机车受电弓上电压的相量差。例如,若牵引变电所牵引侧母线电压为 24.5 kV,而电力机车受电弓上电压为 21.6 kV,则从牵引变电所到电力机车该段牵引网的电压损失为:24.5 − 21.6 = 2.9(kV)。而这段牵引网的电压降一般要大于此值。

电压损失通常采用近似计算,应用适宜于工程计算的简单算式。

设牵引变电所牵引侧母线电压为 $\dot{U}_1$,电力机车受电弓上电压为 $\dot{U}_2$,牵引网电流为 $\dot{I}$,牵引网阻抗为 $Z = R + jX$,如图 4.1 所示,其相量关系如图 4.2 所示。则牵引网的电压损失为

$$\Delta U = U_1 - U_2$$

从相量图可知,由于 $\dot{U}_1$ 与 $\dot{U}_2$ 之间的夹角 δ 一般不大,可近似认为 $U_1 = \dot{U}_1 \cos\delta$,即 U_1 在数值上等于相量 $\dot{U}_1$ 在相量 $\dot{U}_2$ 延长线上的投影。于是,电压损失 $\Delta U = \dot{U}_1 \cos\delta - \dot{U}_2$,其数值等于线段 $\overline{ac} = \overline{ab} + \overline{bc}$。

由图 4.2 可知

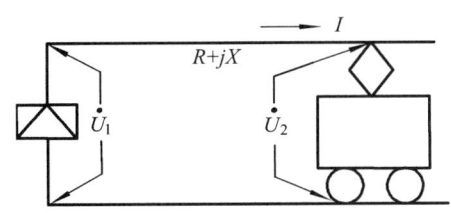

图 4.1 牵引网电压损失示意图

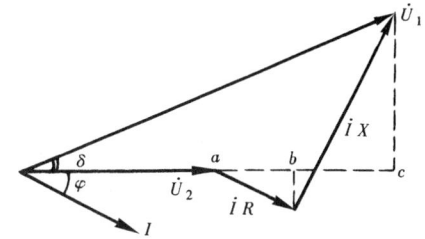

图 4.2 牵引网电压相量图

$$\overline{ab} = IR\cos\varphi$$
$$\overline{bc} = IX\sin\varphi$$

所以
$$\Delta U = I(R\cos\varphi + X\sin\varphi) \tag{4.1}$$

这就是化简后的电压损失的计算公式。它同样也适用于牵引变电所和其他情况下电压损失的计算。它的主要优点就在于避免了复杂的复数运算。

电力机车牵引负荷功率因数 $\cos\varphi$,交—直型机车可取 0.8 或 0.82,交—直—交型机车可取 0.95,且一般波动范围不大。因此,可把式(4.1)括号中的值看成一个参数,称为牵引网当量阻抗,用 Z' 表示。它只同牵引网长度有关,写成单位值(每千米值)为

$$z' = r\cos\varphi + x\sin\varphi \tag{4.2}$$

称为牵引网当量单位阻抗。它不再是复数。牵引网的电压损失便等于牵引电流的绝对值与牵引网当量阻抗的乘积。这就大大简化了牵引网电压损失的计算。

二、单线牵引网的电压损失

在供电计算中,一般只需计算最严重的运行条件下的最大电压损失。所以首先就确定计算条件,然后再分析计算方法。单线牵引网电压损失的计算条件可按表 4.1 所列考虑,这是根据概率计算的结果得出的。表 4.1 中,c(或 I_c)表示计算列车。

表 4.1 单线区段供电臂牵引网电压损失计算条件一览表

区间数	列车位置
1	L, I_c
2	l_1, l_2; $\frac{1}{2}l_1$ I_1, $\frac{1}{4}l_2$ I_c
3	l_1, l_2, l_3; $\frac{1}{2}l_1$ I_1, $\frac{1}{2}l_2$ I_2, $\frac{1}{2}l_3$ I_c
4	l_1, l_2, l_3, l_4; $\frac{1}{2}l_1$ I_1, $\frac{1}{2}l_2$ I_2, $\frac{1}{2}l_3$ I_3, $\frac{1}{2}l_4$ I_c

注:1. 当供电臂列车用电概率较小时(3 个区间 $p \leqslant 0.35$,4 个区间 $p \leqslant 0.25$),则表中 3,4 两项中 I_1 可取消;
 2. 供电臂列车用电概率对应于线路非平行能力的列车对数进行计算;
 3. 列车电流取对应位置的列车用电平均电流。

计算列车 c 处牵引网最大电压损失应为

$$\Delta U_c = z' \sum_{i=1}^{c} I_i l_i \quad (\text{V}) \tag{4.3}$$

式中，I_i 为供电臂中对应位置的列车用电平均电流（A）；l_i 为各用电列车与牵引变电所的距离（km）；z' 为牵引网当量单位阻抗（Ω/km）。

牵引网电压损失也可取供电臂安培千米 95% 概率最大值来计算。即

$$\Delta U_c = (I\,l)_{\max} z' = A_p I l z' \quad (\text{V}) \tag{4.4}$$

式中，I 为供电臂列车用电平均电流（A）；l 为供电臂区间平均长度（km）；A_p 为供电臂安培千米 95% 概率最大值的系数。

这个方法计算结果较前面方法计算结果为小，但在供电方案研究中亦具有参考价值。

三、双线牵引网的电压损失

1. 双线接触网的电流分配规律

若双线上、下行接触网在供电臂末端并联，当供电臂内只有一列列车时，接触网的电流分配规律见图 3.18、式（3.39）和对应说明。

当供电臂内有多列列车时，如图 4.3 所示，线路（Ⅰ）各列车电流为 $\dot{I}_{\mathrm{I}1}, \cdots, \dot{I}_{\mathrm{I}i}, \cdots, \dot{I}_{\mathrm{I}c}$，相应的离开变电所的距离为 $l_{\mathrm{I}1}, \cdots, l_{\mathrm{I}i}, \cdots, l_{\mathrm{I}c}$；而线路（Ⅱ）各列车电流为 $\dot{I}_{\mathrm{II}1}, \cdots, \dot{I}_{\mathrm{II}m}, \cdots \dot{I}_{\mathrm{II}n}$，相应的离开变电所的距离为 $l_{\mathrm{II}1}, \cdots, l_{\mathrm{II}m}, \cdots, l_{\mathrm{II}n}$；则可应用叠加原理得到线路（Ⅰ）和线路（Ⅱ）首端电流 $\dot{i}'$ 与 $\dot{i}''$ 分别为

$$\left.\begin{array}{l} \dot{i}' = \sum_{i=1}^{c} \dfrac{2L - l_{\mathrm{I}i}}{2L} I_{\mathrm{I}i} + \sum_{m=1}^{n} \dfrac{l_{\mathrm{II}m}}{2L} I_{\mathrm{II}m} \\[2mm] \dot{i}'' = \sum_{i=1}^{c} \dfrac{l_{\mathrm{I}i}}{2L} I_{\mathrm{I}i} + \sum_{m=1}^{n} \dfrac{2L - l_{\mathrm{II}m}}{2L} I_{\mathrm{II}m} \end{array}\right\} \tag{4.5}$$

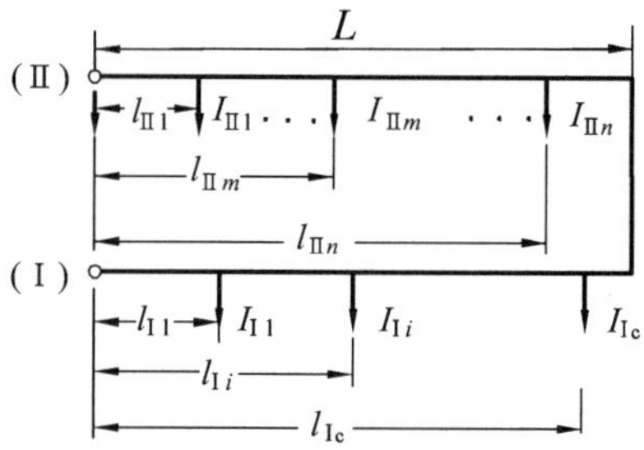

图 4.3 双线一边并联供电接触网电流分布和牵引网电压损失计算图

由式（4.5）还可以知道，从每一列列车取流点向供电臂首端看，后侧接触网电流等于前侧接触网电流减该列列车电流之差。

2. 双线牵引网电压损失的计算条件

牵引供电系统设计中双线牵引网电压损失的计算，一般应按分区所上、下行接触网联络断路器分闸，取其重负荷方向进行计算。列车电流取重负荷方向重货列车用电平均电流。计算列车数取对应远期输送能力概率积分为 95% 的最大列车数，有小数时，其小数部分的列车电流放于变电所端。追踪间隔数由重负荷方向的重货列车运行时分与追踪间隔时分确定，有小数时，其小数部分放于供电臂的始端。列车位置参照表 4.1。

3. 双线牵引网最大电压损失的计算公式

如图 4.3 所示，双线牵引网最大电压损失，一般出现在供电臂重负荷方向接触网最远端列车受电弓处，用 ΔU_{Ic} 表示。根据推导结果，ΔU_{Ic} 的计算公式如下。

（1）一边并联供电

此时供电臂末端上、下行接触网连接，如图 4.3 所示。

当 $l_{\mathrm{Ic}} > l_{\mathrm{II}n}$ 时，

$$\begin{aligned}\Delta U_{\mathrm{Ic}} &= \frac{z'_{\mathrm{I}}}{2L}\left[(2L-l_{\mathrm{Ic}})\sum_{i=1}^{c}(I_{\mathrm{I}i}l_{\mathrm{I}i}) + l_{\mathrm{Ic}}\sum_{m=1}^{n}(I_{\mathrm{II}m}l_{\mathrm{II}m})\right] + \\
&\quad \frac{z'_{\mathrm{III}}}{2L}\left[(2L-l_{\mathrm{Ic}})\sum_{m=1}^{n}(I_{\mathrm{II}m}l_{\mathrm{II}m}) + l_{\mathrm{Ic}}\sum_{i=1}^{c}(I_{\mathrm{I}i}l_{\mathrm{I}i})\right] \\
&= \frac{1}{2L}\Big\{[z'_{\mathrm{I}}(2L-l_{\mathrm{Ic}}) + z'_{\mathrm{III}}l_{\mathrm{Ic}}]\sum_{i=1}^{c}(I_{\mathrm{I}i}l_{\mathrm{I}i}) + \\
&\quad [z'_{\mathrm{I}}l_{\mathrm{Ic}} + z'_{\mathrm{III}}(2L-l_{\mathrm{Ic}})]\sum_{m=1}^{n}(I_{\mathrm{II}m}l_{\mathrm{II}m})\Big\}\end{aligned} \quad (4.6)$$

当 $l_{\mathrm{Ic}} < l_{\mathrm{II}n}$ 时，

$$\begin{aligned}\Delta U_{\mathrm{Ic}} &= \frac{z'_{\mathrm{I}}}{2L}\left[(2L-l_{\mathrm{Ic}})\sum_{i=1}^{c}(I_{\mathrm{I}i}l_{\mathrm{I}i}) + l_{\mathrm{Ic}}\sum_{m=1}^{n}(I_{\mathrm{II}m}l_{\mathrm{II}m})\right] + \\
&\quad \frac{z'_{\mathrm{III}}}{2L}\left\{(2L-l_{\mathrm{Ic}})\sum_{m=1}^{n-1}(I_{\mathrm{II}m}l_{\mathrm{II}m}) + l_{\mathrm{Ic}}\left[I_{\mathrm{II}n}(2L-l_{\mathrm{II}n}) + \sum_{i=1}^{c}(I_{\mathrm{I}i}l_{\mathrm{I}i})\right]\right\} \\
&= \frac{1}{2L}\Big\{[z'_{\mathrm{I}}(2L-l_{\mathrm{Ic}}) + z'_{\mathrm{III}}l_{\mathrm{Ic}}]\sum_{i=1}^{c}(I_{\mathrm{I}i}l_{\mathrm{I}i}) + [z'_{\mathrm{I}}l_{\mathrm{Ic}} + z'_{\mathrm{III}}(2L-l_{\mathrm{Ic}})]\sum_{m=1}^{n-1}(I_{\mathrm{II}m}l_{\mathrm{II}m}) + \\
&\quad [z'_{\mathrm{I}}l_{\mathrm{II}n} + z'_{\mathrm{III}}(2L-l_{\mathrm{II}n})]I_{\mathrm{II}n}l_{\mathrm{Ic}}\Big\}\end{aligned} \quad (4.7)$$

（2）一边分开供电

此时图 4.3 所示供电臂末端上、下行接触网断开：

$$\left.\begin{aligned}\text{当 } l_{\mathrm{Ic}} > l_{\mathrm{II}n} \text{ 时} \quad &\Delta U_{\mathrm{Ic}} = z'_{\mathrm{I}}\sum_{i=1}^{c}(I_{\mathrm{I}i}l_{\mathrm{I}i}) + z'_{\mathrm{III}}\sum_{m=1}^{n}(I_{\mathrm{II}m}l_{\mathrm{II}m}) \\
\text{当 } l_{\mathrm{Ic}} < l_{\mathrm{II}n} \text{ 时} \quad &\Delta U_{\mathrm{Ic}} = z'_{\mathrm{I}}\sum_{i=1}^{c}(I_{\mathrm{I}i}l_{\mathrm{I}i}) + z'_{\mathrm{III}}\left[\sum_{m=1}^{n-1}(I_{\mathrm{II}m}l_{\mathrm{II}m}) + I_{\mathrm{II}n}l_{\mathrm{Ic}}\right]\end{aligned}\right\} \quad (4.8)$$

式（4.6）~式（4.8）中，z'_{I} 为双线区段线路 I 的牵引网当量单位自阻抗（Ω/km）；z'_{III} 为双线区段上、下行牵引网间的当量单位互阻抗（Ω/km）；电流单位为 A；距离单位为 km；ΔU_{Ic} 单位为 V。

当线路（II）只有一列列车用电运行（$n = m = 1$）时，式（4.7）、式（4.8）中，$\sum_{m=1}^{n-1}(I_{\mathrm{II}m}l_{\mathrm{II}m}) = 0$。

四、计算举例

当采用 JTM95+CTS120 的全补偿单链形悬挂接触网和 60 kg/m 型钢轨,大地电导率为 10×10^{-14}(CGSM),牵引负荷的功率因数 $\cos\varphi=0.8$ 和 $\cos\varphi=0.95$ 时,由第三章第三节、第四节例题计算结果,可得牵引网当量单位阻抗如表 4.2 所示,供计算时采用或参考。

表 4.2 牵引网当量单位阻抗

单线或双线	当量单位阻抗值/(Ω/km)		
	符 号	当 $\cos\varphi=0.8$ 时	当 $\cos\varphi=0.95$ 时
单 线	z'	0.366	0.266
双 线	z'_I,z'_II	0.337	0.245
	$z'_\mathrm{I\,II}$	0.087	0.056

例 1 某一单线区段供电臂参数如图 4.4 所示,接触网为全补偿单链形悬挂 JTM95 + CTS120,大地电导率为 10×10^{-14}(CGSM),钢轨采用 60 kg/m 型,牵引负荷功率因数 $\cos\varphi=0.8$。

求:该供电臂的牵引网的最大电压损失。

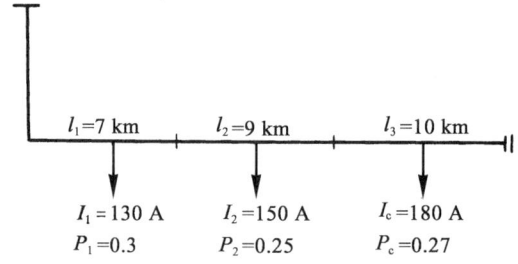

图 4.4 [例 1]计算图

解 方法一:按表 4.1 的计算条件,$I_1=130$ A 取消,则

$$\Delta U_\mathrm{c}=z'\sum_{i=1}^{c}I_il_i\times10^{-3}$$
$$=[150\times(7+9\times0.5)+180\times(7+9+10\times0.5)]\times0.366\times10^{-3}$$
$$=2.015\ (\mathrm{kV})$$

方法二:$p=\dfrac{\sum p_i}{n}=\dfrac{0.3+0.25+0.27}{3}=0.273$

按供电臂安培千米 95% 概率计算,由 $n=3$,$p=0.273$,查图 7.18 曲线得 $A_\mathrm{p}=3.8$

由 $I=\dfrac{\sum I_ip_i}{\sum p_i}=\dfrac{130\times0.3+150\times0.25+180\times0.27}{0.3+0.25+0.27}=152\ (\mathrm{A})$

区间平均长度 $l=\dfrac{7+9+10}{3}=8.67\ (\mathrm{km})$

则 $\Delta U_\mathrm{c}=A_\mathrm{p}Ilz'\times10^{-3}=3.8\times152\times8.67\times0.366\times10^{-3}=1.833\ (\mathrm{kV})$

比较两种方法的计算结果,表明按供电臂安培千米 95% 概率最大值计算电压损失要偏小一些。

例 2 某一双线区段供电臂(其参数如图 4.5 所示),其重负荷方向为 I 方向,接触网为 JTM95+CTS120 全补偿单链形悬挂,钢轨为 60 kg/m 型,牵引负荷功率因数 $\cos\varphi = 0.8$,两线路轨道中心距离为 5 m。

求该供电臂在下列情况下的最大电压损失:

(1)一边并联供电;
(2)一边分开供电。

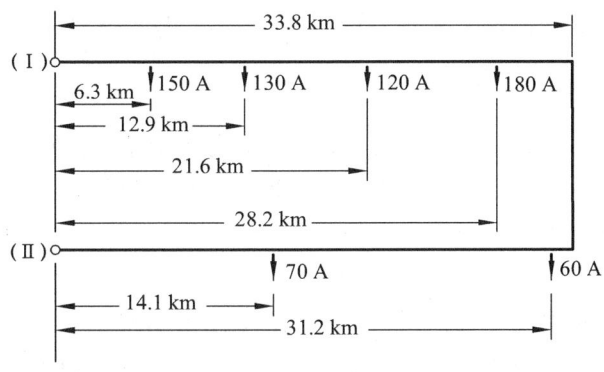

图 4.5 [例 2]计算图

解 (1)一边并联供电
按式(4.7)得

$$\Delta U_{\text{I}c} = \frac{1}{2L}\left\{[z'_\text{I}(2L-l_{\text{I}c})+z'_{\text{I}\text{II}}l_{\text{I}c}]\sum_{i=1}^{c}(I_{\text{I}i}l_{\text{I}i})+[z'_\text{I}l_{\text{I}c}+z'_{\text{I}\text{II}}(2L-l_{\text{I}c})]\sum_{m=1}^{n-1}(I_{\text{II}m}l_{\text{II}m})+\right.$$
$$\left.[z'_\text{I}l_{\text{II}n}+z'_{\text{I}\text{II}}(2L-l_{\text{II}n})]I_{\text{II}n}l_{\text{I}c}\right\}$$

$$= \frac{1}{2\times 33.8}\times\{[0.337\times(2\times 33.8-28.2)+0.087\times 28.2]\times$$
$$(150\times 6.3+130\times 12.9+120\times 21.6+180\times 28.2)+$$
$$[0.337\times 28.2+0.087\times(2\times 33.8-28.2)]\times 70\times 14.1+$$
$$[0.337\times 31.2+0.087\times(2\times 33.8-31.2)]\times 60\times 28.2\}$$
$$= 2\,926 \quad (\text{V})$$

(2)一边分开供电
按式(4.8)第二式计算

$$\Delta U_{\text{I}c} = z'_\text{I}\sum_{i=1}^{c}(I_{\text{I}i}l_{\text{I}i}) + z'_{\text{I}\text{II}}\left[\sum_{m=1}^{n-1}(I_{\text{II}m}l_{\text{II}m})+I_{\text{II}n}l_{\text{I}c}\right]$$
$$= 0.337\times(150\times 6.3+130\times 12.9+120\times 21.6+180\times 28.2)+$$
$$0.087\times[70\times 14.1+60\times 28.2]$$
$$= 3\,701 \quad (\text{V})$$

第二节 牵引变电所的电压损失

牵引变电所的电压损失，即牵引变电所牵引变压器绕组的电压损失。牵引变压器归算到二次侧的相阻抗 $Z_T = R_T + jX_T$ [参看第一章第一节第二部分第 1 项第（2）小项]。将式（4.1）写成

$$\Delta U = (I\cos\varphi)R_T + (I\sin\varphi)X_T$$

因为大、中型变压器（包括牵引变压器）$R_T \ll X_T$，故上式可写成

$$\Delta U = (I\sin\varphi)X_T \tag{4.9}$$

即牵引变压器绕组的电压损失等于其中负荷电流的虚部绝对值（$I\sin\varphi$）与相电抗 X_T 的乘积。

式（4.9）中，φ 为负荷功率因数角；当交—直型电力机车牵引时，取 $\cos\varphi = 0.8$，$\varphi = 36.9°$，$\sin\varphi = 0.6$；或取 $\cos\varphi = 0.82$，$\varphi = 34.9°$，$\sin\varphi = 0.57$；当交—直—交型电力机车牵引时，取 $\cos\varphi = 0.95$，$\varphi = 18.2°$，$\sin\varphi = 0.31$。

实际中，需要计算牵引变压器的最大电压损失，其计算条件一般是与供电臂电流和牵引网电压损失计算条件相对应。即单线区段，直接按表 4.1 所列负荷累加起来作为计算供电臂的最大电流，或查附录 C 中图 C.5 曲线获得最大电流。双线区段查附录 C 中图 C.5 获得供电臂 95% 概率最大列车数的最大电流 I_{max}。

一、单相联结变压器电压损失

单相变压器绕组的电抗 X_T 可按下式计算

$$X_T = \frac{U_k(\%)}{100} \cdot \frac{U_N}{I_N} = \frac{U_k(\%)}{100} \cdot \frac{U_N^2}{S_N} \quad (\Omega) \tag{4.10}$$

式中，$U_k(\%)$，U_N，I_N，S_N 对应为单相变压器的阻抗电压百分值、额定电压（V）、额定电流（A）、额定容量（VA）。

单相联结变压器两侧供电臂属于同相，因此变压器最大电压损失为

当 $\cos\varphi = 0.8$（或 0.82）时：$\Delta U_{Tmax} = 0.6$（或 0.57）$(I_{1max} + I_{2av})X_T$ （V） (4.11)

当 $\cos\varphi = 0.95$ 时：$\Delta U_{Tmax} = 0.31(I_{1max} + I_{2av})X_T$ （V） (4.12)

式中，I_{1max} 为重负荷供电臂最大电流（A）；I_{2av} 为轻负荷供电臂平均电流（A）。

二、单相 Vv 联结变压器电压损失

Vv 联结变电所两侧供电臂分别由各自的变压器供电，其最大电压损失为

当 $\cos\varphi = 0.8$（或 0.82）时：$\Delta U_{Tmax} = 0.6$（或 0.57）$I_{max}X_T$ （V） (4.13)

当 $\cos\varphi = 0.95$ 时：$\Delta U_{Tmax} = 0.31 I_{max}X_T$ （V） (4.14)

式中，I_{max} 为供电臂最大电流（A）。

三、三相 YNd11 联结变压器电压损失

1. 三相变压器的阻抗

三相变压器的额定电压为线电压，因此阻抗电压的百分值按定义为

$$U_k(\%) = \frac{\sqrt{3}I_N Z_T}{U_N} \times 100 \tag{4.15}$$

即变压器被当成 Yy 联结，Z_T 代表等效 Yy 联结的每相阻抗。

由于 $R_T \ll X_T$，所以可认为 $X_T \approx Z_T$，如此可得三相变压器等效 Y 联结每相电抗为

$$X_T = \frac{U_k(\%)}{100} \cdot \frac{U_N}{\sqrt{3}I_N} = \frac{U_k(\%)}{100} \cdot \frac{U_N^2}{S_N} \quad (\Omega) \tag{4.16}$$

式（4.15）、式（4.16）中，$U_k(\%)$，U_N，I_N，S_N 对应为三相变压器的阻抗电压百分值、额定电压（V）、额定电流（A）、额定容量（VA）。

实际上三相变压器二次侧绕组为三角形联结，而三角形联结时每相电抗为等效 Y 联结每相电抗的 3 倍（参见 Y-△ 等效变换）。因此，变压器绕组三角形联结时的每相电抗为

$$X_{T\Delta} = 3X_T \tag{4.17}$$

2. 三相联结变压器电压损失计算

见图 1.13、图 1.14、式（1.7）及相关叙述，按电力系统正常运行方式的相序，bc 相为超前相（C 相），ac 相为滞后相（A 相）。

（1）超前相电压损失 ΔU_{bc}

以 $\dot{U}_c$ 为基准相量，则 $\dot{I}_b = I_b \angle{-\varphi_b}$，$\dot{I}_a = I_a \angle{-120°-\varphi_a}$，于是

$$\begin{aligned}\dot{I}_{bc} &= -\frac{1}{3}\dot{I}_a + \frac{2}{3}\dot{I}_b = -\frac{1}{3}I_a\angle{-120°-\varphi_a} + \frac{2}{3}I_b\angle{-\varphi_b} \\ &= -\frac{1}{3}I_a[\cos(-120°-\varphi_a) + j\sin(-120°-\varphi_a)] + \frac{2}{3}I_b[\cos(-\varphi_b) + j\sin(-\varphi_b)] \\ &= \frac{1}{3}[2I_b\cos\varphi_b + I_a\cos(60°-\varphi_a)] - j\frac{1}{3}[2I_b\sin\varphi_b - I_a\sin(60°-\varphi_a)]\end{aligned}$$

由式（4.9）和上式，得

$$\Delta U_{bc} = \frac{1}{3}[2I_b\sin\varphi_b - I_a\sin(60°-\varphi_a)]X_T \quad (V) \tag{4.18}$$

（2）滞后相电压损失 ΔU_{ac}

以 $\dot{U}_a$ 为基准相量，则 $\dot{I}_a = I_a \angle{-\varphi_a}$，$\dot{I}_b = I_b \angle{120°-\varphi_b}$，于是

$$\dot{I}_{ca} = \frac{2}{3}\dot{I}_a - \frac{1}{3}\dot{I}_b = \frac{2}{3}I_a\angle{-\varphi_a} - \frac{1}{3}I_b\angle{120°-\varphi_b}$$

$$= \frac{2}{3} I_a [\cos(-\varphi_a) + j \sin(-\varphi_a)] - \frac{1}{3} I_b [\cos(120° - \varphi_b) + j \sin(120° - \varphi_b)]$$

$$= \frac{1}{3}[2I_a \cos\varphi_a + I_b \cos(60° + \varphi_b)] - j\frac{1}{3}[2I_a \sin\varphi_a + I_b \sin(60° + \varphi_b)]$$

由式（4.9）和上式，得

$$\Delta U_{ac} = \frac{1}{3}[2I_a \sin\varphi_a + I_b \sin(60° + \varphi_b)]X_T \quad （V） \tag{4.19}$$

由式（4.18）和式（4.19）可知，一般 $\Delta U_{ac} > \Delta U_{bc}$，即滞后相电压损失大于超前相电压损失。所以，如牵引变电所两供电臂负荷不相等，应以滞后相向轻负荷臂供电为宜。

超前相和滞后相的最大电压损失分别为

当 $\cos\varphi = 0.8$（或 0.82）时

$$\left.\begin{array}{l}\Delta U_{T1\max} = [0.4(或 0.38)I_{1\max} - 0.13(或 0.141)I_{2av}]X_T \\ \Delta U_{T2\max} = [0.4(或 0.38)I_{2\max} + 0.33(或 0.332)I_{1av}]X_T\end{array}\right\} \quad （V） \tag{4.20}$$

当 $\cos\varphi = 0.95$ 时

$$\left.\begin{array}{l}\Delta U_{T1\max} = (0.21I_{1\max} - 0.222I_{2av})X_T \\ \Delta U_{T2\max} = (0.21I_{2\max} + 0.326I_{1av})X_T\end{array}\right\} \quad （V） \tag{4.21}$$

式中，$I_{1(2)\max}$ 为超前（滞后）相供电臂最大电流（A）；$I_{1(2)av}$ 为超前（滞后）相供电臂平均电流（A）；右下角标中 1，2 分别表示超前相、滞后相。

四、斯科特联结变压器电压损失

根据式（1.13）、式（1.16），斯科特联结变压器有 $U_{2N} = \dfrac{U_{1N}}{K_U}$，$I_{2N} = \dfrac{\sqrt{3}K_U}{2}I_{1N}$，$\dfrac{U_{2N}}{I_{2N}} = \dfrac{2}{K_U^2} \cdot \dfrac{U_{1N}}{\sqrt{3}I_{1N}}$ [其中，U_{1N}，U_{2N} 和 I_{1N}，I_{2N} 分别为一、二次额定电压（V）和额定电流（A），K_U 为斯科特变压器变压比]。由此可知，把一次电压归算至二次侧时应将其除以 K_U，把一次电流归算至二次侧时应将其乘以 $\dfrac{\sqrt{3}K_U}{2}$，一次侧三相系统等效星形每相电抗 X_{T1} 转换为二次侧两相输出端口每相电抗 X_{T2} 时应将 X_{T1} 除以 $\dfrac{K_U^2}{2}$；反之，X_{T2} 转换为 X_{T1} 时应将 X_{T2} 乘以 $\dfrac{K_U^2}{2}$。因此，斯科特联结变压器归算至二次侧的每相绕组电抗 X_{T2} 可按下式计算

$$X_{T2} = X_{T1} \cdot \frac{2}{K_U^2} = \frac{U_k(\%)}{100} \cdot \frac{U_{1N}}{\sqrt{3}I_{1N}} \cdot \frac{2}{K_U^2} = \frac{U_k(\%)}{100} \cdot \frac{U_{1N}^2}{S_N} \cdot \frac{2}{K_U^2} \quad （\Omega） \tag{4.22}$$

或

$$X_{T2} = \frac{U_k(\%)}{100} \cdot \frac{U_{2N}}{I_{2N}} = \frac{U_k(\%)}{100} \cdot \frac{2U_{2N}^2}{S_N} \quad （\Omega） \tag{4.22'}$$

式中，$U_k(\%)$ 为阻抗电压百分值，S_N 为额定容量（VA）。

采用斯科特联结牵引变压器的变电所两侧供电臂分别由 M 座、T 座供电，其最大电压损失分别为

$$\left.\begin{array}{l}\Delta U_{\mathrm{M}} = I_{\mathrm{Mmax}} X_{\mathrm{T2}} \sin \varphi_{\mathrm{M}} \\ \Delta U_{\mathrm{T}} = I_{\mathrm{Tmax}} X_{\mathrm{T2}} \sin \varphi_{\mathrm{T}}\end{array}\right\} \quad (\mathrm{V}) \qquad (4.23)$$

式中，I_{Mmax}，I_{Tmax} 和 φ_{M}，φ_{T} 分别为 M 座、T 座供电臂最大电流（A）和功率因数角（°），当交—直型电力机车牵引时，φ_{M}，φ_{T} 均可取 36.9° 或 34.9°；当交—直—交型电力机车牵引时，φ_{M}，φ_{T} 取 18.2°。

五、平衡变压器电压损失

见图 1.20、图 1.18，先导出平衡变压器的等效电路和参数计算公式，再分析其电压损失。

1. 等效电路

根据由变压器短路试验可以确定其短路阻抗的原理，应用式（1.33′）第一、第三式、式（1.45）至式（1.47）和阻抗匹配关系，便可得到与 YN▽联结平衡变压器归算到二次侧的电抗 X_{T}（忽略电阻不计）对应的各段线圈 ac, bc, ad, be, df, eg 和 ab 的等效电抗 X_{ac}，X_{bc}，X_{ad}，X_{be}，X_{df}，X_{eg} 和 X_{ab} 如下

$$\left.\begin{array}{l}X_{\mathrm{ac}} = X_{\mathrm{bc}} = \dfrac{U_{\mathrm{k}}(\%)}{100} \cdot \dfrac{\sqrt{2}(\lambda+2)U_{2\mathrm{N}}}{3(\sqrt{3}+1)} \Big/ \dfrac{\sqrt{\lambda^2+2\lambda+2}\,I_{2\mathrm{N}}}{\lambda+2} \\ \quad = \dfrac{U_{\mathrm{k}}(\%)}{100} \cdot \dfrac{\sqrt{2}(\lambda+2)^2}{3(\sqrt{3}+1)\sqrt{\lambda^2+2\lambda+2}} \cdot \dfrac{2U_{2\mathrm{N}}^2}{S_{\mathrm{N}}} = \dfrac{\sqrt{2}(\lambda+2)^2}{3(\sqrt{3}+1)\sqrt{\lambda^2+2\lambda+2}} X_{\mathrm{T}}' \\ X_{\mathrm{ad}} = X_{\mathrm{be}} = \dfrac{U_{\mathrm{k}}(\%)}{100} \cdot \dfrac{\sqrt{6}U_{2\mathrm{N}}}{3(\sqrt{3}+1)} \Big/ I_{2\mathrm{N}} \\ \quad = \dfrac{U_{\mathrm{k}}(\%)}{100} \cdot \dfrac{\sqrt{6}}{3(\sqrt{3}+1)} \cdot \dfrac{2U_{2\mathrm{N}}^2}{S_{\mathrm{N}}} = \dfrac{\sqrt{6}}{3(\sqrt{3}+1)} X_{\mathrm{T}}' \\ X_{\mathrm{df}} = X_{\mathrm{eg}} = \dfrac{U_{\mathrm{k}}(\%)}{100} \cdot \dfrac{\sqrt{2}(1+\sqrt{3}-\lambda)U_{2\mathrm{N}}}{3(\sqrt{3}+1)} \Big/ I_{2\mathrm{N}} \\ \quad = \dfrac{U_{\mathrm{k}}(\%)}{100} \cdot \dfrac{\sqrt{2}(1+\sqrt{3}-\lambda)}{3(\sqrt{3}+1)} \cdot \dfrac{2U_{2\mathrm{N}}^2}{S_{\mathrm{N}}} = \dfrac{\sqrt{2}(1+\sqrt{3}-\lambda)}{3(\sqrt{3}+1)} X_{\mathrm{T}}' \\ X_{\mathrm{ab}} = \lambda X_{\mathrm{ac}} = \lambda X_{\mathrm{bc}}\end{array}\right\} \qquad (4.24)$$

式中，X_{ab} 须按阻抗匹配关系确定，是由变压器设计制造决定的；$U_{\mathrm{k}}(\%)$，S_{N}，$U_{2\mathrm{N}}$，$I_{2\mathrm{N}}$ 分别为变压器阻抗电压百分值、额定容量（VA）、二次额定电压（V）、二次额定电流（A）；且

$$X_{\mathrm{T}}' = \dfrac{U_{\mathrm{k}}(\%)}{100} \cdot \dfrac{2U_{2\mathrm{N}}^2}{S_{\mathrm{N}}} \qquad (4.25)$$

从而可绘出归算到二次绕组的等效电路，如图 4.6 所示。将该图中三角形联结电抗 X_{ab}，X_{ac}，

X_{bc} 变换为星形联结的等效电抗 X_a，X_b，X_c，即

$$\left.\begin{array}{l}X_a = \dfrac{X_{ab}X_{ac}}{X_{ab}+X_{ac}+X_{bc}} \\ X_b = \dfrac{X_{ab}X_{bc}}{X_{ab}+X_{ac}+X_{bc}} \\ X_c = \dfrac{X_{ac}X_{bc}}{X_{ab}+X_{ac}+X_{bc}}\end{array}\right\} \quad (4.26)$$

则可绘出如图 4.7 所示的 abc 三角形变星形等效电路。再将其中 x_a，x_b 分别与相应支臂的电抗相加得 X_α，X_β，即

$$\left.\begin{array}{l}X_\alpha = X_a + X_{ad} + X_{df} \\ X_\beta = X_b + X_{be} + X_{eg}\end{array}\right\} \quad (4.27)$$

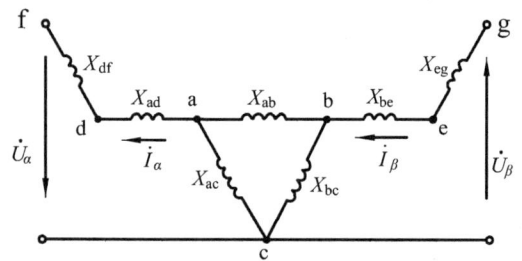

图 4.6　归算到二次侧的等效电路

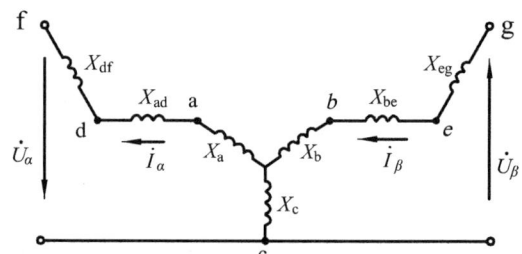

图 4.7　abc 三角形变星形等效电路

于是，可绘出如图 4.8 所示的简化星形等效电路，它可直接用于计算平衡变压器电压损失和短路电流。由该图可得平衡变压器归算到二次侧的电抗 X_T 如下

$$X_T = X_\alpha + X_c = X_\beta + X_c \quad (4.28)$$

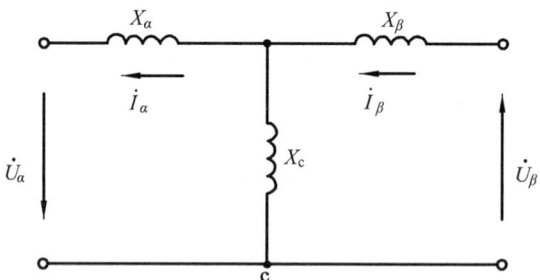

图 4.8　简化星形等效电路

对于 YN▽联结阻抗匹配平衡变压器，$\lambda = \sqrt{3}+1$，$U_d = U_e = \dfrac{\sqrt{3}-1}{\sqrt{6}}U_{2N} = \dfrac{\sqrt{6}}{3(\sqrt{3}+1)}U_{2N}$，依次应用式（4.24）~式（4.28）计算（注意 $X_{a\alpha} = X_{ad}$，$X_{b\beta} = X_{be}$，$X_{df} = X_{eg} = 0$），可得图 4.8 中的参数和 X_T 如下

$$\left.\begin{array}{l}X_\alpha = X_\beta = 0.876\ 2X'_T \\ X_c = 0.211\ 3X'_T \\ X_T = 1.087\ 5X'_T\end{array}\right\} \quad (4.29)$$

对于非阻抗匹配 YN⇁联结平衡变压器，$\lambda = 1$，$U_d = U_e = \dfrac{\sqrt{2}}{\sqrt{3}(\sqrt{3}+1)}U_{2N} = \dfrac{\sqrt{6}}{3(\sqrt{3}+1)}U_{2N}$，依次应用式（4.24）~式（4.28）计算，则得图 4.8 中的参数和 X_T 如下

$$\left.\begin{array}{l}X_\alpha = X_\beta = 0.829\ 2X'_T \\ X_c = 0.231\ 5X'_T \\ X_T = 1.060\ 7X'_T\end{array}\right\} \quad (4.30)$$

式（4.24）~式（4.30）计算所得电抗的单位均为欧姆（Ω）。

2. 电压损失

由图 4.8 可得 YN⇁联结平衡变压器电压降为

$$\dot{\Delta U}_\beta = \dot{I}_\beta(X_\beta + X_c) - \dot{I}_\alpha X_c = \dot{I}_\beta X_T - \dot{I}_\alpha X_c = X_T\left(\dot{I}_\beta - \dot{I}_\alpha \frac{X_c}{X_T}\right)$$

$$\dot{\Delta U}_\alpha = \dot{I}_\alpha(X_\alpha + X_c) - \dot{I}_\beta X_c = \dot{I}_\alpha X_T - \dot{I}_\beta X_c = X_T\left(\dot{I}_\alpha - \dot{I}_\beta \frac{X_c}{X_T}\right)$$

以 φ_β，φ_α 分别表示两供电臂超前相、滞后相的功率因数角，则由上式和式（4.9），并应用图 4.9 所示的求算平衡变压器电压损失作图法，可得 YN⇁联结平衡变压器电压损失为

$$\left.\begin{array}{ll}\text{超前相} & \Delta U_\beta = X_T\left(I_\beta \sin\varphi_\beta - I_\alpha \dfrac{X_c}{X_T}\cos\varphi_\alpha\right) \\ \text{滞后相} & \Delta U_\alpha = X_T\left(I_\alpha \sin\varphi_\alpha + I_\beta \dfrac{X_c}{X_T}\cos\varphi_\beta\right)\end{array}\right\} \quad (4.31)$$

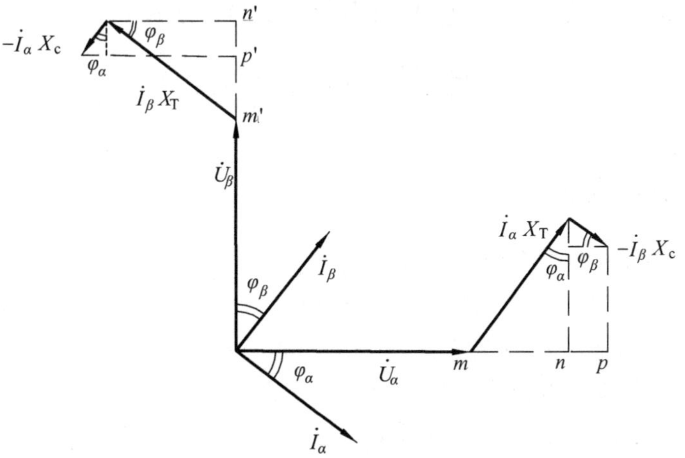

图 4.9 求算平衡变压器电压损失作图法

图 4.9 中，因为 $\overline{m'n'} = I_\beta X_T \sin\varphi_\beta$，$\overline{n'p'} = I_\alpha X_c \cos\varphi_\alpha$，$\overline{m'p'} = \Delta U_\beta = \overline{m'n'} - \overline{n'p'}$

所以 $\Delta U_\beta = I_\beta X_T \sin\varphi_\beta - I_\alpha X_c \cos\varphi_\alpha$

因为 $\overline{mn} = I_\alpha X_T \sin\varphi_\alpha$，$\overline{np} = I_\beta X_c \cos\varphi_\beta$，$\overline{mp} = \Delta U_\alpha = \overline{mn} + \overline{np}$

所以 $\Delta U_\alpha = I_\alpha X_T \sin\varphi_\alpha + I_\beta X_c \cos\varphi_\beta$

对于 YN▽联结阻抗匹配平衡变压器，参见式（4.29）可得

$$\frac{X_c}{X_T} = \frac{0.211\,3 X'_T}{1.087\,5 X'_T} = 0.194\,3$$

因此，式（4.31）变为

$$\left.\begin{array}{ll}超前相 & \Delta U_\beta = X_T(I_\beta \sin\varphi_\beta - 0.194\,3 I_\alpha \cos\varphi_\alpha) \\ 滞后相 & \Delta U_\alpha = X_T(I_\alpha \sin\varphi_\alpha + 0.194\,3 I_\beta \cos\varphi_\beta)\end{array}\right\} \quad (4.32)$$

对于非阻抗匹配 YN▽联结平衡变压器，参见式（4.30）可得

$$\frac{X_c}{X_T} = \frac{0.231\,5 X'_T}{1.060\,7 X'_T} = 0.218\,2$$

则式（4.31）变为

$$\left.\begin{array}{ll}超前相 & \Delta U_\beta = X_T(I_\beta \sin\varphi_\beta - 0.218\,2 I_\alpha \cos\varphi_\alpha) \\ 滞后相 & \Delta U_\alpha = X_T(I_\alpha \sin\varphi_\alpha + 0.218\,2 I_\beta \cos\varphi_\beta)\end{array}\right\} \quad (4.33)$$

式（4.31）至式（4.33）计算所得电压损失的单位均为伏特（V）；具体计算时，每一式子括号内第一项中供电臂电流取最大值（A），第二项中供电臂电流取平均值（A）；当交—直型电力机车牵引时，φ_β，φ_α 均可取 36.9°或 34.9°；当交—直—交型电力机车牵引时，φ_β，φ_α 取 18.2°。

第三节 电力系统的电压损失和供电臂的电压水平

一、电力系统电压损失

牵引负荷在电力系统中造成的最大电压损失，一般由电力部门根据系统和牵引负荷的资料进行计算。此时应保证电力系统向牵引变电所的供电电压为 110（或 220，或 330）×（1±10%）kV，牵引负荷按计算变压器最大电压损失的条件考虑。

由于单相牵引负荷造成电力系统三相电压不平衡，其电压损失的计算不同于一般对称三相电网的情况，所以在缺乏系统资料时可进行估算，其值随牵引变电所距离电源点的远近而不同，一般为 1 500 ~ 3 000 V（归算至 27.5 kV 侧）。

二、供电臂的电压水平

为了提高供电臂的供电电压水平，常常将牵引变电所牵引侧的空载母线电压调到接近 29 kV。另外，牵引网的最低允许电压为 20 kV，非正常情况下不得低于 19 kV。因此在严重情况下，允许牵引负荷在牵引网、牵引变压器、电力系统中造成的电压损失（依次用 ΔU_c，ΔU_{Tmax}，ΔU_s 表示）总和不得超过 9 kV，非正常情况下不得超过 10 kV。供电臂末端的最低电压水平为

$$U_{min} = 29 - \Delta U_c - \Delta U_{Tmax} - \Delta U_s \quad (kV) \tag{4.34}$$

第四节　改善供电臂电压水平的措施

铁路运量增长，使牵引负荷增大和电力系统供电电压不稳定，实际运行中往往可能出现牵引网电压低于电力机车最低允许电压的情况。所以，改善牵引网电压，在电气化铁道技术中是一项重要课题。随着科学技术的发展，改善牵引网电压的方法也不断更新，这里主要介绍电气化铁道常用的几种方法。

一、提高变电所牵引侧母线电压

普遍采用的是放低变压器分接开关位置来提高变电所牵引侧母线空载电压的方法。这个方法非常有效。一般牵引变电所牵引侧母线电压在空载时被提高到 28~29 kV，比额定电压高 500~1 500 V。牵引变压器在制造时一般都采用多级分接开关，以便得到较大的调节范围和较多的调压等级，其原理和应用实例参见第一章第一节第三部分。

这种调压方法虽然简单方便，但只能进行无励磁调节，并且在电力系统电压波动幅度较大、波动次数较频繁的情况下，不能满足要求。这种方法适用于高压侧系统电压虽然偏低（或偏高），但比较稳定的情况。

另一种方法是采用带有载分接开关的牵引变压器。这种变压器可以在系统电压变化时带负载调节分接开关位置：系统电压降低时调至低位，升高时调至高位。这种方法适用于高压侧系统电压波动幅度较大、波动次数较频繁的情况。

二、采用串联电容补偿装置

1. 基本原理

必要时在牵引变电所牵引馈线中串联电容器组进行补偿，是改善供电臂电压水平行之有效的方法。

为便于分析，设牵引变电所装设单相联结牵引变压器，则牵引供电系统的等效电路如图 4.10 所示。其中，$R+jX$ 为牵引网阻抗，X_T 为牵引变压器电抗，X_C 为串联

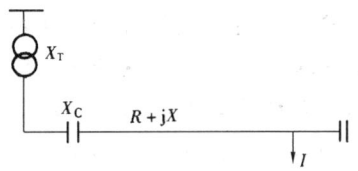

图 4.10　牵引供电系统等效电路图

补偿电容器组电抗，I 为牵引负荷电流，功率因数为 $\cos\varphi$。

补偿前，牵引供电系统的电压损失为

$$\Delta U = I[R\cos\varphi + (X_T + X)\sin\varphi] \quad (V) \tag{4.35}$$

补偿后，牵引供电系统的电压损失变为

$$\Delta U' = I[R\cos\varphi + (X_T + X - X_C)\sin\varphi] \quad (V) \tag{4.36}$$

由式（4.36）减式（4.35），可得牵引负荷电流通过串联电容器组时的电压损失为

$$\Delta U_C = \Delta U' - \Delta U = -IX_C\sin\varphi \quad (V) \tag{4.37}$$

串联电容器组的补偿作用如图 4.11 所示。

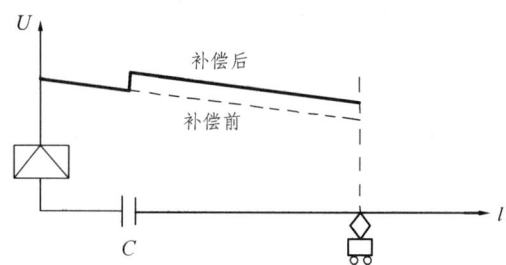

图 4.11 串联电容的补偿作用

分析式（4.36）可知，由于容抗 X_C 的符号与感抗 X_T，X 相反，能抵消 X_T，X 一部分，总的电抗值减小，由电抗造成的电压损失也减小，故牵引供电系统电压提高。

由式（4.37）可知，牵引负荷电流 I 通过电容器组时产生的电压损失 ΔU_C 为负值，也表明在牵引馈线中串联电容器组之后，供电臂电压得到补偿，并且与馈线电流成正比。馈线电流越大，补偿越多；馈线电流越小，补偿越少；馈线电流等于 0，补偿为 0（不补偿），实现无惯性补偿电压。这正是改善供电臂电压水平所需要的特性，亦即串联电容补偿的突出优点。

2. 主接线

串联电容补偿装置的容抗与牵引网的感抗串联，虽然能够使牵引网电压得到补偿，但也使牵引网短路时回路总阻抗减小。因此，如果不对串联电容补偿装置采取必要的措施，那么牵引网短路电流稳态值可能很大。当该短路电流流经串联补偿电容器时，电容器上的电压可能升高到危及极板间绝缘的数值。所以，必须针对这种情况采用适当的保护措施，以便在串联补偿电容器上将要出现危险过电压时，能够瞬时地把串联补偿电容器组旁路，撤出短路电流回路。

串联电容补偿装置的主接线方式，必须满足上述保护措施的要求；同时还必须满足便于电容器组的投入、撤除运行以及试验、维护的安全要求。

可满足上述要求的串联电容补偿装置的典型主接线方式如图 4.12 所示。主要由串联补偿电容器组 C、隔离开关

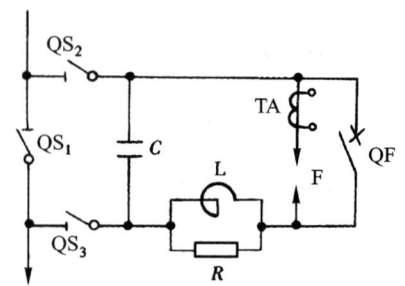

图 4.12 串联电容补偿装置的典型主接线方式

QS₁、QS₂、QS₃、保护间隙 F、旁路断路器 QF、阻尼电阻 R、阻尼电抗器 L 和电流互感器 TA 等组成。当串联补偿电容器组 C 撤除运行时，QS₁、QF 闭合，QS₂、QS₃ 断开，牵引供电臂中无串联电容补偿；当 C 投入运行时，QS₂、QS₃ 闭合，QS₁、QF 断开，牵引供电臂中有串联电容补偿。

在串联补偿电容器组 C 投入运行的情况下，当牵引网或电力机车短路时，只要电容器组的电压升高到一定值，保护间隙 F 就被击穿，给短路电流形成一个旁路回路。如果是电力机车内部短路，机车主断路器跳闸后，牵引变电所馈线断路器可能不跳闸，保护间隙的电弧将由其他电力机车的负荷电流维持，这将导致保护间隙故障。为避免这种情况，串联电容补偿装置要加装旁路断路器。只要保护间隙回路存在电流，该断路器就合闸。电容器上经常出现过电压会使其寿命缩短。因此，应适当降低保护间隙的整定值，使它不超过 3 倍电容器额定电压。保护间隙的整定电压值也不能小于一定数值，以免击穿次数过多，引起电容器组频繁放电。一般取保护间隙整定电压值不小于 2.5 倍电容器额定电压。这样整定后，保护间隙将在该供电臂发生短路的第一个四分之一周期内击穿。此时，电容器组先是被击穿的保护间隙旁路，随后改由合闸的旁路断路器旁路，并被撤出短路回路。这整个过程与牵引网无串联电容补偿时发生短路情况几乎没有什么区别，短路电流也受到了限制。旁路断路器 QF 是由接于保护间隙回路电流互感器 TA 二次侧的电流继电器常开触点闭合而合闸的。为了避免损坏保护间隙，无论其回路电流数值多大，旁路断路器都应合闸。

为了说明阻尼电阻 R 和阻尼电抗器 L 的作用原理，将图 4.12 画成图 4.13，其中 L_1 表示回路连线的分布性电感。当保护间隙 F 被击穿时，或者当旁路断路器 QF 合闸时，电容器组 C 放电。在放电回路中总具有分布性电感，其值为每米导线 1.0～2.5 μH。如果放电回路的总电阻大于临界阻抗值 $2\sqrt{L_1/C}$，则放电过程具有非周期性。如果放电回路的电阻很小，电容器的电介质损失也很小，则回路的总电阻可能小于 $2\sqrt{L_1/C}$，放电过程将是周期性的，放电电流频率可达 1 kHz，其峰值可达数千甚至数万安培，视具体参数而定。而且，放电过程衰减缓慢。

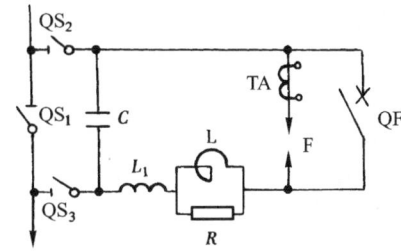

图 4.13　图 4.12 的等效电路

这种放电电流频率高、峰值大、衰减缓慢的放电方式，对电容器的运行寿命是极为不利的。因此，必须另加电阻 R 以达到限流作用，并尽可能将放电过程转变为非周期性的，即使不可能，也应降低放电电流频率。如果只加电阻 R，其中不仅通过电容器组 C 的放电电流，而且通过牵引网的短路电流。由此可知，通过电阻 R 释放出来的能量 I^2R（转换为热损失）是很可观的。减少这个热损失的方法有两种：一是减小电阻 R 值，此时热损失的减少与 R 的减小值成正比；二是减小通过电阻 R 的短路电流，此时热损失的减少与电流减小值的二次方成正比，效果显著。采用后者是较为合适的。因此，与电阻 R 并联一个电抗器 L，并使工频条件下的感抗 ωL 值远小于电阻 R 值，通常设计成 ωL 值约为 R 值的 1/10，甚至更小一点。如 L 为 0.3 mH，R 为 1 Ω 就是一例。这样，基本上属工频的短路电流主要是从电抗器 L 通过，而电容器组 C 的放电电流（频率相当高）是从电阻 R 通过。无论是保护间隙 F 被击穿，或者是旁路断路器 QF 合闸，电容器组 C 的放电电流和牵引网的短路电流都需要 R 和 L 并联组成的阻尼装置。因此，R 和 L 装设在 F 和 QF 的共同支路中。

阻尼电阻 R 的计算式为

$$R = 1.54\sqrt{\frac{L_1}{C}} \tag{4.38}$$

电容器组 C 的内部接线应满足以下要求：

① 某一电容器单元被击穿时，由故障电容器内释放出来的能量不应大于 8 kW·s，以防止电容器发生爆炸；

② 当一电容器单元被击穿时，不致使其他电容器承受危险的过电压；

③ 当某一并联支路断线时，不致使其他电容器承受危险的过电流。

电容器组 C 的内部接线一般如图 4.14 所示，图中 Z 为串联小组数，L_x 为每个串联小组的电容器单元数。

当电容器损坏而引起 K 个电容器单元被短接时，释放出来的能量 W 可用下式确定

$$W = A_C \cdot \frac{U_0^2 C_0}{2} \quad (\text{W·s}) \tag{4.39}$$

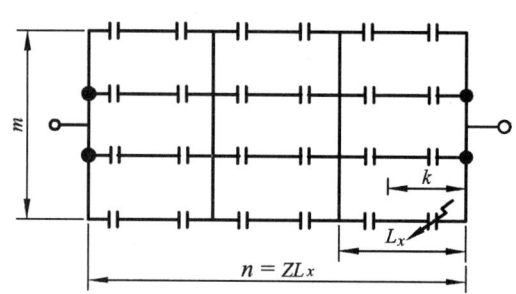

图 4.14 电容器组内部接线图

式中，A_C 为与电容器组内部接线有关的系数；$(U_0^2 C_0)/2$ 为每个电容器单元在放电前的能量（W·s）；U_0 为每个电容器单元在损坏前的电压（V）；C_0 为每个电容器单元的电容值（μF）。

3. 电容器组容量选择

串联补偿电容器组的容量，主要是根据电压补偿所需要的容抗和通过的最大馈线电流数值来确定。

（1）需要的容抗 X_C

由式（4.37）得

$$X_C = \frac{\Delta U_C}{I_{\max} \sin\varphi} \quad (\Omega) \tag{4.40}$$

式中，ΔU_C 为需要串联电容补偿的电压损失（V）；$I_{\max}$ 为通过电容器组的最大馈线电流（A）；φ 为牵引负荷功率因数角（°）。

对应的电容器组电压 U_C

$$U_C = I_{\max} X_C = \frac{\Delta U_C}{\sin\varphi} \quad (\text{V}) \tag{4.41}$$

（2）并联电容器单元数 m

$$m = \frac{I_{\max}}{I_{CN}} \tag{4.42}$$

式中，I_{CN} 为电容器单元额定电流，可按下式确定

$$I_{CN} = \frac{Q_{CN}}{U_{CN}} \quad (A) \tag{4.43}$$

其中，Q_{CN} 为电容器单元额定容量（kvar）；U_{CN} 为电容器单元额定电压（kV）。

（3）串联电容器单元数 n

$$n = \frac{mX_C}{X_{CN}} \tag{4.44}$$

式中，X_{CN} 为电容器单元额定容抗，可按下式确定

$$X_{CN} = \frac{U_{CN}^2}{Q_{CN}} \times 10^3 \quad (\Omega) \tag{4.45}$$

n 也可按下式确定

$$n = \frac{U_C}{U_{CN}} \tag{4.46}$$

（4）实际选择的串联补偿电容器组的容量 Q_C 和容抗 X_C'

按式（4.42）、式（4.44）分别计算的 m，n 取邻近的稍大的整数值，则

$$\left. \begin{array}{l} Q_C = mnQ_{CN} \quad (\text{kvar}) \\ X_C' = \dfrac{nX_{CN}}{m} \quad (\Omega) \end{array} \right\} \tag{4.47}$$

（5）验算补偿效果

实际选择的串联补偿电容器组补偿的电压损失为

$$\Delta U_C' = I_{\max} X_C' \sin\varphi \quad (V) \tag{4.48}$$

$\Delta U_C'$ 应大于要求补偿的电压损失。

另外，还应注意：串联电容器组容抗一般不要大于电源侧母线与串联电容补偿装置之间（主要为牵引变压器）的总归算电抗值，以避免回路对电力系统呈现容性而可能导致谐振放大的有害后果。

串联电容补偿装置的电容部分，已由原来的外部构架式电容器组发展为集合式串联电容器。集合式串联电容器是由若干电容器单元安装在箱体（外壳）内部的构架上，并根据不同的电压和容量作适当的电气连接，每个总电极的出线端子通过导线从箱盖上的高压瓷套管中引出。电容器单元是由一个或多个电容器元件组装于单个外壳中并有引出端子的组装体。串联补偿电容器组或集合式串联电容器容量选择，都是经过计算才能确定并联电容器单元数 m、串联电容器单元数 n 和总容量 Q_C。与原来的外部构架式电容器组相比较，集合式串联电容器具有占地面积小，采用户外安装，不必建房，可节省工程投资；维护、试验也只需要在一台集合式串联电容器上进行，减少了运行维护工作量和费用。

串联电容补偿虽然是改善供电臂电压水平行之有效的措施之一，具有补偿电压随负荷电

流成正比变化，可实现无惯性补偿的优点，但是毕竟会增加变电所的复杂性、工程投资、试验和维护工作量。因此，它只适用于需要补偿电压较多、其他改善供电臂电压水平的简便方法不能奏效的场合。还应指出，当负荷功率因数较高时，串联电容补偿装置补偿电压的效果降低，见式（4.48）。

三、采用单相自耦增压变压器自动调压装置

原理电路如图 4.15 所示，1 为牵引变压器牵引侧一相线圈，2，3 分别为单相自耦增压变压器 T_b 的公共线圈和串联线圈，4 为有载调压开关（可采用机械式调压开关或晶闸管无触点调压开关）。串联线圈 3 有八个分接头：在额定条件下每挡可升压 1 000 V，八挡可升压 8 000 V；若在实际运行电压偏低条件下调压，八挡能保证升压 6 000 V 以上。

自动调压原理框图如图 4.16 所示，TA，TV 分别为电流、电压互感器。自动控制系统根据电流 I、电压 U 和时间 t 等因素确定的调压条件对有载调压开关的操作进行控制，使其按设计和运行的要求进行调压。

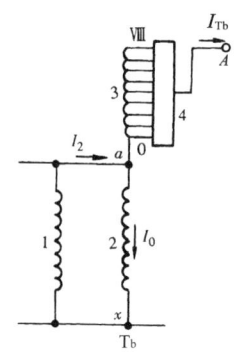

图 4.15　带单相自耦增压变压器的自动调压原理电路

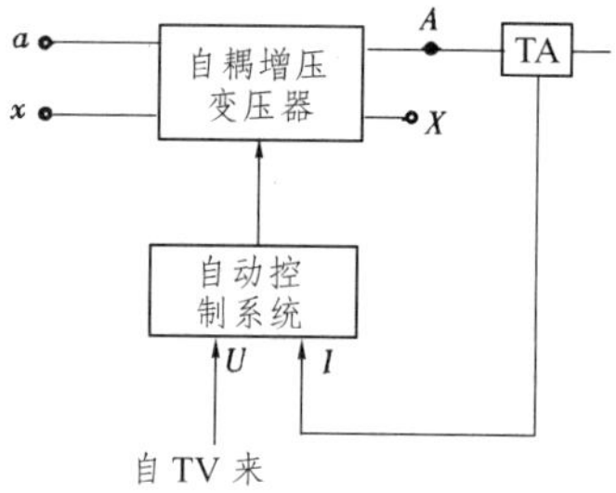

图 4.16　自耦增压变压器自动调压原理框图

单相自耦增压变压器 T_b 在牵引变电所的安装接线有两种方式：一种是 T_b 安装在主变压器牵引侧出线端（与 T_b 输入端 a 连接）至主变牵引侧断路器（与 T_b 输出端 A 连接）之间（以下简称安装接线方式Ⅰ）；另一种是 T_b 安装在牵引馈电线处，T_b 输入端 a 接牵引馈线断路器，T_b 输出端 A 接牵引馈线（以下简称安装接线方式Ⅱ）。通过隔离开关（或负荷开关）的情况从略。

1. 电流关系

设 I_2 为主变压器牵引侧出线端电流（自耦增压变压器输入端电流），I_{Tb} 为牵引侧母线或牵引馈线电流（自耦增压变压器输出端电流），I_0 为自耦增压变压器公共线圈电流，则它们之间的关系为

$$I_2 = I_{Tb} + I_0$$

当有载调压开关在零位时，$I_0 = 0$，$I_2 = I_{Tb}$；不在零位时，$I_0 \neq 0$，$I_2 > I_{Tb}$，调压级位越高，I_2 较 I_{Tb} 越大。

2. 回流电路

为了给自耦增压变压器 T_b 的公共线圈电流 I_0 提供回流电路,并正确监测 I_0,须将 T_b 公共线圈 x 出线端接至牵引变电所的轨道回路、接地网回路中的任一回路(可按施工方便选择),并校核选定的回路中电流互感器变比是否满足接入 I_0 后的要求。同时,在 T_b 公共线圈 x 出线端装设电流互感器以监测 I_0。

3. 适用场合

安装接线方式 Ⅰ 适用于牵引变电所主变压器固定备用方式;尤其是在双线电气化区段和一相有多条牵引馈线的情况下优势明显。安装接线方式 Ⅱ 适用于牵引变电所主变压器移动备用方式。

4. 调压效果

安装接线方式 Ⅰ 可提高自耦增压变压器装设相所有牵引馈线接触网电压;并使该相牵引侧母线电压稳定在一个较高的水平,从而改善自用电变压器和动力变压器电压;同时大大提高该相并联电容补偿装置的无功出力。安装接线方式 Ⅱ 则只能提高装设自耦增压变压器的牵引馈线接触网电压。与串联电容补偿相比,自耦增压变压器是一个电感元件,能限制高次谐波电流。

本装置是我国研制成功的,已实际应用于现场,效果良好。

四、采用合理的接触网供电方式

双线区段常用的是一边末端并联供电,当上、下行方向行车量很不均匀或线路出现一面坡的情况下,采用这种方法,降低电压损失的效果很显著,并使上、下行接触网截面面积得到充分利用。双线区段一边全并联供电方式比一边末端并联供电方式,更能有效地减小牵引网阻抗,减小牵引网电压损失,必要时可采用一边全并联供电方式。

五、采用铜或铜合金材质接触线和承力索或装设加强线(结合其他用途或目的)

采用铜或铜合金材质接触线和承力索或装设加强线,由于降低了牵引网阻抗,因此当牵引负荷一定时,牵引网电压损失也就随之降低。例如,以 JTM95 + CTS120 单链形悬挂接触网取代 GJ-70 + GLCA-$\frac{100}{215}$ 单链形悬挂接触网,在牵引负荷相同的情况下,牵引网电压损失可减小 20% 以上。加强线一般采用铝绞线或钢芯铝绞线。由于靠近牵引变电所的供电臂首端电流最大,因此在靠近牵引变电所的区段装设加强线效果最好。

六、加设捷接线

在一些特殊的情况下,例如山区电气化铁路有较大的迂回区段时,可加设捷接线,如图

4.17 所示。其中实线代表铁路线路，虚线表示拟加设的捷接线。加设这种捷接线实际上就是在原接触网 abc 区段上加设并联线 ac。此并联线自阻抗仅为原接触网自阻抗的 l_{ac}/l_{abc}。这里 l_{abc} 代表原接触网的实际长度，l_{ac} 代表捷接线长度，$l_{ac} \ll l_{abc}$，所以加设捷接线大大降低了牵引网阻抗。加设捷接线后，接触网等于增加了一个与它并联的捷接线—地回路，这样就可以根据第三章阐述的方法计算出 a 与 c 之间这段牵引网的阻抗值。实践证明，在山区电气化铁路有较明显的迂回线路时，增设捷接线对降低牵引网阻抗，改善牵引网电压有显著的效果。

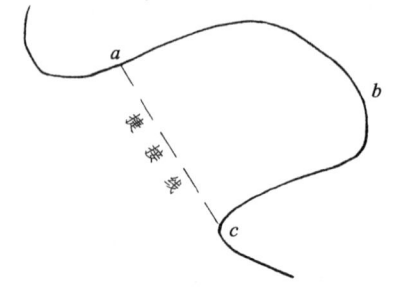

图 4.17 加设捷接线情况示意图

七、其 他

在电气化铁路采用交—直—交型电力机车（电动车组）的情况下，由于其牵引负荷功率因数高达 0.95 以上，从而牵引负荷在牵引网、牵引变压器和电力系统中造成的电压损失都减小相当多［参见式（4.1）、式（4.2）、式（4.9）等］，所以供电臂末端的最低电压水平提高相当多［参见式（4.34）］。

第五章 牵引供电系统的电能损失

牵引供电系统的电能损失包括牵引网的电能损失和牵引变电所的电能损失。牵引供电系统的电能损失是电气化铁道的一项重要的运营指标，具有很重要的经济意义。不同的牵引变电所（牵引变压器）联结形式和不同的接触网供电方式，使牵引供电系统的电能损失不相同。因此，在供电方案的经济技术比较中应予以充分考虑。牵引供电系统电能损失的计算条件，一般应和牵引变电所容量的计算条件相对应。

第一节 牵引网的电能损失

一、单线区段

单线区段牵引网的电能损失，可采用平均运量法和概率统计法进行计算。前者适用于牵引负荷沿供电臂分布比较均匀的情况。当年运量在 3 000 万吨及以下时，用该法计算误差较大；而在 3 000 万吨以上时，误差渐小。从计算准确度来比较，概率统计法要高些。有关平均运量法和概率统计法的意义与内容，可详见附录 C 和 A。下面分析单线区段一边供电的直接供电方式的牵引网电能损失。

1. 平均运量法

如图 5.1 所示，一列指定列车所产生的电压降有功分量为

$$\Delta U' = I_t r l$$

当 l 任意变化时，$\Delta U'$ 在 $0 \sim L$ 范围的平均值为

$$\Delta U'_{av} = \frac{1}{L}\int_0^L I_t r l \mathrm{d}l = \frac{1}{2} I_t r L$$

一列同行列车在指定列车受电弓处（当 l 任意变化时）所产生的电压降有功分量平均值为

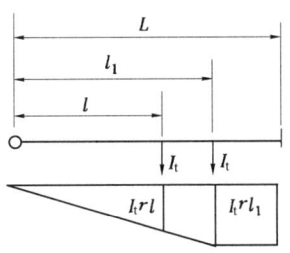

图 5.1 采用平均运量法计算牵引网的电能损失示意图

$$\Delta U''_{l_1} = \frac{\frac{1}{2}l_1 I_t r l_1 + (L - l_1) I_t r l_1}{L} = \frac{(2L - l_1) I_t r l_1}{2L}$$

当 l_1 任意变化时，$\Delta U''_{l_1}$ 在 $0 \sim L$ 范围内的平均值为

$$\Delta U''_{av} = \frac{1}{L}\int_0^L \frac{(2L-l_1)I_t r l_1}{2L}\mathrm{d}l_1 = \frac{1}{3}I_t rL$$

指定列车受电弓处总的电压降有功分量在 $0 \sim L$ 范围内的平均值为

$$\Delta U_{av} = \Delta U'_{av} + \Delta U''_{av} = \frac{1}{2}I_t rL + (m-1)\frac{1}{3}I_t rL$$

因此，指定列车在供电臂产生的平均有功功率损失为

$$\Delta P_1 = I_t \Delta U_{av} = \frac{1}{2}I_t^2 rL + (m-1)\frac{1}{3}I_t^2 rL = I_t^2 rL\left[\frac{1.1\alpha}{2} + (m-1)\frac{1}{3}\right]$$

其中，第一项的 I_t^2 实质上是有效电流的二次方 I_{te}^2，且 $I_{te}^2 = 1.1\alpha I_t^2$，$\alpha$ 为列车电流间断系数，$\alpha = \sum t_i / \sum t_{ui}$。

m 列列车在供电臂产生的总的平均有功功率损失为

$$\Delta P = m I_t^2 rL\left[\frac{1.1\alpha}{2} + (m-1)\frac{1}{3}\right]\times 10^{-3} \quad (\mathrm{kW}) \tag{5.1}$$

式中，m 为供电臂中平均列车数，$m = N\sum t_i / T$；I_t 为供电臂列车平均电流（A）；r 为牵引网单位阻抗的电阻分量（Ω/km）；L 为供电臂长度（km）。

每年（24 h/d × 365 d/a = 8 760 h/a）的电能损失为

$$\Delta A = 8.76\, m\, I_t^2 rL\left[\frac{1.1\alpha}{2} + (m-1)\frac{1}{3}\right]\times 10^{-4} \quad (10^4\ \mathrm{kWh/a}) \tag{5.2}$$

2. 概率统计法

如图 5.2 所示，在供电臂各区间（这里最多考虑 3 个区间）出现用电运行列车的概率为 p_1，p_2，p_3，用电运行的列车瞬时电流为 i_1，i_2，i_3，方均电流为 I_{et1}^2，I_{et2}^2，I_{et3}^2，平均电流为 I_1，I_2，I_3，有效电流为 $I_{et1} = k_{et}I_1$，$I_{et2} = k_{et}I_2$，$I_{et3} = k_{et}I_3$，k_{et} 为用电列车有效电流系数。i_1，i_2，

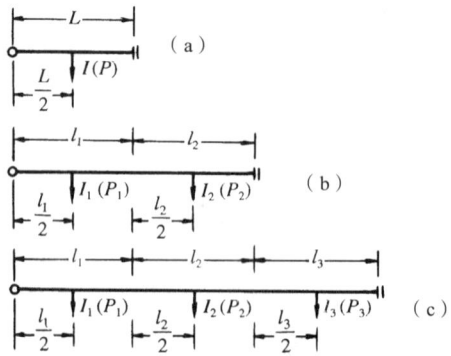

图 5.2 采用概率统计法计算牵引网的电能损失示意图

i_3 的自乘项 i_1^2，i_2^2，i_3^2 的全日平均值为 $\overline{i_1^2}=p_1I_{et1}^2$，$\overline{i_2^2}=p_2I_{et2}^2$，$\overline{i_3^2}=p_3I_{et3}^2$；交乘项 i_1i_2，i_2i_3，i_1i_3 的全日平均值为 $\overline{i_1i_2}=p_1I_1p_2I_2$，$\overline{i_2i_3}=p_2I_2p_3I_3$，$\overline{i_1i_3}=p_1I_1p_3I_3$。为了计算牵引网电能损失，先以 i_1，i_2，i_3 写出牵引网功率损失瞬时值 Δp，再将其变换为以 kW 为单位的全日平均值 ΔP，最后变换为以 10^4 kWh/a 为单位的每年牵引网电能损失 ΔA。

（1）当供电臂有 1 个区间时［参见图 5.2（a）］

$$\Delta p = i_1^2 r \cdot \frac{1}{2}l_1$$

$$\Delta P = p_1 I_{et1}^2 r \cdot \frac{1}{2}l_1 \times 10^{-3} = \frac{1}{2}p_1 k_{et}^2 I_1^2 r l_1 \times 10^{-3} \quad (\text{kW}) \tag{5.3}$$

$$\Delta A = 0.438\, k_{et}^2 p_1 I_1^2 r l_1 \times 10^{-3} \quad (10^4\ \text{kWh/a}) \tag{5.4}$$

（2）当供电臂有 2 个区间时［参见图 5.2（b）］

$$\Delta p = (i_1+i_2)^2 r \cdot \frac{1}{2}l_1 + i_2^2 r\left(\frac{1}{2}l_1+\frac{1}{2}l_2\right)$$

$$= \frac{1}{2}r\left[l_1 i_1^2 + 2\left(l_1+\frac{1}{2}l_2\right)i_2^2 + 2l_1 i_1 i_2\right]$$

$$\Delta P = \frac{1}{2}r\left[l_1 p_1 I_{et1}^2 + 2\left(l_1+\frac{1}{2}l_2\right)p_2 I_{et2}^2 + 2l_1 p_1 I_1 p_2 I_2\right]\times 10^{-3}$$

$$= \frac{1}{2}r\left[l_1 p_1 k_{et}^2 I_1^2 + 2\left(l_1+\frac{1}{2}l_2\right)p_2 k_{et}^2 I_2^2 + 2l_1 p_1 I_1 p_2 I_2\right]\times 10^{-3}$$

$$= \frac{1}{2}r\left\{k_{et}^2\left[p_1 I_1^2 l_1 + 2p_2 I_2^2\left(l_1+\frac{1}{2}l_2\right)\right] + 2p_1 p_2 I_1 I_2 l_1\right\}\times 10^{-3} \quad (\text{kW}) \tag{5.5}$$

$$\Delta A = 0.438\, r\left\{k_{et}^2\left[p_1 I_1^2 l_1 + 2p_2 I_2^2\left(l_1+\frac{1}{2}l_2\right)\right] + 2p_1 p_2 I_1 I_2 l_1\right\}\times 10^{-3} \quad (10^4\text{kWh/a}) \tag{5.6}$$

（3）当供电臂有 3 个区间时［参见图 5.2（c）］

$$\Delta p = (i_1+i_2+i_3)^2 r \cdot \frac{1}{2}l_1 + (i_2+i_3)^2 r\left(\frac{1}{2}l_1+\frac{1}{2}l_2\right) + i_3^2 r\left(\frac{1}{2}l_2+\frac{1}{2}l_3\right)$$

$$= (i_1^2+i_2^2+i_3^2+2i_1i_2+2i_1i_3+2i_2i_3)r\cdot\frac{1}{2}l_1 + (i_2^2+i_3^2+2i_2i_3)r\left(\frac{1}{2}l_1+\frac{1}{2}l_2\right) + i_3^2 r\left(\frac{1}{2}l_2+\frac{1}{2}l_3\right)$$

$$= \frac{1}{2}r[i_1^2 l_1 + i_2^2(2l_1+l_2) + i_3^2(2l_1+2l_2+l_3) + 2i_1i_2l_1 + 2i_1i_3l_1 + 2i_2i_3(2l_1+l_2)]$$

$$\Delta P = \frac{1}{2}r\big[p_1 I_{et1}^2 l_1 + p_2 I_{et2}^2(2l_1+l_2) + p_3 I_{et3}^2(2l_1+2l_2+l_3) + 2p_1 p_2 I_1 I_2 l_1 + 2p_1 p_3 I_1 I_3 l_1 +$$
$$\quad 2p_2 p_3 I_2 I_3(2l_1+l_2)\big]\times 10^{-3}$$

$$= \frac{1}{2}r\big[p_1 k_{et}^2 I_1^2 l_1 + p_2 k_{et}^2 I_2^2(2l_1+l_2) + p_3 k_{et}^2 I_3^2(2l_1+2l_2+l_3) + 2p_1 p_2 I_1 I_2 l_1 + 2p_1 p_3 I_1 I_3 l_1 +$$
$$\quad 2p_2 p_3 I_2 I_3(2l_1+l_2)\big]\times 10^{-3}$$

$$= \frac{1}{2}r\left\{k_{\text{et}}^2\left[p_1I_1^2l_1 + 2p_2I_2^2\left(l_1+\frac{1}{2}l_2\right) + 2p_3I_3^2\left(l_1+l_2+\frac{1}{2}l_3\right)\right] + \right.$$
$$\left. 2\left[p_1p_2I_1I_2l_1 + p_1p_3I_1I_3l_1 + 2p_2p_3I_2I_3\left(l_1+\frac{1}{2}l_2\right)\right]\right\}\times 10^{-3} \quad \text{（kW）} \tag{5.7}$$

$$\Delta A = 0.438\,r\left\{k_{\text{et}}^2\left[p_1I_1^2l_1 + 2p_2I_2^2\left(l_1+\frac{1}{2}l_2\right) + 2p_3I_3^2\left(l_1+l_2+\frac{1}{2}l_3\right)\right] + \right.$$
$$\left. 2\left[p_1p_2I_1I_2l_1 + p_1p_3I_1I_3l_1 + 2p_2p_3I_2I_3\left(l_1+\frac{1}{2}l_2\right)\right]\right\}\times 10^{-3} \quad (10^4\ \text{kWh/a}) \tag{5.8}$$

若用供电臂内各区间的列车用电运行平均概率 p、供电臂内列车用电运行平均电流 I 与供电臂内各区间平均长度 l 代替供电臂内各区间的值，则式（5.6）与式（5.8）可分别化简为

$$\Delta A = 0.876\,pI^2rl(2k_{\text{et}}^2 + p)\times 10^{-3} \quad (10^4\ \text{kWh/a}) \tag{5.9}$$

$$\Delta A = 0.438\,pI^2rl(9k_{\text{et}}^2 + 10p)\times 10^{-3} \quad (10^4\ \text{kWh/a}) \tag{5.10}$$

显然，牵引负荷电流、牵引网单位阻抗的电阻分量、车流密度（列车用电平均概率）越大、供电臂的长度越长，则牵引网的电能损失越大。

二、双线区段

双线区段供电臂牵引网电能损失计算，一般采用平均运量法。下面叙述双线区段一边供电直接供电方式的牵引网电能损失计算方法。无论是并联供电，还是分开供电，都是先分别按下、上行线路牵引网计算，然后求出供电臂的总电能损失。每一供电臂内下行或上行线路的牵引网电能损失，包括列车自身产生的、同行线路其他列车产生的及非同行线路列车产生的三项电能损失之和。

1. 供电臂末端并联供电（下、上行接触网串联供电）

根据附录 C 例 1，可直接写出供电臂每年的下、上行线路牵引网电能损失 $\Delta A_{\text{下}}$，$\Delta A_{\text{上}}$ 与总电能损失 ΔA 的计算式如下

$$\left.\begin{aligned}\Delta A_{\text{下}} &= 8.76m_{\text{下}}I_{\text{t下}}^2L\left[\frac{1.1\alpha_{\text{下}}(2r_{\text{I}}+r_{\text{I\,II}})}{6}+(m_{\text{下}}-1)\frac{5r_{\text{I}}+3r_{\text{I\,II}}}{24}+\frac{m_{\text{上}}I_{\text{t上}}(r_{\text{I}}+r_{\text{I\,II}})}{8I_{\text{t下}}}\right]\times 10^{-4} \\ \Delta A_{\text{上}} &= 8.76m_{\text{上}}I_{\text{t上}}^2L\left[\frac{1.1\alpha_{\text{上}}(2r_{\text{I}}+r_{\text{I\,II}})}{6}+(m_{\text{上}}-1)\frac{5r_{\text{I}}+3r_{\text{I\,II}}}{24}+\frac{m_{\text{下}}I_{\text{t下}}(r_{\text{I}}+r_{\text{I\,II}})}{8I_{\text{t上}}}\right]10^{-4} \\ \Delta A &= \Delta A_{\text{下}} + \Delta A_{\text{上}}\end{aligned}\right\} (10^4\ \text{kWh/a})$$

(5.11)

式中，各文字代号的含义详见附录 C 例 1。

2. 供电臂下、上行接触网分开供电

如图 5.3 所示（并参照图 5.1）。下行线路一列指定列车 $I_{t下}$ 在 $l_下$ 处产生的有功电压降为

$$\Delta U' = I_{t下} r_1 l_下$$

当 $l_下$ 任意变化时，$\Delta U'$ 在 $0 \sim L$ 范围内的平均值为

$$\Delta U'_{av} = \frac{1}{L} \int_0^L I_{t下} r_1 l_下 \mathrm{d} l_下 = \frac{1}{2} I_{t下} r_1 L$$

一列同行线路列车 $I_{t下}$ 在 $l'_下$ 处时，它在指定列车受电弓处所产生的有功电压降平均值为

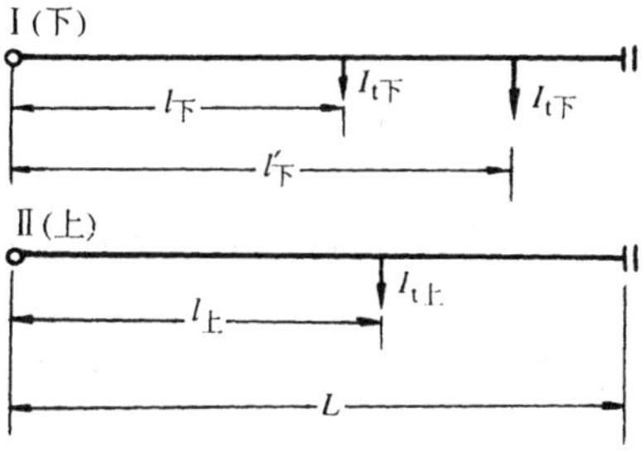

图 5.3 计算下、上行分开供电牵引网的电能损失示意图

$$\Delta U'' = \frac{\frac{1}{2} l'_下 I_{t下} r_1 l'_下 + (L - l'_下) I_{t下} r_1 l'_下}{L} = \frac{(2L - l'_下) I_{t下} r_1 l'_下}{2L}$$

当 $l'_下$ 任意变化时，$\Delta U''$ 在 $0 \sim L$ 范围内的平均值为

$$\Delta U''_{av} = \frac{1}{L} \int_0^L \frac{(2L - l'_下) I_{t下} r_1 l'_下}{2L} \mathrm{d} l'_下 = \frac{1}{3} I_{t下} r_1 L$$

上行线路一列列车 $I_{t上}$ 在 $l_上$ 处时，它在下行线路产生的有功电压降平均值为

$$\Delta U''' = \frac{\frac{1}{2} l_上 I_{t上} r_{1II} l_上 + (L - l_上) I_{t上} r_{1II} l_上}{L} = \frac{(2L - l_上) I_{t上} r_{1II} l_上}{2L}$$

当 $l_上$ 任意变化时，$\Delta U'''$ 在 $0 \sim L$ 范围内的平均值为

$$\Delta U'''_{av} = \frac{1}{L} \int_0^L \frac{(2L - l_上) I_{t上} r_{1II} l_上}{2L} \mathrm{d} l_上 = \frac{1}{3} I_{t上} r_{1II} L$$

下行线路一列指定列车受电弓处总的有功电压降在 $0 \sim L$ 范围内的平均值为

$$\begin{aligned}\Delta U_{av} &= \Delta U'_{av} + (m_下 - 1)\Delta U''_{av} + m_上 \Delta U'''_{av} \\ &= \frac{1}{2} I_{t下} r_1 L + (m_下 - 1) \frac{1}{3} I_{t下} r_1 L + m_上 \frac{1}{3} I_{t上} r_{1II} L \end{aligned}$$

下行线路一列指定列车在供电臂内产生的平均有功功率损失为

$$\begin{aligned}\Delta P_1 &= I_{t下} \Delta U_{av} = \frac{1}{2} I_{t下}^2 r_1 L + (m_下 - 1) \frac{1}{3} I_{t下}^2 r_1 L + m_上 \frac{1}{3} I_{t上} I_{t下} r_{1II} L \\ &= I_{t下}^2 r_1 L \left[\frac{1.1 \alpha_下}{2} + (m_下 - 1) \frac{1}{3} + \frac{1}{3} m_上 \frac{I_{t上} r_{1II}}{I_{t下} r_1} \right] \end{aligned}$$

其中，第一项的 $I_{t下}^2$ 实质上是有效电流的二次方 $I_{t下et}^2$，且 $I_{t下et}^2 = 1.1 \alpha_下 I_{t下}^2$。

当供电臂内下行线路有 $m_下$ 列列车时，其总的平均有功功率损失为

$$\Delta P_下 = m_下 \Delta P_1 = m_下 I_{t下}^2 r_1 L \left[\frac{1.1\alpha_下}{2} + \frac{1}{3}(m_下 - 1) + \frac{1}{3}m_上 \frac{I_{t上} r_{1\text{II}}}{I_{t下} r_1} \right]$$

$$= \frac{1.1}{2} m_下 I_{t下}^2 r_1 L \left[\alpha_下 + 0.606(m_下 - 1) + 0.606 m_上 \frac{I_{t上} r_{1\text{II}}}{I_{t下} r_1} \right] \quad (\text{W}) \tag{5.12}$$

同理，当供电臂内上行线路有 $m_上$ 列列车时，其总的平均有功功率损失为

$$\Delta P_上 = \frac{1.1}{2} m_上 I_{t上}^2 r_1 L \left[\alpha_上 + 0.606(m_上 - 1) + 0.606 m_下 \frac{I_{t下} r_{1\text{II}}}{I_{t上} r_1} \right] \quad (\text{W}) \tag{5.13}$$

供电臂总的平均有功功率损失为

$$\Delta P = \Delta P_下 + \Delta P_上 \quad (\text{W}) \tag{5.14}$$

从而可得，与式（5.12）、式（5.13）、式（5.14）对应的每年的电能损失分别为

$$\left. \begin{aligned} \Delta A_下 &= 4.818 m_下 I_{t下}^2 r_1 L \left[\alpha_下 + 0.606(m_下 - 1) + 0.606 m_上 \frac{I_{t上} r_{1\text{II}}}{I_{t下} r_1} \right] \times 10^{-4} \\ \Delta A_上 &= 4.818 m_上 I_{t上}^2 r_1 L \left[\alpha_上 + 0.606(m_上 - 1) + 0.606 m_下 \frac{I_{t下} r_{1\text{II}}}{I_{t上} r_1} \right] \times 10^{-4} \\ \Delta A &= \Delta A_下 + \Delta A_上 \end{aligned} \right\} \quad (10^4 \text{ kWh/a}) \tag{5.15}$$

上述有关各式中，当 $m \leq 1$ 时，含有（$m-1$）因子的一项为零。

三、计算举例

例 1 已知双线电气化铁路，一牵引变电所供电的两供电臂及牵引计算所得相关数据，如图 5.4 所示。牵引网采用直接供电方式，接触网采用单链形悬挂，其他条件与第三章计算例题的已知条件相同。

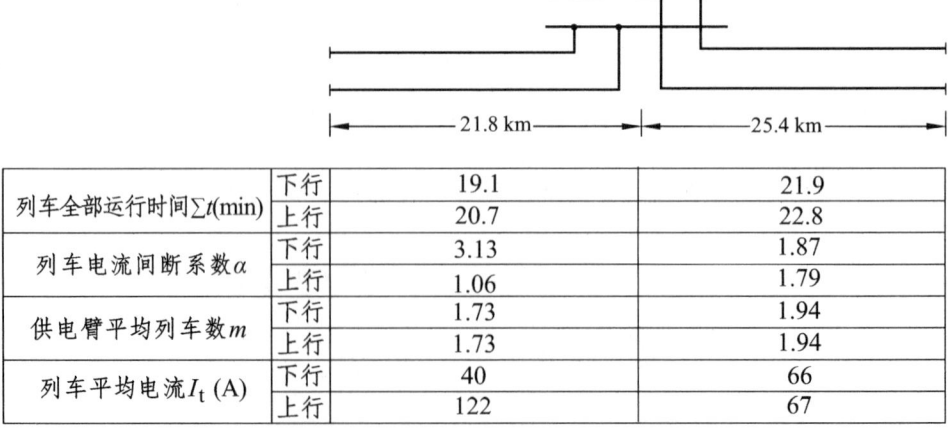

列车全部运行时间∑t(min)	下行	19.1	21.9
	上行	20.7	22.8
列车电流间断系数 α	下行	3.13	1.87
	上行	1.06	1.79
供电臂平均列车数 m	下行	1.73	1.94
	上行	1.73	1.94
列车平均电流 I_t (A)	下行	40	66
	上行	122	67

图 5.4 [例 1]的相关资料和数据

求：并联供电与分开供电情况下的供电臂电能损失。

解 根据第三章例2的计算结果，$r_\mathrm{I} = 0.131\ \Omega/\mathrm{km}$，$r_\mathrm{I\hspace{-1pt}I} = 0.021\ \Omega/\mathrm{km}$。

（1）计算并联供电情况下的供电臂电能损失

左侧供电臂电能损失

$$\Delta A_\mathrm{下} = 8.76 m_\mathrm{下} I_\mathrm{t下}^2 L \left[\frac{1.1\alpha_\mathrm{下}(2r_\mathrm{I}+r_\mathrm{I\hspace{-1pt}I})}{6} + (m_\mathrm{下}-1)\frac{5r_\mathrm{I}+3r_\mathrm{I\hspace{-1pt}I}}{24} + \frac{m_\mathrm{上} I_\mathrm{t上}(r_\mathrm{I}+r_\mathrm{I\hspace{-1pt}I})}{8 I_\mathrm{t下}} \right] \times 10^{-4}$$

$$= 8.76 \times 1.73 \times 40^2 \times 21.8 \left[\frac{1.1 \times 3.13 \times (2 \times 0.131 + 0.021)}{6} + \right.$$

$$\left. (1.73-1) \times \frac{5 \times 0.131 + 3 \times 0.021}{24} + \frac{1.73 \times 122 \times (0.131 + 0.021)}{8 \times 40} \right] \times 10^{-4}$$

$$= 15.1\ (10^4\ \mathrm{kWh/a})$$

$$\Delta A_\mathrm{上} = 8.76 m_\mathrm{上} I_\mathrm{t上}^2 L \left[\frac{1.1\alpha_\mathrm{上}(2r_\mathrm{I}+r_\mathrm{I\hspace{-1pt}I})}{6} + (m_\mathrm{上}-1)\frac{5r_\mathrm{I}+3r_\mathrm{I\hspace{-1pt}I}}{24} + \frac{m_\mathrm{下} I_\mathrm{t下}(r_\mathrm{I}+r_\mathrm{I\hspace{-1pt}I})}{8 I_\mathrm{t上}} \right] \times 10^{-4}$$

$$= 8.76 \times 1.73 \times 122^2 \times 21.8 \left[\frac{1.1 \times 1.06 \times (2 \times 0.131 + 0.021)}{6} + \right.$$

$$\left. (1.73-1) \times \frac{5 \times 0.131 + 3 \times 0.021}{24} + \frac{1.73 \times 40 \times (0.131 + 0.021)}{8 \times 122} \right] \times 10^{-4}$$

$$= 43.1\ (10^4\ \mathrm{kWh/a})$$

$$\Delta A = \Delta A_\mathrm{下} + \Delta A_\mathrm{上} = 15.1 + 43.1 = 58.2\ (10^4\ \mathrm{kWh/a})$$

右侧供电臂电能损失

$$\Delta A_\mathrm{下} = 8.76 m_\mathrm{下} I_\mathrm{t下}^2 L \left[\frac{1.1\alpha_\mathrm{下}(2r_\mathrm{I}+r_\mathrm{I\hspace{-1pt}I})}{6} + (m_\mathrm{下}-1)\frac{5r_\mathrm{I}+3r_\mathrm{I\hspace{-1pt}I}}{24} + \frac{m_\mathrm{上} I_\mathrm{t上}(r_\mathrm{I}+r_\mathrm{I\hspace{-1pt}I})}{8 I_\mathrm{t下}} \right] \times 10^{-4}$$

$$= 8.76 \times 1.94 \times 66^2 \times 25.4 \left[\frac{1.1 \times 1.87 \times (2 \times 0.131 + 0.021)}{6} + \right.$$

$$\left. (1.94-1) \times \frac{5 \times 0.131 + 3 \times 0.021}{24} + \frac{1.94 \times 67 \times (0.131 + 0.021)}{8 \times 66} \right] \times 10^{-4}$$

$$= 30.6\ (10^4\ \mathrm{kWh/a})$$

$$\Delta A_\mathrm{上} = 8.76 m_\mathrm{上} I_\mathrm{t上}^2 L \left[\frac{1.1\alpha_\mathrm{上}(2r_\mathrm{I}+r_\mathrm{I\hspace{-1pt}I})}{6} + (m_\mathrm{上}-1)\frac{5r_\mathrm{I}+3r_\mathrm{I\hspace{-1pt}I}}{24} + \frac{m_\mathrm{下} I_\mathrm{t下}(r_\mathrm{I}+r_\mathrm{I\hspace{-1pt}I})}{8 I_\mathrm{t上}} \right] \times 10^{-4}$$

$$= 8.76 \times 1.94 \times 67^2 \times 25.4 \left[\frac{1.1 \times 1.79 \times (2 \times 0.131 + 0.021)}{6} + \right.$$

$$\left. (1.94-1) \times \frac{5 \times 0.131 + 3 \times 0.021}{24} + \frac{1.94 \times 66 \times (0.131 + 0.021)}{8 \times 67} \right] \times 10^{-4}$$

$$= 30.5\ (10^4\ \mathrm{kWh/a})$$

$$\Delta A = \Delta A_\mathrm{下} + \Delta A_\mathrm{上} = 30.6 + 30.5 = 61.1\ (10^4\ \mathrm{kWh/a})$$

（2）计算分开供电情况下的供电臂电能损失

左侧供电臂电能损失

$$\Delta A_{下} = 4.818 m_{下} I_{t下}^2 r_1 L \left[\alpha_{下} + 0.606(m_{下}-1) + 0.606 m_{上} \frac{I_{t上} r_{1\text{II}}}{I_{t下} r_1} \right] \times 10^{-4}$$

$$= 4.818 \times 1.73 \times 40^2 \times 0.131 \times 21.8 \left[3.13 + 0.606 \times (1.73-1) + 0.606 \times 1.73 \times \frac{122 \times 0.021}{40 \times 0.131} \right] \times 10^{-4}$$

$$= 15.6 \ (10^4 \ \text{kWh/a})$$

$$\Delta A_{上} = 4.818 m_{上} I_{t上}^2 r_1 L \left[\alpha_{上} + 0.606(m_{上}-1) + 0.606 m_{下} \frac{I_{t下} r_{1\text{II}}}{I_{t上} r_1} \right] \times 10^{-4}$$

$$= 4.818 \times 1.73 \times 122^2 \times 0.131 \times 21.8 \left[1.06 + 0.606 \times (1.73-1) + 0.606 \times 1.73 \times \frac{40 \times 0.021}{122 \times 0.131} \right] \times 10^{-4}$$

$$= 55.2 \ (10^4 \ \text{kWh/a})$$

$$\Delta A = \Delta A_{下} + \Delta A_{上} = 15.6 + 55.2 = 70.8 \ (10^4 \ \text{kWh/a})$$

右侧供电臂电能损失

$$\Delta A_{下} = 4.818 m_{下} I_{t下}^2 r_1 L \left[\alpha_{下} + 0.606(m_{下}-1) + 0.606 m_{上} \frac{I_{t上} r_{1\text{II}}}{I_{t下} r_1} \right] \times 10^{-4}$$

$$= 4.818 \times 1.94 \times 66^2 \times 0.131 \times 25.4 \left[1.87 + 0.606 \times (1.94-1) + 0.606 \times 1.94 \times \frac{67 \times 0.021}{66 \times 0.131} \right] \times 10^{-4}$$

$$= 35.6 \ (10^4 \ \text{kWh/a})$$

$$\Delta A_{上} = 4.818 m_{上} I_{t上}^2 r_1 L \left[\alpha_{上} + 0.606(m_{上}-1) + 0.606 m_{下} \frac{I_{t下} r_{1\text{II}}}{I_{t上} r_1} \right] \times 10^{-4}$$

$$= 4.818 \times 1.94 \times 67^2 \times 0.131 \times 25.4 \left[1.79 + 0.606 \times (1.94-1) + 0.606 \times 1.94 \times \frac{66 \times 0.021}{67 \times 0.131} \right] \times 10^{-4}$$

$$= 35.5 \ (10^4 \ \text{kWh/a})$$

$$\Delta A = \Delta A_{下} + \Delta A_{上} = 35.6 + 35.5 = 71.1 \ (10^4 \ \text{kWh/a})$$

由以上计算可知，并联供电情况下牵引网电能损失比分开供电情况下要减少。在上例中，左侧供电臂可减少17.8%，右侧供电臂可减少14.1%。这是并联供电的优越性之一。

第二节 牵引变电所的电能损失

牵引变电所的电能损失是指牵引变压器的电能损失，由空载损耗与负载损耗两部分组成。这两部分损耗可分别通过变压器的空载试验与短路试验而得到。在每台变压器的铭牌上也都标有空载损耗与短路损耗。现将部分牵引变压器的额定损耗列于表5.1，以便计算电能损失时参考。表中尽可能选择的牵引变压器，其额定空载损耗（ΔP_0）与短路损耗（ΔP_k）之比较为合理，总损耗较小，效率较高。牵引变压器的负荷率较低，因此，其实际负载损耗需要通过额定短路损耗按负载率进行换算。变压器的负载率是二次侧负载电流与额定电流之比；在忽略空载电流时，也等于一次侧负载电流与额定电流之比。变压器的实际负载损耗等于负载率的二次方与额定短路损耗的乘积。对牵引变压器实际进行电能损失和经济运行计算时，有关其损耗数据应按其实际铭牌数据取值。

表 5.1 牵引变压器额定损耗　　　　　　　　　　　（单位：kW）

容量/kVA	三相 YNd11		单相		斯科特		阻抗匹配平衡		三相 Vv		非阻抗匹配平衡	
	ΔP_0	ΔP_k	ΔP_0	ΔP_k	ΔP_0	ΔP_k	ΔP_0	ΔP_k	ΔP_0	ΔP_k	ΔP_0	ΔP_k
10 000	12.85	76.2	10.2	69.2			14.0	59.0	12.0	63.5	15.0	68.0
12 500							14.25	68.9	14.0	75.5	17.5	80.0
15 000	20.2	102.0	12.47	91.15								
16 000							19.0	86.0	16.9	91.0	21.5	96.5
20 000	24.9	143.0					22.68	122.7	19.5	110.0	25.0	114.0
25 000	21.0	106.5					25.0	123.0	19.25	135.4	30.0	135.0
31 500	38.5	148.0	26.95	88.66	21.8	178.9	29.5	148.0	27.5	155.0	31.3	157.9
40 000	23.9	138.5			56.0	206.0	34.0	174.0	33.0	185.0	42.5	192.0
40 500	35.0	142.6										
50 000	28.1	156.3			35.3	224.7	41.0	216.0				
63 000					39.8	260.0	49.0	260.0				
75 000					56.0	281.0						

下面介绍几种联结形式的牵引变压器电能损失计算方法。

一、单相联结牵引变压器

单相联结牵引变压器绕组有效电流见式（2.49）、式（2.50），两式中的 I_{1e} 在这里改用 I_e 表示。

在牵引变电所中，如果是一台单相牵引变压器运行，则全年实际负载电能损失为

$$\Delta A_k = 0.876 \Delta P_k \frac{I_e^2}{I_N^2} \quad (10^4 \text{ kWh/a}) \tag{5.16}$$

式中，ΔP_k 为每台牵引变压器的额定短路损耗（kW）；I_N 为每台牵引变压器二次侧绕组额定电流（A）。

全年实际空载电能损失为

$$\Delta A_0 = 0.876 \Delta P_0 \quad (10^4 \text{ kWh/a}) \tag{5.17}$$

式中，ΔP_0 为每台牵引变压器的额定空载损耗（kW）。

全年牵引变压器的实际总电能损失为

$$\Delta A_T = \Delta A_k + \Delta A_0 \quad (10^4 \text{ kWh/a}) \tag{5.18}$$

若改为两台单相牵引变压器并联运行,则每台通过两供电臂电流的一半,负载损耗只有单台运行时的 1/4,所以两台并联运行时的总负载损耗只有单台运行时的 1/2,其全年实际总负载电能损失为

$$\Delta A_\mathrm{k} = 0.876 \times 2\Delta P_\mathrm{k} \frac{I_\mathrm{e}^2}{(2I_\mathrm{N})^2} = 0.438 \Delta P_\mathrm{k} \frac{I_\mathrm{e}^2}{I_\mathrm{N}^2} \quad (10^4 \text{ kWh/a}) \tag{5.19}$$

两台并联运行时全年实际总空载电能损失为

$$\Delta A_0 = 0.876 \times 2\Delta P_0 = 1.752 \Delta P_0 \quad (10^4 \text{ kWh/a}) \tag{5.20}$$

两台并联运行时全年牵引变压器实际总电能损失为

$$\Delta A_\mathrm{T} = \Delta A_\mathrm{k} + \Delta A_0 \quad (10^4 \text{ kWh/a}) \tag{5.21}$$

二、单相 Vv 联结牵引变压器

当两台单相变压器分别计算时,每台的全年实际负载电能损失、空载电能损失、总电能损失依次为

$$\left. \begin{array}{l} \Delta A_\mathrm{k} = 0.876 \Delta P_\mathrm{k} \cdot \dfrac{I_\mathrm{e}^2}{I_\mathrm{N}^2} \\[2mm] \Delta A_0 = 0.876 \Delta P_0 \\[2mm] \Delta A_\mathrm{T} = \Delta A_\mathrm{k} + \Delta A_0 \end{array} \right\} \quad (10^4 \text{ kWh/a}) \tag{5.22}$$

式中,I_e 为对应供电臂的有效电流(A)。

两台单相牵引变压器全年实际电能损失分别为式(5.22)中各式计算结果对应之和。

三、三相 YNd11 联结牵引变压器

根据式(1.7),并参照式(2.52)的推导,可得三相 YNd11 联结牵引变压器二次侧各线圈有效电流为

$$\left. \begin{array}{l} I_\mathrm{cae} = \dfrac{1}{3}\sqrt{4I_\mathrm{1e}^2 + I_\mathrm{2e}^2 + 2I_\mathrm{1av}I_\mathrm{2av}} \\[2mm] I_\mathrm{abe} = \dfrac{1}{3}\sqrt{I_\mathrm{1e}^2 + I_\mathrm{2e}^2 - 2I_\mathrm{1av}I_\mathrm{2av}} \\[2mm] I_\mathrm{bce} = \dfrac{1}{3}\sqrt{4I_\mathrm{2e}^2 + I_\mathrm{1e}^2 + 2I_\mathrm{1av}I_\mathrm{2av}} \end{array} \right\} \quad (\text{A}) \tag{5.23}$$

式中,I_1e,I_2e 对应为 ac,bc 两供电臂有效电流;I_1av,I_2av 对应为 ac,bc 两供电臂平均电流。

在牵引变电所中,如果是一台三相牵引变压器运行,则全年实际负载电能损失、空载电能损失、总电能损失依次为

$$\left.\begin{aligned}\Delta A_{\mathrm{k}} &= 0.876\frac{\Delta P_{\mathrm{k}}(I_{\mathrm{cae}}^2 + I_{\mathrm{abe}}^2 + I_{\mathrm{bce}}^2)}{3I_{\mathrm{N}}^2} = 0.292\frac{\Delta P_{\mathrm{k}}(I_{\mathrm{cae}}^2 + I_{\mathrm{abe}}^2 + I_{\mathrm{bce}}^2)}{I_{\mathrm{N}}^2} \\ \Delta A_0 &= 0.876\Delta P_0 \\ \Delta A_{\mathrm{T}} &= \Delta A_{\mathrm{k}} + \Delta A_0\end{aligned}\right\} (10^4 \text{ kWh/a}) \quad (5.24)$$

若是两台三相牵引变压器并联运行,则全年实际负载电能损失、空载电能损失、总电能损失依次为

$$\left.\begin{aligned}\Delta A_{\mathrm{k}} &= 0.876 \times 2\Delta P_{\mathrm{k}}\frac{I_{\mathrm{cae}}^2 + I_{\mathrm{abe}}^2 + I_{\mathrm{bce}}^2}{3 \times (2I_{\mathrm{N}})^2} = 0.146\Delta P_{\mathrm{k}}\frac{I_{\mathrm{cae}}^2 + I_{\mathrm{abe}}^2 + I_{\mathrm{bce}}^2}{I_{\mathrm{N}}^2} \\ \Delta A_0 &= 0.876 \times 2\Delta P_0 = 1.752\Delta P_0 \\ \Delta A_{\mathrm{T}} &= \Delta A_{\mathrm{k}} + \Delta A_0\end{aligned}\right\} (10^4 \text{ kWh/a}) \quad (5.25)$$

在式(5.24)、式(5.25)中,I_{N} 为三相 YNd11 联结牵引变压器二次侧各线圈额定电流。

四、斯科特联结牵引变压器

见图 1.15,I_{Me},I_{Te} 分别为 M 座、T 座供电臂有效电流,设 $n = I_{\mathrm{Te}}/I_{\mathrm{Me}}$。

当牵引变电所中是一台斯科特联结牵引变压器运行时,则全年实际负载电能损失、空载电能损失、总电能损失依次为

$$\left.\begin{aligned}\Delta A_{\mathrm{k}} &= 0.876\Delta P_{\mathrm{k}}\frac{I_{\mathrm{Me}}^2 + I_{\mathrm{Te}}^2}{2I_{\mathrm{N}}^2} = 0.438\Delta P_{\mathrm{k}}\frac{I_{\mathrm{Me}}^2(1+n^2)}{I_{\mathrm{N}}^2} \\ \Delta A_0 &= 0.876\Delta P_0 \\ \Delta A_{\mathrm{T}} &= \Delta A_{\mathrm{k}} + \Delta A_0\end{aligned}\right\} (10^4 \text{ kWh/a}) \quad (5.26)$$

当牵引变电所中是两台斯科特联结牵引变压器并联运行时,则全年实际负载电能损失、空载电能损失、总电能损失依次为

$$\left.\begin{aligned}\Delta A_{\mathrm{k}} &= 0.876 \times (2\Delta P_{\mathrm{k}})\frac{I_{\mathrm{Me}}^2 + I_{\mathrm{Te}}^2}{2 \times (2I_{\mathrm{N}})^2} = 0.219\Delta P_{\mathrm{k}}\frac{I_{\mathrm{Me}}^2(1+n^2)}{I_{\mathrm{N}}^2} \\ \Delta A_0 &= 0.876 \times (2\Delta P_0) = 1.752\Delta P_0 \\ \Delta A_{\mathrm{T}} &= \Delta A_{\mathrm{k}} + \Delta A_0\end{aligned}\right\} (10^4 \text{ kWh/a}) \quad (5.27)$$

式(5.26)、式(5.27)中,I_{N} 为 M 座、T 座绕组额定电流。

五、平衡牵引变压器

这类变压器的全年实际负载电能损失,用一次侧电流进行计算比较简便。其原因是一次侧只有三个线圈,比二次侧绕组简单。计算中,设 $I_{\alpha e}$,$I_{\beta e}$ 分别为 α,β 供电臂有效电流(A),$n = I_{\beta e}/I_{\alpha e}$。

由式(1.63)(注意 $\dot{I}_\beta$ 比 $\dot{I}_\alpha$ 超前 90°),可得 YN▽联结、YN▽联结阻抗匹配和非阻抗匹配 YN▽联结三种平衡变压器一次侧 A,B,C 三相有效电流分别为

$$\left.\begin{array}{l} I_{Ae} = \dfrac{1}{\sqrt{6}K_U}\sqrt{[(\sqrt{3}+1)I_{\alpha e}]^2+[(\sqrt{3}-1)I_{\beta e}]^2} = \dfrac{I_{\alpha e}}{K_U}\sqrt{1.244+0.089n^2} \\[2mm] I_{Be} = \dfrac{1}{\sqrt{6}K_U}\sqrt{(2I_{\alpha e})^2+(2I_{\beta e})^2} = \dfrac{I_{\alpha e}}{K_U}\sqrt{0.667(1+n^2)} \\[2mm] I_{Ce} = \dfrac{1}{\sqrt{6}K_U}\sqrt{[(\sqrt{3}-1)I_{\alpha e}]^2+[(\sqrt{3}+1)I_{\beta e}]^2} = \dfrac{I_{\alpha e}}{K_U}\sqrt{0.089+1.244n^2} \end{array}\right\} \text{(A)} \quad (5.28)$$

既然上述三种平衡变压器一次侧 A,B,C 三相有效电流 I_{Ae},I_{Be},I_{Ce} 计算公式是对应相同的,那么其全年实际负载电能损失 ΔA_k、空载电能损失 ΔA_0、总电能损失 ΔA_T 的计算公式也是对应相同的。

在牵引变电所中,如果是一台平衡牵引变压器运行,则全年实际负载电能损失、空载电能损失、总电能损失依次为

$$\left.\begin{array}{l} \Delta A_k = 0.876\Delta P_k \dfrac{I_{Ae}^2+I_{Be}^2+I_{Ce}^2}{3I_{1N}^2} = 0.292\Delta P_k \dfrac{I_{Ae}^2++I_{Be}^2+I_{Ce}^2}{I_{1N}^2} \\[2mm] \Delta A_0 = 0.876\Delta P_0 \\[2mm] \Delta A_T = \Delta A_k + \Delta A_0 \end{array}\right\} (10^4\ \text{kWh/a}) \quad (5.29)$$

在牵引变电所中,如果是两台平衡牵引变压器并联运行,则全年实际负载电能损失、空载电能损失、总电能损失依次为

$$\left.\begin{array}{l} \Delta A_k = 0.876\times(2\Delta P_k)\dfrac{I_{Ae}^2+I_{Be}^2+I_{Ce}^2}{3\times(2I_{1N})^2} = 0.146\Delta P_k\dfrac{I_{Ae}^2++I_{Be}^2++I_{Ce}^2}{I_{1N}^2} \\[2mm] \Delta A_0 = 0.876\times(2\Delta P_0) = 1.752\Delta P_0 \\[2mm] \Delta A_T = \Delta A_k + \Delta A_0 \end{array}\right\} (10^4\ \text{kWh/a}) \quad (5.30)$$

式(5.29)、式(5.30)中,I_{1N} 为平衡牵引变压器一次侧额定电流。

六、计算举例

例2 已知某牵引变电所装设三相 YNd11 联结牵引变压器,额定容量为 2×25 000(kVA),额定电压为 110/27.5 kV,$\Delta P_k = 106.5$ kW,$\Delta P_0 = 21.0$ kW,1 台运行。ac,bc 两供电臂有效电流分别为 337 A 和 237 A,平均电流分别为 276 A 和 192 A。

计算:该变电所的牵引变压器电能损失。

解 由式(5.23)可得

$$I_{cae} = \frac{1}{3}\sqrt{4I_{1e}^2 + I_{2e}^2 + 2I_{1av}I_{2av}}$$

$$= \frac{1}{3}\sqrt{4\times337^2 + 237^2 + 2\times276\times192} = 262 \quad (A)$$

$$I_{abe} = \frac{1}{3}\sqrt{I_{1e}^2 + I_{2e}^2 - I_{1av}I_{2av}}$$

$$= \frac{1}{3}\sqrt{337^2 + 237^2 - 276\times192} = 114 \quad (A)$$

$$I_{bce} = \frac{1}{3}\sqrt{4I_{2e}^2 + I_{1e}^2 + 2I_{1av}I_{2av}}$$

$$= \frac{1}{3}\sqrt{4\times237^2 + 337^2 + 2\times276\times192} = 222 \quad (A)$$

由式(5.24)得

$$\Delta A_k = 0.292\Delta P_k \frac{I_{cae}^2 + I_{abe}^2 + I_{bce}^2}{I_N^2}$$

$$= 0.292\times106.5\times\frac{262^2 + 114^2 + 222^2}{303^2} = 44.3 \quad (10^4 \text{ kWh/a})$$

$$\Delta A_0 = 0.876\Delta P_0 = 0.876\times21.0 = 18.4 \quad (10^4 \text{ kWh/a})$$

$$\Delta A_T = \Delta A_k + \Delta A_0 = 44.3 + 18.4 = 62.7 \quad (10^4 \text{ kWh/a})$$

第三节 减少牵引供电系统电能损失的措施

为了减少牵引供电系统电能损失,一般可采取如下措施:

① 限制供电臂的长度。供电臂的长度除了对其末端最低电压水平有较大影响之外,还对牵引网电能损失有较大影响。这在本章第一节已说明,即过长的供电臂,将使牵引网电能损失明显增加。因此,要适当限制供电臂的长度。

② 增设加强线。从经济方面考虑,如果增设加强线的一次投资费用,可以在近期内被减少的牵引网电能损失费用所补偿,则增设加强线是有意义的。

③ 当电气化铁路有较大的迂回区段时,应设置捷接线。

④ 结合牵引变压器经济运行选择容量。从经济上计算，如果适当增大牵引变压器容量而引起的一次投资与（实行老式两部电价制情况下）基本电价费用增加，可以在近期内被减少的牵引变压器电能损失支出的费用所补偿，则适当增大牵引变压器容量是有意义的。

⑤ 对牵引网结构布置、材质、导线和截面进行优选，以降低牵引网阻抗，其电阻分量随之减小，从而减少牵引网电能损失。例如，以 JTM95 + CTS120 单链形悬挂接触网取代 GJ-70 + GLCA-$\frac{100}{215}$ 单链形悬挂接触网，在牵引负荷相同的情况下，牵引网电能损失可减少约 36%。

⑥ 如果因负荷要求，需对接触悬挂实行分段采用不同截面，在单线区段应由近电源点开始，依次由大到小采用不同截面的导线；在双线区段，则宜将大截面导线均匀置于近电源端的上、下行线路接触悬挂内。所以前述增设加强线一般置于牵引变电所端。

⑦ 在双线区段，采用上、下行线路接触网在供电臂末端并联供电，可减少牵引网电能损失；采用上、下行线路接触网全并联供电，比末端并联供电更能有效地减少牵引网电能损失。

⑧ 在使用交—直型电力机车牵引的电气化铁路牵引变电所保留原来装设的并联电容补偿装置，可提高功率因数，减少电能损失。

⑨ 在牵引变电所中，采用节能型牵引变压器。即要求牵引变压器的空载损耗与短路损耗之比为 1/5 ~ 1/6，甚至更小，并且两种损耗的值也比较小，效率达 99% 以上。还应尽可能选用容量利用率高的和高过载能力低阻抗电压的牵引变压器。

第四节　导线与接触悬挂允许载流量的确定及截面面积的选择

一、导线允许载流量的确定

导线允许载流量，是指在一定环境条件下，不超过导线最高允许工作温度时所传输的电流。它与环境温度、风速、导线的最高允许工作温度、导线外径、导线在最高允许工作温度时的交流电阻和导线表面状态等因素有关。导线持续允许载流量 I 可按下式计算

$$I = \sqrt{\frac{W_R + W_C - W_S}{r}} \quad (A) \tag{5.31}$$

式中，W_R 为单位长度导线的辐射散热功率（W/m）；W_C 为单位长度导线的对流散热功率（W/m）；W_S 为单位长度导线的日照吸热功率（W/m）；r 为导线在最高允许工作温度时的交流电阻（Ω/m）。

① 辐射散热功率 W_R 的计算公式为

$$W_R = \pi E \sigma D [(273 + \theta + \theta_a)^4 - (273 + \theta_a)^4] \quad (W/m) \tag{5.32}$$

式中，E 为导线表面的辐射散热系数：光亮的新线取 0.23 ~ 0.43，半新线取 0.5，旧线或涂黑

色防腐剂的线取 0.9~0.95；σ 为斯忒藩—玻耳兹曼常数，其值为 5.67×10^{-8} [W/($m^2\cdot k^4$)]；D 为导线外径（m）；θ 为导线表面的平均温升（°C）；θ_a 为环境温度（°C）。

② 对流散热功率 W_C 的计算公式为（当雷诺数 $Re=100\sim3\,000$ 时）

$$W_C = 0.57\pi\lambda_C\theta(Re)^{0.485} \quad (\text{W/m}) \tag{5.33}$$

式中，λ_C 为导线表面空气层的传热系数

$$\lambda_C = 2.42\times10^{-2} + 7\times\left(\theta_a+\frac{\theta}{2}\right)\times10^{-5} \quad [\text{W/(m}\cdot\text{°C)}]$$

Re 为雷诺数

$$Re = \frac{VD}{\nu}$$

式中，V 为垂直导线的风速（m/s）；ν 为导线表面空气层的运动黏度：

$$\nu = 1.32\times10^{-5} + 9.6\times\left(\theta_a+\frac{\theta}{2}\right)\times10^{-8} \quad (\text{m}^2/\text{s})$$

对流散热功率 W_C 也可用以下化简公式计算

$$W_C = 9.92\theta(VD)^{0.485} \quad (\text{W/m}) \tag{5.34}$$

③ 日照吸热功率 W_S 的计算公式为

$$W_S = \alpha_S J_S D \quad (\text{W/m}) \tag{5.35}$$

式中，α_S 为导线表面的吸热系数：光亮的新线取 0.35~0.46，半新线取 0.5，旧线或涂黑色防腐剂的线取 0.9~0.95；J_S 为日光对导线的日照强度（当晴天、日光直射导线时可取 $1\,000$ W/m^2）。

由试验数据的分析和电气化铁路多年来对导线实际运行积累的经验，导线 20 分钟和 5 分钟允许载流量 I_{20} 和 I_5 可按下式计算

$$\left.\begin{array}{l} I_{20} = K_{p_1}I \\ I_5 = K_{p_2}I \end{array}\right\} \tag{5.36}$$

式中，K_{p_1} 为导线 20 分钟允许载流量修正系数，实心导体取 1.10，绞合导体取 1.08；K_{p_2} 为导线 5 分钟允许载流量修正系数，实心导体取 1.5，绞合导体取 1.4。

牵引网常用导线允许载流量可参阅第三章表 3.2~表 3.6。

二、接触悬挂允许载流量的确定

简单悬挂接触网允许载流量即等于所采用的接触线允许载流量。单链形悬挂接触网允许载流量等于承力索、接触线与加强线（当设有加强线时）载流量之和（忽略各导线中电流的相位差）。承力索、接触线与加强线中电流的大小和各自的漏阻抗成反比，参阅第三章图 3.12（c）、图 3.14。计算采用钢绞线承力索的单链形悬挂接触网的允许载流量时，应注意钢绞线承

力索的有效电阻 r_C 和内感抗 x_{intC} 为与电流有关的变量，要先求出钢绞线承力索漏阻抗与电流的关系曲线。

1. 采用钢绞线承力索的单链形悬挂接触网允许载流量的确定

以 GJ-70 + GLCA-$\frac{100}{215}$ 单链形悬挂接触网为例。

接触线—地回路的自阻抗为

$$z_T = r_T + 0.05 + j0.145\lg\frac{D_g}{R_{eqT}} = 0.184 + 0.05 + j0.145\lg\frac{932\times 10^3}{8.57} = 0.234 + j0.730 \quad (\Omega/\text{km})$$

承力索—地回路的自阻抗为

$$z_C = r_C + 0.05 + j0.145\lg\frac{D_g}{R_{eqc}} = r_C + 0.05 + j\left(X_{intc} + 0.145\lg\frac{D_g}{R_c}\right) \quad (\Omega/\text{km})$$

接触线—地回路与承力索—地回路的互阻抗为

$$z_{TC} = 0.05 + j0.145\lg\frac{D_g}{d_{TC}} = 0.05 + j0.145\lg\frac{932\times 10^3}{1\,000} = 0.05 + j0.431 \quad (\Omega/\text{km})$$

接触线的漏阻抗为

$$z_T - z_{TC} = (0.234 + j\,0.730) - (0.05 + j\,0.431) = 0.184 + j0.299 = 0.351\underline{/58.4°} \quad (\Omega/\text{km})$$

承力索的漏阻抗为

$$z_C - z_{TC} = \left[r_C + 0.05 + j\left(x_{intC} + 0.145\lg\frac{D_g}{R_C}\right)\right] - \left(0.05 + j\,0.145\lg\frac{D_g}{d_{TC}}\right)$$

$$= r_C + j\left(x_{intC} + 0.145\lg\frac{d_{TC}}{R_C}\right) = r_C + j\left(x_{intC} + 0.145\lg\frac{1\,000}{5.75}\right)$$

$$= r_C + j(x_{intC} + 0.325) \quad (\Omega/\text{km})$$

应用上式与第三章表 3.8 进行计算，可得承力索漏阻抗与电流 I_C 的关系，如图 5.5 所示的曲线 1，即当电流 I_C 分别为 60 A，70 A，80 A，90 A，100 A 时，$z_C - z_{TC}$ 对应为 2.25 Ω/km，2.42 Ω/km，2.49 Ω/km，2.52 Ω/km，2.56 Ω/km。

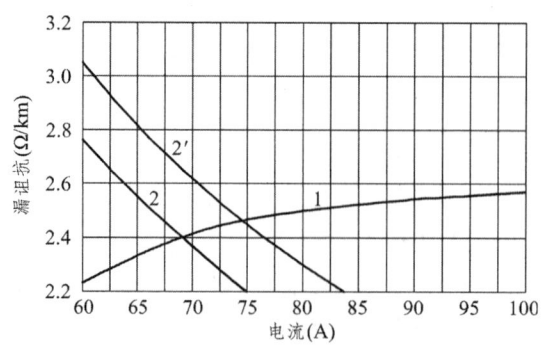

图 5.5 承力索漏阻抗与电流的关系

当接触线电流为 470 A 时，承力索电流为

$$I_\text{C} = I_\text{T} \frac{z_\text{T} - z_\text{TC}}{z_\text{C} - z_\text{TC}} = 470 \times \frac{0.351}{z_\text{C} - z_\text{TC}} = \frac{164.97}{z_\text{C} - z_\text{TC}}$$

如果 I_C 分别为 60 A，65 A，70 A，75 A 时，$z_\text{C} - z_\text{TC}$ 对应为 2.75 Ω/km，2.54 Ω/km，2.36 Ω/km，2.20 Ω/km。从而可得承力索漏阻抗 $z_\text{C} - z_\text{TC}$ 与其中电流 I_C 的关系如图 5.5 曲线 2 所示。曲线 2 与曲线 1 的交点承力索电流 I_C 为 68.5 A。即当接触线电流为 470 A 时，承力索电流 I_C 为 68.5 A（低于 GJ-70 钢绞线允许载流量 120 A）。因此，可知 GJ-70 + GLCA-$\frac{100}{215}$ 单链形悬挂接触网持续允许载流量为 470 + 68 = 538（A）。

同理，当接触线电流为 520 A 时，承力索漏阻抗 $z_\text{C} - z_\text{TC}$ 与其中电流 I_C 的关系如图 5.5 曲线 2′ 所示。曲线 2′ 与曲线 1 的交点承力索电流 I_C 为 74 A（也低于 GJ-70 钢绞线允许载流量 120 A）。所以 GJ-70 + GLCA-$\frac{100}{215}$ 单链形悬挂接触网 20 分钟允许载流量为 520 + 74 = 594（A）。

用同样的方法可求得类似情况的采用钢绞线承力索的单链型悬挂接触网允许载流量。

2. 采用载流承力索的单链形悬挂接触网允许载流量的确定

以 JTM95+CTS120 单链形悬挂接触网为例。接触线—地回路的自阻抗为

$$z_\text{T} = r_\text{T} + 0.05 + \text{j}\,0.145\lg\frac{D_\text{g}}{R_\text{eqT}} = 0.198 + 0.05 + \text{j}\,0.145\lg\frac{932\times10^3}{4.84}$$
$$= 0.248 + \text{j}\,0.766 \quad (\Omega/\text{km})$$

承力索—地回路的自阻抗为

$$z_\text{C} = r_\text{C} + 0.05 + \text{j}\,0.145\lg\frac{D_\text{g}}{R_\text{eqC}} = 0.244 + 0.05 + \text{j}\,0.145\lg\frac{932\times10^3}{4.74}$$
$$= 0.294 + \text{j}\,0.768 \quad (\Omega/\text{km})$$

接触线—地回路与承力索—地回路的互阻抗为

$$z_\text{TC} = 0.05 + \text{j}\,0.145\lg\frac{D_\text{g}}{d_\text{TC}} = 0.05 + \text{j}\,0.145\lg\frac{932\times10^3}{1\,000}$$
$$= 0.05 + \text{j}\,0.431 \quad (\Omega/\text{km})$$

接触线的漏阻抗为

$$z_\text{T} - z_\text{TC} = (0.248 + \text{j}\,0.766) - (0.05 + \text{j}\,0.431)$$
$$= 0.389\underline{/59.4°} \quad (\Omega/\text{km})$$

承力索的漏阻抗为

$$z_\text{C} - z_\text{TC} = (0.294 + \text{j}\,0.768) - (0.05 + \text{j}\,0.431)$$
$$= 0.416\underline{/54.1°} \quad (\Omega/\text{km})$$

为了使接触线、承力索都不过载，按持续载流量较小的承力索满载电流考虑，即取 I_C = 525 A，则接触线电流为

$$I_{\mathrm{T}} = I_{\mathrm{C}} \frac{z_{\mathrm{C}} - z_{\mathrm{TC}}}{z_{\mathrm{T}} - z_{\mathrm{TC}}} = 525 \times \frac{0.416}{0.389} = 561 \quad (\mathrm{A})$$

结果 561 A 比 CTS120 接触线持续载流量 600 A 小 6.5%。所以 JTM95+CTS120 单链形悬挂接触网持续允许载流量为 525 + 561 = 1 086（A）。

用同样的方法可求得类似情况的采用载流承力索的单链形悬挂接触网持续允许载流量。

3. 有加强线的单链形悬挂接触网允许载流量的确定

以 JTM95+CTS110+LGJ185 有加强线的单链形悬挂接触网为例。

接触线—地回路的自阻抗为

$$z_{\mathrm{T}} = r_{\mathrm{T}} + 0.05 + \mathrm{j}0.145\lg\frac{D_{\mathrm{g}}}{R_{\mathrm{eqT}}} = 0.216 + 0.05 + \mathrm{j}0.145\lg\frac{932\times10^3}{4.63} = 0.266 + \mathrm{j}0.769 \quad (\Omega/\mathrm{km})$$

承力索—地回路的自阻抗为

$$z_{\mathrm{C}} = r_{\mathrm{C}} + 0.05 + \mathrm{j}0.145\lg\frac{D_{\mathrm{g}}}{R_{\mathrm{eqC}}} = 0.244 + 0.05 + \mathrm{j}0.145\lg\frac{932\times10^3}{4.74} = 0.294 + \mathrm{j}0.768 \quad (\Omega/\mathrm{km})$$

加强线—地回路的自阻抗为

$$z_{\mathrm{A}} = r_{\mathrm{A}} + 0.05 + \mathrm{j}\,0.145\lg\frac{D_{\mathrm{g}}}{R_{\mathrm{eqA}}} = 0.163 + 0.05 + \mathrm{j}\,0.145\lg\frac{932\times10^3}{9.03}$$
$$= 0.213 + \mathrm{j}\,0.727 \quad (\Omega/\mathrm{km})$$

接触线、承力索和加强线三个导线—地回路的互阻抗为

$$z_{\mathrm{TCA}} = 0.05 + \mathrm{j}\,0.145\lg\frac{D_{\mathrm{g}}}{d_{\mathrm{TCA}}}$$
$$= 0.05 + \mathrm{j}\,0.145\lg\frac{932\times10^3}{479} = 0.05 + \mathrm{j}\,0.477 \quad (\Omega/\mathrm{km})$$

其中，d_{TCA} 为接触线、承力索和加强线三条导线间的几何平均距离

$$d_{\mathrm{TCA}} = \sqrt[3]{d_{\mathrm{TC}}d_{\mathrm{TA}}d_{\mathrm{CA}}} = \sqrt[3]{1\,000\times1\,100\times100} = 479 \quad (\mathrm{mm})$$

接触线的漏阻抗为

$$z_{\mathrm{T}} - z_{\mathrm{TCA}} = (0.266 + \mathrm{j}\,0.769) - (0.05 + \mathrm{j}\,0.477) = 0.363\underline{/53.5°} \quad (\Omega/\mathrm{km})$$

承力索的漏阻抗为

$$z_{\mathrm{C}} - z_{\mathrm{TCA}} = (0.294 + \mathrm{j}0.768) - (0.05 + \mathrm{j}\,0.477) = 0.380\underline{/50.0°} \quad (\Omega/\mathrm{km})$$

加强线的漏阻抗为

$$z_{\mathrm{A}} - z_{\mathrm{TCA}} = (0.213 + \mathrm{j}\,0.727) - (0.05 + \mathrm{j}\,0.477) = 0.298\underline{/56.9°} \quad (\Omega/\mathrm{km})$$

为了使接触线、承力索、加强线都不过载,按持续载流量最小的加强线满载电流考虑,即取加强线电流 I_A 为持续载流量 515 A,则接触线电流为

$$I_T = I_A \frac{z_A - z_{TCA}}{z_T - z_{TCA}} = 515 \times \frac{0.298}{0.363} = 423 \text{ (A)}$$

结果 423 A 比 CTS110 型铜锡合金接触线持续载流量 570 A 小 25.8%。

承力索电流为

$$I_C = I_A \frac{z_A - z_{TCA}}{z_C - z_{TCA}} = 515 \times \frac{0.298}{0.380} = 404 \text{ (A)}$$

结果 404 A 比 JTM95 型铜镁合金绞线持续载流量 525 A 小 23%。

所以,JTM95+CTS110+LGJ185 有加强线的单链形悬挂接触网持续允许载流量为 423 + 404 + 515 = 1 342 (A)。

用同样的方法可求得类似情况的有加强线的单链形悬挂接触网持续允许载流量。

作为快捷估算,单链形悬挂中,流过钢绞线承力索的电流大约为接触线电流的 15%。当需要考虑接触线的磨耗时,接触悬挂的允许载流量尚需减小,减小量大约为持续允许载流量的 15%。

在牵引供电系统设计中,按允许载流量确定接触线或接触悬挂截面面积,就是按给定条件先计算供电臂有效电流,然后确定采用持续允许载流量稍大于供电臂有效电流的接触悬挂型号规格。

另外,所选择的接触悬挂机械强度应符合规定,电压损失和电能损失应尽量减小,还应符合节省有色金属的原则。

三、按经济截面面积选择接触悬挂

接触线所传输的电流不得超过其允许载流量,这是必须保证的。实际设计中还需要考虑另外一种情况,就是有时适当减小所传输的电流密度,增大导线截面面积,从经济观点来看更为合理。其根据是,如果增大导线截面面积引起的一次投资增量,能够在回收期(8 年)内通过减少电能损失费用而得到补偿,此时即使原导线允许载流量满足要求,也应考虑增大导线截面面积。这种情况常常在单线的双机区段、双线的高速区段、大运量区段,以及较长的供电臂出现。

一次投资增量所需的回收期 T_r 可用下式计算

$$T_r = \frac{\Delta S_r}{\Delta A_r - \eta_r} \quad \text{(a)} \tag{5.37}$$

式中,ΔS_r 为导线截面面积增大引起的一次投资增量(元);ΔA_r 为导线截面面积增大后每年减少的电能损失费用(元/年);η_r 为导线截面面积增大后每年增加的折旧维护费用(元/年)。

加强线的折旧维护费用可取一次投资增量的 5.4%,于是式(5.37)可以写成

$$T_r = \frac{\Delta S_r}{\Delta A_r - 0.054 \Delta S_r} \quad \text{(a)} \tag{5.38}$$

四、计算举例

例 3 已知某单线区段供电臂如图 5.7 所示。

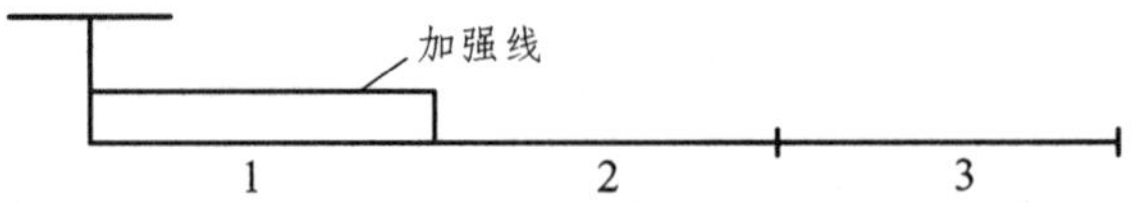

区间长 l(km)		8.8	9.3	7.3
列车用电平均电流 I(A)		144	270	269
列车用电概率 p		0.303	0.470	0.203
牵引网单位阻抗的电阻分量 r (Ω/km)	无加强线	0.223	0.223	0.223
	有加强线	0.122	0.223	0.223

图 5.7 [例 3] 中的单线区段供电臂已知数据示意图

求：供电臂首端区间 1 的接触悬挂合理型号规格。

解 供电臂区间 1 首端的有效电流为

$$I_e = k_e I_{av}$$

式中

$$k_e = \sqrt{1+\frac{k_{et}^2-p}{np}} = \sqrt{1+\frac{1.1-0.325}{3\times 0.325}} = 1.34$$

$$I_{av} = nIp = 3\times 231\times 0.325 = 225 \text{（A）}$$

其中

$$p = \frac{1}{3}\times(0.303+0.470+0.203) = 0.325$$

$$I = \frac{144\times 0.303+270\times 0.470+269\times 0.203}{0.303+0.470+0.203} = 231 \text{（A）}$$

所以

$$I_e = 1.34\times 225 = 302 \text{（A）}$$

由前述可知，采用 GJ-70 + GLCA-$\frac{100}{215}$ 单链型悬挂（持续允许载流量 538A）完全可以满足热稳定性要求。

下面分析在区间 1 内装设加强线（LGJ-185）后的经济效果。

未装设加强线 A 时供电臂的牵引网电能损失可按式（5.8）计算

$$\Delta A = 0.438r\left\{k_{et}^2\left[p_1 I_1^2 l_1 + 2p_2 I_2^2\left(l_1+\frac{1}{2}l_2\right)+2p_3 I_3^2\left(l_1+l_2+\frac{1}{2}l_3\right)\right]+\right.$$

$$\left.2\left[p_1 p_2 I_1 I_2 l_1 + p_1 p_3 I_1 I_3 l_1 + 2p_2 p_3 I_2 I_3\left(l_1+\frac{1}{2}l_2\right)\right]\right\}\times 10^{-3}$$

$$= 0.438\times 0.223\times\left\{1.1\times\left[0.303\times 144^2\times 8.8 + 2\times 0.470\times 270^2\times\left(8.8+\frac{1}{2}\times 9.3\right)+\right.\right.$$

$$2\times 0.203\times 269^2 \times \left(8.8+9.3+\frac{1}{2}\times 7.3\right)\bigg]+2\bigg[0.303\times 0.470\times 144\times 270\times 8.8+$$

$$0.303\times 0.203\times 144\times 269\times 8.8+2\times 0.470\times 0.203\times 270\times 269\times\left(8.8+\frac{1}{2}\times 9.3\right)\bigg]\bigg\}\times 10^{-3}$$

$$=224\ (10^4\ \text{kWh/a})$$

当区间 1 装设加强线 A 后，供电臂的牵引网电能损失为

$$\Delta A' = 8\,760\times\bigg[\frac{1}{2}l_1 r_1 (p_1 I_{\text{et}1}^2 + p_2 I_{\text{et}2}^2 + p_3 I_{\text{et}3}^2 + 2p_1 I_1 p_2 I_2 + 2p_1 I_1 p_3 I_3 + 2p_2 I_2 p_3 I_3) +$$

$$\left(\frac{1}{2}l_1 r_1 + \frac{1}{2}l_2 r\right)(p_2 I_{\text{et}2}^2 + p_3 I_{\text{et}3}^2 + 2p_2 I_2 p_3 I_3) + \left(\frac{1}{2}l_2 + \frac{1}{2}l_3\right) r p_3 I_{\text{et}3}^2 \bigg]\times 10^{-3}$$

$$=8\,760\times\bigg[\frac{1}{2}\times 8.8\times 0.122\times (0.303\times 1.05^2 \times 144^2 + 0.470\times 1.05^2\times 270^2 +$$

$$0.203\times 1.05^2\times 269^2 + 2\times 0.303\times 144\times 0.470\times 270 + 2\times 0.303\times 144\times 0.203\times 269 +$$

$$2\times 0.470\times 270\times 0.203\times 269) + \left(\frac{1}{2}\times 8.8\times 0.122 + \frac{1}{2}\times 9.3\times 0.223\right)\times$$

$$(0.470\times 1.05^2\times 270^2 + 0.203\times 1.05^2\times 269^2 + 2\times 0.470\times 270\times 0.203\times 269) +$$

$$\left(\frac{1}{2}\times 9.3 + \frac{1}{2}\times 7.3\right)\times 0.223\times 0.203\times 1.05^2\times 269^2\bigg]\times 10^{-3}$$

$$=162\ (10^4\ \text{kWh/a})$$

若每千瓦小时电能的价格以 0.443 7 元计，则当区间 1 装设加强线后，可节省牵引网电能损失费用 $\Delta A_r = (\Delta A - \Delta A')\times 0.443\,7 = (224-162)\times 0.443\,7 = 27.509\,4$（万元/年）。

若每千米 LGJ-185 加强线造价取 10.5 万元，则区间 1 装设加强线引起的一次投资增量 $\Delta S_r = 10.5L = 10.5\times 8.8 = 92.4$（万元）。

一次投资增量所需要的回收期按式（5.38）计算

$$T_r = \frac{\Delta S_r}{\Delta A_r - 0.054\Delta S_r} = \frac{92.4}{27.509\,4 - 0.054\times 92.4} = 4.11\ (\text{a})$$

该回收期比 8 年的期限短很多。因此，区间 1 装设加强线从经济观点看是合算的。

第六章 牵引负荷对电力系统的影响与对策

由于单相工频交流电气化铁道牵引负荷的特点,当三相电力系统向它供电时,它将在电力系统中引起负序电流。而且,在使用交—直型电力机车的情况下,它产生的高次谐波电流进入电力系统;同时,牵引负荷的功率因数较低。这些都对电力系统的运行产生不良影响。因此,深入研究这些问题和相应的对策,以缩小不良影响,是十分必要的。

第一节 负序电流

一、对称分量法

对于三相线性系统,任意不对称的三相相量(电流、电压、电势等)$\dot{F}_A$,$\dot{F}_B$,$\dot{F}_C$,如图 6.1(a)所示,可分解为具有下列特性的三组对称分量:

- 正序分量 三个相量大小相等,相位差各为 120°,相序旋转方向是顺时针的,如图 6.1(b)所示,右下角标"1"表示正序。
- 负序分量 三个相量大小相等,相位差各为 120°,相序旋转方向是逆时针的,如图 6.1(c)所示,右下角标"2"表示负序。
- 零序分量 三个相量大小相等,相位相同,如图 6.1(d)所示,右下角标"0"表示零序。

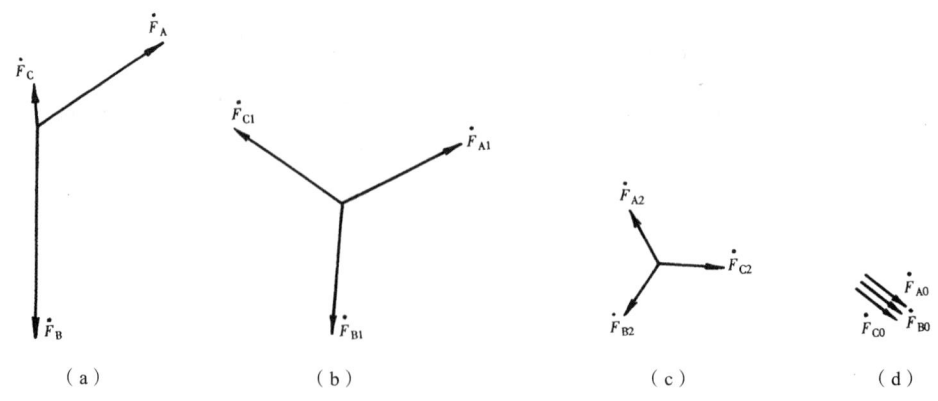

图 6.1 对称分量法示意图

每相相量与该相各序分量的关系可用算式表示如下

$$\left.\begin{aligned}\dot{F}_A &= \dot{F}_{A1} + \dot{F}_{A2} + \dot{F}_{A0} \\ \dot{F}_B &= \dot{F}_{B1} + \dot{F}_{B2} + \dot{F}_{B0} \\ \dot{F}_C &= \dot{F}_{C1} + \dot{F}_{C2} + \dot{F}_{C0}\end{aligned}\right\} \tag{6.1}$$

引入复数运算符号（或称单位相量算子）a，相量图如图 6.2 所示。

$$a = 1 \cdot \underline{/120°} = e^{j120°} = \cos 120° + j\sin 120° = -\frac{1}{2} + j\frac{\sqrt{3}}{2}$$

$$a^2 = 1 \cdot \underline{/240°} = e^{j240°} = e^{-j120°} = \cos 120° - j\sin 120° = -\frac{1}{2} - j\frac{\sqrt{3}}{2}$$

复数运算符号 a 的运算特性如下

$$a^3 = e^{j360°} = 1$$
$$1 + a + a^2 = 0$$
$$a^2 - a = -j\sqrt{3} = \sqrt{3}\, e^{-j90°}$$
$$a - a^2 = j\sqrt{3} = \sqrt{3}\, e^{j90°}$$
$$1 - a = \frac{3}{2} - j\frac{\sqrt{3}}{2}$$
$$\quad = \sqrt{3}(\cos 30° - j\sin 30°) = \sqrt{3}\, e^{-j30°}$$
$$1 - a^2 = \frac{3}{2} + j\frac{\sqrt{3}}{2} = \sqrt{3}(\cos 30° + j\sin 30°) = \sqrt{3}\, e^{j30°}$$
$$a - 1 = -\frac{3}{2} + j\frac{\sqrt{3}}{2} = \sqrt{3}(-\cos 30° + j\sin 30°) = \sqrt{3}\, e^{j150°}$$
$$a^2 - 1 = -\frac{3}{2} - j\frac{\sqrt{3}}{2} = \sqrt{3}(-\cos 30° - j\sin 30°) = \sqrt{3}\, e^{-j150°}$$

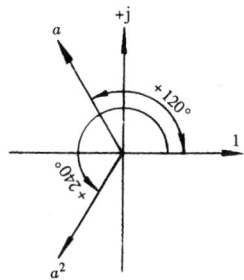

图 6.2　复数运算符号示意图

以 A 相的各对称分量为基准，并应用复数运算符号 a，则三组对称分量的相量间有下列关系：

- 正序　　$\dot{F}_{A1}$；$\dot{F}_{B1} = a^2 \dot{F}_{A1}$；$\dot{F}_{C1} = a\dot{F}_{A1}$ （6.2）

- 负序　　$\dot{F}_{A2}$；$\dot{F}_{B2} = a\dot{F}_{A2}$；$\dot{F}_{C2} = a^2 \dot{F}_{A2}$ （6.3）

- 零序　　$\dot{F}_{A0} = \dot{F}_{B0} = \dot{F}_{C0} = \dot{F}_0$ （6.4）

将式（6.2）~式（6.4）相应代入式（6.1），得

$$\left.\begin{aligned}\dot{F}_A &= \dot{F}_{A1} + \dot{F}_{A2} + \dot{F}_0 \\ \dot{F}_B &= a^2 \dot{F}_{A1} + a\dot{F}_{A2} + \dot{F}_0 \\ \dot{F}_C &= a\dot{F}_{A1} + a^2 \dot{F}_{A2} + \dot{F}_0\end{aligned}\right\} \tag{6.5}$$

解方程组式（6.5），得

$$\left.\begin{aligned}\dot{F}_0 &= \frac{1}{3}(\dot{F}_A + \dot{F}_B + \dot{F}_C) \\ \dot{F}_{A1} &= \frac{1}{3}(\dot{F}_A + a\dot{F}_B + a^2\dot{F}_C) \\ \dot{F}_{A2} &= \frac{1}{3}(\dot{F}_A + a^2\dot{F}_B + a\dot{F}_C)\end{aligned}\right\} \quad (6.6)$$

根据式（6.6），可把已知不对称的三相相量分解而得到相应的各序对称分量；反之，若已知各序对称分量，则可按式（6.5）求出不对称的三相相量。

二、单相负荷在电力系统中引起的负序电流

1. 正序电流和负序电流

如图 6.3 所示，$\dot{I}$ 表示单相负荷电流，$\dot{I}_A$，$\dot{I}_B$，$\dot{I}_C$ 表示由于负荷电流 $\dot{I}$ 而在电力系统中引起的电流。按图中标定的方向，则有

$$\dot{I}_A = \dot{I}$$
$$\dot{I}_B = -\dot{I}$$
$$\dot{I}_C = 0$$

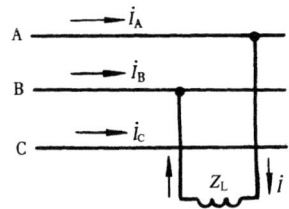

图 6.3　单相负荷在电力系统中引起的电流

根据式（6.6）可得

$$\left.\begin{aligned}\dot{I}_{A1} &= \frac{1}{3}(\dot{I}_A + a\dot{I}_B + a^2\dot{I}_C) = \frac{1}{3}(\dot{I} - a\dot{I} + 0) = \frac{1}{\sqrt{3}}\dot{I}\,e^{-j\,30°} \\ \dot{I}_{A2} &= \frac{1}{3}(\dot{I}_A + a^2\dot{I}_B + a\dot{I}_C) = \frac{1}{3}(\dot{I} - a^2\dot{I} + 0) = \frac{1}{\sqrt{3}}\dot{I}\,e^{j\,30°} \\ \dot{I}_0 &= \frac{1}{3}(\dot{I}_A + \dot{I}_B + \dot{I}_C) = \frac{1}{3}(\dot{I} - \dot{I} + 0) = 0\end{aligned}\right\} \quad (6.7)$$

由上式可知，单相负荷接入电力系统时，将在系统中引起正序电流和负序电流，即引起不对称，但不会引起零序电流。

有了 $\dot{I}_{A1}$，$\dot{I}_{A2}$，按式（6.2）、式（6.3）可得出另外两相正序电流和负序电流。于是可写出

$$\dot{I}_{A1} = \frac{1}{\sqrt{3}}\dot{I}\,e^{-j\,30°}$$
$$\dot{I}_{B1} = \frac{1}{\sqrt{3}}\dot{I}\,e^{-j\,150°}$$
$$\dot{I}_{C1} = \frac{1}{\sqrt{3}}\dot{I}\,e^{-j\,270°}$$
$$\dot{I}_{A2} = \frac{1}{\sqrt{3}}\dot{I}\,e^{j\,30°}$$

$$\dot{I}_{B2} = \frac{1}{\sqrt{3}} \dot{I} \, e^{j\,150°}$$

$$\dot{I}_{C2} = \frac{1}{\sqrt{3}} \dot{I} \, e^{j\,270°}$$

相量图如图 6.4 所示。

单相负荷在电力系统中引起的不对称程度，一般以电流和电压的不对称系数（不对称度）表示，即

$$K_I = \frac{I_2}{I_1} \times 100\% \tag{6.8}$$

$$K_U = \frac{U_2}{U_1} \times 100\% \tag{6.9}$$

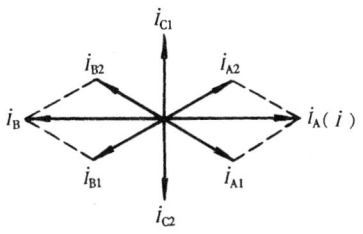

图 6.4 单相负荷在电力系统中引起的正序、负序电流相量图

式中，K_I，K_U 分别为电流、电压不对称系数；I_1，I_2 分别为正序、负序电流（绝对值）；U_1，U_2 分别为正序、负序电压（绝对值）。

2. 正序功率和负序功率

设单相负荷功率因数角为 φ，即 $\dot{I}$ 滞后于 $\dot{U}_{AB}$ 的相位角为 φ；同时，从相量 $\dot{U}_{AB}$ 得出相电压相量 $\dot{U}_A$，$\dot{U}_B$，$\dot{U}_C$，如图 6.5（a）所示。

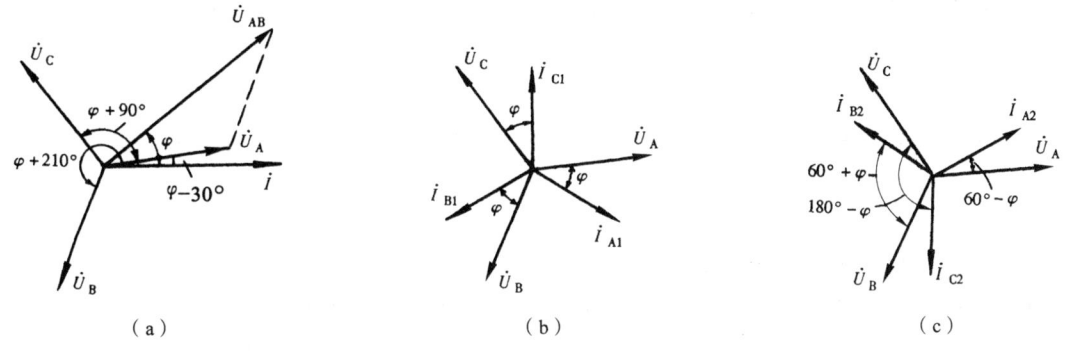

图 6.5 单相负荷在电力系统中引起的正序功率和负序功率

（1）正序有功功率

相电压和正序电流的相位关系如图 6.5（b）所示，可得正序电流的有功功率为

$$P_1 = U_A I_{A1} \cos\varphi + U_B I_{B1} \cos\varphi + U_C I_{C1} \cos\varphi$$

式中，$U_A = U_B = U_C = U/\sqrt{3}$，$U$ 为线电压；$I_{A1} = I_{B1} = I_{C1} = I_1 = I/\sqrt{3}$，$I_1$ 为正序（线）电流。代入上式，则

$$P_1 = UI\cos\varphi \tag{6.10}$$

即正序（电流的）有功功率等于单相负荷的有功功率。

（2）负序有功功率

相电压和负序电流的相位关系如图 6.5（c）所示，可得负序电流的有功功率为

$$P_2 = U_A I_{A2} \cos(60°-\varphi) + U_B I_{B2} \cos(60°+\varphi) + U_C I_{C2} \cos(180°-\varphi)$$
$$= \frac{1}{\sqrt{3}} U I_2 \left[\cos(60°-\varphi) + \cos(60°+\varphi) + \cos(180°-\varphi)\right]$$

式中，$I_{A2} = I_{B2} = I_{C2} = I_2 = I/\sqrt{3}$。

将上式方括号中的三角函数展开、整理后得知其三项之和等于 0，所以

$$P_2 = 0 \tag{6.11}$$

即负序（电流的）有功功率为零。

（3）正序和负序视在功率

正序视在功率为

$$S_1 = 3 \cdot \frac{U}{\sqrt{3}} \cdot I_1 = UI$$

负序视在功率为

$$S_2 = 3 \cdot \frac{U}{\sqrt{3}} \cdot I_2 = UI$$

因此 $\quad S_1 = S_2 = UI \tag{6.12}$

即单相负荷的正序视在功率等于负序视在功率，它们都等于单相负荷的视在功率。

3. 电能损失

由于 $\dot{I}_C = 0$（参见图 6.3），单相负荷电流在三相系统电路中产生的电能损失为

$$\Delta A = I_A^2 Rt + I_B^2 Rt + I_C^2 Rt = 2I^2 Rt$$

式中，R 表示三相系统电路相电阻；t 表示用电时间。

正序电流和负序电流在三相系统电路中产生的电能损失分别为

$$\Delta A_1 = I_{A1}^2 Rt + I_{B1}^2 Rt + I_{C1}^2 Rt = 3\left(\frac{I}{\sqrt{3}}\right)^2 Rt = I^2 Rt$$

$$\Delta A_2 = I_{A2}^2 Rt + I_{B2}^2 Rt + I_{C2}^2 Rt = 3\left(\frac{I}{\sqrt{3}}\right)^2 Rt = I^2 Rt$$

因此 $\quad \Delta A = \Delta A_1 + \Delta A_2 \tag{6.13}$

即单相负荷电流在三相系统电路中产生的电能损失，等于正序电流电能损失与负序电流电能损失之和，并且负序电流电能损失与正序电流电能损失相等。

三、负序电流电路

正序电流电路即通常的对称三相电路。负序电流电路也是对称三相电路，不过电路中的旋转电机（如发电机和电动机）对负序电流的电抗与正序不同。

1. 负序电抗

负序电抗 X_2 是指当负序电流 I_2 流过电气元件时所遇到的电抗,即电气元件两端的负序电压降 U_2 与负序电流 I_2 的比值(当忽略电阻不计时)。

对于输电线、变压器和电抗器等静止元件,不存在旋转磁场问题。当它们分别流过正序或负序电流时,负序磁通和正序磁通所遇到的磁阻是一样的,三相的电磁关系是相同的。因此,它们的负序电抗 X_2 分别等于其正序电抗 X_1。

同步发电机就不同了。当三相负序电流流过同步发电机定子绕组时,将产生与转子旋转方向相反、对转子的相对转速为两倍同步转速的旋转磁场。它遇到的磁阻和正序磁通遇到的磁阻是不同的,负序电枢反应电抗与正序电枢反应电抗是不相等的,所以负序电抗与正序电抗不相等。而且负序电流产生的旋转磁场交替地正对转子纵轴、横轴,于是相对于转子不同时刻,负序电抗也不同。在实用计算中,同步发电机负序电抗 X_2 取纵轴超瞬态电抗 X_d'' 和横轴超瞬态电抗 X_q'' 的平均值。由于横轴方向漏磁大,X_q'' 大于 X_d'',故 X_2 大于 X_d''。各种类型同步发电机负序电抗 X_2 的典型值参见表 1.1。

同步调相机和同步电动机的负序情况与同步发电机类似。感应电动机的负序电抗就等于它的漏抗(又称为短路电抗)。

2. 负序网络

如果把图 6.3 中的单相负荷阻抗 Z_L 的半值 $Z_L/2$ 串入 A 相,另半值 $Z_L/2$ 串入 B 相。因 C 相电流为零,故也可假定 C 相串入 $Z_L/2$。那么,图 6.3 所示的单相负荷电路就变成图 6.6 所示的对称三相电路,只是在其 A,B 两相末端短路。

分析一个具体的比较简单的电力系统,如图 6.7(a)所示。正序电路和负序电路都是对称三相电路,因此它们都可以用一相来代表三相。Z_T,Z 分别代表升压变压器和输电线的阻抗。正序电路如图 6.7(b)所示,称为正序网络。其中,U_1 表示负荷点的正序电压。由于属稳态过程,所以发电机用恒压电源 E 表示,E 为正序电势,发电机电抗为零。负序电路如图 6.7(c)所示,称为负序网络。其中,U_2 表示负荷点的负序电压。由于发电机发出的是对称三相电势,所以在负序网络中发电机负序电势为零,负序电抗为 X_2,就用 X_2 表示发电机。

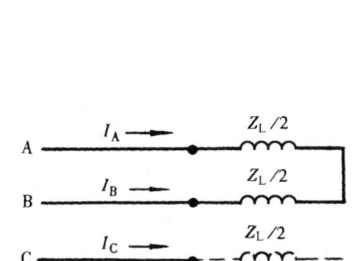

图 6.6 单相负荷电路变对称三相电路

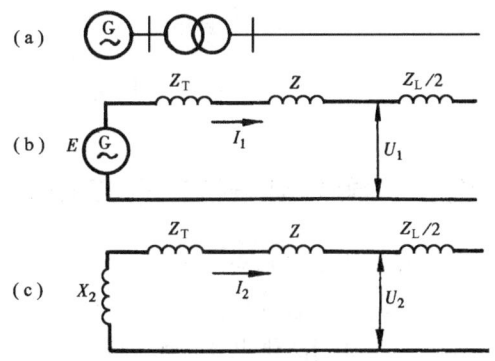

图 6.7 正序网络和负序网络

如前所述,单相负荷在电力系统中引起正序电流和负序电流,它们的绝对值相等,即

$I_1 = I_2$。因此，可画出图 6.8 所示的等效计算电路，称为复合序网。其中，E 是唯一的电源。它送出电流 I_1，经 Z_T，Z，$Z_L/2$，然后进入负序网络，经 X_2，Z_T，Z，$Z_L/2$ 流回电源。可见，负序电流产生的电能损失也是由电源供给的。

正序网络和负序网络中的电压分布分别表示于图 6.8（b），（c）中。由图可知，负荷点的正序电压 U_1 等于发电机电压减正序网络中的正序电压损失。正序电压在负荷点最低，越靠近电源越高。负荷点的负序电压 U_2 等于负序网络中的负序电压损失（包括发电机负序电抗 X_2 的电压损失）。由于 X_2 的电压损失，图 6.8（c）中负序电压的起点略低于零。负序电压在负荷点最大，越接近电源越小。

通过以上分析可知，单相负荷阻抗 Z_L 接入电力系统时引起负序电流，沿系统网络循环。因此，从效果上看，可以把单相负荷看成一个负序电流源，其电流为 I_2，端电压为 U_2，如图 6.9 所示。负序电压在负荷点等于负序电流源端电压 U_2，然后沿输电线至电源方向逐渐下降，到发电机转子中下降为零。这个概念，对实际处理和分析负序问题很方便。

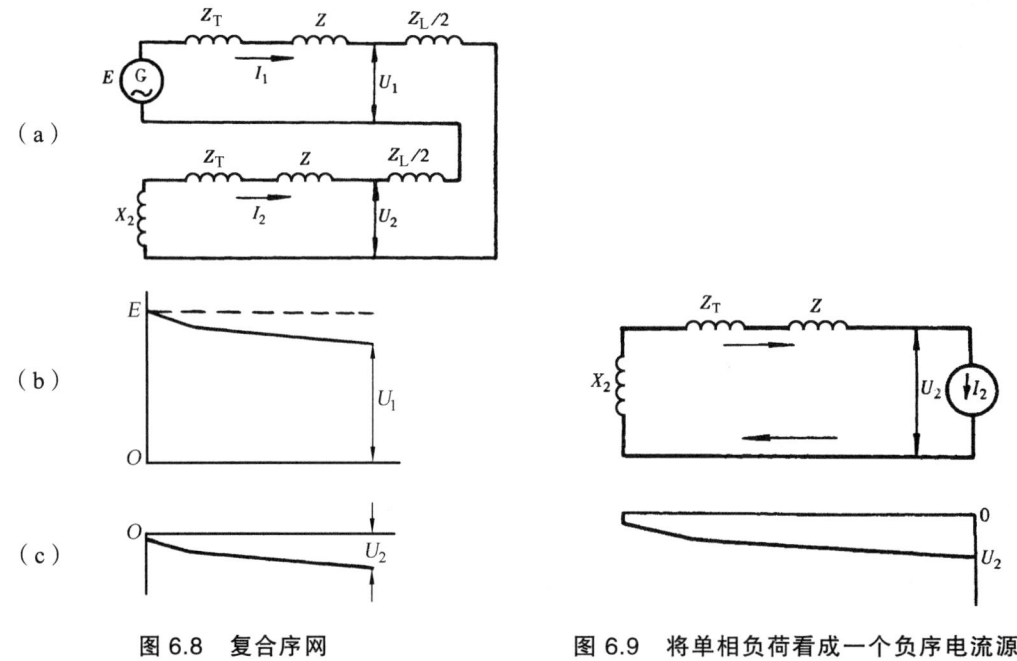

图 6.8　复合序网　　　　　　　图 6.9　将单相负荷看成一个负序电流源

当电力系统中存在大功率调相机和电动机时，也应在负序网络中引入它们的负序电抗。

四、不同联结形式的牵引变压器负荷引起的负序电流

为了研究单相工频交流牵引负荷对电力系统的负序影响，必须分析各种不同联结形式的牵引变压器负荷引起的负序电流。在分析过程中，有以下共同假设：牵引变压器一次侧三相电压对称；二次侧两供电臂功率因数相等；忽略牵引变压器空载电流不计。

1. 单相联结牵引变压器

见图 1.9，从单相联结牵引变压器的一次侧看，同图 6.3 所示情况一样。因此，可直接由

式（6.7）、式（6.8）和式（6.12）写出

$$\left.\begin{aligned}
\dot{I}_{A1} &= \frac{1}{\sqrt{3}K}(I'+I'')\mathrm{e}^{-\mathrm{j}30°} \\
\dot{I}_{A2} &= \frac{1}{\sqrt{3}K}(I'+I'')\mathrm{e}^{\mathrm{j}30°} \\
\dot{I}_0 &= 0 \\
K_I &= \frac{I_2}{I_1} \times 100\% = \frac{\frac{1}{\sqrt{3}K}(I'+I'')}{\frac{1}{\sqrt{3}K}(I'+I'')} \times 100\% = 100\% \\
S_1 &= S_2 = U(I'+I'')
\end{aligned}\right\} \quad (6.14)$$

式中，K 为单相联结牵引变压器变压比。

可见，当牵引变电所采用单相联结牵引变压器时，其负荷在三相电力系统中引起的负序电流绝对值与正序电流绝对值相等，电流不对称系数等于 100%，负序功率等于正序功率，也等于牵引负荷功率。

2. 单相 Vv 联结牵引变压器

原理电路和相量关系分别见图 1.10(a)，(b)。以 $\dot{I}_{bc}$ 为基准，则 $\dot{I}_{bc} = I_{bc}$，$\dot{I}_{ca} = I_{ca}\mathrm{e}^{-\mathrm{j}120°} = a^2 I_{ca}$。于是，式（1.5）变为

$$\begin{aligned}
\dot{I}_A &= \frac{-\dot{I}_{ca}}{K} = \frac{-a^2 I_{ca}}{K} \\
\dot{I}_B &= \frac{\dot{I}_{bc}}{K} = \frac{I_{bc}}{K} \\
\dot{I}_C &= \frac{1}{K}(\dot{I}_{ca} - \dot{I}_{bc}) = \frac{1}{K}(a^2 I_{ca} - I_{bc})
\end{aligned}$$

应用式（6.6），将上述不对称的三相电流 $\dot{I}_A$，$\dot{I}_B$，$\dot{I}_C$ 分别代入，经过演算获得结果

$$\left.\begin{aligned}
\dot{I}_{A1} &= \frac{1}{3}(\dot{I}_A + a\dot{I}_B + a^2\dot{I}_C) = \frac{1}{3}\left[\frac{-a^2 I_{ca}}{K} + a \cdot \frac{I_{bc}}{K} + a^2 \cdot \frac{1}{K}(a^2 I_{ca} - I_{bc})\right] \\
&= \frac{1}{\sqrt{3}K}(I_{bc} + I_{ca})\mathrm{e}^{\mathrm{j}90°} \\
\dot{I}_{A2} &= \frac{1}{3}(\dot{I}_A + a^2\dot{I}_B + a\dot{I}_C) = \frac{1}{3}\left[\frac{-a^2 I_{ca}}{K} + a^2 \cdot \frac{I_{bc}}{K} + a \cdot \frac{1}{K}(a^2 I_{ca} - I_{bc})\right] \\
&= \frac{1}{\sqrt{3}K}(aI_{bc} + a^2 I_{ca})\mathrm{e}^{\mathrm{j}150°} = \frac{1}{\sqrt{3}K}\sqrt{I_{bc}^2 + I_{ca}^2 - I_{bc}I_{ca}}\,\mathrm{e}^{\mathrm{j}(270°+\varphi)} \\
\dot{I}_0 &= \frac{1}{3}(\dot{I}_A + \dot{I}_B + \dot{I}_C) = \frac{1}{3}\left[\frac{-a^2 I_{ca}}{K} + \frac{I_{bc}}{K} + \frac{1}{K}(a^2 I_{ca} - I_{bc})\right] = 0
\end{aligned}\right\} \quad (6.15)$$

式中，φ 为 aI_{bc} 与 $(aI_{bc} + a^2 I_{ca})$ 的夹角；当 $I_{ca} = I_{bc}$ 时，$\varphi = 60°$。

电流不对称系数为

$$K_I = \frac{I_2}{I_1} \times 100\% = \frac{\frac{1}{\sqrt{3}K}\sqrt{I_{bc}^2 + I_{ca}^2 - I_{bc}I_{ca}}}{\frac{1}{\sqrt{3}K}(I_{bc} + I_{ca})} \times 100\%$$

$$= \frac{\sqrt{I_{bc}^2 + I_{ca}^2 - I_{bc}I_{ca}}}{I_{bc} + I_{ca}} \times 100\% \tag{6.16}$$

令 $n = I_{ca}/I_{bc}$，代入上式经过演算得

$$K_I = \frac{\sqrt{1-n+n^2}}{1+n} \times 100\% \tag{6.17}$$

三相 Vv 联结牵引变压器负荷，在电力系统中引起的负序情况与式（6.15）~ 式（6.17）相同。

3. 三相 YNd11 联结牵引变压器

三相 YNd11 联结牵引变压器原理电路和相量关系见图 1.13、图 1.14。仍然以 $\dot{I}_a$ 为基准，则 $\dot{I}_a = I_a$，$\dot{I}_b = I_b e^{j120°} = aI_b$。下面从三个不同的着眼点进行分析。

二次侧三角形外：

设 $\dot{I}'_a$，$\dot{I}'_b$，$\dot{I}'_c$ 分别表示 a，b，c 三相线电流，流出方向为正，则

$$\dot{I}'_a = \dot{I}_a = I_a$$
$$\dot{I}'_b = -\dot{I}_b = -aI_b$$
$$\dot{I}'_c = -(\dot{I}'_a + \dot{I}'_b) = -(I_a - aI_b) = aI_b - I_a$$

应用式（6.6），将上述不对称的三相电流 $\dot{I}'_a$，$\dot{I}'_b$，$\dot{I}'_c$ 分别代入，经过演算获得结果

$$\left.\begin{aligned}\dot{I}'_{a1} &= \frac{1}{3}(\dot{I}'_a + a\dot{I}'_b + a^2\dot{I}'_c) = \frac{1}{3}[I_a + a(-aI_b) + a^2(aI_b - I_a)] \\ &= \frac{1}{\sqrt{3}}(I_a + I_b)\,e^{j30°} \\ \dot{I}'_{a2} &= \frac{1}{3}(\dot{I}'_a + a^2\dot{I}'_b + a\dot{I}'_c) = \frac{1}{3}[I_a + a^2(-aI_b) + a(aI_b - I_a)] \\ &= \frac{1}{\sqrt{3}}(I_a + a^2 I_b)\,e^{-j30°} = \frac{1}{\sqrt{3}}\sqrt{I_a^2 + I_b^2 - I_aI_b}\,e^{-j(30°+\varphi)} \\ \dot{I}'_0 &= \frac{1}{3}(\dot{I}'_a + \dot{I}'_b + \dot{I}'_c) = \frac{1}{3}[I_a + (-aI_b) + (aI_b - I_a)] = 0\end{aligned}\right\} \tag{6.18}$$

式中，φ 为 I_a 与 $(I_a + a^2 I_b)$ 的夹角；当 $I_a = I_b$ 时，$\varphi = 60°$。

二次侧三角形内：

由式（1.7）可得

$$\dot{I}_{ca} = \frac{1}{3}(2\dot{I}_a - \dot{I}_b) = \frac{1}{3}(2I_a - aI_b)$$

$$\dot{I}_{ab} = \frac{1}{3}(-\dot{I}_a - \dot{I}_b) = \frac{1}{3}(-I_a - aI_b)$$

$$\dot{I}_{bc} = \frac{1}{3}(-\dot{I}_a + 2\dot{I}_b) = \frac{1}{3}(-I_a + 2aI_b)$$

应用式（6.6），将上述不对称的三相电流 $\dot{I}_{ca}$，$\dot{I}_{ab}$，$\dot{I}_{bc}$ 分别代入，经过演算获得结果

$$\left.\begin{aligned}
\dot{I}_{ca1} &= \frac{1}{3}(\dot{I}_{ca} + a\dot{I}_{ab} + a^2\dot{I}_{bc}) \\
&= \frac{1}{3}\left[\frac{1}{3}(2I_a - aI_b) + a \cdot \frac{1}{3}(-I_a - aI_b) + a^2 \cdot \frac{1}{3}(-I_a + 2aI_b)\right] \\
&= \frac{1}{3}(I_a + I_b) \\
\dot{I}_{ca2} &= \frac{1}{3}(\dot{I}_{ca} + a^2\dot{I}_{ab} + a\dot{I}_{bc}) \\
&= \frac{1}{3}\left[\frac{1}{3}(2I_a - aI_b) + a^2 \cdot \frac{1}{3}(-I_a - aI_b) + a \cdot \frac{1}{3}(-I_a + 2aI_b)\right] \\
&= \frac{1}{3}(I_a + a^2 I_b) = \frac{1}{3}\sqrt{I_a^2 + I_b^2 - I_a I_b}\,\mathrm{e}^{-\mathrm{j}\varphi} \\
\dot{I}_0 &= \frac{1}{3}(\dot{I}_{ca} + \dot{I}_{ab} + \dot{I}_{bc}) \\
&= \frac{1}{3}\left[\frac{1}{3}(2I_a - aI_b) + \frac{1}{3}(-I_a - aI_b) + \frac{1}{3}(-I_a + 2aI_b)\right] = 0
\end{aligned}\right\} \quad (6.19)$$

式中，φ 见式（6.18）。

一次侧（YN 侧）：

由式（1.7'）、式（1.8'）可知，$\dot{I}_A = \frac{\sqrt{3}}{K_U}\dot{I}_{ca}$，$\dot{I}_B = \frac{\sqrt{3}}{K_U}\dot{I}_{ab}$，$\dot{I}_C = \frac{\sqrt{3}}{K_U}\dot{I}_{bc}$，所以可由式（6.19）直接写出

$$\left.\begin{aligned}
\dot{I}_{A1} &= \frac{1}{\sqrt{3}K_U}(I_a + I_b) \\
\dot{I}_{A2} &= \frac{1}{\sqrt{3}K_U}(I_a + a^2 I_b) = \frac{1}{\sqrt{3}K_U}\sqrt{I_a^2 + I_b^2 - I_a I_b}\,\mathrm{e}^{-\mathrm{j}\varphi} \\
\dot{I}_0 &= 0
\end{aligned}\right\} \quad (6.20)$$

电流不对称系数为

$$K_I = \frac{I_2}{I_1} \times 100\% = \frac{\dfrac{1}{\sqrt{3}K_U}\sqrt{I_a^2 + I_b^2 - I_a I_b}}{\dfrac{1}{\sqrt{3}K_U}(I_a + I_b)} \times 100\%$$

$$= \frac{\sqrt{I_a^2 + I_b^2 - I_a I_b}}{I_a + I_b} \times 100\% \quad (6.21)$$

令 $n = I_b/I_a$，代入上式经过演算得

$$K_I = \frac{\sqrt{1-n+n^2}}{1+n} \times 100\% \tag{6.22}$$

4. 斯科特联结牵引变压器

斯科特联结牵引变压器原理电路和相量关系见图 1.15 ~ 图 1.17。仍然以 $\dot{I}_M$ 为基准，则 $\dot{I}_M = I_M$，$\dot{I}_T = jI_T = I_T e^{j90°} = \frac{a-a^2}{\sqrt{3}} I_T$。于是，式（1.15）变为

$$\dot{I}_A = \frac{1}{\sqrt{3}K_U} \cdot j2I_T = \frac{1}{\sqrt{3}K_U} \cdot \frac{2(a-a^2)}{\sqrt{3}} I_T = \frac{2(a-a^2)}{3K_U} I_T$$

$$\dot{I}_B = \frac{1}{\sqrt{3}K_U}(\sqrt{3}I_M - jI_T) = \frac{1}{\sqrt{3}K_U}\left(\sqrt{3}I_M - \frac{a-a^2}{\sqrt{3}}I_T\right) = \frac{I_M}{K_U} - \frac{a-a^2}{3K_U}I_T$$

$$\dot{I}_C = \frac{1}{\sqrt{3}K_U}(-\sqrt{3}I_M - jI_T) = \frac{1}{\sqrt{3}K_U}\left(-\sqrt{3}I_M - \frac{a-a^2}{\sqrt{3}}I_T\right) = -\frac{I_M}{K_U} - \frac{a-a^2}{3K_U}I_T$$

应用式（6.6），将上述不对称的三相电流 $\dot{I}_A$，$\dot{I}_B$，$\dot{I}_C$ 分别代入，经过演算获得结果

$$\left.\begin{aligned}
\dot{I}_{A1} &= \frac{1}{3}(\dot{I}_A + a\dot{I}_B + a^2\dot{I}_C) \\
&= \frac{1}{3}\left[\frac{2(a-a^2)}{3K_U}I_T + a\left(\frac{I_M}{K_U} - \frac{a-a^2}{3K_U}I_T\right) + a^2\left(-\frac{I_M}{K_U} - \frac{a-a^2}{3K_U}I_T\right)\right] \\
&= \frac{1}{\sqrt{3}K_U}(I_M + I_T)e^{j90°} \\
\dot{I}_{A2} &= \frac{1}{3}(\dot{I}_A + a^2\dot{I}_B + a\dot{I}_C) \\
&= \frac{1}{3}\left[\frac{2(a-a^2)}{3K_U}I_T + a^2\left(\frac{I_M}{K_U} - \frac{a-a^2}{3K_U}I_T\right) + a\left(-\frac{I_M}{K_U} - \frac{a-a^2}{3K_U}I_T\right)\right] \\
&= \frac{1}{\sqrt{3}K_U}(I_M - I_T)e^{-j90°} \\
\dot{I}_0 &= \frac{1}{3}(\dot{I}_A + \dot{I}_B + \dot{I}_C) \\
&= \frac{1}{3}\left[\frac{2(a-a^2)}{3K_U}I_T + \left(\frac{I_M}{K_U} - \frac{a-a^2}{3K_U}I_T\right) + \left(-\frac{I_M}{K_U} - \frac{a-a^2}{3K_U}I_T\right)\right] = 0
\end{aligned}\right\} \tag{6.23}$$

电流不对称系数为

$$K_I = \frac{I_2}{I_1} \times 100\% = \frac{\frac{1}{\sqrt{3}K_U}(I_M - I_T)}{\frac{1}{\sqrt{3}K_U}(I_M + I_T)} \times 100\% = \frac{I_M - I_T}{I_M + I_T} \times 100\% \tag{6.24}$$

令 $n = I_T / I_M$，代入上式经过演算得

$$K_I = \frac{1-n}{1+n} \times 100\% \quad (6.25)$$

5. 平衡牵引变压器

见图 1.20、图 1.18 和图 1.19，如图所示，$\dot{I}_\beta$ 比 $\dot{I}_\alpha$ 超前 $90°$，以 $\dot{I}_\alpha$ 为基准相量，则 $\dot{I}_\alpha = I_\alpha$，$\dot{I}_\beta = \mathrm{j} I_\beta = I_\beta \mathrm{e}^{\mathrm{j}90°} = \frac{a-a^2}{\sqrt{3}} I_\beta$。于是，式（1.63）变为

$$\left.\begin{aligned}
\dot{I}_A &= \frac{1}{\sqrt{6}K_U}\left[(\sqrt{3}+1)I_\alpha - (\sqrt{3}-1)\frac{a-a^2}{\sqrt{3}}I_\beta\right] \\
\dot{I}_B &= \frac{1}{\sqrt{6}K_U}\left(-2I_\alpha - 2\times\frac{a-a^2}{\sqrt{3}}I_\beta\right) \\
\dot{I}_C &= \frac{1}{\sqrt{6}K_U}\left[-(\sqrt{3}-1)I_\alpha + (\sqrt{3}+1)\frac{a-a^2}{\sqrt{3}}I_\beta\right]
\end{aligned}\right\} \quad (6.26)$$

式中，K_U 为平衡变压器的变压比。

应用式（6.6），将上述不对称三相电流 $\dot{I}_A$，$\dot{I}_B$，$\dot{I}_C$ 分别代入，经过演算获得 YN▽联结、YN▽联结阻抗匹配和非阻抗匹配 YN▽联结三种平衡变压器一次侧 $\dot{I}_{A1}$，$\dot{I}_{A2}$，$\dot{I}_0$ 如下

$$\left.\begin{aligned}
\dot{I}_{A1} &= \frac{1}{3}(\dot{I}_A + a\dot{I}_B + a^2\dot{I}_C) = \frac{1}{3}\left\{\frac{1}{\sqrt{6}K_U}\left[(\sqrt{3}+1)I_\alpha - (\sqrt{3}-1)\frac{a-a^2}{\sqrt{3}}I_\beta\right] + \right.\\
&\quad \left. a\cdot\frac{1}{\sqrt{6}K_U}\left(-2I_\alpha - 2\times\frac{a-a^2}{\sqrt{3}}I_\beta\right) + a^2\cdot\frac{1}{\sqrt{6}K_U}\left[-(\sqrt{3}-1)I_\alpha + (\sqrt{3}+1)\frac{a-a^2}{\sqrt{3}}I_\beta\right]\right\} \\
&= \frac{1}{\sqrt{3}K_U}(I_\alpha + I_\beta)\mathrm{e}^{-\mathrm{j}15°} \\
\dot{I}_{A2} &= \frac{1}{3}(\dot{I}_A + a^2\dot{I}_B + a\dot{I}_C) = \frac{1}{3}\left\{\frac{1}{\sqrt{6}K_U}\left[(\sqrt{3}+1)I_\alpha - (\sqrt{3}-1)\frac{a-a^2}{\sqrt{3}}I_\beta\right] + \right.\\
&\quad \left. a^2\cdot\frac{1}{\sqrt{6}K_U}\left(-2I_\alpha - 2\times\frac{a-a^2}{\sqrt{3}}I_\beta\right) + a\cdot\frac{1}{\sqrt{6}K_U}\left[-(\sqrt{3}-1)I_\alpha + (\sqrt{3}+1)\frac{a-a^2}{\sqrt{3}}I_\beta\right]\right\} \\
&= \frac{1}{\sqrt{3}K_U}(I_\alpha - I_\beta)\mathrm{e}^{\mathrm{j}15°} \\
\dot{I}_0 &= \frac{1}{3}(\dot{I}_A + \dot{I}_B + \dot{I}_C) = \frac{1}{3}\left\{\frac{1}{\sqrt{6}K_U}\left[(\sqrt{3}+1)I_\alpha - (\sqrt{3}-1)\frac{a-a^2}{\sqrt{3}}I_\beta\right] + \right.\\
&\quad \left. \frac{1}{\sqrt{6}K_U}\left(-2I_\alpha - 2\times\frac{a-a^2}{\sqrt{3}}I_\beta\right) + \frac{1}{\sqrt{6}K_U}\left[-(\sqrt{3}-1)I_\alpha + (\sqrt{3}+1)\frac{a-a^2}{\sqrt{3}}I_\beta\right]\right\} = 0
\end{aligned}\right\} \quad (6.27)$$

电流不对称系数为

$$K_I = \frac{I_2}{I_1} \times 100\% = \frac{\frac{1}{\sqrt{3}K_U}(I_\alpha - I_\beta)}{\frac{1}{\sqrt{3}K_U}(I_\alpha + I_\beta)} \times 100\% = \frac{I_\alpha - I_\beta}{I_\alpha + I_\beta} \times 100\% \tag{6.28}$$

令 $n = I_\beta / I_\alpha$，代入上式经过演算得

$$K_I = \frac{1-n}{1+n} \times 100\% \tag{6.29}$$

6. 不同联结形式的牵引变压器负荷引起的不对称影响综合分析

① 单相联结牵引变压器负荷，在电力系统中引起的不对称度最严重，K_I 达 100%，见式（6.14）和图 6.10 中的水平线 1。

② 单相和三相 Vv 联结、三相 YNd11 联结牵引变压器负荷，在电力系统中引起的不对称度相同，当 $n = 1$（两供电臂电流相等）时，$K_I = 50\%$，见式（6.16）、式（6.17）、式（6.21）、式（6.22）和图 6.10 曲线 2。

③ 斯科特联结、平衡联结牵引变压器负荷，在电力系统中引起的不对称度相同，当 $n = 1$（两供电臂电流相等）时，$K_I = 0$，见式（6.24）、式（6.25）、式（6.28）、式（6.29）和图 6.10 曲线 3。

④ 当 $n = 0$（两供电臂中一臂有电流，另一臂无电流）

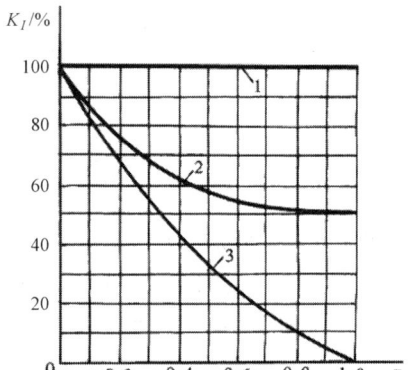

图 6.10 不同联结形式的牵引变压器负荷在电力系统中引起的不对称度

时，单相和三相 Vv 联结、三相 YNd11 联结、斯科特联结以及平衡联结牵引变压器负荷，在电力系统中引起的不对称度相同，都与单相联结牵引变压器负荷一样，$K_I = 100\%$，见上述各式和图 6.10。除了 $n = 0$ 的情况以外，总的来说，斯科特联结、平衡联结牵引变压器负荷的负序影响是最小的。

⑤ 单相联结牵引变压器负荷的负序功率已见于式（6.14）和相应的说明。上述其余几种联结牵引变压器负荷的负序功率，这里分析当 $n = 1$（两供电臂负荷电流相等）时的值。此时，斯科特联结、平衡联结牵引变压器负荷的负序功率为零。单相和三相 Vv 联结、三相 YNd11 联结牵引变压器负荷的负序功率相同。因两供电臂负荷电流相等（令其等于 I），故由式（6.15）、式（6.20）（式中牵引变压器变压比都以 K 表示）可得正、负序电流绝对值分别为

$$\left.\begin{array}{l} I_1 = \dfrac{2I}{\sqrt{3}K} \\ I_2 = \dfrac{I}{\sqrt{3}K} \end{array}\right\}$$

设牵引变压器二次额定电压为 U，则一次额定电压为 KU。于是，正、负序功率分别为

$$\left.\begin{array}{l} S_1 = \sqrt{3} \cdot KU \cdot I_1 = \sqrt{3} \cdot KU \cdot \dfrac{2I}{\sqrt{3}K} = 2UI \\ S_2 = \sqrt{3} \cdot KU \cdot I_2 = \sqrt{3} \cdot KU \cdot \dfrac{I}{\sqrt{3}K} = UI \end{array}\right\} \tag{6.30}$$

即当两供电臂负荷电流相等时，单相和三相 Vv 联结、三相 YNd11 联结牵引变压器负荷的负序功率等于正序功率的一半，也等于牵引负荷功率的一半。

⑥ 上述单相联结、单相和三相 Vv 联结、三相 YNd11 联结（无论二次侧三角形外、内或一次侧）、斯科特联结以及平衡联结牵引变压器负荷，都不会在电力系统中引起零序电流，即 $\dot{I}_0 = 0$。

第二节　负序电流对电力系统的影响

一、负序电流对电力系统的影响

1. 对同步发电机的影响

单相牵引负荷，引起发电机的不对称运行。从发电机的安全运行考虑，其每相电流都不应超过额定值。否则，电流最大的一相将超过额定温升。当最大一相电流达到额定值时，较小的两相电流却小于额定值。因此，限制了发电机的出力。

当负序电流流过发电机定子绕组时，产生负序旋转磁场。它相对于转子的旋转速度为同步转速的两倍，即以两倍同步转速切割转子导体。在励磁绕组和阻尼绕组中感应产生两倍工频的附加电流，在转子表面感应产生涡流。这些附加电流和涡流形成附加损耗，引起转子温升额外增高。一般来说，隐极发电机的转子温升比凸极发电机的情况严重。因此，汽轮发电机（一般为隐极式）必须应用技术更先进的冷却方式，以适应热稳定性要求。

同时，由负序旋转磁场与转子励磁磁势以及由正序旋转磁场与定子负序磁势所产生的两倍工频的交变电磁力矩，同时作用在转子转轴和定子机座上，引起两倍工频的附加振动。铸造的机座承受振动的能力大，而焊接的机座承受振动的能力小。这是由于后者在强烈的振动下，焊缝容易开裂。因此，焊接机座必须应用高水平的焊接技术，以适应动稳定性要求。

负序电流对同步调相机、同步电动机也有与上述类似的影响。

2. 对感应电动机的影响

电力系统中的动力负荷大部分为感应电动机。当负序电流流入电力系统时，将造成电动机定子绕组三相电压不对称而使正序分量减小。当电动机的机械功率不变时，必将引起定子电流增加，并造成各相电流不平衡，从而降低运行效率，使电动机过热。电动机的正序阻抗 Z_1 等于其负载阻抗 Z_L，负序阻抗 Z_2 近似等于其漏抗 Z_l。由式（6.8）、式（6.9）可得

$$K_I = \frac{I_2}{I_1} = \frac{\dfrac{U_2}{Z_2}}{\dfrac{U_1}{Z_1}} = K_U \cdot \frac{Z_L}{Z_l} = K_U \cdot \frac{U_N}{Z_l} \cdot \frac{1}{I_N} = K_U \cdot \frac{I_{st}}{I_N} = K_U K_{st} \quad (6.31)$$

式中，K_{st} 为电动机启动电流 I_{st} 与额定电流 I_N 之比。由式（6.31）可知，如果电动机启动电流比额定电流大得越多，则它的电流不对称度越大。当 $K_U = 5\%$，$K_{st} = 3 \sim 8$ 时，则 K_I 可达 15% ~ 40%。

负序电流还将在电动机中产生负序旋转磁场,对转子产生制动力矩而引起制动作用,使电动机的出力下降。电压不对称度越大,该制动力矩越大。

3. 对电力变压器的影响

由于负序电流流入电力系统而使三相电流不对称。从电力变压器的安全运行考虑,其每相电流都不应超过额定值或允许过载值。当最大一相电流达到额定值或允许过载值时,较小的两相电流却还小于该值,从而使变压器容量利用率下降。另外,负序电流还造成变压器的附加电能损失,并在变压器铁芯磁路中造成附加发热。

4. 对输电线路的影响

负序电流流过输电线路时,负序有功功率等于零,却要产生电能损失,从而降低了输电线路的输送能力。

5. 对继电保护的影响

负序电流容易使电力系统中以负序分量启动的继电保护及自动装置误动作,从而增加保护的复杂性。

二、负序电流的允许值

1. 发电机

根据文献[18],汽轮发电机,水轮发电机、同步调相机和同步电动机,任何一相电流不超过额定电流 I_N,允许连续运行的负序电流 I_2 与 I_N 之比 I_2/I_N 和故障状态下允许短时运行的 $(I_2/I_N)^2 t$(t 为 I_2 流通时间,s)的最大值,分别见表6.1和表6.2所示的标准。

表6.1 汽轮发电机负序电流允许值

冷却方式		额定容量 S_N(MVA)	允许连续运行的 I_2/I_N 最大值	故障状态下允许短时运行的 $(I_2/I_N)^2 t$ 最大值
间接冷却	空气 氢气	$S_N < 62.5$ $62.5 \leq S_N \leq 235$	0.10 0.10	15 10
直接冷却(内冷)		$235 < S_N \leq 353$ $353 < S_N \leq 667$ $667 < S_N$	0.10 0.08 $0.08-[(S_N-350) \times 10^{-4}/3]$	10 10 $8-0.00545(S_N-350)$

表6.2 水轮发电机、同步调相机和同步电动机负序电流允许值

电机种类	冷却方式	允许连续运行的 I_2/I_N 最大值	故障状态下允许短时运行的 $(I_2/I_N)^2 t$ 最大值
水轮发电机	间接冷却 直接冷却(内冷)	0.08 0.05	20 15
同步调相机	间接冷却 直接冷却(内冷)	0.10 0.08	20 15
同步电动机	间接冷却 直接冷却(内冷)	0.10 0.08	20 15

2. 感应电动机

我国对感应电动机定子绕组端子上允许的不对称电压数值没有明确规定。国家标准《电能质量 三相电压允许不平衡度》（GB/T 15543）规定，电力系统公用连接点三相电压允许不平衡度正常运行方式下为 2%，短时不得超过 4%。

对于非持续工作制的感应电动机，不做不对称电压的计算。

三、负序影响的计算

负序影响的大小取决于两方面的条件：其一为电力系统的容量大小和运行方式；其二为牵引供电系统的牵引变压器联结形式、负荷大小和运行方式。因此，负序影响的计算应由电业部门和铁路部门互相配合进行，一般有两种方法。

1. 分配系数法

计算电力牵引负荷对电力系统发电机的负序影响，需要计算对该发电机的负序电流分配，并检验是否超出发电机负序电流允许值，这就是分配系数法。下面介绍这种方法的基本原理。

将每个牵引变电所看作负序电流源。电力系统中负序电流和负序电压的监视点，由电业部门根据系统运行方式提出。选择离牵引供电系统电气距离较近的发电厂内允许承担负序电流较小的发电机组作为负序电流的监视点；选择离牵引供电系统电气距离较近，离发电厂电气距离较远的地区变电站作为负序电压的监视点。

（1）电力系统的原始资料和负序网络

电业部门应提供的计算年度的原始资料包括下列各项内容：

① 相关电力系统的阻抗图和地理接线图；
② 相关地区变电站负荷的负序阻抗资料，提供其实测值；
③ 相关电力系统的各种运行方式，包括开机方式，主要设备和送电线路的投入与退出等；
④ 负序电流和负序电压的监视点；
⑤ 发电机、同步调相机等承受负序能力的标准。

根据上述资料绘制的不同运行方式下的负序网络图及其阻抗参数也由电业部门提供。电力系统各元件负序阻抗见表 6.3。负序网络图中，所有阻抗都归算至同一电压级，用欧姆值或标幺值表示。

表 6.3 电力系统各元件负序阻抗

元 件	负序阻抗	元 件	负序阻抗	元 件	负序阻抗
汽轮发电机	$X_{2*} = 0.16$	同步调相机（或电动机）	$X_{2*} = 0.17$	送电线路	$Z_2 = Z_1$
水轮发电机（有阻尼）	$X_{2*} = 0.22$	变压器	$Z_2 = Z_1$	感应电动机	$Z_{2*} = 0.20$
水轮发电机（无阻尼）	$X_{2*} = 0.51$	电抗器	$X_2 = X_1$	综合负载	$Z_{2*} = 0.35$

注：* 表示标幺值（基准容量 $S_d = 100$ MVA）。

（2）网络的变换化简

在多数场合下，电力系统向牵引供电系统供电的网络比较复杂。为了求得监视点的负序电流分配系数，需要将系统变换化简。化简至包括各监视点和各负序电流源的最简单网络，使网络中不属于监视点的电源点和负荷点尽量少。网络的变换与化简最常用的方法是串联、并联和△-Y间的变换（在其他课程中阐述）。此外，还可采用以下方法：

① 利用对称关系化简。在网络化简过程中，有时遇到对于负序电流源具有局部或全部对称关系。利用对称关系可根据下述原则使网络简化。即同电位的点可以用线连接起来，同电位点间的电抗被短接后可以除去。如图 6.11 所示的网络，若 $X_1 = X_2$，$X_3 = X_4$，$X_5 = X_6$，则 A，B 两点同电位，可用线连接起来，X_7 可被短接。其中，C，D 为负序电流源。

② 合成阻抗分解。如图 6.12 所示，从总的合成负序阻抗 X_Z 中分出某一阻抗 X_1，则其余各阻抗的合成阻抗 X_{Z-1} 按下式计算

$$X_{Z-1} = \frac{X_1 \cdot X_Z}{X_1 - X_Z} \tag{6.32}$$

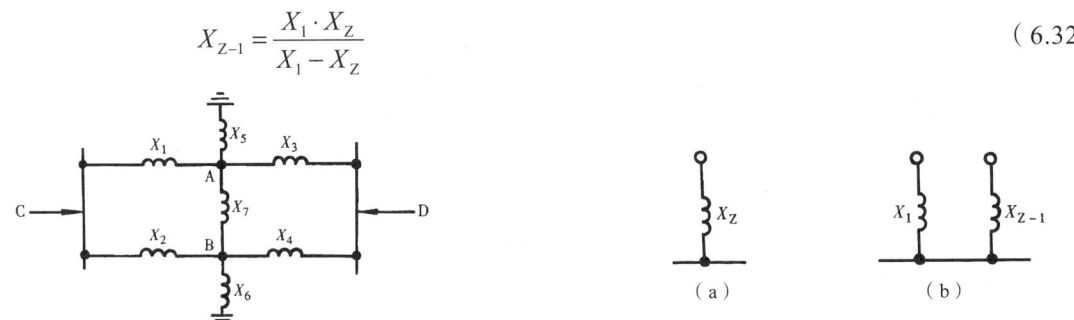

图 6.11 对称网络示例图　　　　　图 6.12 合成阻抗分解示例图

（3）监视点的负序电流分配系数

求某一负序电流源对监视点的负序电流分配系数时，将其他负序电流源开路，并进一步化简网络，直到负序电流源与监视点间为简单的分支关系为止。分配系数可用以下方法求得。

① 单位电流法。设流入计算监视点的电流为单位电流（如 1 A），则可在简单的分支网络中，利用负序电流按与阻抗成反比分配的关系以及欧姆定律求得负序电流源的负序电流，进而求得计算监视点的分配系数。

如图 6.13 所示，设流入计算监视点 Q 的电流为 1 A，则 S 处的电压为 1×25 = 25 V，R 处流入的电流为 25/50 = 0.5（A）；T 处流出的电流为 1 + 0.5 = 1.5（A），其电压为 25 + 1.5×20 = 55（V）；W 处流入的电流为 55/1 100 = 0.05（A）。所以，负序电流源总的负序电流为 1.5 + 0.05 = 1.55（A）；计算监视点 Q 的负序电流分配系数为 1/1.55 = 0.645。

② 网络简化法。仍以图 6.13 为例，Q 与 R 两支路合并得阻抗为 16.7 Ω，再加 ST 线路阻抗 20 Ω 得 36.7 Ω。设负序电流源流出的负序电流为 100 A，则流入 Q 与 R 两支路合并后的电路的负序电流为 100×1 100/(1 100 + 36.7) = 96.8（A），而分配到 Q 支路的负序电流为 96.8×50/(50 + 25) = 64.5（A）。即计算监视点 Q 的负序电流分配系数为 64.5/100 = 0.645，计算结果与上述单位电流法相同。

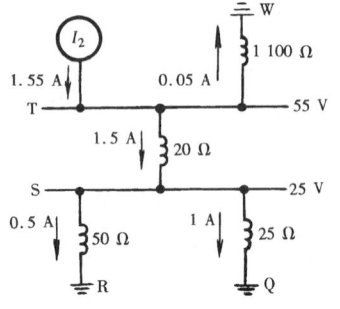

图 6.13 分配系数计算示例图

（4）牵引供电系统负序影响的计算资料和计算条件

铁路部门应提供的牵引供电系统负序影响的计算资料包括下列各项内容：

① 列车对数 N（计算年度的列车对数 N_c 和线路非平行运行图通过能力 $N_{非}$）；

② 各供电臂的区间数（单线）或追踪间隔数（双线）n；

③ 供电臂列车用电平均电流 I 和列车有效电流 I_{et}；

④ 供电臂平均电流 I_{av} 和有效电流 I_e；

⑤ 供电臂区间平均用电概率 p；

⑥ 各牵引变电所接入电力系统的相序。

计算条件应为：

① 对于较短的电气化区段，牵引变电所数量少。此时，各供电臂列车考虑为计算年度的正常运行状态；而对电力系统监视点产生负序电流最严重的一相的各供电臂列车数，为正常运行状态下的 95% 概率最大值。

② 对于较长的电气化区段，当由同一电力系统供电的牵引变电所数量较多时，考虑两个同相的相邻供电臂中，列车为紧密运行状态（列车按线路的非平行能力运行），这两个供电臂对电力系统监视点的负序电流分配系数最大；其他供电臂中，列车为计算年度的正常运行状态。

（5）监视点负序电流和负序电压计算

① 供电臂（或列车）负荷在电力系统中引起的负序电流 I_2，按本章第一节分析，在牵引变压器一次额定电压为 110 kV 情况下，对于单相联结、单相和三相 Vv 联结、三相 YNd11 联结牵引变压器而言，都有如下关系：

$$\left. \begin{array}{ll} 供电臂 & I_2 = 0.144 I_e \\ 列\ 车 & I_2 = 0.144 I_{et} \end{array} \right\} \tag{6.33}$$

② 各同相供电臂 95% 概率最大列车数计算：

• 单线区段

设同相各供电臂共有 $\sum n$ 个区间，平均用电概率为 p_{av}，则同相各供电臂中出现列车的概率为（当列车数 $m \leq \sum n$ 时）

m 列车的概率 $\quad p_{\Sigma n}^{(m)} = p_{av}^m$

（$m-1$）列车的概率 $\quad p_{\Sigma n}^{(m-1)} = C_{\Sigma n}^{m-1} \cdot p_{av}^{m-1} \cdot q_{av}$

$\vdots$

一列车的概率 $\quad p_{\Sigma n}^{(1)} = C_{\Sigma n}^1 \cdot p_{av} \cdot q_{av}^{m-1}$

无列车的概率 $\quad p_{\Sigma n}^{(0)} = q_{av}^m$

因此，列车数不大于 m 的概率积分式为

$$\sum p_{\Sigma n}^{(m)} = p_{\Sigma n}^{(m)} + p_{\Sigma n}^{(m-1)} + \cdots + p_{\Sigma n}^{(1)} + p_{\Sigma n}^{(0)} \tag{6.34}$$

如图 6.14 所示的曲线，即为 $\sum n = 10$，$p_{av} = 0.386$ 的概率积分曲线。由该曲线可以求出同相各供电臂中可能出现的 95% 概率最大列车数 $m_{max} = 6.5$。

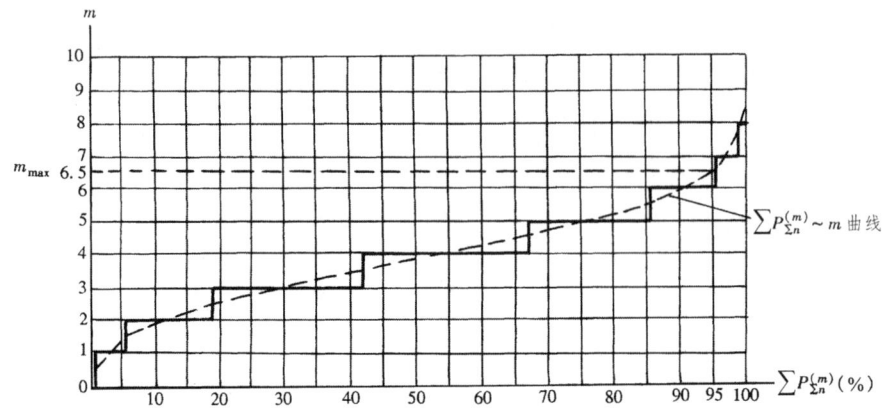

图 6.14 同相各供电臂列车数目的概率积分曲线图

- 双线区段

如前所述，对于双线区段，n 取追踪间隔数。由于上、下行线路都可能有列车，所以 $n = n_上 + n_下$。其余计算同单线区段。

- 95% 概率最大列车数计算中有关参数的确定

同相各供电臂中区间列车平均用电时间为

$$t_{uav} = \frac{\sum(\sum t_{ui})}{\sum n} \quad (\min) \tag{6.35}$$

式中，t_{uav} 对于单线区段指一对车，对于双线区段指一列车；$\sum t_{ui}$ 为一个供电臂中一对车用电运行时间（min）。

平均用电概率为

$$p_{av} = \frac{N_c t_{uav}}{T} \tag{6.36}$$

不用电概率为

$$q_{av} = 1 - p_{av} \tag{6.37}$$

③ 区间列车平均有效电流 I_{eav} 以及分配到监视点的列车计算电流 I_{ct} 计算：

$$I_{eav} = \frac{\sum(I_{et} \cdot \sum t_{ui})}{\sum(\sum t_{ui})} \tag{6.38}$$

$$I_{ct} = \frac{I_{eav} \sum(C_i \cdot \sum t_{ui})}{\sum(\sum t_{ui})} \tag{6.39}$$

式中，C_i 为某牵引变电所对监视点的负序电流分配系数。

④ 流入监视点的负序电流计算。各相供电臂负荷在电力系统中引起的负序电流相量按逆相序排列（相位差 120°），总负序电流是它们的相量和。此情况适用于各种变压器联结形式。

监视点负序电流计算相量示意图如图 6.15，其中三个电流相量分别表示各相供电臂负荷引起的负序电流，参照式（6.33）的适用情况，可得：

$$\left.\begin{array}{l}I_{A2}=0.144\sum(I_{Ae}\cdot C_i)\\ I_{B2}=0.144\sum(I_{Be}\cdot C_i)\\ I_{C2}=0.144\sum(I_{Ce}\cdot C_i)\end{array}\right\} \qquad (6.40)$$

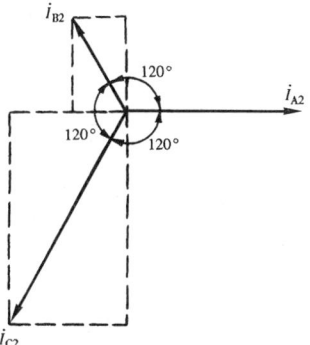

图 6.15　监视点负序电流计算相量示意图

实际应用式（6.40）时，对电力系统监视点产生负序电流最严重的一相，应分别考虑计算条件①和②。按计算条件①计算时，该相各供电臂的列车总数为 95% 概率最大值 m_{max}，式（6.40）中对应该相的计算公式中除系数 0.144 以外的乘积之和用 $m_{max}\cdot I_{ct}$ 代替。按计算条件②计算时，该相两个相邻的供电臂考虑为列车紧密运行状态，式（6.40）中对应该相的计算公式括号中的乘积，取列车对数为 $N_{\text{紧}}$ 的供电臂有效电流与相应分配系数的乘积。其余各供电臂无论按计算条件①、②计算时，式（6.40）中对应另两相的计算公式括号中的乘积，都取列车对数为 N_c 的供电臂有效电流与相应分配系数的乘积。

监视点总的负序电流为（以 I_{A2} 为参考相量）

$$\sum\dot{I}_2=\left[I_{A2}-\frac{1}{2}(I_{B2}+I_{C2})\right]+j\frac{\sqrt{3}}{2}(I_{B2}-I_{C2}) \qquad (6.41)$$

⑤ 监视点的负序电压计算。当监视点的综合负载负序阻抗为 Z_{L2}、负序电流为 $\sum I_2$ 时，则负序电压为

$$\sum U_2=Z_{L2}\cdot\sum I_2 \qquad (6.42)$$

⑥ 监视点对负序影响的承受能力校验。负序电流监视点总的负序电流百分值为

$$I_2(\%)=\frac{\sum I_2}{I_N}\times 100\% \qquad (6.43)$$

式中，I_N 为监视点的额定电流，按下式计算

$$I_N=\frac{P_N}{\sqrt{3}\,U_N\cos\varphi_N} \qquad (6.44)$$

其中，P_N 为发电机的额定容量（kW）；U_N 为负序电流监视点的额定电压（kV）；$\cos\varphi_N$ 为发电机的额定功率因数。

负序电压监视点的负序电压百分值为

$$U_2(\%)=\frac{\sum U_2}{U_N}\times 100\% \qquad (6.45)$$

式中，U_N 为负序电压监视点的额定电压（kV），它等于正序电压，因此式（6.45）即电压不对称度。

按式（6.43）、式（6.45）计算结果应符合前述标准。

2. 短路容量法

对于容量较大的电力系统，单相负荷对电力系统的负序影响，可以采用比较简单的方法进行估算。设电力系统的短路容量为 S_k，牵引变电所的最大负序功率为 $S_{2\max}$，一般来说，当

$$\frac{S_{2\max}}{S_k} < 3\% \tag{6.46}$$

时，单相负荷对电力系统的负序影响可以忽略不计，这就是短路容量法。

牵引变电所的最大负序功率 $S_{2\max}$ 的确定方法：先根据牵引变压器的不同联结形式，分别按式（6.14）、式（6.15）、式（6.20）、式（6.23）和式（6.27）各自的第 2 式算出最大负序电流 $I_{2\max}$ 的绝对值（计算时，重负荷供电臂取最大电流，轻负荷供电臂取有效电流），再参照式（6.30）第二式计算 $S_{2\max}$。

电力系统的短路容量，通常由电业部门提供，计算点为电力系统与牵引变电所的衔接处。当系统短路容量缺乏资料时，可根据系统短路阻抗进行计算，计算公式见第一章式（1.4）。

四、减少负序影响的措施

为了减少单相牵引负荷对电力系统的负序影响，必要时可在牵引供电系统、电力系统采取改善措施。

1. 牵引供电系统可采取的措施

（1）相邻牵引变电所的牵引变压器一次侧换接相序，合理安排接触网分段及其相序（见本章第三节）；

（2）牵引变电所采用电流不对称度 $K_I = \dfrac{1-n}{1+n} \times 100\%$ 的平衡牵引变压器（见本章第一节）。

如果电力系统的容量比较大，由它供电的电气化铁路比较多，各同相供电臂有车用电运行的概率比较高，电力系统的三相各相中牵引负荷所占的份额趋势比较均衡，那么上述措施减少对电力系统的负序影响的效果就相当好。

2. 电力系统可采取的措施

（1）在发电厂或枢纽变电站安装特殊订货的同步调相机。这种同步调相机，允许承受负序电流的能力较大，负序阻抗较小，吸收负序电流时不存在相位选择问题，而且有良好的防震性能；并且可以吸收部分高次谐波，而不会引起共振。因此，采用同步调相机是比较有效的措施。但是，这项措施的基建投资较大，占地较多，一般不到不得已是不采用的。

（2）临时性的过渡措施。如果负序电流的增大是临时性的和过渡性的，则电力系统可采取一些临时运行方式。如将某些输电线路、变压器、电抗器投入或退出，以此来改变系统中负序电流的分配，达到减少负序电流流入那些承受负序影响的能力较弱和承受负序影响过重的设备的目的。

（3）电力系统容量增大，220 kV 与 330 kV 向用户开放。

第三节 牵引变电所换接相序

所谓牵引变电所换接相序，就是指各相邻牵引变电所牵引变压器的一次侧各端子轮换接入电力系统中的不同的相。如果各牵引变电所由同一电力系统供电，则各牵引变电所的牵引负荷在电力系统中引起的总负序电流与每个牵引变电所引入的相序有关。为了达到减小单相牵引负荷在电力系统中引起的负序电流，减轻对电力系统的负序影响的目的，通常采用牵引变电所换接相序的措施。

牵引变电所换接相序的基本要求是：

① 对称。把各牵引变电所的单相牵引负荷轮换接入电力系统中的不同的相，使电力系统三相电流大致对称。

② 三相YNd11联结、单相和三相Vv联结的两个相邻牵引变电所之间，两供电臂一般设计为同相，以便必要时可实现接触网的越区供电，并减少接触网的分相绝缘器数量；牵引变电所直接相连的两供电臂为不同相。单相联结的两个相邻牵引变电所之间，两供电臂为不同相；牵引变电所直接相连的两供电臂为同相。相邻的不同相的两供电臂接触网的分相绝缘器两端的电压相位差为60°，电压相量差等于牵引网电压，避免出现$\sqrt{3}$倍的牵引网电压值。

牵引变电所换接相序，除了上述基本要求之外，还应考虑下列原则：

① 相邻电气化铁路汇合处（一般指枢纽地区），如果不设牵引变电所，则考虑各供电臂为同相。

② 三相YNd11联结的牵引变电所换接相序，应考虑将重负荷供电臂（特别是牵引网电压损失严重的供电臂）作为超前相。通常安排轻、重负荷供电臂交替出现。

③ 对于由同一电力系统一边供电的电气化区段，牵引变电所采用依次换接相序方式。其特点是：在每六个牵引变电所构成的一个完整换相循环中，前三个和后三个采取依次连接方式，即第一和第四个、第二和第五个、第三和第六个牵引变电所的相序分别相同，但相序符号相反（参见图6.19~图6.21）。

④ 对于由同一电力系统两边供电的电气化区段，最好采用对称换接相序方式。其特点是：在每六个牵引变电所构成的一个完整换相循环中，前三个和后三个采取对称连接方式，即第一和第六个、第二和第五个、第三和第四个牵引变电所的相序分别相同，且相序符号也分别相同（参见图6.22~图6.24）。

为了便于说明牵引变电所换接相序的接线设计步骤和方法，下面介绍牵引变压器的端子标志、联结组以及供电臂相序与电力系统相序的关系。

三相YNd11联结牵引变压器的端子标志见图6.16（a），联结组见图6.16（b），其二次侧c端子接钢轨、地。供电臂相序与电力系统相序的关系如下：在图6.16（c）中，电力系统的相序为CBA（逆相序）；电力系统相序排列的第一相（C）接牵引变压器的一次侧AX线圈，则二次侧ax线圈a端子引接的供电臂与电力系统第一相（C）同相，符号为正；电力系统相序排列的第二相（B）接牵引变压器的一次侧 BY 线圈，则二次侧 by 线圈为非接地相；电力系统相序排列的第三相（A）接牵引变压器的一次侧 CZ 线圈，则二次侧 cz 线圈 z 端子（即 b 端子）引接的供电臂与电力系统第三相（A）同相，符号为负，相量图见图 6.16（d）。可见，接触网供电臂的相序实际上反映了电力系统的相序。

单相牵引变压器的端子标志见图 6.17（a）。为使一、二次侧电压同相，Vv 联结组可有两种连接方式，见图 6.17（b），（c）。二次侧端子 x_1，x_2 相连，接钢轨、地，供电臂相序与电力系统引入的相序一致，但符号正、负则由下列原则确定：若（A–X）依正相序，或（X–A）依逆相序，则供电臂电压为正；若（A–X）依逆相序，或（X–A）依正相序，则供电臂电压为负。其相序关系及连接示意图见图 6.17（d），（e），（f），（g）。

三相 Vv 联结牵引变压器的端子标志和联结组如图 6.18 所示。根据设计和运行的要求，二次侧端子可以 a_2 与 x_1 连接为 c 相，也可以 a_1 与 x_2 连接为 c 相。

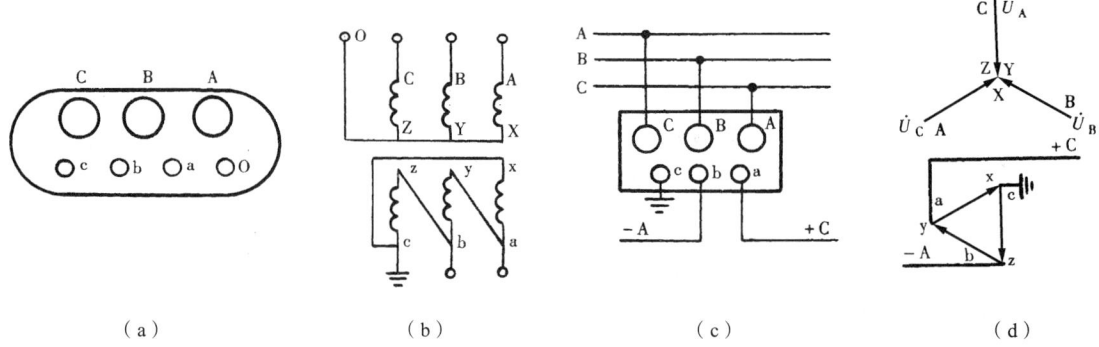

图 6.16　YNd11 联结三相牵引变压器端子标志及连接示意图

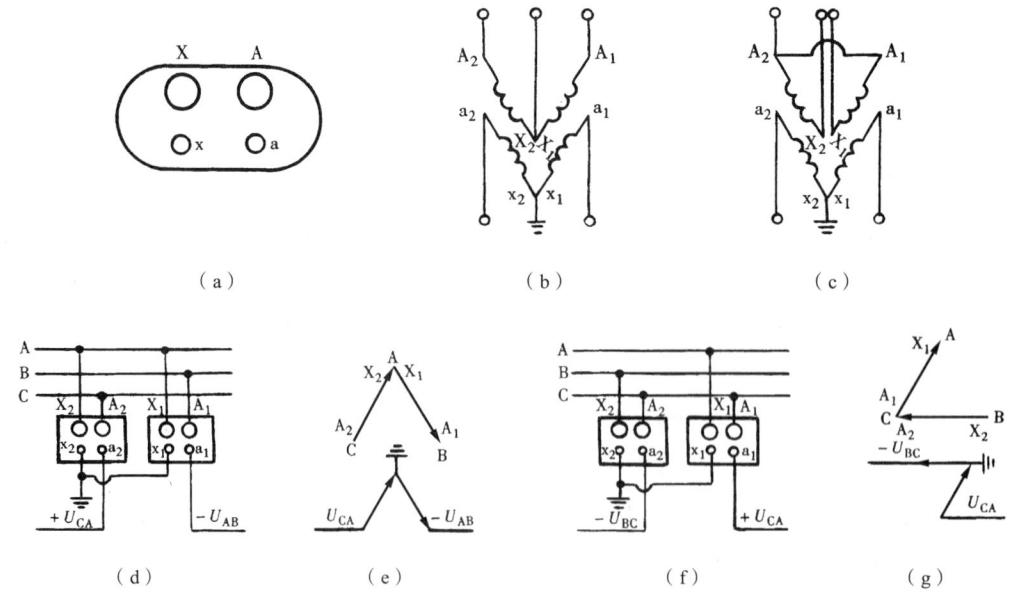

图 6.17　单相牵引变压器端子标志和 Vv 联结组示意图

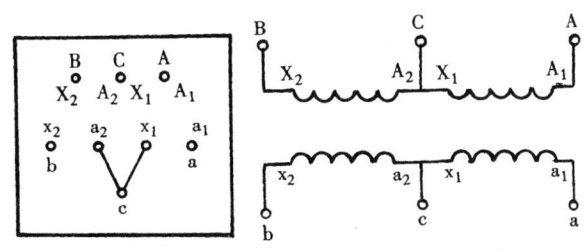

图 6.18 三相 Vv 联结牵引变压器的端子标志和联结组

下面介绍牵引变电所换接相序的接线设计步骤和方法。

1. 单相联结、单相 Vv 联结与三相 YNd11 联结牵引变电所换接相序的接线设计步骤和方法（每种联结考虑三个牵引变电所 $I^\#$，$II^\#$，$III^\#$，余类推）

① 按前述基本要求，确定各供电臂电压相序：单相联结依次为 $-U_{CA}$，$-U_{CA}$；U_{BC}，U_{BC}；$-U_{AB}$，$-U_{AB}$。单相 Vv 联结依次为 U_{CA}，$-U_{AB}$；$-U_{AB}$，U_{BC}；U_{BC}，$-U_{CA}$。三相 YNd11 联结依次为 $-U_C$，U_A；U_A，$-U_B$；$-U_B$，U_C。正、负相间的目的是满足基本要求的第二条。

② 单相联结和单相 Vv 联结，牵引变压器二次侧端子 x 接钢轨、地，端子 a 与接触网连接。三相 YNd11 联结牵引变压器二次侧端子 c 接钢轨、地，端子 a，b 分别与两供电臂的接触网连接，但每隔一个牵引变电所，a，b 两端子交叉，交叉的目的是满足左、右两供电臂所要求的电压相序。再按确定的各供电臂电压相序标出各连接线（点）的对应相别。

③ 按确定的各供电臂电压相序完成各牵引变电所牵引变压器一次侧各端子到电力系统的对应的连接。对于三相 YNd11 联结牵引变压器，一般是按重负荷相进行相序排列。因此，先画出两重负荷相一次侧端子到电力系统的连接线，再画出轻负荷相一次侧端子到电力系统的连接线。

最后结果分别见图 6.19～图 6.21 以及图 6.22～图 6.24 所示。

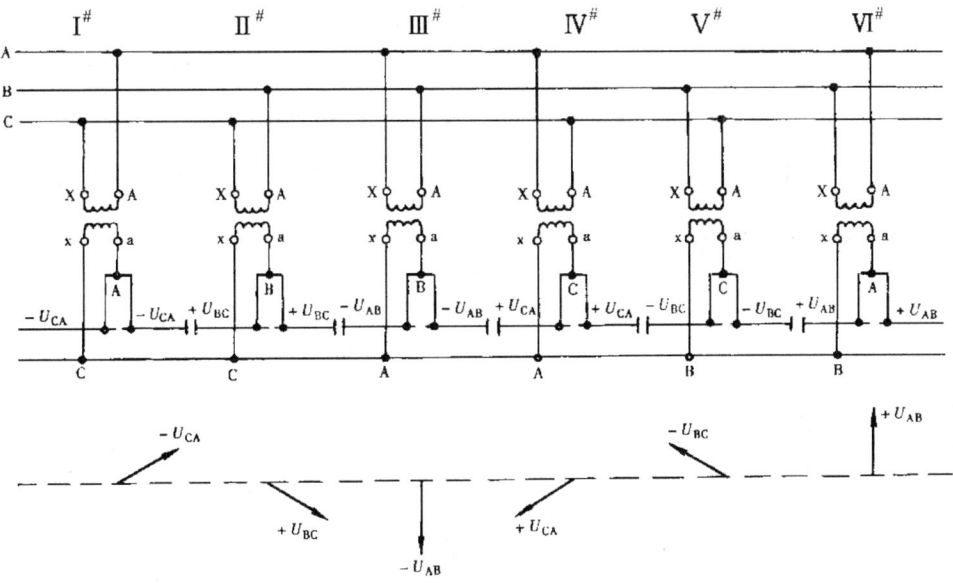

图 6.19 单相联结牵引变电所依次换接相序

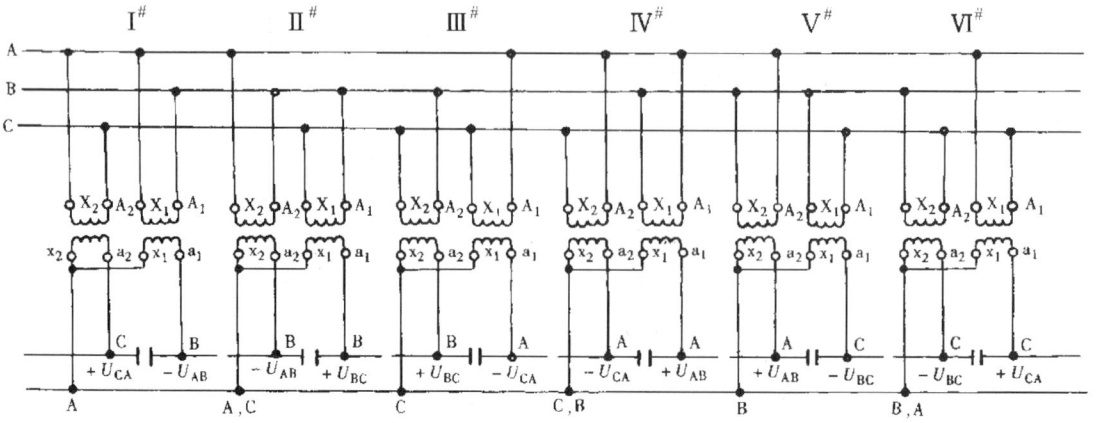
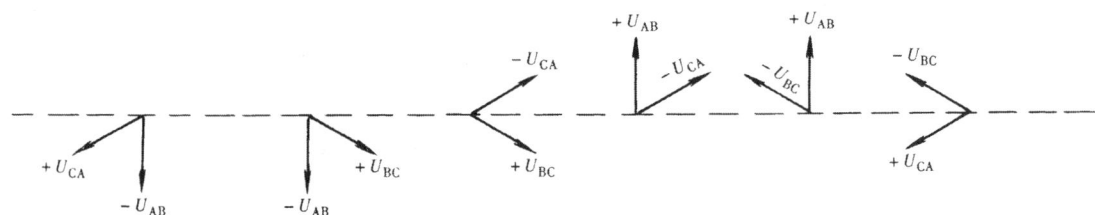

图 6.20 单相 Vv 联结牵引变电所依次换接相序

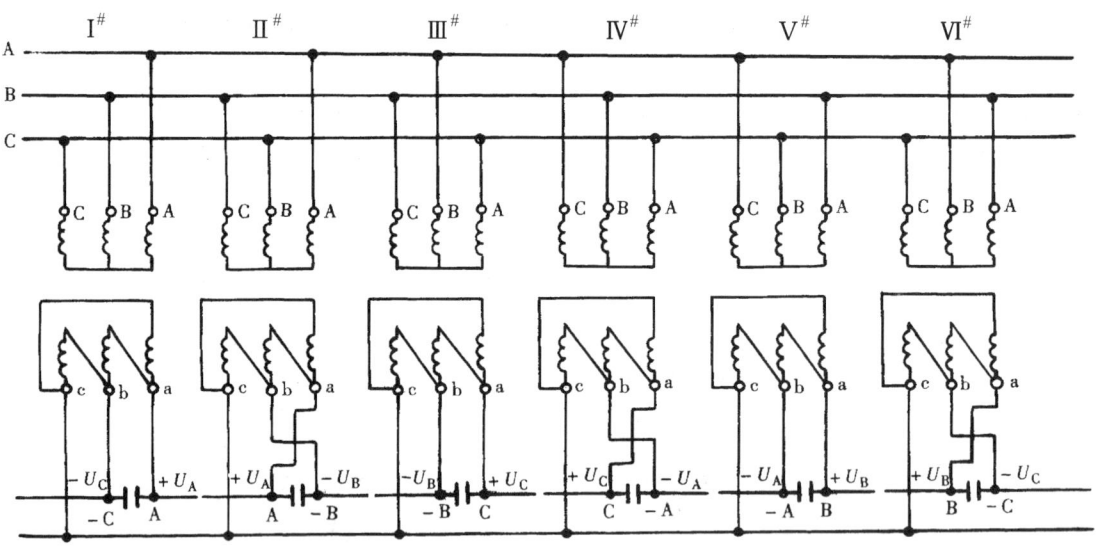
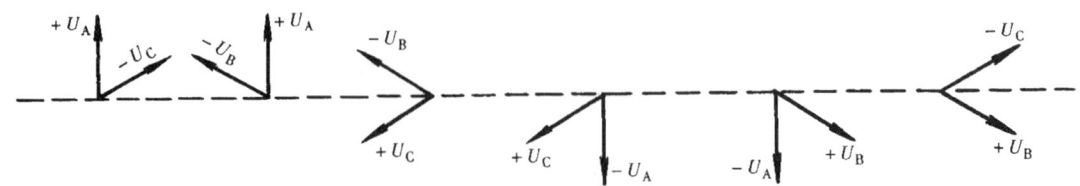

图 6.21 三相 YNd11 联结牵引变电所依次换接相序

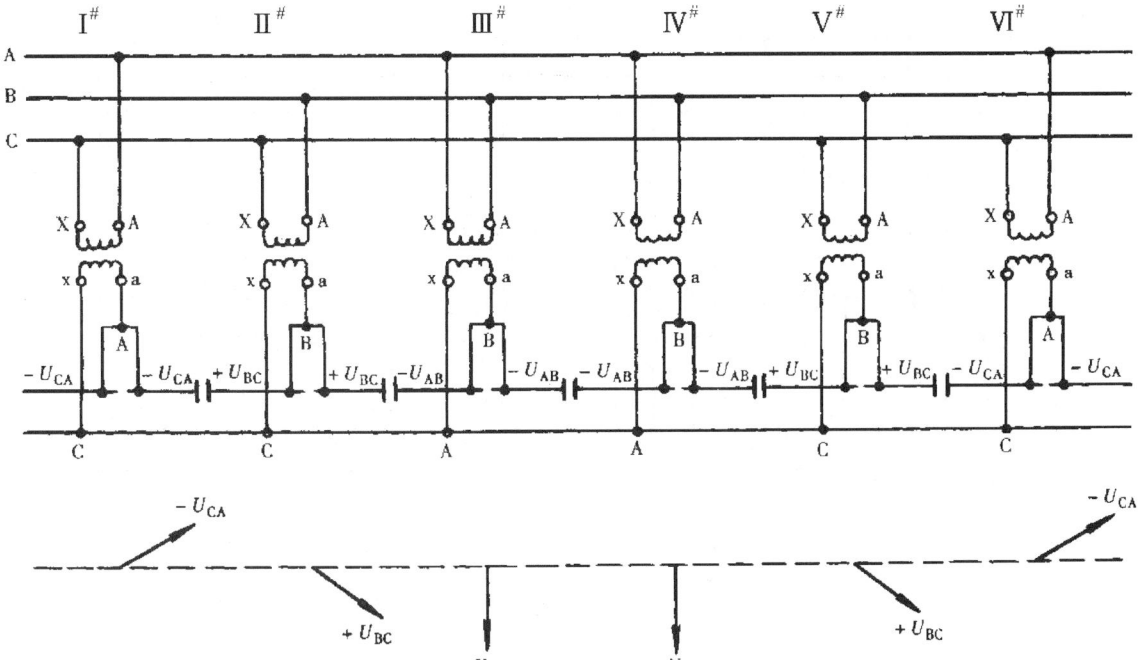

图 6.22 单相联结牵引变电所对称换接相序

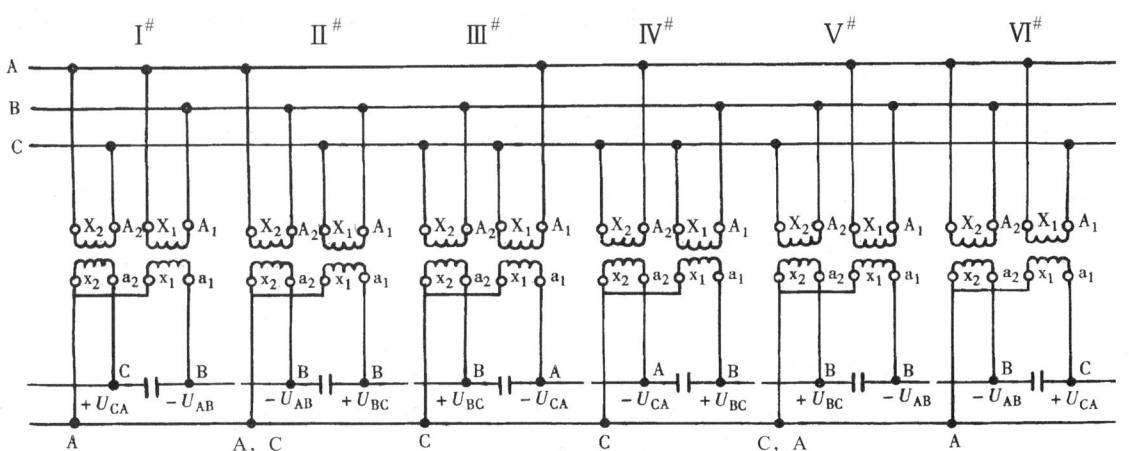

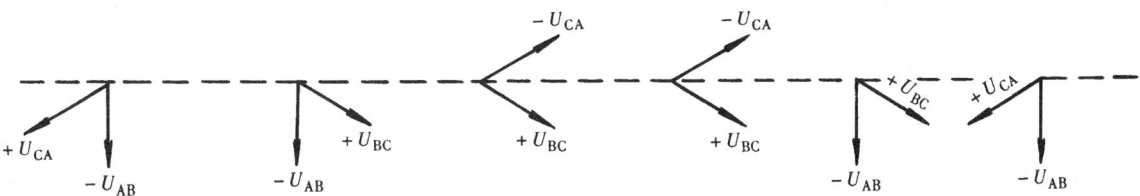

图 6.23 单相 Vv 联结牵引变电所对称换接相序

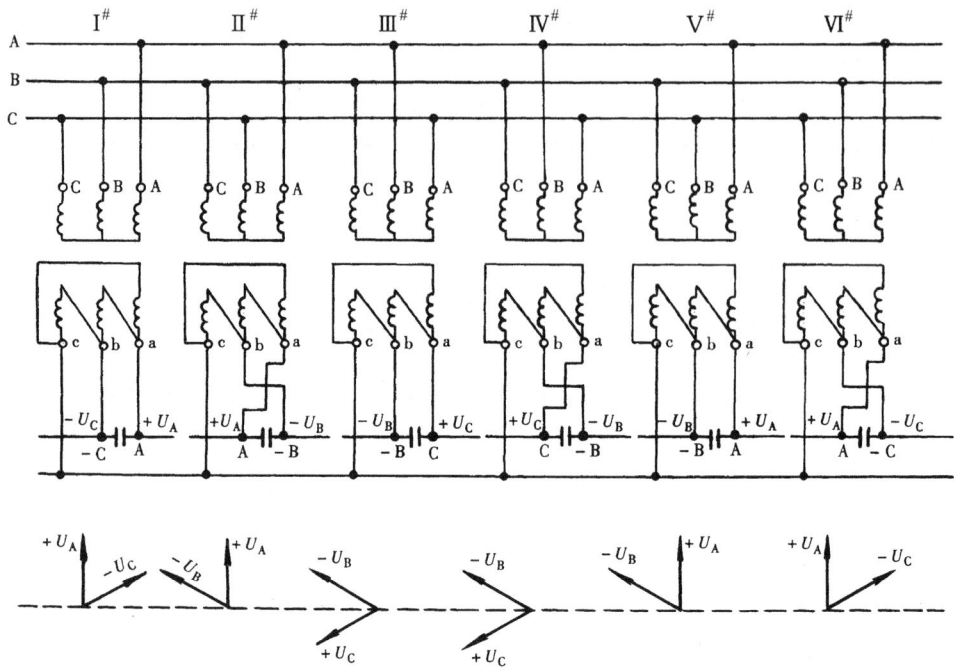

图 6.24 三相 YNd11 联结牵引变电所对称换接相序

从图中可以看出，每种联结都是三个牵引变电所换了三次相。对电力系统而言，每种联结都是三个牵引变电所构成一个换相循环，六个牵引变电所构成一个完整的换相循环。

2. 三相 Vv 联结牵引变电所换接相序的接线设计步骤和方法（图 6.25）

① 按前述基本要求，确定 I#，II#，III# 三个牵引变电所各供电臂电压相序依次为 U_{CA}，$-U_{AB}$；$-U_{AB}$，U_{BC}；U_{BC}，$-U_{CA}$。

② 各牵引变电所牵引变压器一次侧 V 接线顶点（C 端子）依次接入电力系统的 A 相、B 相、C 相。

③ I# 牵引变电所牵引变压器二次侧端子 a_2 与 x_1 连接为 c，接钢轨、地，标为 A；端子 b（x_2）与左边供电臂连接，标为 C；端子 a（a_1）与右边供电臂连接，标为 B。一次侧端子 B（X_2），A（A_1）分别接入电力系统的 C 相、B 相。

④ II# 牵引变电所牵引变压器二次侧端子 b（a_2），a（x_1）分别与左、右供电臂连接，都标为 B；端子 x_2 与 a_1 连接为 c，接钢轨、地，对应标为 A，C。一次侧端子 B（X_2），A（A_1）分别接入电力系统的 A 相、C 相。

⑤ III# 牵引变电所牵引变压器二次侧端子 a_2 与 x_1 连接为 c，接钢轨、地，标为 C；端子 b（x_2）与左边供电臂连接，标为 B；端子 a（a_1）与右边供电臂连接，标为 A。一次侧端子 B（X_2），A（A_1）分别接入电力系统的 B 相、A 相。

最后结果如图 6.25 所示。三个牵引变电所共换了三次相，对电力系统而言，也是三个牵引变电所构成一个换相循环。余类推。

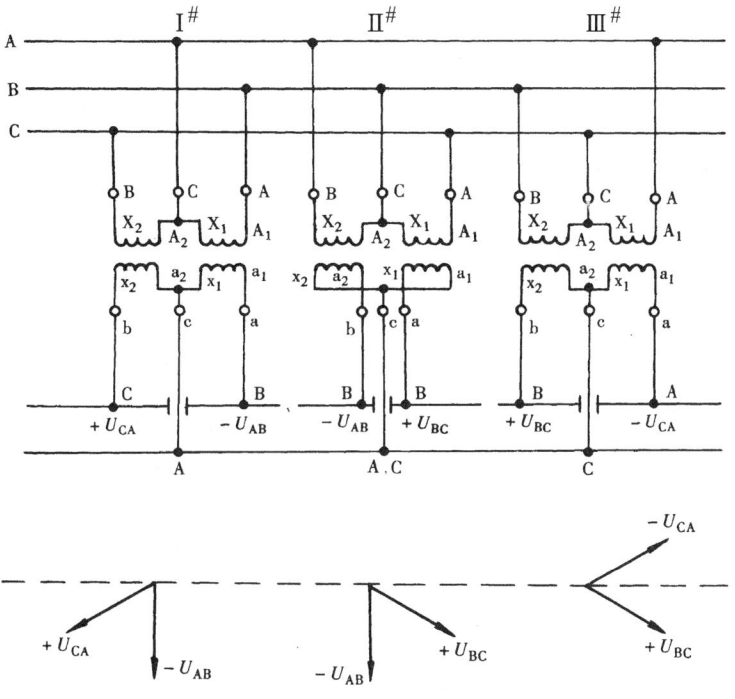

图 6.25 三相 Vv 联结牵引变电所换接相序

第四节 谐波电流

一、谐波电流的产生与谐波的几个特性参数

交—直型电力机车的谐波电流产生的原理，参见第一章第四节第一部分第 4 小部分。谐波的几个特性参数简介如下。

1. 频　谱

一个非正弦周期函数分解成傅里叶级数，以谐波次数为横坐标，各次谐波的幅值为纵坐标，称为该函数的幅值频谱。交—直型电力机车的幅值频谱举例如图 6.26 所示。如以各次谐波的初相位为纵坐标，则称为相位频谱。

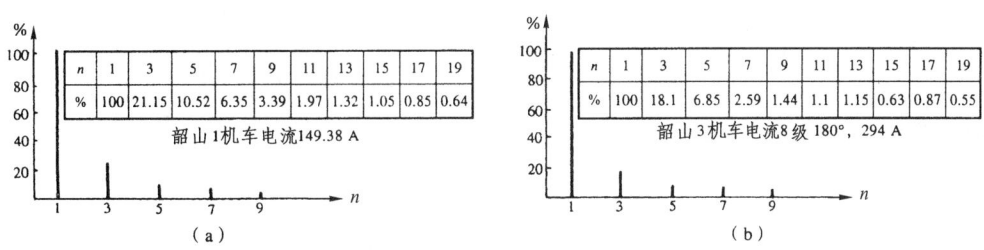

图 6.26 交—直型电力机车幅值频谱（实测）举例

2. 谐波电流次数

一般地讲，p 脉冲（相数）整流设备产生的谐波电流的次数 n 由下式表示

$$n = kp \pm 1 \tag{6.47}$$

式中，k 为任意正整数。

多相整流设备产生的谐波电流见表 6.4。

表 6.4 多相整流设备产生的谐波电流

n ＼ p	2	6	12	18	24
3	√				
5，7	√	√			
9	√				
11，13	√	√	√		
15	√				
17，19	√	√		√	
21	√				
23，25	√	√	√		√
29，31	√	√			
35，37	√	√	√	√	

注："√"表示在理论上产生的特征谐波电流。

交—直型电力机车的整流设备多采用相控全周整流，在理论上产生的特征谐波电流为奇次波。但是，如电力机车整流器性能变化等诸多方面原因，也能产生非特征谐波电流，如偶次波（甚至直流分量）的出现。

3. 谐波电流幅值和谐波电流含有率

可控交—直型电力机车电流波形介于矩形波和三角波之间，谐波电流幅值为

$$I_n = \frac{1 \sim 3}{n^2} \cdot I_1 \tag{6.48}$$

式中，I_n、I_1 分别为谐波电流幅值、基波电流幅值。

对于不可控交—直型电力机车，则

$$I_n = \frac{1.5 \sim 2}{n^2} \cdot I_1 \tag{6.49}$$

可控交—直型机车谐波电流幅值，一般要比不可控交—直型电力机车略高。

谐波电流含有率用下式表示

$$K_i(\%) = \frac{I_n}{I_1} \times 100\% \tag{6.50}$$

谐波电流含有率的大小与牵引负荷大小、机车工况、牵引网参数等多种因素有关，因此

它是随机量。就其与牵引负荷大小的关系而言,不可控交—直型机车的谐波电流含有率基本上是定值,而可控交—直型机车却是变化的。

4. 谐波有效值和波形畸变率

根据式(1.67),牵引负荷电流有效值为

$$I = \sqrt{\frac{1}{T}\int_T i(\omega t)^2 \mathrm{d}(\omega t)} = \sqrt{I_0^2 + I_1^2 + I_2^2 + \cdots} = \sqrt{\sum_{n=0}^{\infty} I_n^2} \qquad (6.51)$$

同理,电压有效值为

$$U = \sqrt{\sum_{n=0}^{\infty} U_n^2} \qquad (6.52)$$

上述两式,当 n 为大于 1 的正整数时,则分别为谐波电流和谐波电压有效值(总值)。衡量波形畸变程度和波形质量,通常用以下四个指标来描述(以电压波形为例)。

- 电压波形综合畸变率

$$K_\mathrm{j}(\%) = \frac{\sqrt{\sum_{n>1}^{\infty} U_n^2}}{U_1} \cdot 100\% \qquad (6.53)$$

- n 次谐波电压含有率

$$K_u(\%) = \frac{U_n}{U_1} \cdot 100\% \qquad (6.54)$$

- 最大电压畸变率

$$K_\mathrm{m}(\%) = \frac{\sum_{n>1}^{\infty} U_n}{U_1} \cdot 100\% \qquad (6.55)$$

- 偏移系数(见图 6.27)

$$K_\mathrm{d}(\%) = \frac{d-g}{s} \cdot 100\% \qquad (6.56)$$

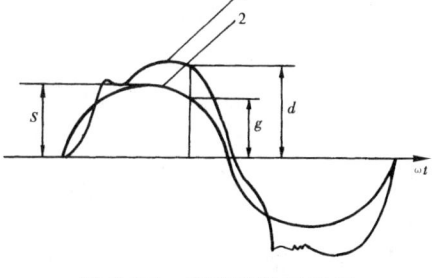

图 6.27 偏移系数示意图

式中,d 为非正弦波 1 任一瞬时值;g 为与 d 同一(ωt)坐标上基波 2 瞬时值;s 为基波 2 幅值。

二、谐波对电力系统的不良影响

1. 谐波电流可能引起电力系统内的谐振

(1)并联谐振

如图 6.28 所示,电源感抗 X_L 与电容器容抗 X_C 并联。当基波频率为 f_1 时,则并联谐振频率为

$$f_{\text{par}} = \frac{1}{2\pi}\sqrt{\frac{1}{LC}} = f_1\sqrt{\frac{X_C}{X_L}} = f_1\sqrt{\frac{S}{Q}} \qquad (6.57)$$

式中，S 为电源的短路容量，$S = E^2/X_L$；Q 为电容器的容量，$Q = E^2/X_C$，其中，E 为电源电压。

并联谐振时，引起谐波电压放大，容易损坏设备。

（2）串联谐振

如图 6.29 所示，从谐波源向并联电容补偿装置看进去的回路是一个 L，C 串联回路。当基波频率为 f_1 时，则串联谐振频率为

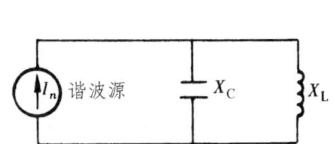

图 6.28　并联谐振等效电路图

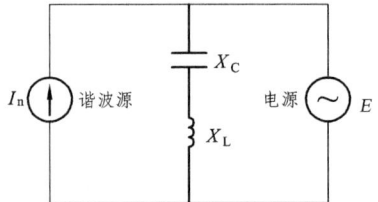

图 6.29　串联谐振等效电路图

$$f_{\text{ser}} = \frac{1}{2\pi}\sqrt{\frac{1}{LC}} = f_1\sqrt{\frac{X_C}{X_L}} \qquad (6.58)$$

串联谐振有时会引起串联回路中元件过电流，从而过热。

2. 对发电机的影响

① 谐波电流流入三相定子绕组时，产生旋转磁场，引起振动扭矩。谐波旋转磁场对转子以数倍同步转速的速度相交链，因此在转子回路中感应出数倍基波频率的电压和电流。由定子的谐波旋转磁场与转子的励磁电流以及由定子的工作旋转磁场与谐波在转子中感应的电流相互作用而产生的交变电磁力矩，传到转子转轴和定子机座上，引起额外的振动扭矩。

② 谐波电流流入三相定子绕组时，还增加定子绕组和定子铁芯的附加电能损失和发热。

③ 引起转子励磁绕组的附加发热。当谐波电流与负序电流同时流入三相定子绕组时，则在转子励磁绕组回路中感应出 6 倍或 12 倍基波频率的电流。该电流引起附加的电能损失和发热。

④ 引起阻尼绕组过热，以致损坏。由于谐波旋转磁场在转子上的阻尼绕组中感应出电势而引起电流。当感应电流过大时，会导致阻尼绕组过热，以致损坏。

3. 对感应电动机的影响

感应电动机的谐波功率损失主要是铜损，并且和 $(U_n/X_n)^2 R_n$ 成正比。当流过感应电动机的谐波电流增大时，其铁芯齿部磁饱和增大，使基波电抗 X_1 和谐波电抗 X_n 都减小，因而使谐波功率损失增大。此外，磁饱和也会引起励磁阻抗和基波负序阻抗减小。在感应电动机的端电压和基波负序电压一定时，励磁电流和负序电流引起的铜损也会增大。从而引起附加发热增大。

考虑谐波引起的感应电动机发热效应时，可把它承受的谐波电压 U_n 折算成等效的基波

负序电压 $U_{1(2)\text{eq}}$，折算公式如下：

$$U_{1(2)\text{eq}} = \sqrt{\sum_{n=2}^{\infty}\left(\frac{U_n}{n^m}\right)^2} \tag{6.59}$$

式中，m 为小于等于 1 的系数，可取 0.8。

当谐波电压 U_n 和基波负序电压 $U_{1(2)}$ 同时存在时，上式可写成

$$U_{1(2)\text{eq}} = \sqrt{U_{1(2)}^2 + \sum_{n=2}^{\infty}\left(\frac{U_n}{n^{0.8}}\right)^2} \tag{6.60}$$

4. 对电容器和串联电抗器的影响

（1）增加电容器额外的电和热的影响

设电容器的额定电压、额定电流、额定容量、基波容抗分别为 U_{CN}，I_{CN}，Q_{CN}，X_{C}；流入电容器的 n 次谐波电流为 I_n，$I_n/I_{\text{CN}} = I_n'$；谐波电流流入电容器后，电容器的实际电压、工作容量、合成电流分别为 U_{C}'，Q_{C}'，I_{C}'。则

$$\begin{aligned} U_{\text{C}}' &= I_{\text{CN}} X_{\text{C}} + \sum_{n>1} I_n \cdot \frac{X_{\text{C}}}{n} = I_{\text{CN}} X_{\text{C}}\left(1 + \sum_{n>1}\frac{I_n}{I_{\text{CN}}}\cdot\frac{1}{n}\right) \\ &= U_{\text{CN}}\left(1 + \sum_{n>1}\frac{I_n'}{n}\right) \end{aligned} \tag{6.61}$$

$$\begin{aligned} Q_{\text{C}}' &= I_{\text{CN}}^2 X_{\text{C}} + \sum_{n>1} I_n^2 \cdot \frac{X_{\text{C}}}{n} = I_{\text{CN}}^2 X_{\text{C}}\left[1 + \sum_{n>1}\left(\frac{I_n}{I_{\text{CN}}}\right)^2 \cdot \frac{1}{n}\right] \\ &= Q_{\text{CN}}\left(1 + \sum_{n>1}\frac{I_n'^2}{n}\right) \end{aligned} \tag{6.62}$$

$$\begin{aligned} I_{\text{C}}' &= \sqrt{I_{\text{CN}}^2 + \sum_{n>1} I_n^2} = I_{\text{CN}}\sqrt{1 + \sum_{n>1}\left(\frac{I_n}{I_{\text{CN}}}\right)^2} \\ &= I_{\text{CN}}\sqrt{1 + \sum_{n>1} I_n'^2} \end{aligned} \tag{6.63}$$

由以上三式可知，谐波电流流入电容器后，电容器的实际电压、工作容量、合成电流都等于对应的额定值乘上一个大于 1 的系数。可能会引起电容器过电压、温升过高、过电流，电容器要承受额外的电和热的影响。又因为电流波形的畸变比电压波形的畸变严重，所以谐波对电容器的影响，过电流是主要的。

（2）增加串联电抗器额外的电和热的影响

设串联电抗器的额定电压、额定电流、额定容量、基波感抗分别为 U_{LN}，I_{LN}，Q_{LN}，X_{L}；流入串联电抗器的 n 次谐波电流为 I_n，$I_n/I_{\text{LN}} = I_n''$；谐波电流流入串联电抗器后，串联电抗器的实际电压、工作容量、合成电流分别为 U_{L}'，Q_{L}'，I_{L}'。则

$$U'_L = I_{LN}X_L + \sum_{n>1} I_n n X_L = I_{LN}X_L \left(1 + \sum_{n>1} \frac{I_n}{I_{LN}} n\right)$$

$$= U_{LN}\left(1 + \sum_{n>1} n I''_n\right) \tag{6.64}$$

$$Q'_L = I_{LN}^2 X_L + \sum_{n>1} I_n^2 n X_L = I_{LN}^2 X_L \left[1 + \sum_{n>1}\left(\frac{I_n}{I_{LN}}\right)^2 n\right]$$

$$= Q_{LN}\left(1 + \sum_{n>1} n I''^2\right) \tag{6.65}$$

$$I'_L = \sqrt{I_{LN}^2 + \sum_{n>1} I_n^2} = I_{LN}\sqrt{1 + \sum_{n>1}\left(\frac{I_n}{I_{LN}}\right)^2}$$

$$= I_{LN}\sqrt{1 + \sum_{n>1} I''^2_n} \tag{6.66}$$

由以上三式可见，谐波电流流入串联电抗器后，电抗器的实际电压、工作容量、合成电流都等于对应的额定值乘上一个大于 1 的系数。不过，无论从电压还是容量来看，电抗器受谐波的影响比电容器严重。这是因为电抗器的谐波感抗，与谐波次数成正比例增大。所以，谐波电流的流入，大大增加了电抗器额外的电和热的影响，必须十分注意它的温升问题。

5. 对电气计量仪表的影响

高次谐波对电气计量仪表，特别是电能计量仪表，影响较大。这是因为传统使用的功率表并没有关于受高次谐波和功率因数影响而产生误差的限制措施，只能计量出 $P = \sqrt{\sum I_n^2} \cdot \sqrt{\sum U_n^2}$。实际上，在谐波条件下使用的功率表应计量同次谐波电流与电压乘积之和，即

$$P = I_1 U_1 + \sum_{n>1}^{\infty} I_n U_n \cos\phi_n \tag{6.67}$$

6. 对变压器的影响

由于谐波电流流入变压器产生的铁芯磁滞现象会引起噪声增大。此外，还会由高次谐波电流、电压而引起的附加铁损和铜损，使变压器总电能损失增大，容量利用率减小。铁损和铜损可如下分别计算。

（1）铁损计算

铁芯中的磁滞损失与电压频率成正比，并随磁通波形的局部迴线而增大。铁芯中的涡流损失与电压的频率及波形系数的二次方成正比。两者都与铁芯中的最大磁通密度的二次方成正比，并都与铁芯材料性质有关。设 P_{Fe} 为变压器在额定条件下的铁损，P'_{Fe} 为变压器在电压大小为额定值但波形畸变的条件下的铁损，则

$$P'_{Fe} = \frac{a + \left(\frac{K'_f}{K_f}\right)^2}{a+1} P_{Fe} \tag{6.68}$$

式中，K_f 为电压正弦波（或基波）波形系数，$K_f = \pi/(2\sqrt{2}) = 1.11$；$K'_f$ 为电压畸变波波形系数，$K'_f =$ 有效值/平均值；a 为正弦电压波形下，铁芯硅钢片磁滞损失与涡流损失的比值，如果缺少实测数据，则可取 $a = 4$（热轧硅钢片）或 $a = 1$（冷轧硅钢片）。

（2）铜损计算

变压器的铜损与绕组导线电流二次方及电阻成正比。设 P_{Cu}，P'_{Cu} 分别为变压器绕组流过基波电流和谐波电流时的铜损，则

$$P'_{Cu} = \left[1 + \sum_{n=2}^{\infty} \frac{R_n}{R_1}\left(\frac{I_n}{I_1}\right)^2\right] P_{Cu} \tag{6.69}$$

式中，R_1、R_n 分别为变压器绕组的基波电阻、n 次谐波电阻。

一般由于谐波电流流过导体时产生集肤效应的影响，$R_n > R_1$。若忽略这种影响，则上式可写成

$$P'_{Cu} = \left[1 + \sum_{n=2}^{\infty}\left(\frac{I_n}{I_1}\right)^2\right] P_{Cu} \tag{6.70}$$

7. 其他影响

① 由于电源电压波形畸变，含有高次谐波，使控制信号相位变化而引起相位控制的装置发生误控现象；

② 影响电子计算机正常工作；

③ 影响电视机、收音机、扩音机等视听效果，产生噪声和图像闪动。

三、公用电网谐波电压限值和谐波电流允许值

鉴于电气化铁道是由标称电压为 110 kV 或 220 kV 公用电网供电的，交—直型电力机车在理论上产生的特征谐波电流为奇次波，这里将国家标准《电能质量 公用电网谐波》（GB/T 14549）中与电气化铁道相关的内容摘要如下。

（1）谐波电压限值

标称电压为 110 kV 的公用电网谐波电压（相电压）限值：电压总谐波畸变率为 2.0%，各次谐波电压含有率奇次为 1.6%。

（2）谐波电流允许值

标称电压为 110 kV 的公用电网中，公共连接点（用户接入公用电网的连接处）的全部用户向该点注入的谐波电流分量（方均根值），不应超过表 6.5 规定的允许值。

表 6.5 注入公共连接点的谐波电流允许值

标称电压 /kV	基准短路容量 /MVA	谐波次数 n 和谐波电流允许值 I_{np}/A								
		3	5	7	9	11	13	15	17	19
110	750	9.6	9.6	6.8	3.2	4.3	3.7	1.9	2.8	2.5

当公共连接点处的最小短路容量不同于表 6.5 基准短路容量时,按下式修正表 6.5 中的谐波电流允许值

$$I_n = (S_{k1}/S_{k2})I_{np} \tag{6.71}$$

式中,S_{k1} 为公共连接点的最小短路容量(MVA),S_{k2} 为表 6.5 中的基准短路容量(MVA),I_{np} 为表 6.5 中第 n 次谐波电流允许值(A),I_n 为 S_{k1} 情况下的第 n 次谐波电流允许值(A)。

同一公共连接点的每个用户向电网注入的谐波电流允许值,按此用户在该点的用电协议容量与其公共连接点的供电设备容量之比进行分配,即在公共连接点处第 i 个用户的第 n 次谐波电流允许值 I_{ni}(A)按下式计算

$$I_{ni} = I_n(S_i/S_t)^{1/\alpha} \tag{6.72}$$

式中,I_n 为按式(6.71)换算的第 n 次谐波电流允许值(A);S_i 为第 i 个用户的用电协议容量(MVA);S_t 为公共连接点的供电设备容量(MVA);α 为相位叠加系数,其取值方法为:当谐波次数 n 分别为 3,5,7,11,13,其余(正整数)次时,相位叠加系数 α 依次对应为 1.1,1.2,1.4,1.8,1.9,2.0。

(3)标称电压为 220 kV 的公用电网可参照 110 kV 执行

查表 6.5 时,220 kV 基准短路容量取 2 000 MVA。

四、减少谐波影响的措施

为了减少谐波影响,可采用以下几项措施:

① 使用交—直型电力机车牵引的电气化铁路牵引变电所牵引侧,保留原来装设的并联电容补偿装置。装置中的参数选择,考虑以滤掉 3 次谐波电流为主。设 X_{C1} 为并联电容补偿装置中电容器组的工频容抗,X_{L1} 为并联电容补偿装置中与电容器组串联的电抗器的工频感抗。X_{L1} 与 X_{C1} 之比应符合下式要求

$$\frac{X_{L1}}{X_{C1}} = K \cdot \frac{1}{n^2} \tag{6.73}$$

式中,n 为牵引负荷中最低次等主要谐波电流次数;K 为可靠系数,一般取 1.08~1.2。

上式中引入一个大于 1 的可靠系数 K,一方面可以防止并联电容补偿装置回路阻抗为电容性而与电力系统发生 n 次及以上各次谐波的并联谐振;另一方面可以防止并联电容补偿装置本身回路电容与电感发生串联谐振。

当 $n = 3$ 时,则有

$$a = \frac{X_{L1}}{X_{C1}} = (1.08 \sim 1.20) \times \frac{1}{3^2} = 0.12 \sim 0.13 \tag{6.74}$$

此时,C-L 回路具有主要滤掉 3 次谐波电流的功能。a 称为并联电容补偿装置的补偿度。

为了提高并联电容补偿装置滤掉 3 次谐波电流的能力,减轻对电力系统的谐波影响,将

可靠系数取小一些为好。如 $K=1.08$，则 $a=0.12$，此时滤波效果（对 3 次谐波）会更好。

② 尽可能采用交—直—交型电力机车（结合其他用途或目的）。因为它的技术先进的主电路（其中脉冲整流器和逆变器，合称牵引变流器，是关键环节）与控制电路能消除接触网侧电流中的谐波电流，并使基波电流与接触网电压保持同相位。从而它的负荷特性表现为谐波频谱加宽，谐波电流含量大大降低，功率因数提高，可达 0.98 以上，满负荷时一般接近 1。

③ 电力系统增容，向用户开放 220 kV 和 330 kV，以及调整运行方式等。

第五节　功率因数

一、电力牵引负荷的功率因数

在电气化铁道所采用的电力机车多数是交—直型电力机车的情况下，电力牵引负荷的功率因数一般比较低。这是因为交—直型电力机车的功率因数比较低，一般为 0.80~0.85〔详见第一章第四节第一部分第 4 小部分〕。由于牵引网阻抗的影响，牵引变电所牵引变压器低压侧的功率因数要降低 0.01~0.05，为 0.80~0.84，通常取 0.80~0.82。由于牵引变压器阻抗的影响，其高压侧的功率因数还要降低约 0.05，只有 0.75~0.79，平均值取 0.77~0.78。

二、功率因数低的不良影响

电力牵引负荷的功率因数低，不但使牵引变压器等牵引供电系统设备的能力不能充分利用，而且对电力系统产生下列不良影响：

① 降低发电机组的输出能力和输变电设备的供电能力，使电气设备的效率降低，发电和输变电的成本提高。电气设备的有功功率为

$$P = S\cos\varphi = \sqrt{S^2 - Q^2} \tag{6.75}$$

式中，S，P，Q 分别为电气设备输送的视在功率、有功功率和无功功率；$\cos\varphi$ 为电力负荷的功率因数。

由上式可见，电气设备如果低于额定或规定的功率因数运行，当视在功率不变时，输送的有功功率就要减少，从而降低了发电设备的输出能力和输变电设备的供电能力，使电气设备的效率降低，发电和输变电的成本提高。

② 增加输电网络中的电能损失。当电流流过输电网络时，产生的有功功率损失为

$$\Delta P = 3I^2 R \times 10^{-3} = 3\left(\frac{P}{U\cos\varphi}\right)^2 R \times 10^{-3} = \frac{3P^2 R}{U^2} \cdot \frac{1}{\cos^2\varphi} \times 10^{-3} \quad (\text{kW}) \tag{6.76}$$

式中，ΔP 为有功功率损失（kW）；I 为每相电流（A）；R 为输电网络的每相电阻（Ω）；P 为电力负荷每相有功功率（kW）；U 为输电网络的相电压（kV）；$\cos\varphi$ 为电力负荷的功率因数。

由上式可知，有功功率损失与功率因数的二次方成反比。功率因数低，将引起输电网络中的电能损失大大增加。

③ 增加输电网络中的电压损失，往往引起电力用户的供电电压不足。由式（4.1）可知，电压损失与电流成正比。如果功率因数低于规定值，在输送同样的有功功率情况下，视在功率要增大，与此相应的电流随之增大，从而输电网络中的电压损失增大。

三、功率因数标准与考核

按电业部门要求，电气化铁道牵引负荷在牵引变电所牵引变压器高压侧的月平均功率因数应达到 0.90 以上。高者获奖，低者受罚，即以功率因数等于 0.90 为标准值进行考核，根据计算的月平均功率因数，高于或低于规定标准，在按照规定的电价计算出其当月电费后，再按照"功率因数调整电费表"所规定的百分数减少或增加电费。由此可见，提高功率因数，不但对电力系统的经济运行有很大意义，而且对降低电气化铁道运营成本也有实际的经济意义。

四、提高牵引负荷功率因数的措施

为了提高牵引负荷功率因数，可采取的措施如下：

① 提高用电自然功率因数。例如，提高电力机车的功率因数（交—直—交型电力机车的功率因数高达 0.98 以上，满负荷时一般接近 1，应结合其他用途或目尽可能采用之）；改善牵引网的阻抗特性，包括减小牵引网单位阻抗值和阻抗角，限制供电臂的长度等；合理选择牵引变压器容量，提高其容量利用率。

② 在电气化铁路使用交—直型电力机车牵引的情况下，牵引变电所牵引侧保留原来装设的并联电容补偿装置。这是行之有效的补偿措施，在电气化铁道使用交—直型电力机车牵引的情况下，得到普遍采用（详见本章第六节）。

第六节　并联电容补偿

如前所述，在电气化铁路使用交—直型电力机车牵引的情况下，牵引变电所牵引侧装设的并联电容补偿装置，既是减少牵引负荷谐波影响的一项措施，又是提高牵引负荷功率因数的一种对策。但是，现行的《铁路电力牵引供电设计规范》删除了并联电容补偿装置及其有关内容，表明此后设计的电气化铁路不再装设并联电容补偿装置，所以本节删除了并联电容补偿装置容量计算。不过，在使用交—直型电力机车牵引的电气化铁路牵引变电所，原来装设的并联电容补偿装置仍在使用，所以本节保留了以下内容。

一、并联电容补偿的作用和原理

1. 提高功率因数

如图 6.30 所示，U_1 为电源电压，R_1 和 X_1 为电力系统与牵引变压器每相的电阻和电抗，U_2 为牵引变电所牵引侧母线电压，X_C 为并联补偿电容器组的容抗，X_L 为与电容器组串联的电抗器的感抗，I_C 为并联电容无功补偿电流，I_t 为牵引负荷电流。在牵引侧安装并联电容补偿装置后，牵引变压器中流过的电流由 I_t 减小为 I，牵引侧的功率因数由 $\cos\varphi_1$ 提高到 $\cos\varphi_2$。

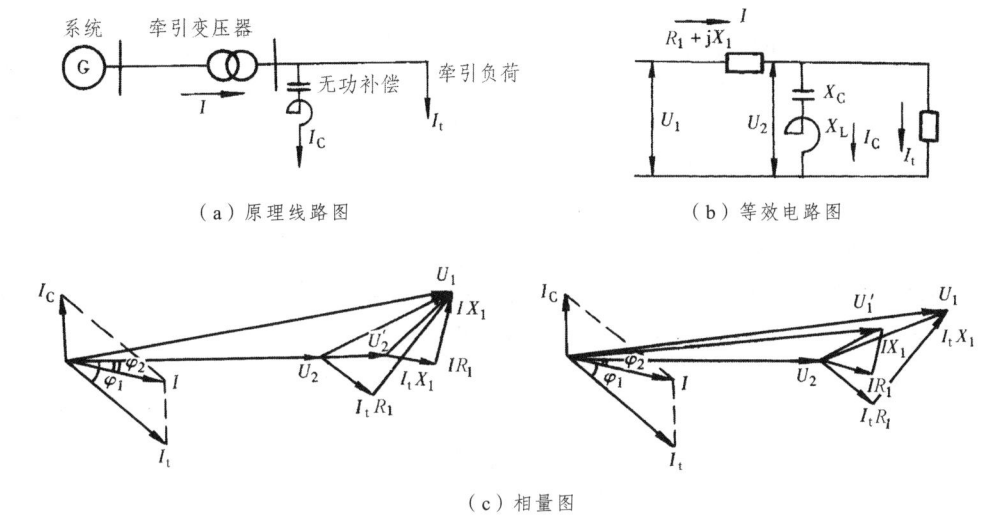

图 6.30 并联电容补偿工作原理图

2. 吸收谐波电流，具有滤波作用

合理设计 X_L 与 X_C 的匹配关系，同时注意（$nX_L - X_C/n$）与电力系统谐波阻抗性质一致（同为感性），可以使牵引负荷中的一部分谐波电流流入并联电容补偿装置，从而减少了这一部分谐波电流流入电力系统。

3. 改善电力系统电压质量，提高牵引变电所牵引侧母线电压

在图 6.30 中，如果电源电压 $\dot{U}_1$ 保持不变，则未补偿和补偿后的电压方程式分别为

$$\dot{U}_1 = \dot{U}_2 + \dot{I}_t(R_1 + jX_1)$$
$$\dot{U}_1 = \dot{U}'_2 + \dot{I}(R_1 + jX_1)$$

可变换为

$$\left.\begin{array}{l}\dot{U}_2 = \dot{U}_1 - \dot{I}_t(R_1 + jX_1) \quad （补偿前）\\ \dot{U}'_2 = \dot{U}_1 - \dot{I}(R_1 + jX_1) \quad （补偿后）\end{array}\right\} \qquad (6.77)$$

在上式中，因为 $\dot{I} < \dot{I}_t$，则 $\dot{I}(R_1 + jX_1) < \dot{I}_t(R_1 + jX_1)$，所以 $\dot{U}'_2 > \dot{U}_2$，即提高了牵引变电所牵引侧母线电压。

若保持 $\dot{U}_2$ 的大小不变，则补偿后，电源电压可允许降低，如图 6.30（c）中 $\dot{U}_1$ 降低到 U'_1。这就说明在保证用户电压水平的前提下，电源电压相应降低一些是允许的，意味着电力系统的电压可以在较大的范围满足用户需要。从这个意义上讲，电力系统的电压质量得到了改善。

4. 减少电力系统电能损失

并联电容补偿装置提供的容性电流，不仅提高了牵引负荷的功率因数，而且使流经电力

系统和牵引变压器的电流值小于未补偿时的电流值。根据电能损失与电流值的二次方成正比的关系，显然并联电容补偿后可以减少电力系统的电能损失。

二、并联电容补偿方案

按并联电容补偿装置在牵引变电所牵引侧两相的安装容量，可有下列三种补偿方案：

① 牵引侧滞后相集中补偿（对 YNd11 联结牵引变电所而言）；

② 牵引侧两相等容量补偿；

③ 牵引侧两相不等容量补偿。

这三种补偿方案，可根据电气化铁路的具体情况，经过经济技术比较后选用。一般进行经济技术比较的内容为：提高三相功率因数的平衡程度；滤掉一部分谐波电流的效果；降低牵引变压器电压损失的大小等。

通常，为取得补偿和滤波的综合效果，优先采用两相补偿方案，使两供电臂牵引负荷中的谐波电流都能滤掉一部分。对三相 YNd11 联结牵引变电所而言，应考虑两供电臂的不同相位，实行两相不等容量补偿，即根据两臂负荷大小确定总补偿容量后，采取滞后相多补、超前相少补的原则，进行两相的合理分配。这样做，可以在总补偿容量不变的前提下，力求各相功率因数趋向平衡，提高并联电容无功补偿效果，同时改善滞后相电压质量。

关于三相 YNd11 联结牵引变电所采取滞后相多补、超前相少补的原则，可说明如下：

三相 YNd11 联结牵引变电所两供电臂的牵引负荷电流在牵引变压器三相线圈中的分布和相量关系分别参见图 1.13（a）和图 1.14。由于超前相的牵引负荷电流 $\dot{i}_b$ 在滞后相线圈中的分流 $(1/3)\dot{i}_b$ 比滞后相电压 $\dot{U}_A(\dot{U}_a)$ 滞后 $60°+\varphi_a$，滞后相的牵引负荷电流 $\dot{i}_a$ 在超前相线圈中的分流 $(1/3)\dot{i}_a$ 比超前相电压 $\dot{U}_C(\dot{U}_c)$ 超前 $60°-\varphi_b$，所以反映在牵引变压器二次侧和一次侧重负荷相线圈的功率因数，滞后相比超前相明显要低。

同时，由图 1.14 和式（4.18）、式（4.19）还可知，即使在两相供电臂牵引负荷电流和功率因数对应相等的条件下，牵引变压器的电压损失，滞后相也比超前相要大。若滞后相供电臂的功率因数比超前相低，则牵引变压器滞后相电压损失要更大一些。

因此，在总补偿容量一定的条件下，适当加大滞后相的补偿容量，多补一些，对平衡各相功率因数和避免滞后相电压损失过大是有利的。

当电力系统电源电压较高，而牵引变电所距电源点又很近且处于空载状态时，并联电容补偿会引起牵引侧母线电压升高到 $\dot{U}_2'$，相量图如图 6.31 所示。在这种情况下，牵引侧超前相母线电压高于滞后相。所以，适当对超前相少补偿一些，避免超前相牵引母线电压升得过高是有利的。

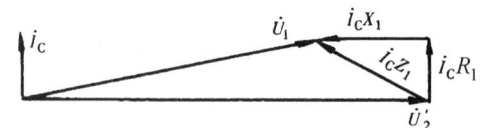

图 6.31 并联电容补偿后的相量关系图

三、并联电容补偿装置主接线与综合补偿容性无功功率计算

图 6.32 表示了并联电容补偿装置的两种主接线，图 6.32（a）用于直接供电方式和带回流线的直接供电方式等牵引变电所；图 6.32（b）用于 AT 供电方式的牵引变电所。

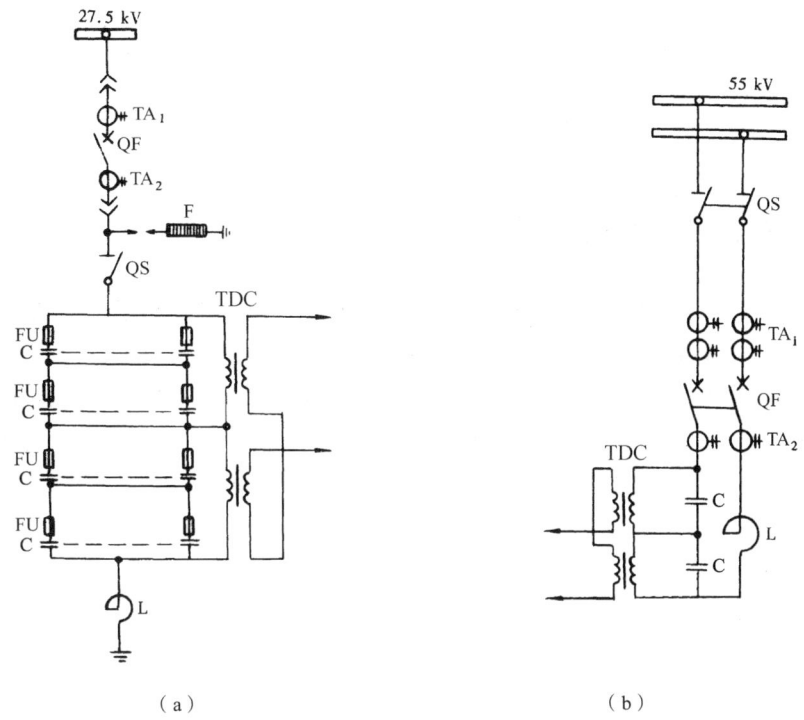

图 6.32 并联电容补偿主接线图

主接线的主要设备和作用如下：

① 并联电容器组 C。用于无功补偿；与串联电抗器匹配，滤掉一部分谐波电流。

② 串联电抗器 L。用于限制断路器合闸时的涌流和分闸时的重燃电流；与电容器组匹配，滤掉一部分谐波电流；防止并联电容补偿装置与供电系统发生高次谐波并联谐振；发生短路故障（例如牵引侧母线短路）时，避免电容器组通过短路点直接放电，保护电容器不受损坏；还可以抑制牵引母线瞬时电压降低为零。

③ 断路器 QF。为了投切和保护并联电容补偿装置。

④ 隔离开关 QS。为了在维护检查并联电容补偿装置时有明显断电点。

⑤ 高压并联电容器用放电线圈（简称放电线圈）TDC。为了在并联电容器组退出运行时放电，兼做并联电容器组差电压保护用的电压互感器。

⑥ 电流互感器 TA_1，TA_2。为了实现并联电容补偿装置的电流测量和继电保护。

⑦ 避雷器 F。作为过电压保护。

⑧ 熔断器 FU。作为电容器单元的保护。

并联电容补偿装置的综合补偿容性无功功率 Q_C 按下式计算

$$Q_C = U_{WN} I_{C1} \quad (\text{kvar}) \tag{6.78}$$

式中，U_{WN} 为牵引侧母线额定电压（kV）；I_{C1} 为流入并联电容补偿装置的基波电流（A），按下式计算

$$I_{C1} = \frac{U_{WN}}{X_{C1} - X_{L1}} \quad (A) \tag{6.79}$$

式中，X_{C1}，X_{L1} 参看第六章第四节第四部分。

四、可调并联电容补偿装置

在牵引变电所装设可调并联电容补偿装置，可以完善地、即时地综合解决功率因数和谐波等问题。考虑到电力牵引负荷频繁变化和各种机械（有触点）开关使用寿命的限制，一般都采用晶闸管交流开关来调节并联电容补偿装置的电容器或电抗器。其中最有效的是 SVC（静止无功补偿器），它是由 TSC（晶闸管投切电容器）和 TCR（晶闸管控制电抗器）组成，TSC 实现粗调，TCR 实现细调。由于 TCR 解决谐波问题的效果不够理想，故对电气化铁道而言，采用 TSC 是比较适宜的。

晶闸管可选用低电压、大电流的器件；在用于高电压系统的情况下，通常配以降压变压器。图 6.33 是受推荐的一种用于牵引变电所的并联电容补偿以提高功率因数为主的 TSC 装置原理图。它也可用于补偿牵引网电压，多装设于分区所或靠近供电臂末端的车站。晶闸管开关还可带谐波滤波器，以综合解决功率因数和谐波问题。对谐波问题要求不严时，可只装设 3 次谐波滤波器。这也是防止谐波放大、保证设备安全运行所需要的。

研究结果表明，当牵引变电所供电臂空载概率不很大（如不超过 40%）时，用适量的一组 TSC 就能达到所要求的功率因数。采用多组 TSC 将更理想地达到所要求的功率因数和减少网压波动，同时减小对供电系统的谐波影响。

图 6.34 所示的固定并联电容补偿装置（FPC）+ 晶闸管控制电抗器（TCR）原理电路是现场使用较多的方案之一。其中固定部分按提高功率因数和减少谐波影响的要求设计。可调部分的反并联晶闸管与电抗器串联，改变晶闸管导通角可调节电抗器支路的感性无功电能，与固定并联电容补偿装置中多余的容性无功电能平衡，从而使功率因数满足要求。该方案的优点是固定并联电容补偿装置长期投入，不需自动投切，所需晶闸管数量少，TCR 响应速度快，调节性能好；其缺点是要产生一点谐波和损耗。

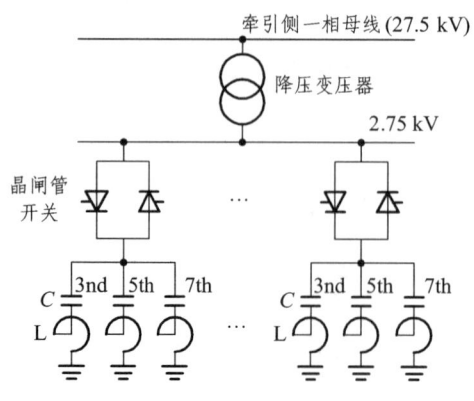

图 6.33 TSC 装置原理图

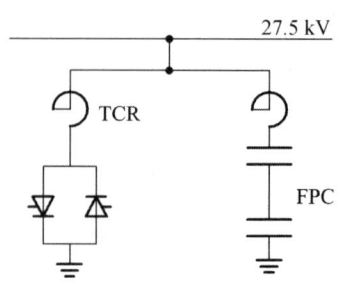

图 6.34 FPC + TCR 原理电路图

五、其 他

如前所述,在电气化铁路采用交—直—交型电力机车(电动车组)的情况下,由于它的技术先进的主电路(关键环节是牵引变流器)和控制电路的功能可消除接触网侧电流中的谐波电流,并使基波电流与接触网电压保持同相位。从而它的负荷特性表现为谐波频谱加宽,谐波电流含量大大降低;功率因数大大提高,可达 0.98 以上,满负荷时一般接近 1。所以,在一条电气化铁路全线采用交—直—交型电力机车(电动车组)的情况下,牵引变电所牵引侧无须设置并联电容补偿装置。

第七章 牵引网的电磁影响与对策

牵引网的电磁影响可分为两大部分：一大部分是接触网电场和磁场影响，包括第一节至第三节；另一大部分是地中电流影响，包括第四节。第五节就是牵引网电磁影响的对策。

第一节 带电接触网电场和磁场影响概述

一、牵引网对沿线邻近的架空裸线产生影响的原因

牵引网是一种特殊形式的单相工频交流高压输电线路。直接供电方式牵引网的"一条导线"是接触网，另"一条导线"是轨道和大地。牵引（或短路）电流的一部分经轨道流入大地，另一部分沿轨道，流回牵引变电所。沿轨道的电流沿途又相继流入大地，之后又相继由地中流上轨道。即沿轨道的电流先是多，后是少，最后是多；地中电流则先是少，后是多，最后是少。在负荷点（或短路点）与牵引变电所之间的中段，轨道中的电流就只剩第三章所述的感应电流，地中电流占有相当大的部分。地回路可用一条等效地回线代替，其入地深度D_g近千米，地中电流又是杂散的（故也称杂散电流）。可见，从地面来看，直接供电方式牵引网是一种极端不对称的输电线路。一方面，接触网所带高电压将在邻近空间产生高压电场；另一方面，接触网中流通的交流电流将在环绕其周围空间产生很强的未被平衡的交变磁场。因此，直接供电方式牵引网对沿线邻近的架空裸线（简称架空裸线）产生比较大的影响。

二、牵引网沿线邻近的受影响的导线研究重点发生了变化

为什么要把牵引网沿线邻近的受影响的导线由过去实际重点针对的通信架空裸线改为架空裸线？主要是因为通信技术现代化和通信线路电缆化,尤其是光缆通信线路的大量采用。有线通信传输线中，容易受电磁干扰的通信架空裸线（如铜线、铁线、铜包钢线等）在现代通信中作为通信传输线已经退役；屏蔽电缆芯线受到的屏蔽作用很好，综合屏蔽系数可小于0.1，能够防电磁干扰；光纤通信由于通带宽，抗电磁干扰，保密性好，中继距离长等优势，所以有很广阔的发展前景，在有线通信中已居首要地位。"十三五"国家规划纲要提出，完善新一代高速光纤网络，城镇地区实现光纤网络覆盖，98%的行政村实现光纤通达。这样，通信技术现代化和通信线路光缆化，抗干扰能力大大加强，对外界电磁场的屏蔽要求已相应地大大降低。鉴于此，现行的《铁路电力牵引供电设计规范》关于牵引网（向电力机车或动车

组的）供电方式选择原则第 1 款已修改为"综合铁路、公共电力系统等技术经济因素比选确定，可采用直接供电方式、带回流线的直接供电方式、自耦变压器供电方式（AT 供电方式）"。与此前的该设计规范对应的条款比较，"技术经济因素"删除了"铁路内外通信线路防护要求"；"供电方式"删除了"吸流变压器供电方式（BT 供电方式）"。可见，牵引网沿线邻近的受影响的导线，不再是以通信架空裸线为重点，所以改为架空裸线是适宜的。

至于现行的《高速铁路设计规范》"11.6　电磁干扰防护"中还有"11.6.1　牵引供电系统对有线通信设施的危险影响、噪声干扰影响的计算方法及容许值"方面的规定，可这样理解：我国幅员广大辽阔，电气化铁路四通八达，如果某种地段或某种情况下，有线通信设施乃至通信光（电）缆线路还存在受接触网的电磁干扰影响的情形，仍有应对的法规依据。

所谓裸线，按照《现代汉语词典》的解释，就是没有绝缘材料包裹的金属导线。带电接触网沿线邻近的受影响的架空裸线，大致包括电气化铁路某些车站、双线或多线区段停电的接触网和正馈线、馈电线、加强线、架空地线、回流线、保护线（PW 线）与避雷线，以及停电的铁路电力线路（如自动闭塞和贯通电力线路）等。为了分析和计算方便，假设架空裸线为均匀长线。

虽然本书此前引用的有些参考文献中，关于通信线路还有架空明线的说法，上述提及的通信架空裸线，从前就称架空明线。但是，按照《现代汉语词典》的解释，所谓明线，是指文学作品中人物活动或事件发展所直接呈现出来的线索。因此，本书本版把接触网沿线邻近的受电场和磁场影响的上述诸多导线，称为架空裸线更加贴切。

三、牵引网对架空裸线产生影响的分类

1. 按影响性质分类

- **静电影响**　它是由接触网所带高电压电场的静电感应引起的，故又称电场影响。
- **电磁影响**　它是由接触网中交流电流的交变磁场的电磁感应引起的，故又称磁场影响。

2. 按影响程度分类

- **危险影响**　在接触网沿线邻近的架空裸线中感应的电压较高，能使连接于其中的设备绝缘受到破坏，甚至危及接触这些被感应裸线和设备的人员人身安全。
- **噪声干扰影响**　在接触网沿线邻近的通信光（电）缆线路中感应的噪声电压干扰通信设施的正常工作，例如，在电话线路中出现干扰噪声，降低通信质量。

第二节　危险影响

一、静电感应影响

当接触网有高压交流电压时，将在邻近空间产生高压电场，从而该空间各点具有一定的电位，使位于这个电场中的中性导体出现带电现象。可认为位于此电场中某处的架空裸线，

将具有当它不存在时该处所具有的电位。换句话说，计算接触网对架空裸线的静电感应电压时，近似认为带有对地交变电压的接触网对架空裸线的静电感应电压，即接触网的电场在架空裸线所处位置的感应电位。

1. 静电感应电压的计算

如图 7.1 所示，接触网 T 的电荷线密度为 $+\tau_T$，在大地表面感应出负电荷，保持对外界的影响不变，可用它的镜像 T′（集中负电荷 $-\tau_T$）来取代大地分布负电荷，T 和 T′可视为两平行输电线。从而，邻近空间任一点 x 的感应电位 φ_x 为

$$\varphi_x = \varphi_{Tx} + \varphi_{T'x}$$

式中，$\varphi_{Tx}(\varphi_{T'x})$ 为无 T′（T）时，T（T′）在 x 点产生的电位。

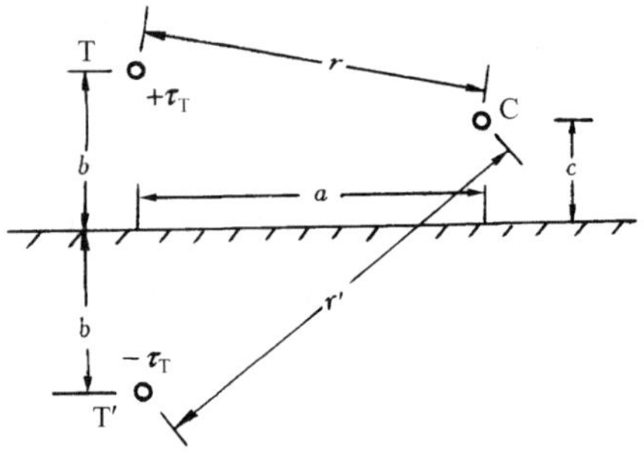

设接触线的等效半径为 R，T 与 T′到 x 点的距离分别为 r 和 r'，应用电场理论中的高斯定理，则得 T 和 T′各个单独在邻近空间任一点 x 的电场强度分别为

$$E_T = \frac{\tau_T}{2\pi\varepsilon\, r}$$

$$E_{T'} = \frac{-\tau_T}{2\pi\varepsilon\, r'}$$

图 7.1　静电感应计算示意图

式中，ε 为介电常数。

φ_{Tx} 和 $\varphi_{T'x}$ 分别由电位梯度积分求得

$$\varphi_{Tx} = \int_R^r (-E_T) \mathrm{d}r = \frac{\tau_T}{2\pi\varepsilon} \ln \frac{R}{r}$$

$$\varphi_{T'x} = \int_R^{r'} (-E_{T'}) \mathrm{d}r' = -\frac{\tau_T}{2\pi\varepsilon} \ln \frac{R}{r'}$$

所以

$$\varphi_x = \frac{\tau_T}{2\pi\varepsilon} \left(\ln \frac{R}{r} - \ln \frac{R}{r'} \right) = \frac{\tau_T}{2\pi\varepsilon} \ln \frac{r'}{r}$$

如 x 点在接触线的表面，则 $r' = 2b$，$r = R$。因此接触线 T 表面电位 φ_T 为

$$\varphi_T = \frac{\tau_T}{2\pi\varepsilon} \ln \frac{2b}{R}$$

如 x 点在架空裸线表面，则 $r' = \sqrt{a^2 + (b+c)^2}$，$r = \sqrt{a^2 + (b-c)^2}$。因此架空裸线 C［C 表示与接触网邻近的（close）架空裸线］表面电位 φ_C 为

$$\varphi_C = \frac{\tau_T}{2\pi\varepsilon} \ln \frac{\sqrt{a^2+(b+c)^2}}{\sqrt{a^2+(b-c)^2}} = \frac{\tau_T}{2\pi\varepsilon} \cdot \ln \sqrt{\frac{a^2+b^2+c^2+2bc}{a^2+b^2+c^2-2bc}}$$

$$= \frac{\tau_T}{2\pi\varepsilon} \cdot \frac{1}{2} \ln \left(\frac{1+\dfrac{2bc}{a^2+b^2+c^2}}{1-\dfrac{2bc}{a^2+b^2+c^2}} \right)$$

令 $x = \dfrac{2bc}{a^2+b^2+c^2}$，并应用函数幂级数展开式，于是得

$$\frac{1}{2}\ln\left(\frac{1+\dfrac{2bc}{a^2+b^2+c^2}}{1-\dfrac{2bc}{a^2+b^2+c^2}}\right) = \frac{1}{2}\ln\frac{1+x}{1-x} = \frac{1}{2}\times 2\left(x+\frac{x^3}{3}+\frac{x^5}{5}+\cdots\right)$$

由于一般有 $x \ll 1$，所以上式可只取第二个等号右端的首项 x，即

$$\frac{1}{2}\ln\left(\frac{1+\dfrac{2bc}{a^2+b^2+c^2}}{1-\dfrac{2bc}{a^2+b^2+c^2}}\right) = \frac{2bc}{a^2+b^2+c^2}$$

从而

$$\varphi_C = \frac{\tau_T}{2\pi\varepsilon}\cdot\frac{2bc}{a^2+b^2+c^2}$$

如 x 点在大地表面，则 $r = r' = b$，因此大地表面电位 φ_0 为

$$\varphi_0 = \frac{\tau_T}{2\pi\varepsilon}\ln\frac{r'}{r} = \frac{\tau_T}{2\pi\varepsilon}\ln\frac{b}{b} = 0$$

设接触线对地面电压为 $\dot{U}_T$，接触线对架空裸线产生的静电感应电压（对地面）为 $\dot{U}_S$，则 $\dot{U}_S$ 与 $\dot{U}_T$ 之比为

$$\frac{\dot{U}_S}{\dot{U}_T} = \frac{\varphi_C}{\varphi_T} = \frac{2}{\ln\dfrac{2b}{R}}\cdot\frac{bc}{(a^2+b^2+c^2)}$$

从而可得接触线在架空裸线处静电感应电压 $\dot{U}_S$ 的一般公式如下

$$\dot{U}_S = K\dot{U}_T\frac{bc}{a^2+b^2+c^2} \quad (\text{V}) \tag{7.1}$$

式中，$K = 2/\ln(2b/R)$ 为常数；R 取为 6 mm；b 对简单悬挂为 5.8 m，链形悬挂为 6.35 m，一般可取为 6 m；c 为与接触网邻近的架空裸线的高度，一般平均可取为 5.9 m；$\dot{U}_T$ 一般取 27.5 kV。若不考虑承力索的裂相影响，可有 $K = 0.263$；考虑承力索的裂相影响，对单线可取 $K = 0.4$，对双线可取 $K = 0.6$。

设接触网长度为 l_T，架空裸线平行接近长度为 l_p，当 $l_T < l_p$ 时，则

$$\dot{U}_S = K\dot{U}_T\frac{bc}{a^2+b^2+c^2}\cdot\frac{l_T}{l_p} \quad (\text{V}) \tag{7.2}$$

若 $l_T = l_p$，则可得 $\dot{U}_S$ 与 a 的关系如表 7.1 所示。表中，"单线"是以双线电气化铁路 V 形天窗为例，带电的一行接触网是影响源，停电的一行接触网是受影响的架空裸线；"双线"是以一条双线（带电）和一条单线（停电）电气化铁路为例，带电的双线接触网是影响源，停电的

单线接触网是受影响的架空裸线；a 为 5 米时，上述函数幂级数展开式括号内取第一、第二两项。

表 7.1 静电感应电压 U_S 与平行接近距离 a 的关系

a/m		5	10	20	30	50	110	130	250
U_S/V	单线	4 804	2 280	827	401	151	32	23	6
	双线	7 206	3 420	1 241	602	227	48	34	9

可见，当接触网和架空裸线的平行接近距离，单线大于 110 m、双线大于 130 m 时，接触网对架空裸线的静电感应电压影响可以忽略不计。

由式（7.1）、式（7.2）还可知 $\dot{U}_S$ 的性质，即 $\dot{U}_S$ 是工频交流电压，与 $\dot{U}_T$ 同相位；$\dot{U}_S$ 与 $\dot{U}_T$，a，b，c，R，单线和双线等有关，与接触网电流 $\dot{I}_T$ 无关；在 a 一定的情况下，架空裸线（对地绝缘）各点的静电感应电压相同。

在架空裸线与接触网为复杂接近的情况下，可分为若干个斜接近段，按下式计算 $\dot{U}_S$

$$\dot{U}_S = K\dot{U}_T \frac{bc}{l_C} \sum_{i=1}^{N} \frac{l_{pi} p_i q_i}{a_i^2 + b^2 + c^2} \quad (\text{V}) \tag{7.3}$$

式中，l_C 为架空裸线计算区段的长度（km）；i，N 分别为斜接近段的序号和段数；l_{pi}，a_i 分别为第 i 个斜接近段的平行接近长度（km）和平均接近距离（m），参见图 7.5、图 7.6 和相关说明；p_i 为与接触悬挂同杆架设的架空回流线或架空地线对静电感应的屏蔽系数，一般取 0.75；q_i 为距离架空裸线 3 m 以内的连续不断的树木对静电感应的屏蔽系数，一般取 0.7。

2. 静电感应电流的计算

相应的静电感应电流 $\dot{I}_S$ 可按下式计算

$$\dot{I}_S = \frac{\omega l_p}{41.4 \lg \frac{2c}{r}} \dot{U}_S \times 10^{-3} \quad (\text{mA}) \tag{7.4}$$

式中，ω 为工频交流电源角频率；l_p 为架空裸线和接触网的平行接近长度（km）；c 为架空裸线高度（m），r 为架空裸线半径（mm），计算时 c 与 r 应为同单位。

二、电磁感应影响

1. 电磁感应的纵电动势、对地电压和电流

因接触网中交流电流的未被平衡的交变磁场的电磁感应影响，在平行接近或斜接近的架空裸线上产生感应电动势，该感应电动势沿着该架空裸线各点纵向分布，故称为纵电动势。但对人身和设备有直接危害的却是对地电压和电流，两者与纵电动势的关系，随着架空裸线对地绝缘或端点接地等情况不同而有所不同。

根据分布参数电路理论中关于均匀长线在正弦电压作用下的稳定状态的阐述，列出受接

触网电磁感应影响的架空裸线的方程如下

$$\left.\begin{aligned}-\frac{\mathrm{d}\dot{U}_\mathrm{M}}{\mathrm{d}x} &= z_\mathrm{TC}\dot{I}_\mathrm{T} + z_\mathrm{C}\dot{I}_\mathrm{M} \\ -\frac{\mathrm{d}\dot{I}_\mathrm{M}}{\mathrm{d}x} &= y_\mathrm{C}\dot{U}_\mathrm{M}\end{aligned}\right\} \qquad (7.5)$$

式中，$\dot{I}_\mathrm{T}$ 为接触网电流（A）；$\dot{U}_\mathrm{M}$，$\dot{I}_\mathrm{M}$ 分别为架空裸线上至首端距离为 x（km）的任一点的电磁感应对地电压（V）和电流（A）；$z_\mathrm{C} = r_\mathrm{C} + \mathrm{j}\omega l_\mathrm{C}$ 为架空裸线的单位自阻抗（Ω/km），r_C 为单位自阻抗的电阻分量（Ω/km），l_C 为单位自感（H/km），ω 为角频率（频率 $f = 50\,\mathrm{Hz}$ 时，$\omega = 314\,\mathrm{rad/s}$）；$z_\mathrm{TC} = \mathrm{j}\omega m_\mathrm{TC}$ 为接触网和架空裸线之间的单位互阻抗（Ω/km），m_TC 为其间的单位互感（H/km），可按式（3.7）计算；$y_\mathrm{C} = g_\mathrm{C} + \mathrm{j}\omega c_\mathrm{C}$ 为架空裸线的单位导纳（S/km），g_C 为架空裸线的单位漏泄电导（S/km），c_C 为架空裸线对地和接触网的单位电容（F/km），一般 $g_\mathrm{C} \ll \mathrm{j}\omega c_\mathrm{C}$，故 $y_\mathrm{C} \approx \mathrm{j}\omega c_\mathrm{C}$。

对 $\dot{U}_\mathrm{M}$，$\dot{I}_\mathrm{M}$ 联解方程式（7.5），得

$$\left.\begin{aligned}\dot{U}_\mathrm{M} &= \dot{U}_{\mathrm{M}0}\mathrm{ch}(\gamma_\mathrm{C}x) - Z_\mathrm{W}(\dot{I}_{\mathrm{M}0} + K_1\dot{I}_\mathrm{T})\,\mathrm{sh}(\gamma_\mathrm{C}x) \\ \dot{I}_\mathrm{M} &= -\frac{\dot{U}_{\mathrm{M}0}}{Z_\mathrm{W}}\mathrm{sh}(\gamma_\mathrm{C}x) + (\dot{I}_{\mathrm{M}0} + K_1\dot{I}_\mathrm{T})\,\mathrm{ch}(\gamma_\mathrm{C}x) - K_1\dot{I}_\mathrm{T}\end{aligned}\right\} \qquad (7.6)$$

式中，$\dot{U}_{\mathrm{M}0}$，$\dot{I}_{\mathrm{M}0}$ 分别为架空裸线首端的电磁感应对地电压（V）和电流（A）；$\gamma_\mathrm{C} = \sqrt{z_\mathrm{C}y_\mathrm{C}}$ 为架空裸线—地回路的传播常数（1/km）；$Z_\mathrm{W} = \sqrt{z_\mathrm{C}/y_\mathrm{C}}$ 为架空裸线—地回路的特性阻抗，或称波阻抗（Ω）；$K_1 = z_\mathrm{TC}/z_\mathrm{C}$ 为系数。显然，$Z_\mathrm{W}K_1\gamma_\mathrm{C} = z_\mathrm{TC} = \mathrm{j}\omega m_\mathrm{TC}$（Ω/km）。

下面分析架空裸线的电磁感应纵电动势 $\dot{E}$、架空裸线对地绝缘或端点接地等不同情况下的电磁感应对地电压 $\dot{U}_\mathrm{M}$ 和电流 $\dot{I}_\mathrm{M}$。

（1）架空裸线对地绝缘

其边界条件为：当 $x = 0$ 时，$\dot{I}_{\mathrm{M}0} = 0$；当 $x = l_\mathrm{p}$ 时，$\dot{I}_\mathrm{M} = 0$。将 $\dot{I}_{\mathrm{M}0} = 0$，$x = l_\mathrm{p}$，$\dot{I}_\mathrm{M} = 0$ 代入式（7.6）第二式，经过演算得

$$\dot{U}_{\mathrm{M}0} = Z_\mathrm{W}K_1\dot{I}_\mathrm{T} \cdot \frac{\mathrm{ch}(\gamma_\mathrm{C}l_\mathrm{p}) - 1}{\mathrm{sh}(\gamma_\mathrm{C}l_\mathrm{p})}$$

将 $\dot{I}_{\mathrm{M}0} = 0$ 和上式代入式（7.6），经过演算得

$$\left.\begin{aligned}\dot{U}_\mathrm{M} &= Z_\mathrm{W}K_1\dot{I}_\mathrm{T}\frac{\mathrm{ch}(\gamma_\mathrm{C}l_\mathrm{p}) - 1}{\mathrm{sh}(\gamma_\mathrm{C}l_\mathrm{p})}\mathrm{ch}(\gamma_\mathrm{C}x) - Z_\mathrm{W}K_1\dot{I}_\mathrm{T}\mathrm{sh}(\gamma_\mathrm{C}x) \\ &= Z_\mathrm{W}K_1\dot{I}_\mathrm{T}\frac{\mathrm{ch}[\gamma_\mathrm{C}(l_\mathrm{p} - x)] - \mathrm{ch}(\gamma_\mathrm{C}x)}{\mathrm{sh}(\gamma_\mathrm{C}l_\mathrm{p})} \quad (\mathrm{V}) \\ \dot{I}_\mathrm{M} &= -K_1\dot{I}_\mathrm{T}\frac{\mathrm{ch}(\gamma_\mathrm{C}l_\mathrm{p}) - 1}{\mathrm{sh}(\gamma_\mathrm{C}l_\mathrm{p})}\mathrm{sh}(\gamma_\mathrm{C}x) + K_1\dot{I}_\mathrm{T}\mathrm{ch}(\gamma_\mathrm{C}x) - K_1\dot{I}_\mathrm{T} \\ &= K_1\dot{I}_\mathrm{T}\left\{\frac{\mathrm{sh}[\gamma_\mathrm{C}(l_\mathrm{p} - x)] + \mathrm{sh}(\gamma_\mathrm{C}x)}{\mathrm{sh}(\gamma_\mathrm{C}l_\mathrm{p})} - 1\right\} \quad (\mathrm{A})\end{aligned}\right\} \qquad (7.7)$$

当 $x=0$ 时，将其代入式（7.7），经过演算得

$$\begin{cases} \dot{U}_\text{M} = Z_\text{W} K_1 \dot{I}_\text{T} \dfrac{\text{ch}(\gamma_\text{C} l_\text{p})-1}{\text{sh}(\gamma_\text{C} l_\text{p})} = Z_\text{W} K_1 \dot{I}_\text{T} \text{th}\left(\dfrac{\gamma_\text{C} l_\text{p}}{2}\right) = \dfrac{1}{2}\text{j}\omega m_\text{TC} \dot{I}_\text{T} l_\text{p} \quad (\text{V}) \\ \dot{I}_\text{M} = K_1 \dot{I}_\text{T} \left\{ \dfrac{\text{sh}[\gamma_\text{C}(l_\text{p}-0)] + \text{sh}(\gamma_\text{C} 0)}{\text{sh}(\gamma_\text{C} l_\text{p})} - 1 \right\} = 0 \quad (\text{A}) \end{cases}$$

式中，$\text{th}\left(\dfrac{\gamma_\text{C} l_\text{p}}{2}\right) \approx \dfrac{\gamma_\text{C} l_\text{p}}{2}$（因为当频率为 50 Hz 时，$\gamma_\text{C} l_\text{p}/2$ 很小）。

当 $x = l_\text{p}/2$ 时，将其代入式（7.7），经过演算得

$$\begin{cases} \dot{U}_\text{M} = Z_\text{W} K_1 \dot{I}_\text{T} \dfrac{\text{ch}\left[\gamma_\text{C}\left(l_\text{p}-\dfrac{l_\text{p}}{2}\right)\right] - \text{ch}\left(\gamma_\text{C}\dfrac{l_\text{p}}{2}\right)}{\text{sh}(\gamma_\text{C} l_\text{p})} = 0 \quad (\text{V}) \\ \dot{I}_\text{M} = K_1 \dot{I}_\text{T} \left\{ \dfrac{\text{sh}\left[\gamma_\text{C}\left(l_\text{p}-\dfrac{l_\text{p}}{2}\right)\right] + \text{sh}\left(\gamma_\text{C}\dfrac{l_\text{p}}{2}\right)}{\text{sh}(\gamma_\text{C} l_\text{p})} - 1 \right\} = K_1 \dot{I}_\text{T}\left[\dfrac{1}{\text{ch}\left(\gamma_\text{C}\dfrac{l_\text{p}}{2}\right)} - 1\right] \quad (\text{A}) \end{cases}$$

当 $x = l_\text{p}$ 时，将其代入式（7.7），经过演算得

$$\begin{cases} \dot{U}_\text{M} = Z_\text{W} K_1 \dot{I}_\text{T} \dfrac{\text{ch}[\gamma_\text{C}(l_\text{p}-l_\text{p})] - \text{ch}(\gamma_\text{C} l_\text{p})}{\text{sh}(\gamma_\text{C} l_\text{p})} = -\dfrac{1}{2}\text{j}\omega m_\text{TC} \dot{I}_\text{T} l_\text{p} \quad (\text{V}) \\ \dot{I}_\text{M} = K_1 \dot{I}_\text{T} \left\{ \dfrac{\text{sh}[\gamma_\text{C}(l_\text{p}-l_\text{p})] + \text{sh}(\gamma_\text{C} l_\text{p})}{\text{sh}(\gamma_\text{C} l_\text{p})} - 1 \right\} = 0 \quad (\text{A}) \end{cases}$$

架空裸线受接触网电磁感应影响而产生的纵电动势 $\dot{E}_\text{M}$ 等于末端与首端的电磁感应对地电压之相量差，即

$$\dot{E}_\text{M} = -\dfrac{1}{2}\text{j}\omega m_\text{TC} \dot{I}_\text{T} l_\text{p} - \dfrac{1}{2}\text{j}\omega m_\text{TC} \dot{I}_\text{T} l_\text{p} = -\text{j}\omega m_\text{TC} \dot{I}_\text{T} l_\text{p} \quad (\text{V}) \tag{7.8}$$

式（7.8）即为计算架空裸线因接触网电磁感应影响而产生的纵电动势的基本公式。

可见，当架空裸线对地绝缘时，首末两端电磁感应对地电压数值相等（等于纵电动势数值的 1/2），符号相反，电流为零；中点电磁感应对地电压为零，电流为 $K_1 \dot{I}_\text{T}\left[\dfrac{1}{\text{ch}\left(\gamma_\text{C}\dfrac{l_\text{p}}{2}\right)} - 1\right]$（A）。

（2）架空裸线仅末端接地

其边界条件为：当 $x=0$ 时，$\dot{I}_{\text{M}0} = 0$；当 $x = l_\text{p}$ 时，$\dot{U}_\text{M} = 0$。将 $\dot{I}_{\text{M}0} = 0$，$x = l_\text{p}$，$\dot{U}_\text{M} = 0$ 代入式（7.6）第一式，经过演算得

$$\dot{U}_{\text{M}0} = Z_\text{W} K_1 \dot{I}_\text{T} \dfrac{\text{sh}(\gamma_\text{C} l_\text{p})}{\text{ch}(\gamma_\text{C} l_\text{p})}$$

将 $\dot{I}_{M0}=0$ 和上式代入式（7.6），经过演算得

$$\left.\begin{aligned}\dot{U}_M &= Z_W K_1 \dot{I}_T \frac{\text{sh}(\gamma_C l_p)}{\text{ch}(\gamma_C l_p)} \text{ch}(\gamma_C x) - Z_W K_1 \dot{I}_T \text{sh}(\gamma_C x) \\ &= Z_W K_1 \dot{I}_T \frac{\text{sh}[\gamma_C(l_p-x)]}{\text{ch}(\gamma_C l_p)} \quad (\text{V}) \\ \dot{I}_M &= -K_1 \dot{I}_T \frac{\text{sh}(\gamma_C l_p)}{\text{ch}(\gamma_C l_p)} \text{sh}(\gamma_C x) + K_1 \dot{I}_T \text{ch}(\gamma_C x) - K_1 \dot{I}_T \\ &= K_1 \dot{I}_T \left\{\frac{\text{ch}[\gamma_C(l_p-x)]}{\text{ch}(\gamma_C l_p)} - 1\right\} \quad (\text{A})\end{aligned}\right\} \quad (7.9)$$

当 $x=0$ 时，将其代入式（7.9），经过演算得

$$\begin{cases}\dot{U}_M = Z_W K_1 \dot{I}_T \dfrac{\text{sh}[\gamma_C(l_p-0)]}{\text{ch}(\gamma_C l_p)} = Z_W K_1 \dot{I}_T \text{th}(\gamma_C l_p) = \text{j}\omega m_{TC} \dot{I}_T l_p \quad (\text{V}) \\ \dot{I}_M = K_1 \dot{I}_T \left\{\dfrac{\text{ch}[\gamma_C(l_p-0)]}{\text{ch}(\gamma_C l_p)} - 1\right\} = 0 \quad (\text{A})\end{cases}$$

式中，$\text{th}(\gamma_C l_p) \approx \gamma_C l_p$（因为当频率为 50 Hz 时，$\gamma_C l_p$ 很小）。

当 $x=\dfrac{l_p}{2}$ 时，将其代入式（7.9），经过演算得

$$\begin{cases}\dot{U}_M = Z_W K_1 \dot{I}_T \dfrac{\text{sh}\left[\gamma_C\left(l_p-\dfrac{l_p}{2}\right)\right]}{\text{ch}(\gamma_C l_p)} = Z_W K_1 \dot{I}_T \dfrac{\text{sh}\left(\gamma_C \dfrac{l_p}{2}\right)}{\text{ch}(\gamma_C l_p)} \quad (\text{V}) \\ \dot{I}_M = K_1 \dot{I}_T \left\{\dfrac{\text{ch}\left[\gamma_C\left(l_p-\dfrac{l_p}{2}\right)\right]}{\text{ch}(\gamma_C l_p)} - 1\right\} = K_1 \dot{I}_T \left[\dfrac{\text{ch}\left(\gamma_C \dfrac{l_p}{2}\right)}{\text{ch}(\gamma_C l_p)} - 1\right] \quad (\text{A})\end{cases}$$

当 $x=l_p$ 时，将其代入式（7.9），经过演算得

$$\begin{cases}\dot{U}_M = Z_W K_1 \dot{I}_T \dfrac{\text{sh}[\gamma_C(l_p-l_p)]}{\text{ch}(\gamma_C l_p)} = 0 \quad (\text{V}) \\ \dot{I}_M = K_1 \dot{I}_T \left\{\dfrac{\text{ch}[\gamma_C(l_p-l_p)]}{\text{ch}(\gamma_C l_p)} - 1\right\} = K_1 \dot{I}_T \left[\dfrac{1}{\text{ch}(\gamma_C l_p)} - 1\right] \quad (\text{A})\end{cases}$$

纵电动势 $\dot{E}_M$ 为

$$\dot{E}_M = 0 - \text{j}\omega m_{TC} \dot{I}_T l_p = -\text{j}\omega m_{TC} \dot{I}_T l_p \quad (\text{V}) \quad [\text{与式（7.8）结果相同}]$$

可见，当架空裸线仅末端接地时，首端电磁感应对地电压与纵电动势数值相等，符号相

反，电流为零；末端电磁感应对地电压为零，电流为 $K_1\dot{I}_T\left[\dfrac{1}{\text{ch}(\gamma_C l_p)}-1\right]$（A）。

（3）架空裸线仅首端接地

其边界条件为：当 $x=0$ 时，$\dot{U}_{M0}=0$；当 $x=l_p$ 时，$\dot{I}_M=0$。将 $\dot{U}_{M0}=0$，$x=l_p$，$\dot{I}_M=0$ 代入式（7.6）第二式，经过演算得

$$\dot{I}_{M0}=K_1\dot{I}_T\left[\frac{1-\text{ch}(\gamma_C l_p)}{\text{ch}(\gamma_C l_p)}\right]=K_1\dot{I}_T\left[\frac{1}{\text{ch}(\gamma_C l_p)}-1\right]$$

将 $\dot{U}_{M0}=0$ 和上式代入式（7.6），经过演算得

$$\left.\begin{aligned}\dot{U}_M &= -Z_W\left\{K_1\dot{I}_T\left[\frac{1}{\text{ch}(\gamma_C l_p)}-1\right]+K_1\dot{I}_T\right\}\text{sh}(\gamma_C x)=-Z_W K_1\dot{I}_T\frac{\text{sh}(\gamma_C x)}{\text{ch}(\gamma_C l_p)}\quad\text{(V)}\\ \dot{I}_M &= \left\{K_1\dot{I}_T\left[\frac{1}{\text{ch}(\gamma_C l_p)}-1\right]+K_1\dot{I}_T\right\}\text{ch}(\gamma_C x)-K_1\dot{I}_T=K_1\dot{I}_T\left[\frac{\text{ch}(\gamma_C x)}{\text{ch}(\gamma_C l_p)}-1\right]\quad\text{(A)}\end{aligned}\right\} \quad(7.10)$$

当 $x=0$ 时，将其代入式（7.10），经过演算得

$$\begin{cases}\dot{U}_M=-Z_W K_1\dot{I}_T\dfrac{\text{sh}(\gamma_C\cdot 0)}{\text{ch}(\gamma_C l_p)}=0 & \text{(V)}\\ \dot{I}_M=K_1\dot{I}_T\left[\dfrac{\text{ch}(\gamma_C\cdot 0)}{\text{ch}(\gamma_C l_p)}-1\right]=K_1\dot{I}_T\left[\dfrac{1}{\text{ch}(\gamma_C l_p)}-1\right] & \text{(A)}\end{cases}$$

当 $x=\dfrac{l_p}{2}$ 时，将其代入式（7.10），经过演算得

$$\begin{cases}\dot{U}_M=-Z_W K_1\dot{I}_T\dfrac{\text{sh}\left(\gamma_C\dfrac{l_p}{2}\right)}{\text{ch}(\gamma_C l_p)} & \text{(V)}\\ \dot{I}_M=K_1\dot{I}_T\left[\dfrac{\text{ch}\left(\gamma_C\dfrac{l_p}{2}\right)}{\text{ch}(\gamma_C l_p)}-1\right] & \text{(A)}\end{cases}$$

当 $x=l_p$ 时，将其代入式（7.10），经过演算得

$$\begin{cases}\dot{U}_M=-Z_W K_1\dot{I}_T\dfrac{\text{sh}(\gamma_C l_p)}{\text{ch}(\gamma_C l_p)}=-Z_W K_1\dot{I}_T\text{th}(\gamma_C l_p)=-\text{j}\omega m_{TC}\dot{I}_T l_p & \text{(V)}\\ \dot{I}_M=K_1\dot{I}_T\left[\dfrac{\text{ch}(\gamma_C l_p)}{\text{ch}(\gamma_C l_p)}-1\right]=0 & \text{(A)}\end{cases}$$

纵电动势 $\dot{E}_M$ 为

$$\dot{E}_M=-\text{j}\omega m_{TC}\dot{I}_T l_p-0=-\text{j}\omega m_{TC}\dot{I}_T l_p\quad\text{(V)}\quad[\text{与式（7.8）结果相同}]$$

可见，当架空裸线仅首端接地时，末端电磁感应对地电压等于纵电动势，电流为零；首端电磁感应对地电压为零，电流为 $K_1\dot{I}_T\left[\dfrac{1}{\mathrm{ch}(\gamma_C l_p)}-1\right]$（A）。

（4）架空裸线首末两端接地

其边界条件为：当 $x=0$ 时，$\dot{U}_{M0}=0$；当 $x=l_p$ 时，$\dot{U}_M=0$。将 $\dot{U}_{M0}=0$，$x=l_p$，$\dot{U}_M=0$ 代入式（7.6）第一式，经过演算得

$$\dot{I}_{M0}=-K_1\dot{I}_T$$

将 $\dot{U}_{M0}=0$，$\dot{I}_{M0}=-K_1\dot{I}_T$ 代入式（7.6），经过演算得

$$\left.\begin{aligned}\dot{U}_M &= 0\cdot\mathrm{ch}(\gamma_C x)-Z_W(-K_1\dot{I}_T+K_1\dot{I}_T)\mathrm{sh}(\gamma_C x)=0 \quad (\mathrm{V})\\ \dot{I}_M &= -\dfrac{0}{Z_W}\mathrm{sh}(\gamma_C x)+(-K_1\dot{I}_T+K_1\dot{I}_T)\mathrm{ch}(\gamma_C x)-K_1\dot{I}_T=-K_1\dot{I}_T \quad (\mathrm{A})\end{aligned}\right\} \quad (7.11)$$

可见，当架空裸线首末两端接地时，其纵电动势、任一点的电磁感应对地电压均为零，电流为 $-K_1\dot{I}_T$（A）。

架空裸线受接触网电磁感应影响而产生的对地感应电压和电流沿平行接近长分布曲线如图 7.2 所示。

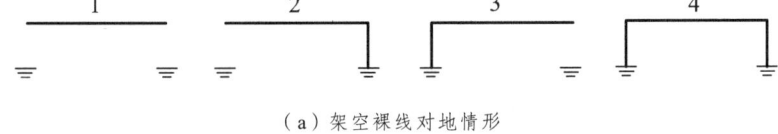

（a）架空裸线对地情形

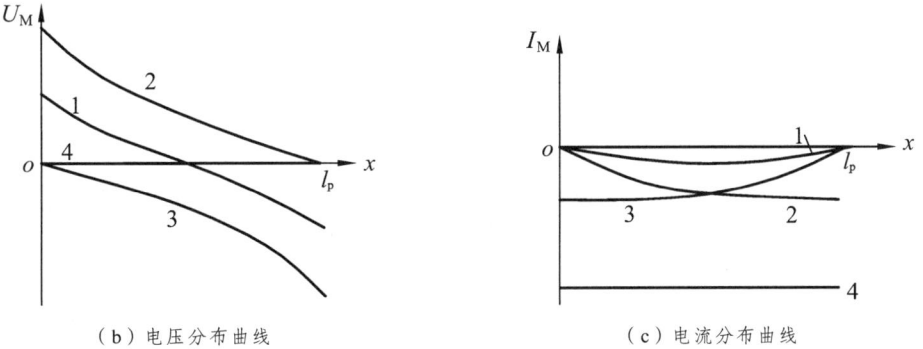

（b）电压分布曲线　　　　　　　　（c）电流分布曲线

1—架空裸线对地绝缘；2—架空裸线仅末端接地；3—架空裸线仅首端接地；4—架空裸线首末两端接地。

图 7.2　受电磁感应影响的架空裸线对地感应电压和电流沿平行接近长分布曲线

2. 屏蔽系数

（1）屏蔽系数的概念

参看图 3.2 所示、相关说明和上面所述，接触网是有源电路，是感应源；而被感应电路除了平行接近或斜接近的架空裸线以外，还有另一类邻近导体，如轨道、电缆的外皮和毗邻芯线等。这另一类邻近导体中的感应电流产生的磁场对接触网电流产生的磁场起反磁作用，

或称屏蔽作用，使架空裸线受接触网的电磁感应影响得到一定程度的削弱，工程上以屏蔽系数来考虑这种作用，并可将这另一类邻近导体称为屏蔽导线。所谓屏蔽系数，就是架空裸线有屏蔽作用时的综合感应电势与没有屏蔽作用时的感应电势之比。

（2）屏蔽导线的屏蔽系数

一般来说，屏蔽导线的屏蔽作用，可按以下方式分析。

如图 7.3 所示，当接触网电流为 $\dot{I}_T$ 时，在平行接近或斜接近的架空裸线和屏蔽导线中分别感应出纵电动势 $\dot{E}_{CT}$ 和 $\dot{E}_{ST}$，它们均滞后于 $\dot{I}_T$ 大约 90°。感应电势 $\dot{E}_{ST}$ 将在其本身线路中引起电流 $\dot{I}_S$，设该电流相位滞后于 $\dot{E}_{ST}$ 某个角度 φ（取决于该回路的阻抗），而电流 $\dot{I}_S$ 又将产生二次磁场，并在架空裸线中感应出另一纵电动势 $\dot{E}_{CS}$，而 $\dot{E}_{CS}$ 又滞后 $\dot{I}_S$ 大约 90°。架空裸线中最终的感应纵电动势，应为 $\dot{E}_{CT}$ 与 $\dot{E}_{CS}$ 的相量和。所以架空裸线中电磁感应的总感应电势为

$$\dot{E}_M = \dot{E}_{CT} + \dot{E}_{CS}$$

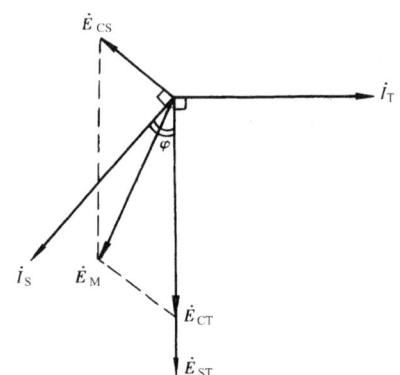

图 7.3 屏蔽作用分析相量图

由相量图可见，当 $\dot{E}_{CT}$ 与 $\dot{E}_{CS}$ 的模值大小愈接近，而其相位差愈接近 180° 时，架空裸线中受到接触网的电磁感应影响愈小。根据屏蔽系数的定义，屏蔽导线的屏蔽系数

$$\lambda_S = \frac{\dot{E}_M}{\dot{E}_{CT}} = \frac{\dot{E}_{CT} + \dot{E}_{CS}}{\dot{E}_{CT}}$$

由于接触网在屏蔽导线中所引起的感应电势，为屏蔽导线—地回路的电压降所平衡，故有

$$\dot{E}_{ST} = -\dot{I}_T z_{TS} = \dot{I}_S z_S$$

同理，按图 7.3 有

$$\dot{E}_M = \dot{E}_{CT} + \dot{E}_{CS} = -\dot{I}_T z_{TC} - \dot{I}_S z_{SC}$$

以上两式中，$z_S = r_S + j\omega l_S$，为屏蔽导线的单位自阻抗；$z_{TS} = j\omega m_{TS}$，为接触网与屏蔽导线间的单位互阻抗；$z_{TC} = j\omega m_{TC}$，为接触网与架空裸线间的单位互阻抗；$z_{SC} = j\omega m_{SC}$，为屏蔽导线与架空裸线间的单位互阻抗。

解出 $\dot{I}_S = -\dot{I}_T z_{TS} / z_S$，代入上式得

$$\dot{E}_M = \frac{-z_{TC} z_S + z_{TS} z_{SC}}{z_S} \dot{I}_T$$

而在没有屏蔽作用时，由接触网电流 $\dot{I}_T$ 在架空裸线中引起的感应电势

$$\dot{E}_{CT} = -\dot{I}_T z_{TC}$$

于是

$$\lambda_S = \frac{\dot{E}_M}{\dot{E}_{CT}} = 1 - \frac{z_{TS} z_{SC}}{z_{TC} z_S} \tag{7.12}$$

(3) 轨道的屏蔽系数

当屏蔽导线是轨道时,将式(7.12)中的右下角标中的 S 改成 R,即有

$$\lambda_R = 1 - \frac{z_{TR} z_{RC}}{z_{TC} z_R} \tag{7.13}$$

式中,z_{TR} 为接触网与轨道间的单位互阻抗;z_{RC} 为轨道与架空裸线间的单位互阻抗;z_R 为轨道—地回路的单位自阻抗。

在一般情况下,可以认为架空裸线对轨道的相对位置,与架空裸线对接触网的相对位置相近似,所以

$$z_{RC} = z_{TC}$$

从而,式(7.13)可进一步简化成

$$\lambda_R = 1 - \frac{z_{TR}}{z_R} \tag{7.14}$$

考虑轨道的屏蔽作用后,受接触网影响的架空裸线的电磁感应电势可用下式计算

$$E_M = \omega m_{TC} I_T l_p \lambda_R \tag{7.15}$$

式中,λ_R 为轨道的屏蔽系数,一般单线可取 $\lambda_R = 0.47$,双线可取 $\lambda_R = 0.33$。其余符号同前。

(4) 通信电缆的屏蔽系数

电缆金属外皮(包括铠甲)的屏蔽作用,应考虑当具有金属外皮与铠甲的电缆埋入地下时,其外皮必然多点或均布接地,所以实质上外皮就相当于一个紧靠电缆芯线的屏蔽导体,因两者距离很近,所以其屏蔽作用比较显著。按式(7.12),电缆外皮的屏蔽系数应为

$$\lambda_0 = 1 - \frac{z_{T0} z_{0W}}{z_{TW} z_0} \tag{7.16}$$

式中,$z_{T0} = j\omega m_{T0}$,为接触网与电缆外皮间的单位互阻抗;$z_{0W} = j\omega m_{0W}$,为电缆外皮与电缆芯线间的单位互阻抗;$z_{TW} = j\omega m_{TW}$,为接触网与电缆芯线间的单位互阻抗;$z_0 = r_0 + j\omega l_0$,为电缆外皮的单位自阻抗。

由于电缆外皮与芯线十分接近,所以可以认为它们各自对接触网的互阻抗相等,即 $z_{TW} = z_{T0}$,因此

$$\lambda_0 = 1 - \frac{z_{0W}}{z_0} = 1 - \frac{j\omega m_{0W}}{r_0 + j\omega l_0} = \frac{r_0 + j\omega (l_0 - m_{0W})}{r_0 + j\omega l_0}$$

式中,r_0,l_0 分别为电缆外皮(包括铠甲)的电阻与电感;m_{0W} 为电缆外皮与芯线间的互感系数。

若近似认为 $m_{0W} = l_0$,则

$$\lambda_0 = \frac{r_0}{r_0 + j\omega l_0}$$

由上式可知，欲提高电缆的屏蔽作用，亦即要降低其屏蔽系数，可通过降低 r_0 或提高 l_0 来达到目的。用铝皮代替铅皮以降低 r_0，又以高磁导钢带为铠装以提高 l_0。这种电缆外皮的屏蔽系数可以降低到 0.1 左右，即电磁感应影响降低到原来的 1/10 左右。由上式还可以看出屏蔽系数与频率有关，λ_0 将随频率的增高而变小，也就是说其屏蔽作用随频率的增高而变大。

与接触网邻近的通信电缆，在受电磁感应影响方面，共受到三种屏蔽作用，即轨道、电缆外皮和相邻的电缆芯线的屏蔽作用。因此其电磁感应电势应为

$$\dot{E}_M = \omega\, m_{TW} \dot{I}_T l_P \lambda_R \lambda_0 \lambda_W \tag{7.17}$$

式中，λ_W 为相邻的电缆芯线的屏蔽系数。对于电缆芯线为 7~14 根的电缆，其 λ_W 可取为 0.90~0.95。

应当注意，当电缆埋设距轨道较近时，由于轨道和接触网至电缆的距离有显著差异，所以轨道的屏蔽系数 λ_R 要用式（7.13）而不能用式（7.14）计算，并将式（7.13）中的 z_{RC}，z_{TC} 分别改成 z_{RW}，z_{TW}；其中，$z_{RW} = j\omega m_{RW}$，为轨道与电缆芯线间的单位互阻抗。

3. 电磁感应影响计算时应区分接触网正常工作和短路故障两种状态

电磁感应影响计算，应考虑接触网正常工作状态和接触网短路故障状态。迄今我国交流电气化铁路实行一边供电，因此，所谓"接触网正常工作状态"是指以一边供电方式进行供电，这种影响是一种"长时间影响"。而"接触网短路故障状态"多指接触网绝缘部分闪络、击穿等情况，此时，馈电线断路器可在小于 0.5 s 的时间内切断接触网电流，故这是一种"短时间影响"。

接触网发生短路故障时的架空裸线的感应纵电动势可根据牵引供电设计部门提供的短路电流曲线计算，如图 7.4 所示。

在牵引变电所附近，虽短路电流大，但由于至牵引变电所距离短，所以产生的感应纵电动势仍较小。工程设计中，一般应以接触网在最不利地点发生短路故障和对架空裸线产生最大影响作为计算条件。例如，对于接近长度短于一个单向供电臂长度的短段架空裸线，其接触网短路点假设发生在正对架空裸线接近段终点处。如短路电流为 I_k，则用 $C_0 I_k$ 代入感应纵电动势计算公式，C_0 为接触网短路电流修正系数（例如，对架空裸线 $C_0 = 0.7$），这是考虑接触

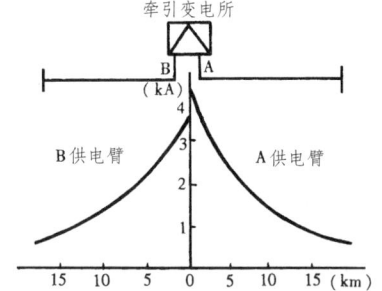

图 7.4 接触网短路电流分布曲线

网在最不利地点发生短路故障且对架空裸线产生最大影响的情况同时发生的可能性较小。对于双线电气化铁路，由于上、下行接触网同时发生短路故障的概率很小，故计算危险影响时，仅考虑由上行或下行单条接触网短路故障所产生的感应影响。

接触网短路故障状态虽然是短时间的，但是对架空裸线的电磁感应影响在有些情况下却相当严重。例如，设单线电气化铁路接触网短路电流 $I_T = 1\,100$ A，架空裸线平行接近长度 $l_P = 18$ km，取 $\lambda_R = 0.47$；通过计算，可得在架空裸线中感应的纵电动势 E_M 与架空裸线至电气化铁路的平行接近距离 a 的关系，如表 7.2 所示。

表 7.2　电磁感应纵电动势与平行接近距离的关系

a/m	5	10	20	30	50	100	250	500
E_M/V	3 098	2 696	2 297	2 065	1 775	1 386	897	586

由表 7.2 可知，接触网短路将在架空裸线中感应出很高的纵电动势。而且这种电动势在离铁路 100 m 以外的架空裸线中仍具有可观的数值。这是因为互感系数 m_{TC} 与距离 a 为对数函数关系，在 a 增大时电磁感应纵电动势的下降不如静电感应电压下降那样快。

4. 电磁感应影响计算时应考虑接触网和架空裸线的曲折变化

当架空裸线进入电气化铁路的影响范围之内，计算其所受的影响时，将受影响的区段称为接近段。该接近段若与接触网平行架设，则称为"平行接近"，两线路间的距离称为平行接近距离，该接近段的长度称为平行接近长。若该接近段的接近距离有均匀的增加或减少（即接近距离的变化超过平均值的 5% 时），则称为斜接近（见图 7.5）。斜接近段中，大小平均接近距离为 $a_i = \sqrt{a_1 \cdot a_2}$。在计算时，每一斜接近段两端的距离比不得大于 3；若大于 3，则应分成若干段。此时的"平行接近长"是架空裸线在接触网上的投影 l_P。

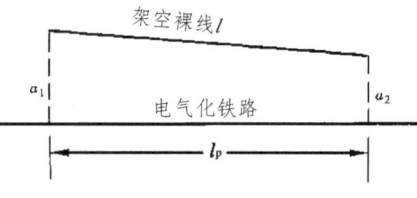

如架空裸线从接触网一边跨至另一边，则称为"交叉跨越"，以距接触网为 50 m 的两点为交叉跨越地段的界限，如图 7.6（a）所示。如在上述交叉跨越地段内有一条线路急剧改变方向，则以该点为交叉跨越地段的界限，如图 7.6（b），（c）所示。

图 7.5　斜接近长度

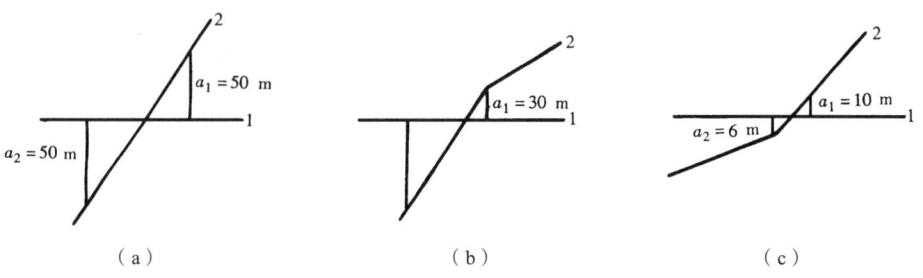

图 7.6　架空裸线与接触网交叉跨越

如果两条电气化铁路平行接近，或斜接近，或交叉跨越，当其中一条的接触网带电，另一条的接触网停电时，那么停电的接触网就相当于架空裸线与带电的接触网平行接近，或斜接近，或交叉跨越。带电的接触网是影响源，停电的接触网是受影响的架空裸线。此类情况已经是相当多的，因为电气化铁路（含单线、双线，普速、高速等）已经很多。铁路电力线路（如自动闭塞和贯通电力线路）、光（电）缆线路等，与电气化铁路的接近，也有类似上述的情况。

对于架空裸线和电缆线路，其首端 A 和末端 D 电磁感应纵电动势为

$$E_A = E_D = \omega \lambda_R \lambda_c \sum_{i=1}^{N} m_i I_T l_{pi} \quad (\text{V}) \tag{7.18}$$

式中,N 为斜接近段段数;i 为斜接近段序号;m_i 为第 i 个斜接近段接触网与架空裸线或电缆间的单位互感(H/km);l_{pi} 为第 i 个斜接近段架空裸线或电缆在接触网线路上的投影长度;λ_c 为其他与接触网平行接近的接地导体、金属管道和金属电缆外皮等综合屏蔽系数;其余符号同前。

5. 电磁感应影响计算所需用的资料

计算电磁感应影响前还需要搜集计算所需用的资料,包括架空裸线或电缆侧的有关资料(如:架空裸线或电缆类型,架空裸线或电缆的接近长度和接近情况等);接触网侧的有关资料(如:牵引网供电方式,牵引变电所位置和供电臂长度,正常工作状态的负荷电流和短路故障状态的短路电流曲线等)以及其他有关资料(如铁路沿线的大地电导率和轨道屏蔽系数,架空裸线或接触网杆附近所有地上和地下金属设备等)。

例 1 如图 7.7 所示,架空裸线与单线接触网为复杂接近(既有斜接近,又有交叉跨越接近);供电臂长 21 km,公里标 K150~K171;接触网电流:K150~K158 为 220 A,K158~K165 为 430 A,K165~K171 为 600 A;平均大地电导率为 10×10^{-14} CGSM;在线路附近无其他屏蔽体。求:接触网正常工作状态时,该架空裸线电磁感应的纵电动势。

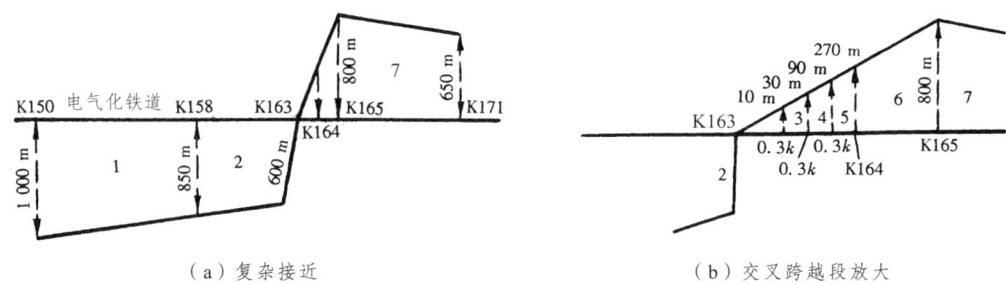

(a)复杂接近　　　　　　　　　　(b)交叉跨越段放大

图 7.7　[例 1]架空裸线与接触网的相对位置

解 把全接近段按 $a_2/a_1 \leq 3$(或 $a_1/a_2 \leq 3$)分成 7 个斜接近段(不计算交叉跨越处影响),计算结果如表 7.3 所示。

表 7.3　7 个斜接近段的计算结果表

分段序号	a_1/m	a_2/m	$a_i=\sqrt{a_1 a_2}$ /m	l_{pi} /km	I_i /A	m_i $\times 10^{-4}$/(H/km)	$m_i I_i l_{pi}$ $\times 10^{-4}$/(H·A)
1	1 000	850	922	8	220	1.570 9	0.276 5
2	850	600	714	5	430	1.658 5	0.356 6
3	10	30	17	0.3	430	8.152 0	0.105 2
4	30	90	52	0.3	430	5.975 8	0.077 1
5	90	270	156	0.3	430	3.901 2	0.050 3
6	270	800	465	1	430	2.096 9	0.090 2
7	800	650	721	6	600	1.652 4	0.594 6
						$\sum_{i=1}^{7} m_i I_i l_{pi}$	1.550 5

将表 7.3 中计算结果 $\sum_{i=1}^{7} m_i I_i l_{pi} = 1.5505$ 和已知的 $\omega = 314$ rad/s，$\lambda_R = 0.47$，$\lambda_c = 1$ 代入式（7.18），得

$$E = \omega \lambda_R \lambda_c \sum_{i=1}^{7} m_i I_i l_{pi} = 314 \times 0.47 \times 1 \times 1.5505 = 229 \quad (V)$$

三、危险电压和电流的标准

1. 危险电压的计算

在同时存在静电感应影响和电磁感应影响时，总感应电压应为两种影响的相应感应电压的相量和。

接触网电压 $\dot{U}_T$ 和电流 $\dot{I}_T$、架空裸线中静电感应电压 $\dot{U}_S$ 和电磁感应纵电动势 $\dot{E}_M$ 各相量关系如图 7.8 所示。

如架空裸线对地绝缘，架空裸线中点电磁感应电压为零，首、末端电磁感应电压分别为 $-\frac{1}{2}\dot{E}_M$ 和 $\frac{1}{2}\dot{E}_M$，把首、末端电磁感应电压相量分别与静电感应电压 $\dot{U}_S$ 相量相加，得到首、末端总感应电压，其情况如图 7.9 所示。

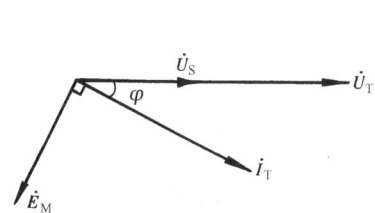 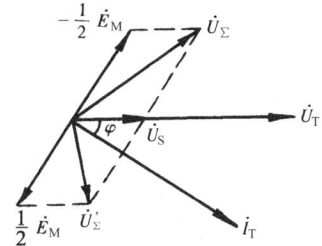

图 7.8 接触网电压和电流等各相量关系　　图 7.9 架空裸线对地绝缘时各相量关系

当架空裸线仅末端接地时，首端对地危险电压的相量图如图 7.10 所示；如仅首端接地，末端对地危险电压的相量图如图 7.11 所示。

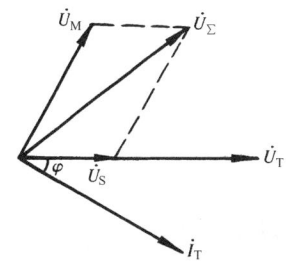 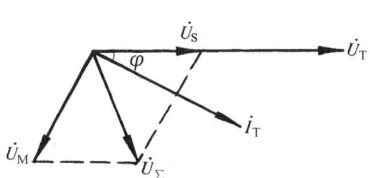

图 7.10 架空裸线仅末端接地时　　图 7.11 架空裸线仅首端接地时
　　　　各相量关系　　　　　　　　　　　　各相量关系

在计算总感应电压时，一般应考虑最严重情形，即架空裸线仅末端接地时在首端出现的总感应电压 U_Σ（见图 7.10）。设 $\dot{I}_T$ 滞后于 $\dot{U}_T$ 的相位角为 φ，则有

$$U_\Sigma = \sqrt{U_M^2 + U_s^2 + 2U_M U_s \sin\varphi} \quad (\text{V}) \tag{7.19}$$

一般情况下，对架空裸线的静电感应影响和电磁感应影响应同时考虑。对电缆通信线路，只考虑电磁感应影响。

近似计算时，可按负荷功率因数等于 1 的条件考虑，则得总感应电压

$$U_\Sigma = \sqrt{U_M^2 + U_s^2} \tag{7.20}$$

2. 危险电压和电流的标准

为确保维护、操作人员的人身安全和设备安全，应规定通信光（电）缆线路受影响的允许标准。通信光（电）缆线路的危险电压允许标准，主要取决于危险电压可能产生的通过人体的电流、电压及其作用时间。危险电压作用的时间越短，对人身安全就越有保证。因此，对应接触网正常工作和短路故障两种状态的允许标准是不同的。

人体阻抗与外加电压、皮肤干燥程度有关，表 7.4 列出了人体总阻抗和外加电压的关系。

表 7.4 人体总阻抗和外加电压的关系

外加电压/V	人体总阻抗平均值/Ω
50	10 000
500	1 200
1 000	1 100

当外加电压为 100 V 时，可取人体的总阻抗平均值为 4 000 Ω，由于国际电报电话咨询委员会（CCITT）对允许通过人体的最大电流规定不得大于 15 mA，所以，此时的允许电压为 $15 \times 4\,000 \times 10^{-3} = 60$（V）。

根据上述和《通信线路工程设计规范》（GB 51158—2015）的规定，危险电压和电流的允许值可综合归纳为以下几条：

① 在接触网正常工作状态下，通信光（电）缆线路金属构件上的感应纵电动势不应大于 60 V。

② 在接触网短路故障状态下，通信光（电）缆线路金属构件上的感应纵电动势或地电位升，不应大于通信光（电）缆绝缘外护层介质强度的 60%。

③ 当人体同时触及受感应影响的通信光（电）缆线路金属构件与地的情况下，通过人体的电流不得不大于 15 mA。

第三节 噪声干扰影响

我国电气化铁路使用的交—直型电力机车，早期生产的采用硅整流器整流、直流牵引电动机传动方式。随着大功率晶闸管技术的发展，大量采用晶闸管整流装置代替调压开关、水

银整流管和硅整流器,实现无级调压,大大改善机车性能。但是,导致接触网电流中含有大量的高次谐波分量,而对音频电话回路(简称电话回路)造成噪声干扰。因电力机车采用的是全周整流,所以其电流波形中理论上仅含有奇数次谐波。

理论上分析,谐波电流幅值应随谐波次数的增高而衰减,但由于牵引变电所、接触网和电力机车组成了一个具有固定谐振频率的回路,实测表明,其谐振频率为基波 50 Hz 的奇数倍,主要分布在 13~27 次谐波频率范围内。当谐振频率接近"牵引变电所、接触网和电力机车"系统的固有谐振频率时,谐波振幅明显增长。实验指出,对于双线电气化铁路,谐振频率位于第 19~21 次谐波频率之间;对于单线电气化铁路,则位于第 23~25 次谐波频率之间。这些谐波频率均处在人耳最为敏感的音频频段,因此,在电话回路中产生噪声干扰影响。

频率不同的各次谐波,对人耳产生的听觉音响效果是不一样的。实验证明,人耳对频率为 0.3~3.0 kHz 的噪声有明显感觉,而对频率为 800~1 000 Hz 的噪声反应最灵敏。为了评价各次谐波电流的影响,通常以 800 Hz 电流为基准。各次谐波电流的影响程度与 800 Hz 电流的影响程度之比值称为该次谐波的音响作用系数 P_k。

计算交流电气化铁路对电话回路的噪声干扰影响,通常采用按等效 800 Hz 干扰电流计算噪声电压的近似方法。800 Hz 等效干扰电流的含义是:如果接触网中流过 800 Hz 的某一电流值,它在邻近的电话回路中所引起的噪声电压,与接触网中实际存在的全部谐波电流在邻近的电话回路中所引起的噪声电压相等,则该 800 Hz 的电流称为 800 Hz 等效干扰电流。

800 Hz 等效干扰电流 I_{eq} 可由下式确定

$$I_{eq} = I_\Sigma K_J K_{C2} \sqrt{\sum_{k=13}^{27}(K_k P_k)^2} \quad (A) \tag{7.21}$$

式中,I_Σ 为供电臂有 m 列列车时的总电流(A);K_J 为负荷电流增减对谐波电流的影响系数;K_{C2} 为供电臂内由于列车数增减而引起的谐波成分变化系数;K_k 为接触网各次谐波电流含有率实测值;P_k 为 k 次谐波的音响作用系数。具体计算时,K_J,K_{C2},K_k,P_k 的值,可查阅文献[3]、文献[9]及其他资料。

交—直—交型电力机车(动车组)的技术参数中,有的列出了等效干扰电流。

供电臂对通信电缆的噪声干扰电压,在通信电缆长度 l 超过供电臂长度 L 时,按下式计算

$$U_m = M_{eq} I_{eq} \lambda_{Req} \lambda_{Oeq} \lambda_{Weq} \eta_{eq} \frac{sh(\gamma_{eq} l_C) \cdot sh\left(\gamma_{eq} \frac{L}{2}\right)}{\gamma_{eq} \cdot sh(\gamma_{eq} l)} \times 10^7 \quad (mV) \tag{7.22}$$

式中,M_{eq} 为通信电缆和接触网间 800 Hz 平均互感系数;λ_{Req} 为钢轨 800 Hz 屏蔽系数;λ_{Oeq} 为通信电缆外皮的 800 Hz 屏蔽系数;λ_{Weq} 为通信电缆相邻芯线的 800 Hz 屏蔽系数;η_{eq} 为通信电缆的噪声敏感系数;γ_{eq} 为通信电缆 800 Hz 的传播常数(1/km),具体计算时,λ_{Req},λ_{Oeq},λ_{Weq},η_{eq},γ_{eq} 的值,可查阅文献[3]、文献[9]及其他资料;l_C 为计算噪声点(通信电缆始端或终端)的对端至所计算供电臂中点的长度(km);L 为供电臂长度(km);l 为通信电缆在接触网上的投影长度(km)。

当 $l < L$,且位于供电臂范围内时,则

$$U_{\mathrm{m}} = M_{\mathrm{eq}} I_{\mathrm{eq}} \lambda_{\mathrm{Req}} \lambda_{\mathrm{Oeq}} \lambda_{\mathrm{Weq}} \eta_{\mathrm{eq}} \frac{L}{2} \times 10^7 \quad (\mathrm{mV}) \tag{7.23}$$

应该指出，由于噪声干扰主要是由接触网中的谐波电流的电磁感应影响所致，它与接触网负荷电流并非呈线性关系，同时接触网短路时间极短（小于 0.5 s），对正常通信并无影响，故噪声干扰影响不计算接触网短路故障状态。且由于噪声电压在通信电缆中的衰减，只需要计算靠近电话回路的始端或终端的两个供电臂的影响，然后计算 2 个供电臂所产生的噪声电压的综合影响，即

$$U_{\mathrm{m}} = \sqrt{\sum_{i=1}^{N} U_{\mathrm{m}i}^2} \quad (\mathrm{mV}) \tag{7.24}$$

若通信电缆始端或终端位于电气化铁路影响范围以外，则计算时所得的噪声电压应乘以衰耗常数 $\mathrm{e}^{-\beta l_{\mathrm{b}}}$（$\beta$ 为通信电缆衰减常数；l_{b} 为电气化铁路影响范围以外的通信电缆长度）。

根据《通信线路工程设计规范》（GB 51158—2015）的规定，音频双线电话回路噪声计电动势允许值（噪声干扰影响允许值）应符合下列规定：

① 县至县及以上的电话回路应为 4.5 mV。
② 县电话部门至县以下电话部门的电话回路应为 10 mV。
③ 业务电话回路应为 7 mV。

根据《铁路通信设计规范》（TB 10006—2016，J451—2016）的规定，铁路电话回路噪声计电动势允许值（噪声干扰影响允许值）应符合下列规定：

① 铁路调度电话回路应为 1.25 mV。
② 铁路一般电话回路应为 2 mV。

第四节　地中电流影响

研究牵引供电回路的地中电流，对于牵引变电所、开闭所、分区所和自耦变压器所接地装置的设计、运行与接地电阻标准的执行，对电气化铁路沿线的地下金属管道、电缆和与地连通的金属件等设施的安全运行及维护，都具有重要意义。在各种供电方式中，直接供电方式的吸流效果最差，即地中电流占接触网电流的比例最大。本节即研究直接供电方式下，地中电流的分布特点和近似计算方法，以及地中电流对电气化铁路沿线的地下金属管道、电缆和与地连通的金属件等设施的影响。

一、牵引供电回路的地中电流

1. 地中电流产生的原因

在交流电气化铁路牵引网中，牵引电流是从牵引变电所经馈电线流出，沿接触网送给电

力机车，然后经轨道、大地和回流线流回牵引变电所。因此，在大地中产生地中电流，换句话说，地中电流产生的原因就是由于轨道和大地作为牵引电流回路的组成部分。

2. 地中电流的分布特点

地中电流的分布特点实际要比第三章中的图 3.2 表示的复杂，现示意于图 7.12。其中，I 表示电力机车电流（或短路电流）。电流 I 的一部分经轨道流入大地，另一部分沿轨道，流回牵引变电所。沿轨道的电流沿途又相继泄入大地，之后又相继由地中流上轨道。所以，沿轨道的电流先是多，后是少，最后是多；地中电流则先是少，后是多，最后是少。在电力机车（或短路点）与牵引变电所之间的中段，轨道中的电流就只余下第三章所说的感应电流。由上述可知，地中电流是沿轨道逐渐入地，又逐渐流上轨道的；而不是在电力机车位置（或短路点）集中入地，又在牵引变电所位置集中流回主变压器。

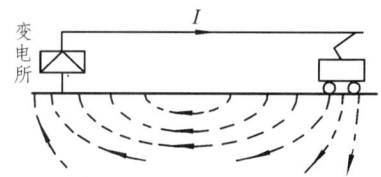

图 7.12 地中电流的分布特点

地中电流分布的另一个特点，是接近轨道的地中电流密度大，远离轨道的地中电流密度小，其横断面可示于图 7.13。这也就是第三章第一节所说的集肤效应。大地电导率 σ 愈大，集肤效应就愈显著。这种关系可用等效入地深度 D_g 来表示，见第三章式（3.4）、式（3.5）。

当然，地中电流的分布特点实际上并不像图 7.12 和图 7.13 所表示的那样理想。因为，大地的物质结构并不是均匀的，潮湿和干燥的程度也是随气象条件等因素变化的。大地电导率 σ 的值各处随地质与地下水的不同而异。特别是当地下设有金属管道或金属外皮电缆时，地中电流将很大程度地集中沿金属通道流通。

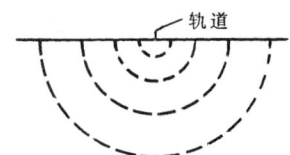

图 7.13 地中电流分布的横断面

另外，在实际工程中，牵引变电所主变压器牵引侧的接地端子，通常分两条支路向外连接，一条支路与轨道连接，另一条支路与牵引变电所接地网焊接。这就造成地中电流分布的又一个特点——在牵引变电所附近发生畸变，如图 7.14 所示。大量地中电流不是返回轨道沿轨道流回牵引变电所主变压器，而是趋向接地网经由接地网流回牵引变电所主变压器。

这种情况与牵引变电所接地网的接地电阻和轨道与地之间的过渡电阻相对值有关。地中电流流经大地所遇到的大地电阻为 0.05 Ω/km，是假定地面为无限平面，以及地中电流沿导线方向按图 7.13 所示分布状态所得的数据，这个数据适用

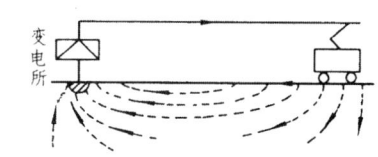

图 7.14 地中电流的分布在牵引变电所附近发生畸变

于供电臂全长的大部分地段。牵引变电所接地网的接地电阻则是假定由接地网流出（或流入）的电流沿各个方向无限扩散时所遇到的大地电阻。例如接地电阻为 0.5 Ω，表示从接地网外沿表面到无限远的大地电阻值为 0.5 Ω。所以牵引变电所接地网的接地电阻和上述地回路（大地）电阻的值属于同一等级，而轨道与地之间的过渡电阻值则往往相对较大（轨道对地电导一般约 1 S/km）。因此，特别是当地面干燥，轨道与地之间的过渡电阻加大时，大量地中电流将不返回钢轨而由牵引变电所的接地网流回主变压器。

221

二、地中电流的近似计算

在牵引变电所—电力机车（或短路点）回路较长的情况下，在回路中段一个较长的地段内，轨道中的电流即受接触网—地回路电流感应而产生的轨道—地回路电流，其情况已如第三章第二节所述，可用图 3.2 的原理表示。基于这种情况，可对地中电流的值作近似计算。这里所谓近似计算，就是只计算不含自由分量（按双曲函数曲线分布的分量）的轨道电流和地中电流。因为对于正常的过渡电阻值来说，负荷点（或短路点）和牵引变电所之间轨道电流和地中电流的自由分量，到距离牵引变电所或负荷点（或短路点）5 km 以上时便基本衰减完毕。

1. 单线区段

单线电气化铁路区段，每千米牵引网等效电路与对应的电压平衡方程式，已见于第三章第三节的图 3.6 及对应的叙述。其中，接触网—地回路电流 I_1，即接触网电流，改用 I 表示；轨道—地回路电流 I_2，即轨道电流，改用 I_R 表示；z_2 为轨道—地回路的单位自阻抗；z_{12} 为接触网—地回路与轨道—地回路的单位互阻抗。于是，图 3.6 中轨道—地回路的电压平衡方程式可改写如下

$$0 = -Iz_{12} + I_R z_2$$

因此，可得轨道电流分配系数

$$K_R = \frac{I_R}{I} = \frac{z_{12}}{z_2} \tag{7.25}$$

地中电流 I_E 分配系数

$$K_E = \frac{I_E}{I} = \frac{I - I_R}{I} = \frac{z_2 - z_{12}}{z_2} \tag{7.26}$$

式（7.25）与式（7.26）也可以按图 7.15 所示的单线区段每千米牵引网等效电路得到。其中，z_1 与 z_2 分别表示接触网—地回路与轨道—地回路的单位自阻抗，z_{12} 表示两回路的单位互阻抗。I 为接触网电流，分两路流回：流经 $z_2 - z_{12}$ 支路的电流 I_R 即轨道电流；流经 z_{12} 支路的电流 I_E 即地中电流。图 7.15 与图 3.6 相比，两者的电压平衡方程式相同，因此是等效的。

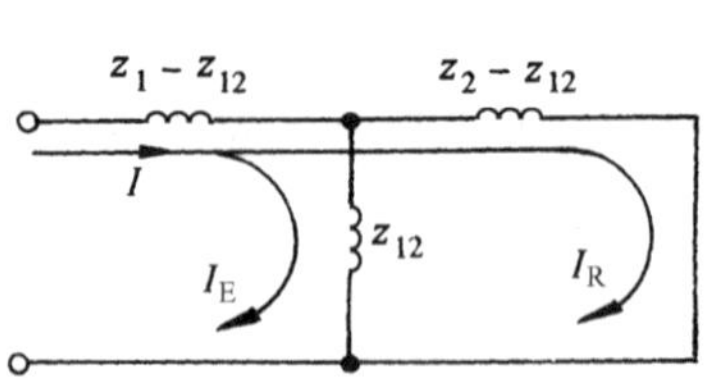

按接触网一般采用单链形悬挂的情形，应用第三章第三节计算举例的数据：$z_2 = 0.118 + j0.556 = 0.568 \underline{/78.0°}$（Ω/km），$z_{12} = 0.05 + j0.314 = 0.318 \underline{/81.0°}$（Ω/km），可得
轨道电流分配系数

$$K_R = \frac{z_{12}}{z_2} = \frac{0.318 \underline{/81.0°}}{0.568 \underline{/78.0°}} = 0.560 \underline{/3.0°}$$

图 7.15　单线区段每千米牵引网等效电路

地中电流分配系数

$$K_E = \frac{z_2 - z_{12}}{z_2} = \frac{(0.118 + j0.556) - (0.05 + j0.314)}{0.568 \underline{/78.0°}} = 0.442 \underline{/-3.7°}$$

2. 双线区段

双线电气化铁路区段牵引网，按第三章第四节的原理，存在三个基本回路：1——上行接触网—地回路；2——下行接触网—地回路；3——轨道网—地回路。回路 1 和 2 同时在回路 3 中感应电流。每千米双线牵引网等效电路与对应的电压平衡方程式，已见于第三章第四节图 3.16 及对应的叙述。将轨道网—地回路 3 的电压平衡方程式重写于下

$$0 = -I_1 z_{13} - I_2 z_{23} + I_3 z_3$$

其中，轨道网—地回路 3 的电流 I_3 现改为 I_R；其余各符号不变；一般情形 $z_{23} = z_{13}$。设供电臂上、下行总牵引电流为 I，因 $I_1 + I_2 = I$，则上式可变为

$$I_R z_3 = I z_{13}$$

因此，可得轨道电流分配系数

$$K_R = \frac{I_R}{I} = \frac{z_{13}}{z_3} \tag{7.27}$$

地中电流 I_E 分配系数

$$K_E = \frac{I_E}{I} = \frac{I - I_R}{I} = \frac{z_3 - z_{13}}{z_3} \tag{7.28}$$

应用第三章第四节双线牵引网阻抗计算举例的数据：$z_3 = 0.084 + j\,0.444 = 0.452\underline{/79.3°}$（Ω/km），$z_{13} = 0.05 + j\,0.307 = 0.311\underline{/80.7°}$（Ω/km），可得

轨道电流分配系数

$$K_R = \frac{z_{13}}{z_3} = \frac{0.311\underline{/80.7°}}{0.452\underline{/79.3°}} = 0.688\underline{/1.4°}$$

地中电流分配系数

$$K_E = \frac{z_3 - z_{13}}{z_3} = \frac{(0.084 + j\,0.444) - (0.05 + j\,0.307)}{0.452\underline{/79.3°}} = 0.312\underline{/-3.2°}$$

3. 综 述

通过上述分析和计算，可得出以下三点结论：

① 在单线电气化区段，轨道电流约为接触网电流的一半多一点；地中电流约为接触网电流的一半少一点。后者也就是单线牵引网中经接地装置流回牵引变电所的电流的上限。

② 在双线电气化区段，轨道电流约为供电臂上、下行接触网总电流的 2/3 多一点，地中电流约为 1/3 少一点。后者也就是双线牵引网中经接地装置流回牵引变电所的电流的上限。

③ 地中电流一般不和轨道电流同相；轨道电流稍微超前于接触网电流，而地中电流稍微滞后于接触网电流。

地中电流的近似计算方法，原理简单直观，浅显易懂。用于计算牵引网中经接地装置流回牵引变电所的电流的上限是可以的。

三、地中电流的不良影响

地中电流流经地下金属管道、电缆的金属外皮和与地连通的金属件时，使金属温度升高。金属温度升高，将加速金属腐蚀。同时，由于地中电流流经这些金属物产生电压降而使这些金属物出现对地电压。对地电压超过规定值时，将危及操作人员的安全。对地电压达到一定值时，还可能引起火花而使油气等易燃物品在某些条件下着火。牵引（或短路）电流经轨道流入地中，还使轨道产生对地电位。越是靠近电气化铁路，上述影响越显著。大量地中电流经由牵引变电所接地网流回主变压器时，也将对牵引变电所接地装置、地下电缆和金属管道等产生上述不良影响。

第五节 防护措施

首先，学习贯彻《高速铁路设计规范》（TB 10621—2014，J1942—2014）"11.6 电磁干扰防护"（见附录 F）。由该规定还可以知道，受牵引网电磁干扰而需要防护的设施，除了有线通信设施以外，还有机场导航台、对空情报雷达站和地震台等无线电台站等弱电系统，还有油气管道和油气库等，以及对应的防护措施。同时，本书此前的相关内容中一些有效的防护措施方面的阐述予以保留，并修改调整充实如下。

一、对通信光（电）缆线路受接触网的电磁干扰影响的防护

实践和计算表明，如果电气化铁路采用直接供电方式牵引网向电力机车供电，通信光（电）缆线路（弱电系统，下同）在牵引网电磁影响范围以内，为了保证通信光（电）缆线路正常工作和人身、设备的安全，必须对电气化铁路邻近的通信光（电）缆线路采取有效的防护措施，使其所受到的危险电压影响和噪声干扰影响，都降低到规定允许值以内。

1. 通信光（电）缆线路可采用的防护措施

在有线通信传输线已经采用光（电）缆的全局中，选用的防护措施如下：

① 在选择光（电）缆路径时，应与既有的电气化铁路保持足够的防护距离；当与之接近时，应计算在光（电）缆金属构件上产生的危险影响和电话回路中产生的噪声干扰影响，不应大于容许值。

② 光（电）缆线路与电气化铁路交叉跨越时，宜垂直通过；在难以垂直通过情况下，其交越角度不应小于 45°。

③ 光缆接头处两侧金属构件不应电气连通，也不应接地。

④ 当上述措施不能满足防护要求时，可增加光缆绝缘外护层的介质强度，采用高强度非金属加强芯（或外护层）或无金属构件的光缆。或者将非屏蔽架空电缆改为屏蔽电缆，将电缆放入钢管内。

⑤ 对既有的光（电）缆线路，可增设屏蔽导线，或改迁路径。

⑥ 在与电气化铁路平行接近地段进行光（电）缆施工或检修时，应将光（电）缆的金属构件作临时接地。

下面仅对通信光缆线路稍加说明，其余不赘述。

光纤通信是利用光波传递信息的一种通信方式。光纤是由石英玻璃制成的，其外护层也是由石英玻璃制成的。当然，其外护层也可用塑料制造。光纤通信除了要用光纤进行光波的远距离传输外，在光纤的始端和终端还需要设置光发送器（由电调制器、光调制器构成）和光接收器（由光探测器、电解调器构成）。光纤通信技术的基本原理是，将一个被传输的电信号，在光发送器中，变换成相应的光信号，这个光信号经光纤传输到对方的光接收器中，再变回电信号，以完成通信任务。

通信光缆线路与屏蔽通信电缆线路相比，有如下优点：

① 一条光缆线路可同时传输电话路数多，在长途接力电话传输线路中，中继站间隔的距离长，这就可节省大量设备；

② 通信质量高，光纤通信属于数字通信，传输的声音不失真；

③ 光纤的基本材料是储量丰富的石英材料，比屏蔽通信电缆可以节约大量的有色金属；

④ 光纤是电绝缘介质，不受电、磁干扰影响；

⑤ 光纤、光缆质量较轻，体积小，对运输、施工、维护都很方便；

⑥ 经济效益高，光缆的造价比屏蔽电缆便宜，据估计，建造光缆通信系统的投资比相应的屏蔽电缆通信系统减少20%左右。

光缆的缺点是抗拉强度不高，须采取加强抗拉的措施，如采用钢线加强芯，或采用高强度非金属加强芯（或外护层）等。

2. 电气化铁路可采用的防护措施

下列第①～第④项是对通信光（电）缆线路有效的防护措施；第⑤、第⑥项是对电气化铁路人员、设备安全必需的防护措施。

① 采用带架空回流线的直接供电方式（详见第八章第一节）。

② 采用自耦变压器供电方式（详见第八章第二节）。

③ 限制供电臂的长度。这样，可以限制供电臂对通信光（电）缆线路影响的安培千米，从而减小对通信光（电）缆线路的危险电压影响。

④ 对采用的电力机车（动车组）类型，所产生的谐波特性是否导致噪声干扰影响，应进行评估，并应有预案。

⑤ 受影响的停电作业的接触网或铁路电力线路等，必须采取相应的安全措施：如在停电作业范围两端乃至多端均须接地线，两组接地线间距不得大于1 000 m；当停电作业范围超过1 000 m时，须增设接地线；停电作业范围以内，接触网或铁路电力线路等需要断开时，必须事前在断开点采取旁路接地措施等。

⑥ 某些金属建筑物，如铁桥、支柱、信号机、金属护栏、管道等，若在距离电气化铁路10米范围以内，必须妥善接地。

3. 安培千米和牵引网干扰电流阶梯曲线

为了衡量某一电气化区段的电磁影响程度或评价电气化铁路采用的防护措施的防护效

果,常采用安培千米这个量。下面就叙述安培千米基本概念和相关的牵引网干扰电流阶梯曲线。

(1) 安培千米 (IL)

如图 7.16 所示,沿铁路线感应电流分布,在 ab 这段长度中安培千米数即为阴影所示的图形面积,亦即

$$IL = \int_a^b I(x)\,\mathrm{d}x \tag{7.29}$$

在实用上是取长度为 0.5~1.0 km 的短段与这短段中的平均电流的乘积。

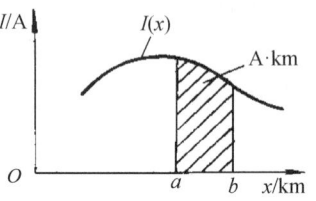

图 7.16 安培千米

如图 7.17 所示,在 l(km)长度内,接触网有 n 根导线,在相距 d 处有平行受影响线 C,则其电磁感应纵电势为

$$\dot{U}_m = -\mathrm{j}\omega l\,(m_{1C}\dot{I}_1 + \cdots + m_{jC}\dot{I}_j + \cdots + m_{nC}\dot{I}_n) \tag{7.30}$$

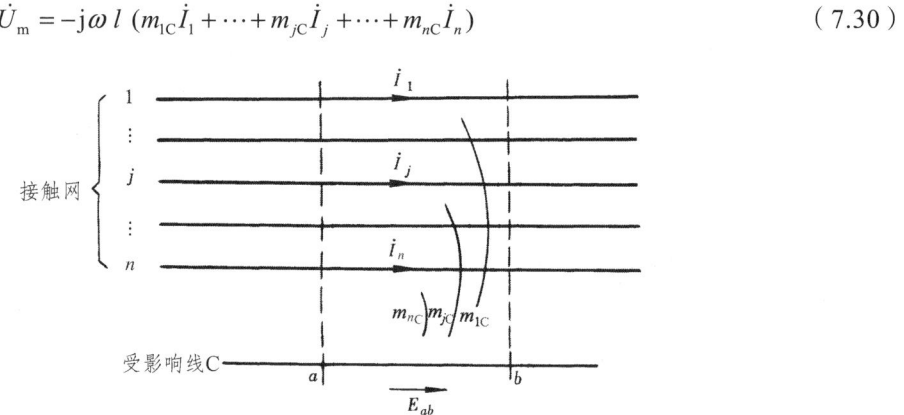

图 7.17 接触网有 n 根导线时在相距 d 处的平行受影响线 C 产生的感应纵电动势情况

上式中的 m_{1C},$\cdots$,m_{jC},$\cdots$,m_{nC} 是接触网中各导线与受影响线间的互感,当 d 远大于接触网各导线间的距离时,可把这些互感看成同一个值,即 $m_{1C} = \cdots = m_{jC} = \cdots = m_{nC} = m$,所以

$$\dot{U}_m = -\mathrm{j}\omega ml(\dot{I}_1 + \cdots + \dot{I}_j + \cdots + \dot{I}_n) \tag{7.31}$$

上式中的各电流与 l 的乘积就是这一段中的安培千米数。

下面介绍几个有关安培千米的定义和用途:

• **平均全安培千米数** 指列车在不同位置取流时由供电臂全长范围内牵引网所产生的全安培千米的平均值,这一指标可用来估算与供电臂全长平行接近的受影响线的感应影响。

• **最大单位安培千米数** 指列车在不同位置取流时每单位长度接触网的安培千米最大值,这个值可用于估算短段接近的受影响线的感应影响以及钢轨对地电位升高的情况。

• **最大安培千米数** 指列车在不同位置取流时接触网可能产生的全安培千米最大值,这个值可用于估算当供电臂内列车数量较少时对全长接近的受影响线的感应影响。

- **最大区段安培千米数** 指列车在不同位置取流时单位安培千米累计的最大值（绝对值），它表示对短段接近的受影响线可能产生的最大感应影响。

（2）牵引网干扰电流阶梯曲线

牵引网对受影响线的电磁影响，设计中通常采用供电臂的95%概率最大安培千米来表示供电臂在正常状态下对受影响线可能产生的最大电磁影响。求解供电臂的95%概率最大安培千米，即将各种大小的安培千米及其概率统计起来，绘制成概率积分曲线，取其95%概率最大值。在具体计算时，可利用如图7.18（单线）和图7.19（双线）所表示的曲线，作出干扰电流曲线。其方法是：在供电臂末端放一列列车，然后按供电臂平均区间长度 l（单线）或平均追踪间隔长度 l（双线）向供电臂始端方向依次排车，划分阶梯，使阶梯电流图的总安培千米与 $(Il)_{max}$ 相同。

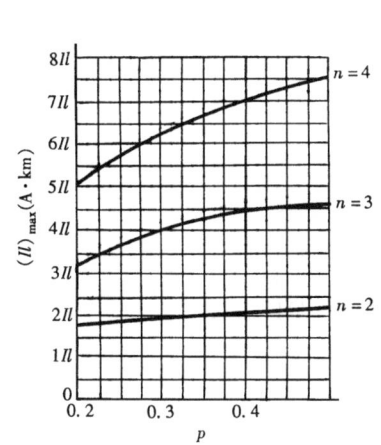

图 7.18 单线区段供电臂 $(Il)_{max}=f(p)$ 曲线　　图 7.19 双线区段供电臂 $(Il)_{max}=f(p/2)$ 曲线

注意：当重行方向一列列车在供电臂末端所产生的安培千米大于 $(Il)_{max}$ 时，则按下式确定最大安培千米

$$(Il)_{max} = IL$$

式中，I 为供电臂末端区间列车用电平均电流（A）；L 为供电臂长度（km）。

例2 某双线区段一供电臂，$(Il)_{max} = 7\,336\ A\cdot km$，$I = 86\ A$，$n = 4.13$，$l = 8\ km$，$I_{max} = 430\ A$。试绘制该供电臂牵引网干扰电流阶梯曲线。

解

第一步：供电臂末端放第一列列车产生的安培千米为

$$nlI = 4.13 \times 8 \times 86 = 2\,841 \quad (A\cdot km)$$

第二步：与末端列车相隔一个平均追踪间隔长度 l 处放第二列列车，则产生的安培千米为

$$(n-1)lI = 3.13 \times 8 \times 86 = 2\,153 \quad (A\cdot km)$$

第三步：再隔 l 距离的第三列列车，产生的安培千米为

$$(n-2)lI = 2.13 \times 8 \times 86 = 1\,465 \quad (\text{A} \cdot \text{km})$$

第四步：再隔 l 长度放第四列列车，产生的安培千米为

$$(n-3)lI = 1.13 \times 8 \times 86 = 777 \quad (\text{A} \cdot \text{km})$$

以上四列列车总安培千米为

$$2\,841 + 2\,153 + 1\,465 + 777 = 7\,236 \quad (\text{A} \cdot \text{km})$$

尚余 $(Il)_{\max} - 7\,236 = 7\,336 - 7\,236 = 100 \quad (\text{A} \cdot \text{km})$

最后由 $I_{\max} = 430$（A）和余下的 100 A·km 来决定最后一列列车的位置

$$100 \div (430 - 86 \times 4) = 1.16 \quad (\text{km})$$

此时，供电臂中各列列车位置和相应的牵引网干扰电流阶梯曲线如图 7.20 所示。

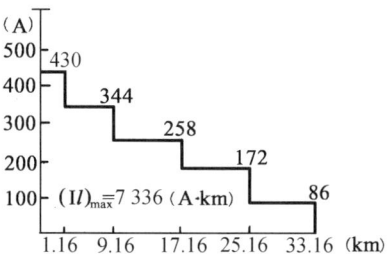

图 7.20　[例 2]供电臂牵引网干扰电流阶梯曲线

二、减少地中电流不良影响的措施

减少地中电流不良影响的措施有：沿电气化铁路区段敷设电缆时，一般都须采取措施将电缆金属外皮对地绝缘。为了降低轨道对地电位，必要时在站场将轨道接地。对于原有的难以改建的地下金属管道、接地网或接地装置以及电缆等，则采取设法减少地中电流的措施。文献[6]提出、本书此前也采纳的比较有效的一种减少地中电流的方法，是在受地中电流不良影响较严重的区段、站场或牵引变电所附近适当位置的牵引网中，安装吸流变压器—回流线装置。

采用吸流变压器—回流线装置减少地中电流的原理如图 7.21 所示。

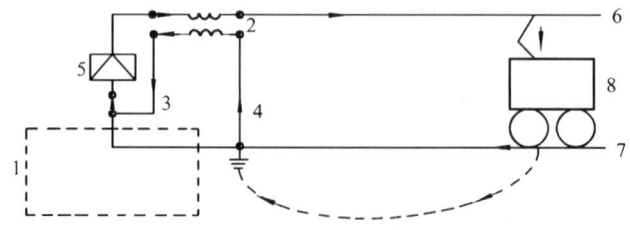

图 7.21　采用吸—回装置减少地中电流的原理示意图

图中，1（虚线框内）为受地中电流不良影响较严重的范围；2 为吸流变压器；3 为回流

线；4为吸上线；5为牵引变电所；6为接触网；7为轨道；8为电力机车。牵引（或短路，下同）电流被吸流变压器通过吸上线从地中吸上，经回流线流回牵引变电所的情况，与过去曾经采用的吸流变压器（BT）供电方式对通信架空裸线的防护相同。不同的是，吸流变压器—回流线装置对通信架空裸线的防护，是极大地减弱了接触网—回流线周围空间的交变磁场，从而使牵引电流在邻近的通信架空裸线中的电磁感应影响大大减弱；而吸流变压器—回流线装置对受地中电流不良影响较严重的范围内的设施的防护，则是极大地减少了流向被防护范围的地中电流。如果受地中电流不良影响较严重的范围距牵引变电所很近，甚或就是牵引变电所的接地网、地下电缆和金属管道等，可将吸流变压器一次绕组与牵引馈电线串联，这样可以节省接触网绝缘锚段关节（四跨锚段关节）。吸流变压器—回流线装置的运行经验表明，在牵引网中安装吸流变压器—回流线装置后，基本上可以使全部牵引电流经吸上线、吸流变压器二次绕组与回流线流回牵引变电所主变压器，而经轨道和牵引变电所接地网流回的牵引电流几乎为零。

但是，吸流变压器（BT）供电方式已经退役，所以上述措施也已经变得不现实。不过，图7.21中，取消吸流变压器2，其一次绕组、二次绕组分别被接触网、架空回流线取代，即变为带回流线的直接供电方式，也可以减少地中电流，只是减少地中电流的效果不如吸流变压器——回流线装置，但优于直接供电方式。

自耦变压器（AT）供电方式的采用，虽然主要是为了提高牵引网的功能和性能，以满足牵引供电的需要，但是也能减小对通信光（电）缆线路的电磁感应和地中电流，所以不但是对电磁感应影响的一种防护措施，也是对地中电流影响的一种防护措施。

第八章 带回流线的直接供电方式和自耦变压器供电方式

带回流线的直接供电方式和自耦变压器供电方式,不仅可以提高牵引网供电功能与性能,而且能够减小电磁影响。为了叙述简便又很好理解,将第七章第五节关于因受牵引网的电磁影响而需要防护的各种设施,概括地称为受影响设施。

第一节 带回流线的直接供电方式

在第一章第三节已经述及,直接供电方式的特点是:供电回路的构成最简单,工程投资、运营成本和维修工作量都少;但对邻近受影响设施的干扰影响较大,钢轨电位比其他供电方式要高。

为了保留直接供电方式的优点,克服其不足,在其结构上增设与轨道并联的架空回流线,就成为带回流线(Negative feeder)的直接供电(Direct feed)方式,简称 DN 供电方式,如图 8.1 所示。它与直接供电方式相比,有以下改善:

① 原来流经轨道、大地的回流,一部分改由架空回流线流回牵引变电所,其方向与接触网中馈电电流方向相反,架空回流线与接触网距离较近,因此,相当于对邻近受影响设施增加了屏蔽效果。

② 地中电流有所减少,减少 10%~20%。

③ 牵引网阻抗和轨道电位都有所降低。

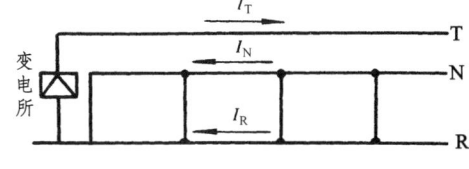

T—接触网;N—回流线;R—轨道。

图 8.1 带回流线的直接供电方式示意图

作为简单介绍,以单线区段带回流线的直接供电方式为例,其牵引网阻抗可按以下方法近似计算。

由于回流线与轨道并联,故可以将它们看成一个"回流线+轨道"等效导线。该等效导线的单位自阻抗 z'_R 可按下式计算

$$z'_R = \frac{z_N z_R - z_{NR}^2}{z_N + z_R - 2z_{NR}} \quad (\Omega/\text{km}) \tag{8.1}$$

式中,z_N 为回流线的单位自阻抗;z_R 为等效轨道的单位自阻抗,按式(3.16)计算;z_{NR} 为回流线与等效轨道间单位互阻抗。

z_N 按下式计算

$$z_N = r_N + 0.05 + j\,0.145\lg\frac{D_g}{R_{eqN}} \quad (\Omega/\mathrm{km}) \tag{8.2}$$

式中，r_N 为回流线的有效电阻（Ω/km），R_{eqN} 为回流线的等效半径。

z_{NR} 按下式计算

$$z_{NR} = 0.05 + j\,0.145\lg\frac{D_g}{d_{NR}} \quad (\Omega/\mathrm{km}) \tag{8.3}$$

式中，d_{NR} 为回流线与两轨道间的几何均距。

接触网与"回流线+轨道"等效导线间的单位互阻抗 z'_{TR}，按下式计算

$$z'_{TR} = 0.05 + j\,0.145\lg\frac{D_g}{\sqrt{d_{TN}d_{TR}}} \quad (\Omega/\mathrm{km}) \tag{8.4}$$

式中，d_{TN} 为接触网等效导线与回流线间的几何均距；d_{TR} 为接触网等效导线与等效轨道间的几何均距，参照式（3.24）计算。

于是，带回流线的直接供电方式的牵引网单位阻抗 z，可由下式求得

$$z = z_1 - \frac{z'^2_{TR}}{z'_R} \quad (\Omega/\mathrm{km}) \tag{8.5}^{[注]}$$

式中，z_1 为接触网—地回路的单位自阻抗，根据接触悬挂的形式分别用式（3.15）、式（3.22）、式（3.25）计算。

若回流线裂相，则两根回流线等效单位自阻抗 z'_N，按下式计算

$$z'_N = \frac{r_N}{2} + 0.05 + j\,0.145\lg\frac{D_g}{\sqrt{R_{eqN}d_{NN}}} \quad (\Omega/\mathrm{km}) \tag{8.6}$$

式中，r_N 为一根回流线的有效电阻（Ω/km）；R_{eqN} 为一根回流线的等效半径；d_{NN} 为两根回流线间的距离。

并且，在应用式（8.3）计算裂相回流线与等效轨道间的单位互阻抗 z_{NR}，以及应用式（8.4）计算接触网与"裂相回流线+轨道"等效导线间的单位互阻抗 z'_{TR} 时，应考虑回流线裂相情况的几何均距，如图8.2所示。

[注] 根据文献［16］，对于双线区段带回流线的直接供电方式并联供电的牵引网单位阻抗 z，其计算公式与式（8.5）形式相似，但其中 z_1 须用下式 $z_{1(d)}$ 取代：

$$z_{1(d)} = \frac{z_1(2L-l) + z_{12}l}{2L} \quad (\Omega/\mathrm{km})$$

式中，z_1，z_{12}，L，l 参阅第三章第四节。

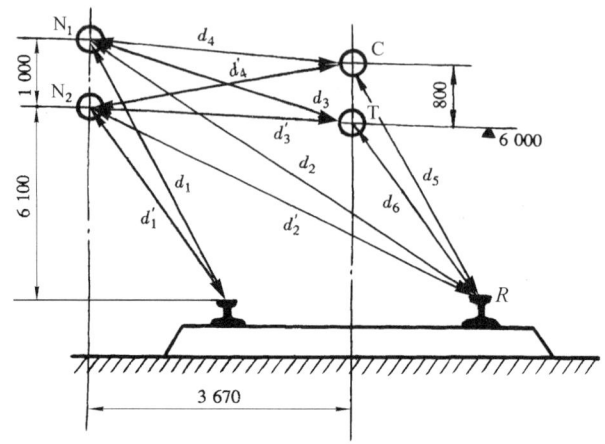

图 8.2 单设回流线裂相悬挂示意图

裂相回流线与轨道间的几何均距 d_{NR}，按下式计算

$$d_{NR} = \sqrt[4]{d_1 d_2 d_1' d_2'} \tag{8.7}$$

接触悬挂与"裂相回流线 + 轨道"等效导线的几何均距 d_{TN}，按下式计算

$$d_{TN} = \sqrt[8]{d_3 d_3' d_4 d_4' d_5^2 d_6^2} \tag{8.8}$$

带回流线的直接供电方式牵引网单位阻抗求得后，其电压损失和电能损失的计算方法，可参照直接供电方式牵引网电压损失和电能损失的计算方式酌情解决。

架空回流线对受影响设施的防干扰效果用屏蔽系数 λ_N 来衡量。λ_N 的表达式为

$$\lambda_N = \frac{\lambda_{RN}}{\lambda_R} \tag{8.9}$$

式中，λ_R 为轨道的屏蔽系数；λ_{RN} 为架空回流线与轨道并联后的综合屏蔽系数，其值为

$$\lambda_{RN} = 1 - \frac{z_{TR}'}{z_R'} \tag{8.10}$$

由式（8.9）、式（8.10）可知，回流线对受影响设施的防干扰效果与下列因素有关：

① 接触网与"回流线 + 轨道"等效导线间的互阻抗 z_{TR}' 越大，回流线屏蔽系数 λ_N 越小，则防护效果越好。由于接触网与轨道间距离必须保持一定，所以要使 z_{TR}' 大，只有将回流线与接触网的距离尽量缩小。如果在单线区段接触网支柱外侧架设一条回流线，它与接触线间的距离为 3.4 m，经试验表明，其屏蔽系数为 0.6 左右。若将上述距离由 3.4 m 减小为 1 m，经计算表明，回流线屏蔽系数可减小到 0.5 以下。由于接触网与"回流线 + 轨道"等效导线之间的互阻抗增大，所以使牵引网阻抗得到减小。

② "回流线 + 轨道"等效导线的自阻抗 z_R' 越小，则回流线屏蔽系数 λ_N 越小，防护效果越好。对于一定型号的钢轨，其自阻抗 z_R 基本为一常数。因此，要使 z_R' 小，只有减小回流线的自阻抗 z_N。工程设计中，应选用导电性能好的良导体做回流线，其截面面积应满足防护要求。在某些区段，为了提高防护效果，回流线可采取"裂相"方式，即将一根回流线分成相隔一定距离的两根导线，而总的截面面积仍保持基本不变。裂相的结果，增大了回流线的等

效半径，因而也就有效地降低了回流线的自阻抗。由于回流线自阻抗降低，所以也使得牵引网阻抗减小。若采用两根 LJ-95 的铝绞线相隔 1 m 做回流线，与采用一根 LJ-185 的铝绞线做回流线相比，牵引网阻抗大约可减小 20%。

③ 回流线与轨道并联点的间距大小对回流线的防护效果影响较小。试验表明，若将回流线与轨道并联点的间距由 3.3 km 减小为 1.65 km，其回流线屏蔽系数仅略有减小。工程设计中，回流线与轨道并联点的间距可视具体情况确定。在有自动闭塞的电气化区段，并联点的间距应以不影响轨道电路正常工作为原则。该间距一般可按 3~5 km 设置。

带回流线的直接供电方式的工程应用：以往的经验表明，对受影响设施防护的工程设计中，在一些电气化区段，邻近受影响设施虽受牵引网干扰影响，但并不严重，要求屏蔽系数不是很小，采用带回流线的直接供电方式即可满足防护要求。随着通信技术现代化和通信线路电缆化，尤其是光缆通信线路的大量采用，其对外界电磁场的屏蔽要求也相应降低。因此，带回流线的直接供电方式作为一种既可以提高牵引网功能和性能，又能够减小电磁干扰影响的供电方式，而且性能稳定、结构简单、经济有效，具有广泛的应用前景。

第二节　自耦变压器供电方式

自耦变压器（Auto Transformer）供电方式，简称 AT 供电方式。如前所述，AT 供电方式不但是电气化铁路减轻对邻近受影响设施的电磁影响的有效措施之一，而且对牵引供电系统有较好的技术经济指标，已被许多发展电气化铁路的国家研究和采用。我国北京—秦皇岛、大同—秦皇岛、郑州—武昌、浩勒报吉—吉安等电气化铁路和高速铁路，都是采用 AT 供电方式。

一、工作原理

1. 原理电路

如图 8.3 所示，T 为接触网；R 为轨道；F 为正馈线，沿供电臂接触网架设。AT_1，AT_2 为自耦变压器，变比为 2∶1，其一端与接触网连接，另一端与正馈线连接，中点与轨道连接。接触网与轨道之间的线圈匝数为 w_2，正馈线与轨道之间的线圈匝数为 w_1，$w_1 = w_2$。线圈 W_1 与 W_2 串联（即一次侧）接入电源，电压为 $2U$（即 2×27.5 kV）；线圈 W_2（即二次侧）接负载，电压为 U（即 27.5 kV）；线圈 W_1 与线圈 W_2 电压相同。两台自耦变压器之间的距离称为自耦变压器间隔（或称自耦变压器段），其长度用 D 表示，一般为 10 km 左右。实际的 AT 间隔按牵引供电的要求计算确定。

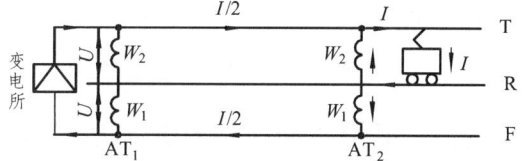

图 8.3　自耦变压器供电方式原理电路图

2. 电流分布与对受影响设施的防护原理

图 8.3 中，设自耦变压器阻抗为零，牵引列车运行的电力机车位于 AT_2 处，电力机车电

流为 I。由于自耦变压器阻抗为零,则 AT_1 二次回路被 AT_2 旁路,电流 I 流入 AT_2 二次线圈 W_2。在 AT_2 一次线圈 W_1+W_2 中感应出电流 $(1/2)I$,该电流由牵引变电所沿接触网流出,沿正馈线流回牵引变电所。轨道、大地中电流为零。由于接触网和正馈线中的电流大小近似相等,方向相反,两者之间的距离也相对很小,两者的交变磁场基本上可相互平衡(抵消),所以显著地减弱了接触网和正馈线周围空间的交变磁场,使牵引电流在邻近的受影响设施中的电磁感应影响大大地减小。

3. "长回路"感应影响

实际上 AT 存在着很小的阻抗,因此,在全供电臂内将有部分牵引电流流经轨道、大地返回变电所。这是因为,像一般电路中一样,牵引网电路中的电流是按与电路阻抗成反比分配的,在全供电臂内都有电流沿各支路,包括轨道、大地流行,并进入所有的 AT。所以 AT 供电方式的防干扰效果,即使电力机车位于 AT 处,也不像上述那样理想。不过,流经轨道、大地返回变电所的电流很小,占接触网电流的 5%~10%,故对邻近受影响设施的电磁感应影响很小。这部分影响称为"长回路"感应影响。

4. "短段效应"

当牵引列车运行的电力机车位于两台 AT 之间时,也产生牵引电流流入轨道、大地的情况,如图 8.4 所示。图中,由于 AT_1 和 AT_2 的二次回路中都引入了阻抗,其数值分别与电力机车至 AT_1,AT_2 的距离 l_1,l_2 成正比,而电力机车电流 I 在轨道、大地中的分路电流 I_1,I_2 的数值分别与两分路的阻抗成反比,所以两分路电流 I_1,I_2 可用下式表示:

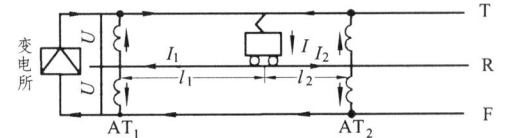

图 8.4 短段效应示意图

$$\left. \begin{array}{l} I_1 = \dfrac{l_2}{l_1+l_2} I \\ I_2 = \dfrac{l_1}{l_1+l_2} I \end{array} \right\} \qquad (8.11)$$

按图中情形,两分路电流在流向 AT_1,AT_2 时都有一部分流入大地。不过,由于电磁感应影响同电流与受影响设施平行长度的乘积成正比,参见式(7.8),将式(8.11)的第一式乘 l_1、第二式乘 l_2,可得 $I_1 l_1 = I_2 l_2$。所以在 l_1 和 l_2 两个长度内的电磁感应影响大小相等而方向相反,对平行长度延及这个 AT 段全长的受影响设施不产生电磁感应影响。

二、牵引变电所接线方式的特点

AT 供电方式牵引变电所,按牵引变压器联结形式可分为三相—二相平衡联结、三相十字交叉联结、Vv(或 Vx)联结和单相联结;按牵引侧母线电压系统可分为 55 kV 单相电压系统、2×27.5 kV 两相三线电压系统。

1. 三相—二相平衡联结

（1）斯科特联结

如图 8.5 所示，1 为三相送电线路；2 为斯科特联结牵引变压器；3 为自耦变压器；4 为 AT 供电方式牵引网；T 为接触网；R 为轨道；F 为正馈线。牵引变压器二次侧的 M 座绕组和 T 座绕组分别与室外两组 55 kV 牵引母线（图中未画，下同）连接。两组牵引母线通过馈电线分别向变电所两侧供电臂供电。由于斯科特联结牵引变压器二次侧两个单相 55 kV 绕组皆无中点抽头，为了提供 2×27.5 kV 两相三线电压系统向 T，R，F 三导线供电，所以在每路馈电线出口处皆装设一台带中点抽头的自耦变压器。我国北京—秦皇岛、大同—秦皇岛大部分、郑州—武昌等 AT 供电方式电气化铁路牵引变电所就是采用这种联结方式。

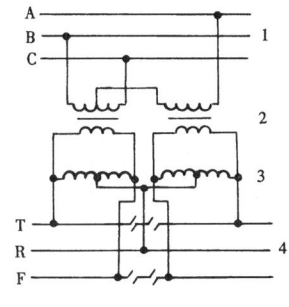

图 8.5　斯科特联结

（2）YN▽ 阻抗匹配平衡联结

如图 8.6 所示。YN▽ 联结阻抗匹配平衡变压器的二次侧有两套相同的绕组，但其中一套的内三角形 abc 三相绕组相对于一次侧 YN 为 d_{11} 联结，另一套的内三角形 a'b'c' 三相绕组相对于一次侧 YN 为 d_1 联结。牵引变压器二次侧端子 α，α' 接到一组 2×27.5 kV 牵引母线上，二次侧端子 β，β' 接到另一组 2×27.5 kV 牵引母线上。两组牵引母线通过馈电线分别向变电所两侧供电臂供电。二次侧对顶点端子 c（a'）接到 N 母线（中性汇流条，图中未画，下同）上。N 母线与轨道连接（实际是与牵引网中的和轨道并联的保护线 PW 连接，下同），并通过放电器 F 接地。因此，可省去变电所内的 AT。

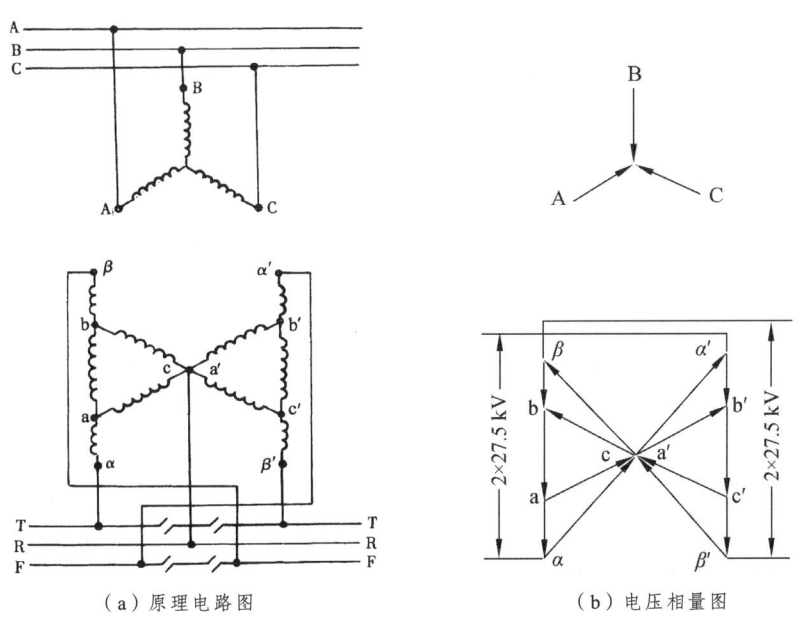

(a)原理电路图　　(b)电压相量图

图 8.6　YN▽阻抗匹配平衡联结

（3）非阻抗匹配 YN▽ 平衡联结、YN▽ 平衡联结与 YN▽ 阻抗匹配平衡联结相似。

日本采用的三相—二相平衡联结，除了斯科特联结以外，还有伍德布里奇联结和改进伍德布里奇联结牵引变压器。后者由于我国未采用，故从略。

2. 三相十字交叉联结

（1）三相双绕组十字交叉联结

如图 8.7 所示。由两台三相 YNd11 联结牵引变压器构成，两台一次侧 YN 联结绕组分别按 ABC 相序和 ACB 相序接入三相电力系统；两台二次侧 d11 联结绕组对顶（c，a'）接成十字交叉方式。二次侧端子 a，c' 和 b，b' 分别接到两组 2×27.5 kV 牵引母线上；两组牵引母线分别通过馈电线向变电所两侧供电臂供电；二次侧对顶点端子 c，a'（十字交叉点）接到 N 母线上。N 母线与轨道连接，并通过放电器 F 接地。因此，可省去变电所内的 AT。这种联结方式在前苏联采用，并属其专利。

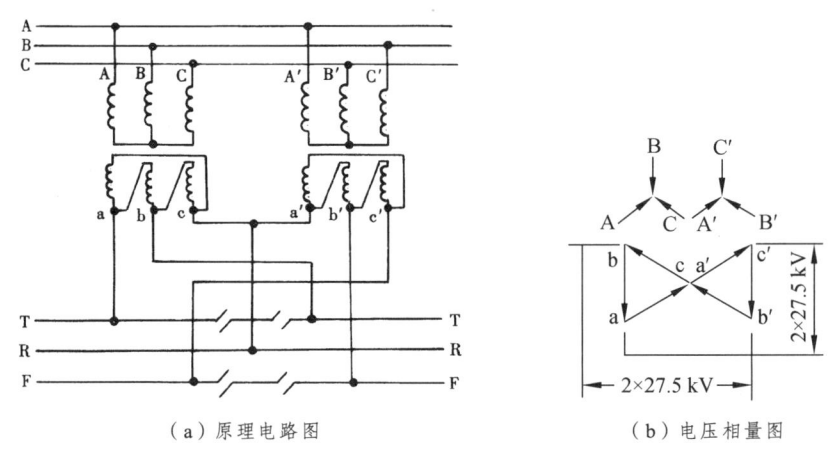

（a）原理电路图　　　　（b）电压相量图

图 8.7　三相双绕组十字交叉联结

（2）三相三绕组 YNd11d1 十字交叉联结

如图 8.8 所示。该牵引变压器有一个 YN 联结一次侧绕组；有两个容量相同、电压相等、分别为 d11 和 d1 联结的二次侧绕组。两个二次侧绕组对顶（c_1，a_2）接成十字交叉方式；二

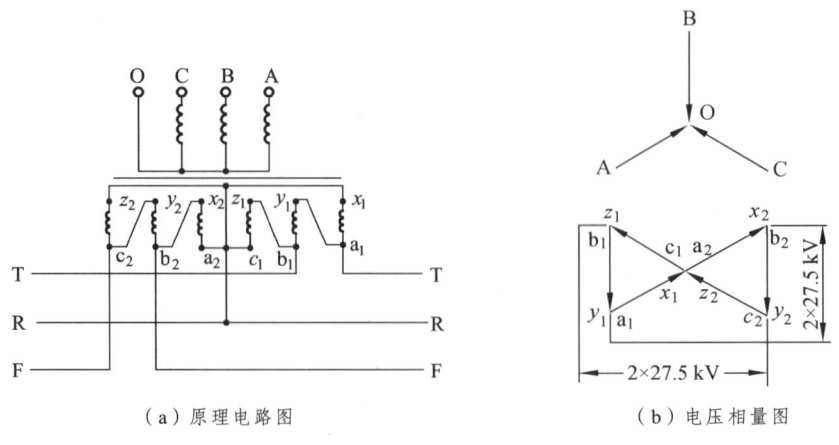

（a）原理电路图　　　　（b）电压相量图

图 8.8　三相三绕组 YNd11d1 十字交叉联结

次侧端子 a_1，b_2 和 b_1，c_2 分别接到两组 $2×27.5$ kV 牵引母线上；二次侧对顶端子 c_1，a_2（十字交叉点）接到 N 母线上。二次侧 d11,d1 绕组电流按变压比归算至一次侧（YN 侧）后，同名相电流之和等于 YN 绕组对应相之电流。其余情况与三相双绕组十字交叉联结方式相同。这种联结方式是我国研制的，并首次在大（同）—秦（皇岛）线两个牵引变电所采用。

3. Vv（或 Vx）联结和单相联结

（1）单相 Vv（或分体式 Vx）联结

如图 8.9 所示，由两台二次侧带中点抽头的单相牵引变压器构成。图中，两台的一次侧绕组分别接入三相电力系统的 AC 相和 BC 相，两台的二次侧出线端子 a_1，x_1 和 a_2，x_2 分别接到两组 $2×27.5$ kV 牵引母线上。两组牵引母线分别通过馈电线向变电所两侧供电臂供电。两台的二次侧中点抽头 o_1，o_2 分别接到 N 母线上。N 母线与轨道连接，并通过放电器 F 接地。因此，可省去变电所内的 AT。这种联结方式的缺点是，在变电所内需增设第三台甚至第四台同样的单相牵引变压器作固定备用，使变电所场地面积较大，主接线较复杂，倒闸操作或备用自投装置麻烦。

（2）三相 Vv（或连体式 Vx）联结

为了克服单相 Vv（或分体式 Vx）联结方式的上述缺点，可采用两台三相 Vv（或连体式 Vx）联结牵引变压器构成，但每台二次侧的两个绕组皆带中点抽头，即每个二次侧绕组皆为 $2×27.5$ kV 两相三线电压系统，如图 8.10 所示。两台三相 Vv 联结牵引变压器中，一台运行，另一台固定备用。运行的这台三相 Vv（或连体式 Vx）联结牵引变压器，两个一次侧绕组分别接入三相电力系统的 AC 相和 BC 相；两个二次侧绕组的出线端子 a_1，x_1 和 a_2，x_2 分别接到两组 $2×27.5$ kV 牵引母线上。两组牵引母线分别通过馈电线向变电所两侧供电臂供电。亦即运行的三相 Vv（或连体式 Vx）联结牵引变压器中，两台单相变压器器身各供应变电所的一侧供电臂。两个二次侧绕组的中点抽头 o_1，o_2 分别接到 N 母线上。N 母线与轨道连接，并通过放电器 F 接地。因此，也可省去变电所内的 AT。

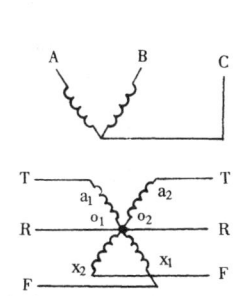

图 8.9 单相 Vv（或分体式 Vx）联结

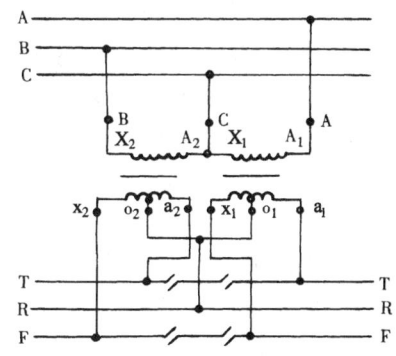

图 8.10 三相 Vv（或连体式 Vx）联结

（3）单相联结

采用二次侧绕组带中点抽头的单相牵引变压器构成，如图 8.11 所示，一次侧绕组接入三相电力系统的 AB 相。二次侧绕组出线端子 a，x 分别接到两组 $2×27.5$ kV 牵引母线上。两组牵引母线分别通过馈电线向变电所两侧供电臂供电。二次侧绕组的中点抽头 o 接到 N 母线上。N

母线与轨道连接,并通过放电器 F 接地。因此,可省去变电所内的 AT。

以上叙述的 AT 供电方式牵引变电所八种主变压器联结方式中,斯科特联结二次侧无中点抽头,属中点不接地方式,亦即 55 kV 单相电压系统。其余七种联结方式二次侧皆属中点接地方式,亦即 2×27.5 kV 两相三线电压系统。AT 供电方式牵引变电所主变压器二次侧中点不接地方式与中点接地方式的优缺点详见表 8.1。

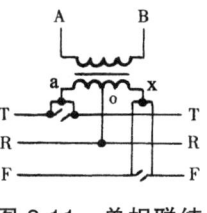

图 8.11 单相联结

表 8.1 主变压器二次侧中点不接地方式与中点接地方式的优缺点

方式	中点不接地方式	中点接地方式
优点	① 二次侧短路时,短路电流较小。 ② 主变压器二次侧绕组的容量利用情况较好。 ③ 轨道不直接与大地相连,因此防干扰性能较好。 ④ 当馈电线断路器断开时,馈电线出口处的 AT 仍接在牵引网中,有利于实现越区供电	① 主变压器二次侧绕组的绝缘等级较低,绝缘费用相应减少。 ② 在变电所馈电线出口处不需另设 AT。在双线区段,每一变电所至少可节省四台 AT。变电所主接线简单,造价较低。 ③ 馈电线断路器可选用额定电压为 27.5 kV 级的
缺点	① 主变压器二次侧绕组绝缘等级较高,绝缘费用相应增加。 ② 在变电所馈电线出口处需另设 AT。变电所主接线复杂,造价较高。 ③ 馈电线断路器的额定电压为 55 kV。需专门制造这种特殊电压等级的断路器	① 二次侧短路时,短路电流较大。 ② 当列车运行于第一个 AT 段中时,流过主变压器二次侧绕组的牵引电流较大,要求的主变压器计算容量也较大。 ③ 若主变压器二次侧中点直接接地,部分回流可经由大地流回,使防干扰性能降低。 ④ 当馈电线断路器断开而牵引网仍通过开闭所或分区所越区供电时,靠近馈电线断路器断开的一个 AT 段的牵引网阻抗和电压损失增大 3 倍

三、牵引网的特点

1. AT 供电方式牵引网的构成

如图 8.12 所示,其中(a),(b)为单线 AT 牵引网,(c),(d)为双线 AT 牵引网;(a),(c)中,AT 牵引网仅由接触悬挂、轨道和正馈线构成;(b),(d)中,AT 牵引网除了接触悬挂、轨道和正馈线之外,还有保护线、横向连接线、辅助连接和(双线)横向连接。我国的 AT 供电方式电气化铁路采用图 8.12(b),(d)的 AT 牵引网构成方式。

保护线(PW)与轨道(R)并联,同时在 AT 处采用横向连接线实现轨道、保护线和 AT 中点的连接。设置保护线的目的主要是为了避免将接触网支柱的接地部分直接与轨道相连,以提高信号轨道电路的工作可靠性。当牵引网发生短路故障时,又可为短路电流提供一条良好的金属通路,便于继电保护动作。当负载电流和短路电流较大时,轨道和保护线的对地电位可能较高。在此情况下,保护线与支柱间可用 $3\sim6$ kV 绝缘子隔开。在轨道和保护线的对地电位较低时,保护线可不加绝缘而直接安装在接触网的金属支架上。保护线材质选择可有两种考虑:当需要保护线同时起到降低对邻近受影响设施的电磁感应影响的屏蔽导线作用时,可选用具有良好载流能力的铝绞线(采用 LJ-95 时的屏蔽系数约 0.8);当无屏蔽要求时,则可采用镀锌钢绞线,其截面面积可根据机械强度和短路热稳定条件选择,一般可采用 GJ-50。

有时还在 AT 段中部对保护线和轨道作辅助连接(CPW),其作用主要是降低轨道对地电位。计算表明,在 AT 段中部作一处 CPW 可降低轨道对地最大电位 25%~30%。在双线区段,

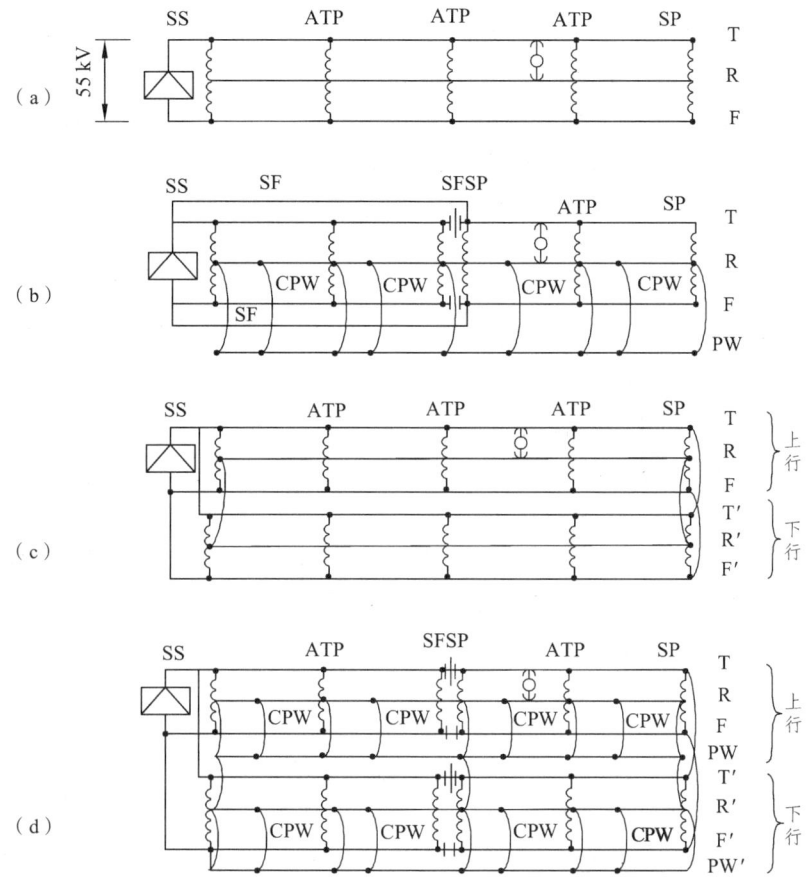

SS—变电所；ATP—自耦变压器所；SP—分区所；SFSP—辅助开闭所；T—接触网；R—轨道；
F—正馈线；PW—保护线；CPW—轨道和保护线间的辅助连接；SF—单馈电线。

图 8.12　AT 牵引网构成示意图

为了进一步降低轨道对地电位，还可将上、下行牵引网中的保护线实行横向连接（CB）。在 AT 段中段同时作一处 CPW 和 CB 时，可降低轨道对地最大电位 50% 左右。理论分析表明，保护线的设置对 AT 网络中的电流分布和主要牵引供电参数并无明显影响。在正常运行情况下，保护线中不流过牵引电流。

在牵引网中每隔一定距离（按牵引供电的要求计算确定）设置 AT 向列车供电。AT 的中点与轨道连接（实际是与牵引网中的和轨道并联的保护线 PW 连接，下同），并通过放电器（F）接地。放电器的作用是：当由于某种原因造成 AT 高压侧的套管闪络或避雷器短路时，放电器因电压升高使电极间隙击穿而放电，从而使接地回路通过轨道形成金属性通路，有利于变电所馈电线的继电保护的动作。当牵引网的正馈线或接触悬挂发生接地故障时，轨道和非故障导线的电位显著升高。设置放电器，可使轨道和非故障导线的电位因电极间隙放电而得到抑制。在正常运行情况下，放电器还可避免 AT 中点直接与大地相连，以减少地中和接地网中的回流，提高对邻近受影响设施的防护效果，并提高信号轨道电路的工作可靠性。

图 8.13 是 JF_1-10 型接地放电保护装置原理电路图。高压端子 N 与 N 母线或 N 线连接，接地端子 E 与地连接。P 为放电间隙的电极，M 为放电间隙的磁吹线圈。因 AT 一次侧套管闪络等短路接地导致接地端子与高压端子间的电位差达到 3 kV 左右时，将击穿放电间隙而放电，使 N 母线经高压端子、P 和接地端子直接接地。C_1、C_2 和 K 分别为旁路开关的合闸兼保持线圈、合闸线圈和主触头。P 放电时，有大电流经高压端子、C_1、C_2、P、M 和接地端子流过，于是 C_1、C_2 两线圈使主触头 K 闭合，并由 C_1 保持 K 于闭合状态，使大电流安

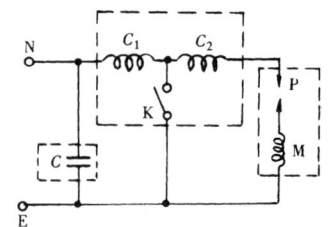

图 8.13 JF_1-10 型接地放电保护装置原理电路图

全可靠地由 K 通过，并且 P 被旁路而避免烧损。当短路故障被切除后，流过 C_1 的电流骤减，不能再保持 K 于闭合状态，K 断开。C 为电容器，其功用是可吸收侵入的过电压波或使波前变缓。这样，若因大气过电压等被导泄入地使接地网电位升高时，由于其能量被 C 吸收且作用时间短，P 仅短暂放电，K 合不上，并且 P 的放电较易由 M 的磁吹作用而灭弧。该装置用于 AT 供电方式牵引变电所的 N 母线。在 AT 所等场合的 N 线处，装设起同样作用但结构较简单的 B_1-5 型保安器。两者在前述相关处统称为放电器 F。

2. AT 开闭所

AT 牵引网供电臂一般较长，有的可达 40～50 km。为了减小牵引网故障时的停电范围，常在供电臂中间设置开闭所，实行保护分段。此外，在重要的区段站、编组站或电力机务段所在站，也可设置开闭所进行分段。双线区段开闭所还可以实现上、下行牵引网的纽结供电，有利于改善牵引网电压水平，减小牵引网电能损失。

3. AT 分区所

双线区段分区所的作用主要是使上、下行牵引网实现并联供电，以改善牵引供电条件。此外，无论是单线区段还是双线区段，当相邻牵引变电所因故全所停电时，可通过分区所的联络开关实现越区供电。

四、AT 网络的电流分布

为了简化分析工作量，假定钢轨对地漏导为零，并忽略 AT 漏抗。考虑到 AT 漏抗和钢轨对地漏导对牵引网电气计算的影响在一定程度上是互相抵消的，因此，上述假定条件不会对最终计算结果带来明显误差。

1. 单线区段的电流分布

（1）无保护线的单线 AT 网络（见图 8.14）

由图 8.14 可列出方程组

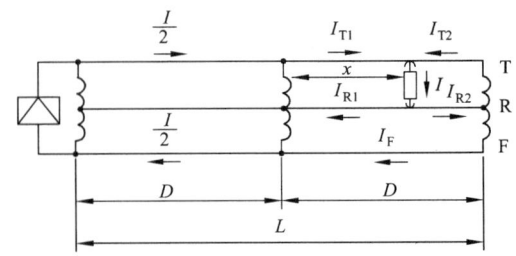

图 8.14 无保护线单线 AT 网络的电流分布

$$\left.\begin{aligned}&I_{T1}z_1x+I_{R1}z_2x-I_{T2}z_1(D-x)-I_{R2}z_2(D-x)-I_Fz_3D=0\\&I_{T1}+I_{T2}=I\\&I_{T1}=I_{R1}+I_F\\&I_{R2}=I_{T2}+I_F\\&I_{T1}+I_F=I\end{aligned}\right\} \quad (8.12)$$

上式中，$z_1 = z_T + z_{TF} - 2z_{TR}$，$z_2 = 2z_R - z_{TR} - z_{RF}$，$z_3 = z_F + z_{TF} - 2z_{RF}$。其中，$z_T$ 为接触悬挂自阻抗（Ω/km）；z_{TF} 为接触悬挂与正馈线间互阻抗（Ω/km）；z_{TR} 为接触悬挂与钢轨间互阻抗（Ω/km）；z_R 为钢轨回路自阻抗（Ω/km）；z_{RF} 为钢轨与正馈线间互阻抗（Ω/km）；z_F 为正馈线自阻抗（Ω/km）。

方程组的解为

$$\left.\begin{aligned}&I_{T1}=\frac{(z_1+2z_2+z_3)-(z_1+z_2)\dfrac{x}{D}}{z_1+2z_2+z_3}I\\&I_{T2}=\frac{(z_1+z_2)\dfrac{x}{D}}{z_1+2z_2+z_3}I\\&I_F=I_{T2}\\&I_{R1}=\frac{(z_1+2z_2+z_3)-2(z_1+z_2)\dfrac{x}{D}}{z_1+2z_2+z_3}I\\&I_{R2}=\frac{2(z_1+z_2)\dfrac{x}{D}}{z_1+2z_2+z_3}I\end{aligned}\right\} \quad (8.13)$$

当接触悬挂和正馈线导线截面面积相等且悬挂位置对称时，即有 $z_1 = z_3$，上式可简化为

$$\left.\begin{aligned}&I_{T1}=\left(1-\frac{x}{2D}\right)I\\&I_{T2}=I_F=\frac{x}{2D}I\\&I_{R1}=\left(1-\frac{x}{D}\right)I\\&I_{R2}=\frac{x}{D}I\end{aligned}\right\} \quad (8.14)$$

列车在 AT 段内运行时，网络内电流分布与列车居段中的位置系数 x/D 呈线性关系。

（2）有保护线的单线 AT 网络（见图 8.15）

由图 8.15 可列出方程组

$$\left.\begin{aligned}&I_{T1}z_1x-I_{T2}z_1(D-x)+I_{R1}z_2x-I_{R2}z_2(D-x)-I_Fz_3D-I_Pz_4D=0\\&I_{T1}z_5x-I_{T2}z_5(D-x)+I_{R1}z_6x-I_{R2}z_6(D-x)-I_Fz_7D-I_Pz_8D=0\\&I_{T1}+I_{T2}=I\\&I_{T1}=I_{R1}+I_F+I_P\\&I_{R2}=I_{T2}+I_F+I_P\\&I_{T1}+I_F=I\end{aligned}\right\} \quad (8.15)$$

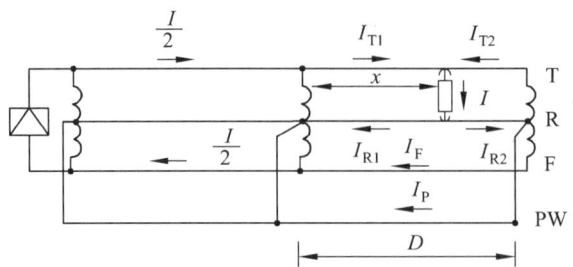

图 8.15 有保护线单线 AT 网络的电流分布

方程组的解为

$$\left. \begin{array}{l} I_{T1} = \left[1 - \dfrac{(z_2+z_4)(z_5+z_6)-(z_1+z_2)(z_6+z_8)}{(z_2+z_4)(z_5+2z_6+z_7)-(z_6+z_8)(z_1+2z_2+z_3)} \cdot \dfrac{x}{D} \right] I \\[2mm] I_F = I_{T2} = \left[\dfrac{(z_2+z_4)(z_5+z_6)-(z_1+z_2)(z_6+z_8)}{(z_2+z_4)(z_5+2z_6+z_7)-(z_6+z_8)(z_1+2z_2+z_3)} \cdot \dfrac{x}{D} \right] I \\[2mm] I_{R1} = \left[1 - \dfrac{(z_1+z_2)(z_5+z_7-2z_8)+(z_5+z_6)(2z_4-z_1-z_3)}{(z_2+z_4)(z_5+2z_6+z_7)-(z_6+z_8)(z_1+2z_2+z_3)} \cdot \dfrac{x}{D} \right] I \\[2mm] I_{R2} = \left[\dfrac{(z_1+z_2)(z_5+z_7-2z_8)+(z_5+z_6)(2z_4-z_1-z_3)}{(z_2+z_4)(z_5+2z_6+z_7)-(z_6+z_8)(z_1+2z_2+z_3)} \cdot \dfrac{x}{D} \right] I \\[2mm] I_P = \left[\dfrac{(z_1+z_2)(z_5+z_7+2z_6)-(z_5+z_6)(z_1+2z_2+z_3)}{(z_2+z_4)(z_5+2z_6+z_7)-(z_6+z_8)(z_1+2z_2+z_3)} \cdot \dfrac{x}{D} \right] I \end{array} \right\} \quad (8.16)$$

上式中，$z_4 = z_{PT} + z_{PF} - 2z_{PR}$，$z_5 = z_{PT} - z_{TR}$，$z_6 = z_R - z_{PR}$，$z_7 = z_{PF} - z_{FR}$，$z_8 = z_P - z_{PR}$。其中，$z_{PT}$ 为保护线与接触悬挂间互阻抗（Ω/km）；z_{PR} 为保护线与钢轨间互阻抗（Ω/km）；z_{PF} 为保护线与正馈线间互阻抗（Ω/km）；z_{FR} 为正馈线与钢轨间互阻抗（Ω/km）；z_P 为保护线自阻抗（Ω/km）。

当接触悬挂、正馈线截面面积相等、导线相对位置对称，且保护线至接触悬挂和正馈线的距离大致相等时，即有 $z_1 = z_3$，$z_5 = z_7$，上式简化为与式（8.14）相同形式，且 $I_P = 0$。可见，保护线的设置对 AT 网络电流分布没有影响。

2. 双线上、下行通过分区所并联供电时 AT 网络的电流分布

图 8.16 为具有 n 个 AT 段的双线上、下行通过分区所并联供电的牵引网络。

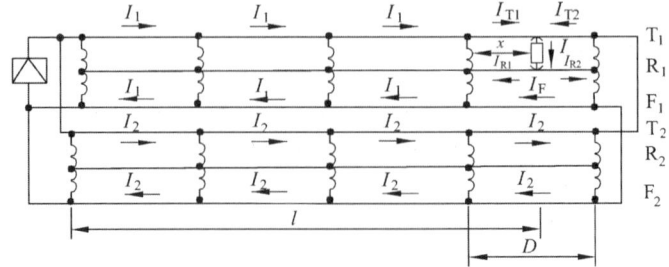

图 8.16 双线 n 个 AT 段分区所并联供电网络图

网络内的电流分布可由下式确定

$$\left.\begin{array}{l}I_{T1} = \left[\left(1-\dfrac{i-1}{4n}\right)-\left(\dfrac{1}{2}+\dfrac{1}{4n}\right)\dfrac{x}{D}\right]I \\ I_{T2} = \left[\dfrac{i-1}{4n}+\left(\dfrac{1}{2}+\dfrac{1}{4n}\right)\dfrac{x}{D}\right]I \\ I_{R1} = \left(1-\dfrac{x}{D}\right)I \\ I_{R2} = \dfrac{x}{D}I \\ I_{F} = \left[\left(\dfrac{1}{2}-\dfrac{1}{4n}\right)\dfrac{x}{D}-\dfrac{i-1}{4n}\right]I \\ I_{1} = \left(\dfrac{1}{2}-\dfrac{l}{4L}\right)I \\ I_{2} = \dfrac{l}{4L}I\end{array}\right\} \quad (8.17)$$

式中，n 为供电臂内 AT 段数；l 为列车至变电所的距离（km）；L 为供电臂长度（km）；i 为列车所在 AT 段的序号。

双线上、下行并联 AT 网络的钢轨电流分布与单线网络完全相同，但 I_{T1}，I_{T2}，I_F 的分布与单线不同。在相同的列车居段中的位置系数为 x/D 情况下，双线 AT 网络的 I_{T1} 和 I_F 较单线时为小，而 I_{T2} 则较大。但各导线中的电流变化仍与 x/D 呈线性关系。

当供电臂内含多个 AT 段时，不同 AT 段内的 I_{T1}，I_{T2} 和 I_F 的变化规律是不同的，但各电流曲线的斜率则与 AT 段的序号无关，可保持不变。

与单线 AT 网络一样，双线 AT 网络加保护线对网络的电流分布规律没有影响。

五、自耦变压器容量计算

1. 自耦变压器的通过容量和自身容量

图 8.17 是自耦变压器原理电路图。线圈 AX 是 AT 的一次线圈，匝数为 w_1+w_2，电压为 U_H。线圈 AO 是 AT 的二次线圈，又称公共线圈，匝数为 w_2，电压为 U_2。线圈 OX 是 AT 的串联线圈，匝数为 w_1，电压为 U_1。T 为接触网，R 为轨道，F 为正馈线。

在 AT 的一次线圈 AX 两端加电压 U_H；二次线圈 AO 开路，端电压为 U_2，可得到 AT 的变压比

$$k = \dfrac{U_H}{U_2} = \dfrac{w_1+w_2}{w_2} \quad (8.18)$$

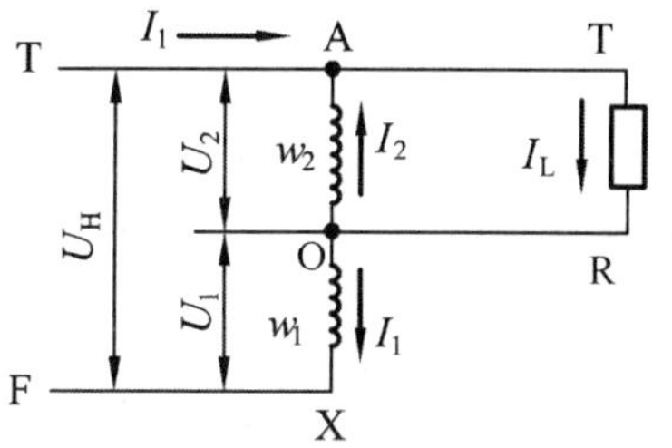

图 8.17 自耦变压器原理电路图

在 AT 供电方式的牵引网中，通常 $w_1 = w_2$，$U_1 = U_2$，$U_H = 2U_2$，故 $k = 2$。

如果在二次线圈 AO 两端接入负载，则有负载电流 I_L 流通。串联线圈 OX 中通过的电流

是 AT 的一次侧电流 I_1，于是根据节点电流定律可得二次线圈（公共线圈）AO 中的电流

$$I_2 = I_L - I_1 \tag{8.19}$$

略去 AT 的空载电流和空载损耗，根据变压器的磁势平衡原理有 $I_1(w_1+w_2)=I_L w_2$。因此，可得到电流之间的关系为

$$I_1 = \frac{w_2}{w_1+w_2} I_L = \frac{1}{k} I_L \tag{8.20}$$

$$I_2 = I_L - I_1 = I_L - \frac{1}{k} I_L = I_L\left(1-\frac{1}{k}\right) \tag{8.21}$$

AT 一次侧的输入功率为 $U_H I_1$，二次侧的输出功率为 $U_2 I_L$。当 AT 的功率损耗忽略不计时，有

$$U_H I_1 = U_2 I_L \tag{8.22}$$

将式（8.19）~式（8.21）代入式（8.22），可得

$$U_H I_1 = U_2(I_1+I_2) = U_2 I_1 + U_2 I_2 = \frac{1}{k} U_2 I_L + \left(1-\frac{1}{k}\right) U_2 I_L \tag{8.23}$$

从式（8.23）可知，AT 传输的功率由两部分构成：第一部分为 $U_2 I_1 = (1/k) U_2 I_L$，代表通过 AT 的串联线圈，利用连系着的电路，由一次侧直接传输到二次侧的功率；第二部分为 $U_2 I_2 = \left(1-\frac{1}{k}\right) U_2 I_L$，代表通过 AT 的公共线圈，利用电磁感应，由一次侧传输到二次侧的功率。

$U_H I_1$ 和 $U_2 I_L$ 称为 AT 的通过容量（又称线路容量）。$U_2 I_2$ 称为 AT 的自身容量（又称标准容量）。从式（8.22）和式（8.23）可以看出，AT 的自身容量只有其通过容量的 $\left(1-\frac{1}{k}\right)$ 倍。因此，用 AT 传输功率时，它的自身容量可以小于通过容量，也就是说 AT 可以传输大于其自身容量的功率。在 AT 供电方式的牵引网中，由于 $k=2$，所以 $\left(1-\frac{1}{k}\right) = \frac{1}{2}$，即 AT 的自身容量等于其通过容量的 1/2。

2. 自耦变压器容量计算

通常是指它的自身容量的计算。由式（8.14）第三、第四式或式（8.17）第三、第四式可知，在忽略 AT 本身阻抗时，AT 中的电流当 AT 间隔中一定电流的取流点临近 AT 时最大，随取流点向 AT 间隔另一端移动而成线性下降，如图 8.18 所示，按取流点临近 AT 时计算其容量 S。AT 二次侧额定电压为 U_N（kV）。

（1）牵引变电所馈电线处 AT 容量

按 AT 二次侧最大短路电流 $I_{k\max}$（A）确定

$$S \geqslant \frac{1}{2} U_N \cdot \frac{I_{k\max}}{25} = 0.02 U_N I_{k\max} \quad (\text{kVA}) \tag{8.24}$$

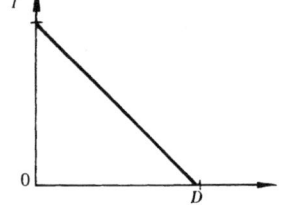

图 8.18 **AT 中的电流与取流点位置的关系**

式中，25 为 AT 允许的最大短路电流倍数。

如果式（8.24）计算值小于式（8.25）计算值，则也按式（8.25）计算。

（2）区间 AT 容量

按 AT 间隔中一列列车最大负荷电流 $I_{L\max}$（A）确定

$$S \geqslant \frac{1}{2}U_N \cdot \frac{I_{L\max}}{2.5} = 0.2 U_N I_{L\max} \quad (\text{kVA}) \tag{8.25}$$

式中，2.5 为 AT 允许的短时过负荷系数；若无具体负荷电流数据，可取 $I_{L\max}$ 为一列列车最大启动电流（A）。

六、AT 牵引网阻抗

1. 单线区段

AT 供电方式的牵引网阻抗不是一种均匀分布参数。折算到接触网电压的 AT 网络阻抗由两部分组成：一部分是长回路阻抗，即为线性部分的单位阻抗；另一部分是由于列车处于 AT 段中间而出现的牵引网阻抗中的增量部分。当列车由牵引变电所出发通过整个供电臂时，其牵引网阻抗为一系列递增的鞍形曲线。

（1）AT 网络的等效电路

由于 AT 网络是个多网孔的复杂电路，这给牵引网阻抗的计算带来极大的不便。一般是先找出折算到 AT 二次侧的 AT 网络等效电路；再将该等效电路中的互感消去，便得到没有互感的 AT 网络等效电路；最后考虑钢轨对地漏导和 AT 漏抗相互能抵消的作用，即可忽略钢轨对地漏导和 AT 的漏抗，这样就得到最简化的 AT 网络等效电路。用该简化的 AT 网络等效电路，即可列出 AT 牵引网的阻抗算式。

为计算 AT 网络的牵引网阻抗，可将 AT 网络折算到 AT 二次侧的等效电路，表示于图 8.19。

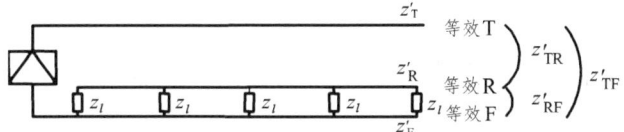

图 8.19 AT 网络的等效电路

图中，z_l 为 AT 漏抗（Ω）；各折算后的等效导线的阻抗可由下式求出

$$\left.\begin{array}{ll} \text{等效接触悬挂自阻抗} & z'_T = z_T \\ \text{等效钢轨自阻抗} & z'_R = z_R \\ \text{等效正馈线自阻抗} & z'_F = \dfrac{w_1^2 z_F + 2 z_{TF} w_1 w_2 + w_2^2 z_T}{(w_1 + w_2)^2} \\ \text{等效接触悬挂与正馈线间互阻抗} & z'_{TF} = \dfrac{w_1 z_{TF} + w_2 z_T}{w_1 + w_2} \\ \text{等效轨道和正馈线间互阻抗} & z'_{RF} = \dfrac{w_1 z_{RF} + w_2 z_{TR}}{w_1 + w_2} \\ \text{等效接触悬挂与等效轨道间的互阻抗} & z'_{TR} = z_{TR} \end{array}\right\} (\Omega/\text{km}) \tag{8.26}$$

式中，z_T，z_R，z_F，z_{TF}，z_{TR}，z_{RF} 可按第三章的方法计算。w_1，w_2 分别为自耦变压器 F-R 和 T-R 间的匝数，通常 $w_1 = w_2$，故式（8.26）中第 3 式～第 5 式可简化为

$$\left.\begin{aligned} z'_F &= \frac{1}{4}(z_F + 2z_{TF} + z_T) \\ z'_{TF} &= \frac{1}{2}(z_T + z_{TF}) \\ z'_{RF} &= \frac{1}{2}(z_{RF} + z_{TR}) \end{aligned}\right\} \quad (8.27)$$

由以上两式可知折算后 z'_T 和 z'_R 与未折算时的 z_T 和 z_R 是相等的，且 T 和 R 间的互阻抗 z'_{TR} 与 z_{TR} 相同。但凡是涉及正馈线的阻抗如 z'_F，z'_{TF} 和 z'_{RF} 与 z_F，z_{TF} 和 z_{RF} 却不同。这是因为在未折算时 F 与 T 之间电压为 50 kV，而在折算后 F 与 T 之间电压为 25 kV，正馈线电流也同样如此，则相应的阻抗也随之变换，并还涉及互阻抗问题。因此阻抗的变换关系比较复杂。

为了进一步计算图 8.19 的 AT 牵引网阻抗，需将图 8.19 中的互阻抗消除。消去互阻抗后的 AT 网络等效电路如图 8.20 所示。

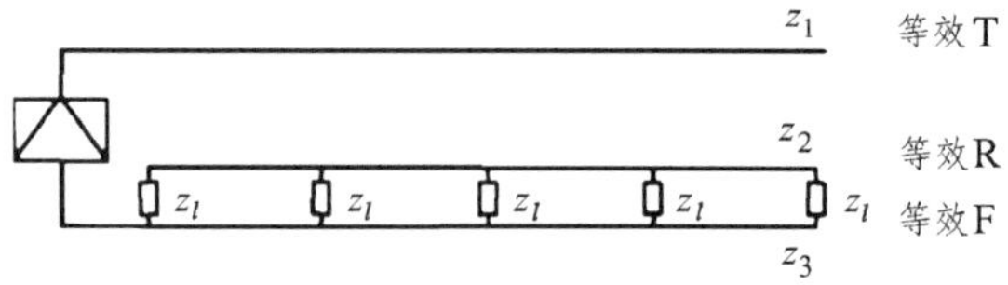

图中各等效导线的阻抗为

$$\left.\begin{aligned} z_1 &= z'_T - z'_{TF} - z'_{TR} + z'_{RF} \\ z_2 &= z'_R - z'_{TR} - z'_{RF} + z'_{TF} \\ z_3 &= z'_F - z'_{TF} - z'_{RF} + z'_{TR} \end{aligned}\right\} \quad (8.28)$$

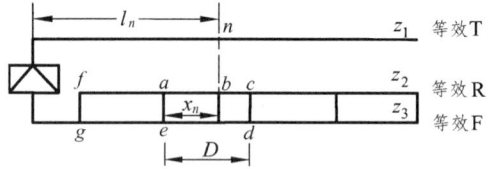

图 8.20 消去互阻抗的 AT 网络等效电路

将式（8.26）和式（8.27）中 z'_T，z'_R，z'_F 和 z'_{TF}，z'_{RF}，z'_{TR} 代入上式，则可得

$$\left.\begin{aligned} z_1 &= \frac{1}{2}(z_T + z_{RF} - z_{TR} - z_{TF}) \\ z_2 &= z_R + \frac{1}{2}(z_T - 3z_{TR} - z_{RF} + z_{TF}) \\ z_3 &= \frac{1}{4}(z_F - z_T) + \frac{1}{2}(z_{TR} - z_{RF}) \end{aligned}\right\} \quad (8.29)$$

当忽略钢轨对地漏导和 AT 漏抗时，则可得简化的 AT 网络等效电路，如图 8.21 所示。

（2）AT 牵引网的阻抗

由图 8.21，假设欲计算距牵引变电所 l_n 处的牵引网总阻抗 Z_n，则可按 z_1，z_2 和 z_3 的等效阻抗经串、并联后求得为

图 8.21 AT 网络的简化等效电路图

$$Z_n = z_1 l_n + \frac{z_2 x_n \left[z_2 (D_n - x_n) + z_3 D_n \right]}{(z_2 + z_3) D_n} + \frac{z_2 z_3}{z_2 + z_3}(l_n - x_n)$$

式中，右端第二项为图 8.21 中的 ab 段与 bc，de 段并联后的阻抗；右端第三项为图中的 af 段与 eg 段并联后的阻抗。

将上式进行整理化简，可得

$$Z_n = z_L l_n + z'_L \left(1 - \frac{x_n}{D_n}\right) x_n \quad (8.30)$$

式中，$z_L = z_1 + \dfrac{z_2 z_3}{z_2 + z_3}$，为长回路阻抗；$z'_L = \dfrac{z_2^2}{z_2 + z_3}$，为段中阻抗；$x_n$ 为列车在段中至 a 点的长度；D_n 为列车所在 AT 段长度。

AT 网络的阻抗与长度的关系，可见图 8.22 所示的曲线。图中直线 1 为 T—F 间的长回路阻抗，其斜率即是长回路单位阻抗。在每个 AT 段中都存在阻抗的增量，并由该影响形成一系列鞍形曲线。段中阻抗的增量也就是 T-R 间的牵引网阻抗。

各 AT 段的鞍形曲线中都有一个极大值，且各极点在段中的位置 x_{max} 是固定的，将式（8.30）求导数并等于零，便可得

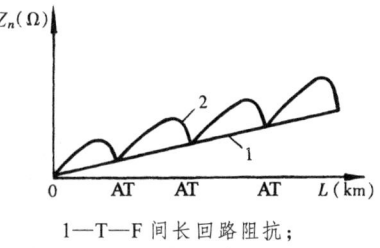

1—T—F 间长回路阻抗；
2—T—R 间短路阻抗。

图 8.22 AT 网络牵引网阻抗曲线

$$x_{max} = \frac{z_L + z'_L}{2 z'_L} D \quad (8.31)$$

式中，D 为 AT 段长度。

2. 双线区段

双线上、下行串联供电的等效 AT 网络如图 8.23 所示。

双线并联供电牵引网的阻抗为

$$Z_n = z_L \frac{2L - l_n}{2L} \cdot l_n + z'_L \left(1 - \frac{x_n}{D_n}\right) x_n \quad (8.32)$$

式中，$\left(\dfrac{2L - l_n}{2L}\right)$ 为列车电流分配系数。

上式右端各阻抗的含意与算式，均与单线区段 AT 网络牵引网阻抗算式相同。

双线并联供电 AT 网络牵引网阻抗曲线，如图 8.24 所示。

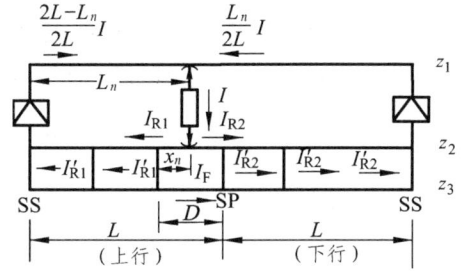

图 8.23 双线并联供电 AT 网络的等效电路

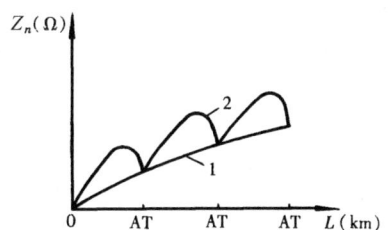

1—T—F 间长回路阻抗；2—T—R 间短路阻抗。

图 8.24 双线并联供电 AT 牵引网阻抗曲线

由图可知，双线 AT 网络的长回路阻抗不是一条直线。因此，长回路单位阻抗不再是一

个常数，它随着负荷点距电源侧长度的增加而逐渐减小。当列车在各 AT 段内时，与单线相似，即在段中发生阻抗增量并形成一系列递增的鞍形曲线。

各 AT 段的鞍形曲线中也有极大值。但由于长回路单位阻抗不是常数，因此与单线区段不同，即各 AT 段段中的极点位置是不同的，它随 AT 段序号增大逐渐向 AT 段的中点靠拢。不同 AT 段的极点位置可由下式求出

$$x_{i\max} = \frac{4nD(z_A/4 + z_B - z_D/2) - (i-1)z_A D}{z_A + 8nz_C} \tag{8.33}$$

式中，$x_{i\max}$ 为第 i 个 AT 段的极点位置；$z_A = z_T + z_F + 2z_{TF}$，$z_B = z_T + z_R - 2z_{TR}$，$z_C = (z_T + 2z_R - 3z_{TR} + z_{TF} - z_{RF})/2$，$z_D = z_T - z_{TR} - z_{TF} + z_{RF}$。

七、AT 牵引网最大电压降和电压损失计算

1. 单线区段

当单线区段 AT 牵引网的供电臂内有几列车同时用电运行时，计算至最远端机车受电弓的最大电压降为

$$\Delta U_c = z_L \sum_1^c I_i l_i + z'_L \left(1 - \frac{x_c}{D_c}\right) \sum_k^c x_i I_i \tag{8.34}$$

应该着重指出，除了计算列车所在 AT 段的同行列车可以在计算列车受电弓上造成"段中附加电压降"外，其他处于与计算列车不同 AT 段中的列车电流不会在计算列车受电弓上造成"段中附加电压降"。

2. 双线区段

双线区段上、下行串联供电方式的牵引网电压降计算式为

$$\Delta U_c = \frac{2L - l_c}{2L} z_L \sum_{\substack{1 \\ (同行)}}^c l_i I_i + \frac{l_c}{2L} z_L \sum_{\substack{1 \\ (非同行)}}^n l_m I_m + z'_L \left(1 - \frac{x_c}{D_c}\right) \sum_k^c x_i I_i \tag{8.35}$$

式（8.34）、式（8.35）中，c 为计算列车，i 为与计算列车同行的各列车的编号；$k \sim c$ 为计算列车所在 AT 段内的全部列车编号，如果计算列车所在 AT 段内只有计算列车本身，而无同行列车，则 $\sum_k^c x_i I_i = x_c I_c$。式（8.35）中，$m$ 为与计算列车非同行方向的列车编号。

在需要计算牵引网中的电压损失时，可将公式中的长回路阻抗 z_L 和段中阻抗 z'_L 分别以其当量阻抗 z_{L*} 和 z'_{L*} 代替

$$\left. \begin{array}{l} z_{L*} = r_L \cos\phi + x_L \sin\phi \\ z'_{L*} = r'_L \cos\phi + x'_L \sin\phi \end{array} \right\} \tag{8.36}$$

式中，$z_L = r_L + jx_L$；$z'_L = r'_L + jx'_L$；ϕ 为负荷电流的功率因数角（°）。

八、AT 牵引网的电能损失

1. 单线区段

供电臂内只有一列列车用电时，列车通过整个供电臂在机车受电弓上造成的平均电压降可由下式求出

$$\Delta \overline{U_c'} = \frac{1}{2}\left(z_L L + \frac{1}{3} z_L' D\right) I_c \tag{8.37}$$

相应地，列车通过整个供电臂在牵引网中造成的电能损失为

$$\Delta A_c = 8.33 n K_{et}^2 I_c^2 t_u \left(r_L L + \frac{1}{3} r_L' D\right) \times 10^{-6} \quad (kWh) \tag{8.38}$$

式中，n 为供电臂内的 AT 段数；K_{et} 为列车电流有效系数，一般可取 $K_{et} = 1.04$；r_L，r_L' 分别为 z_L 和 z_L' 的有效电阻分量（Ω/km）；t_u 为列车通过 AT 段的平均用电时分（min）。

在供电臂内同时有几列列车用电时，将产生附加电能损失。其值等于附加电压降与计算列车负荷电流的乘积。

供电臂内有两列列车同时用电，在各机车受电弓上产生的附加电压降，只与两列中靠近电源侧的一列列车距馈电端的长度有关。另一列列车位置与附加电压降的大小没有关系。

当近馈电端一列列车位于第 i 个 AT 段时，它在远馈电端一列列车受电弓上产生的附加电压降为

$$\Delta U_{ic} = z_L I_i l_i \tag{8.39}$$

而远馈电端一列列车在第 i 个 AT 段列车受电弓上产生的附加电压降则为

$$\Delta U_{ci} = z_L I_c l_i \tag{8.40}$$

当该两列列车电流相等时，有 $\Delta U_{ic} = \Delta U_{ci}$，近馈电端列车在第 i 个 AT 段时的平均附加电压降为

$$\Delta \overline{U_i} = z_L I \left(i - \frac{1}{2}\right) D \tag{8.41}$$

由于同行车的存在，在牵引网内昼夜间产生的附加电能损失为

$$\Delta A' = 2.778 r_L I^2 N t_u L p (n-1)(2n-1) \times 10^{-6} \quad (kWh) \tag{8.42}$$

式中，$p\,[p = (N t_u)/T]$ 为列车通过 AT 段的平均用电概率，其中，T 为一昼夜总时间（min）；n 为供电臂内的 AT 段总数。

供电臂内一昼夜间的总电能损失为

$$\Delta A = I^2 N t_u L \{r_L [9.01 n + 2.778 p (n-1)(2n-1)] + 3 r_L'\} \times 10^{-6} \quad (kWh) \tag{8.43}$$

2. 双线区段

双线区段上、下行串联供电时计算列车自身用电在本受电弓上造成的平均电压降为

$$\Delta \overline{U}'_c = \left(\frac{1}{3}z_L L + \frac{1}{6}z'_L D\right) I_c \tag{8.44}$$

一列列车通过供电臂在牵引网内造成的电能损失为

$$\Delta A_c = 3.004 I_c^2 (t_{u\Sigma 上} + t_{u\Sigma 下}) L \left(2\, r_L + \frac{r'_L}{n}\right) \times 10^{-6} \quad (\text{kWh}) \tag{8.45}$$

式中，$t_{u\Sigma 上}$，$t_{u\Sigma 下}$ 分别为列车通过上、下行供电臂的总用电运行时分（min）。

双线区段内同行列车造成的附加电能损失可以分为两种情况，即同一方向同行车造成的附加电能损失 $\Delta A'_a$ 和不同方向同行车造成的附加电能损失 $\Delta A''_a$。

$$\Delta A'_a = 0.694\,4 I^2 p^2 T\, r_L D(n-1)(14n-13) \times 10^{-6} \quad (\text{kWh}) \tag{8.46}$$

$$\Delta A''_a = 4.167 n^2 I^2 p^2 T\, r_L L \times 10^{-6} \quad (\text{kWh}) \tag{8.47}$$

一昼夜间供电臂内总电能损失为

$$\Delta A = N \Delta A_c + 2\Delta A'_a + \Delta A''_a \tag{8.48}$$

九、影响 AT 供电方式防护效果的主要因素

1. 牵引列车运行的电力机车位置

当电力机车位于 AT 处时，存在"长回路"感应影响；当电力机车运行于两台 AT 之间时，存在"短段效应"。不过，"短段效应"对防护效果无影响，这些情形已如前述。这里需进一步说明的是，"长回路"感应影响的大小，除与 AT 的阻抗等因素有关外，还与接触网、正馈线和受影响设施的相对位置以及轨道的"二次感应"等因素有关。

2. AT 漏抗

AT 漏抗 z_l 越小，AT 将轨道和地中电流吸至正馈线的效果就好；反之，就降低了吸流效果。但是，要求 AT 漏抗过小，将使 AT 造价急剧增加。因此，必须做全面的技术经济比较来确定合理的 AT 漏抗值。根据日本的经验，在工频交流条件下，AT 漏抗值取为 0.45 Ω 左右（归算至 27.5 kV 侧）。

3. AT 间隔长度

减小 AT 间距，特别是减小变电所端第一个 AT 段的长度，可以显著地减小最大区段安培千米值和最大全安培千米值，使防护效果更好。但 AT 间距过小，将使 AT 的数量增多，工程投资相应增加。按日本的经验，AT 间距以 10 km 为标准值，而由于地形、铁路两旁建筑物等条件的限制，实际上可取为 8~16 km。

4. 轨道对地的漏泄电阻

该电阻值越大，从轨道漏泄到地中的电流就越小。因此，防护效果就越好。反之，防护效果就降低。

5. 正馈线的阻抗

正馈线的阻抗与接触网的阻抗愈接近相等，防护效果就愈好。这是因为 AT 的一、二次线圈的电流是分别流经接触网和正馈线的，如果两者的阻抗相差很大，就会影响两路电流的相位和幅值，使其平衡作用削弱，防护效果必然降低。

6. 接触网短路

一般规定，对波动负荷而言，AT 的过负荷能力为 300%，不超过 2 min。AT 的容量能满足接触网短路条件。当接触网发生短路故障时，虽然电流急剧增大，但电压降低，AT 不会饱和，其防护效果与接触网正常运行状态相近。

十、AT 供电方式的优缺点

AT 供电方式一个极为可贵的优点是，它无需提高牵引网的绝缘水平即可将供电电压提高一倍。在相同的牵引负荷条件下，接触悬挂和正馈线中的电流大致可减少一半。AT 供电方式牵引网单位阻抗（归算至 27.5 kV 侧）较小，长回路部分（线性部分）小于 0.2 Ω/km，AT 间隔部分（增量部分）稍大于 0.3 Ω/km。从而提高了牵引网的供电能力，减小了牵引网的电压损失和电能损失。牵引变电所的间距可增大到 90~100 km，不但变电所需要数量可以减少，而且相应的外部高压输电线数量也可以减少，还有利于选择既方便运营管理又缩短外部高压输电线长度的变电所位置。由于 AT 供电方式无需在 AT 处将接触悬挂实行电分段，故牵引重载列车运行的高速度、大电流电力机车通过 AT 处时，受电弓上不存在产生强烈电弧而使接触线和受电弓烧损严重的问题，能满足高速、重载列车运输的需要。同时，AT 供电方式对邻近受影响设施的综合防护效果较好。

AT 供电方式的缺点主要是结构比较复杂。如变配电装置除了结构比较复杂的牵引变电所外，还有开闭所、分区所和自耦变压器所等。在开闭所、分区所、自耦变压器所以及主变压器二次侧中点不接地的牵引变电所都设置有自耦变压器等。牵引网中除了接触悬挂和正馈线之外，还有保护线 PW、横向连接线、辅助连接 CPW、横向连接 CB、放电器 F 等。从而，就牵引供电系统本身来说，AT 供电方式的工程投资较大。相应的施工、维修和运行也比较复杂。

第九章 牵引供电系统设计和运行的若干问题

第一节 牵引供电系统设计的程序与内容

一、设计阶段

铁路电气化工程项目，一般按三阶段设计，即初步设计、技术设计和施工图。其中，工程简单、有条件的可按两阶段设计，即扩大初步设计和施工图。建设项目实际采用的设计阶段，在设计任务书中规定。

铁路电气化工程包括配合电气化工程技术改造（既有线电气化，后同）或土建（新线一次电气化，后同）和电气化两部分。初步设计应根据批准的设计任务书编制，文件一次提交审查。技术设计应根据批准的初步设计，首先进行技术改造部分；电气化部分要与技术改造部分拉开时段，但涉及站场总图所需的电气化资料（机务段、供电段、牵引变电所、开闭所或分区所、接触网等）应及时提供；两部分文件分别报审。施工图应根据批准的技术设计或扩大初步设计编制。

要严格按基建程序办事。没有批准的设计任务书，不得进行初步设计（扩大初步设计）；前一阶段的设计未经批准不开展下一阶段的设计。两阶段的扩大初步设计和三阶段的技术设计，按规定经过批准后，才能列入国家年度基本建设计划，编制施工图。

二、设计步骤

具体设计步骤要根据任务的缓急和客观条件来决定，不能一概而论。一般可按以下步骤来进行。

1. 接受任务

根据设计任务书要求，深入了解设计任务的政治、经济意义，了解国家要求的输送能力、电气化范围、牵引定数、机车类型、机车交路、通信信号方式和建设时间等。

2. 收集资料

① 经济行车资料，包括近期调查运量，客车、摘挂列车数，支线是否电气化，邻线技术条件，以及牵引计算结果等。牵引计算结果是重要原始资料，主要是：区间全运行时分 t,

用电运行时分 t_u；区间牵引能耗 A；电气化区段上、下行单位（每千米）能耗，上、下行平均技术速度；列车运行曲线图，包括 $v=f(l)$ 曲线，$t=f(l)$ 曲线；列车电流曲线 $i=f(l)$。

② 线路纵断面图和车站地形图。

③ 电力系统资料，包括近、远期电力系统规划图，输电线路路径图，正、负序阻抗图等。

3. 现场调查研究

主要指牵引变电所所址踏勘，落实电源，主要电气设备调查，讨论和决定设计原则等。为了使调查较有针对性，事前根据已收集的资料，提出几个可能成立的供电系统方案和一些设计原则，以便深入了解情况和征求意见，但不必受这些方案约束。

4. 方案比选

根据收集的资料和调查研究的结果，经过初步分析，提出 2~3 个可供比较的供电系统方案。对每一个方案，进行各项技术、经济指标的计算。经过政治、技术、经济等方面的综合比较，提出一个推荐方案。

上述步骤，不是截然分开、按步进行的。往往是一个逐步收集资料，多次现场调查和反复计算、分析比较的认识深化过程。只有这样，才能最后做出一个正确的设计来。

三、设计内容

1. 初步设计

初步设计的编制内容，其深度应解决配合铁路电气化工程土建方案、牵引供电方案、机车交路、主要技术标准、主要设计原则，提出主要工程数量、主要设备类型和概数、主要材料概数、用地及拆迁概数、施工组织设计方案意见及总概算。

根据上述要求，牵引供电系统初步设计内容如下：

（1）确定主要设计原则

① 牵引变电所分布方案，包括牵引变电所的数量和分布地点，应考虑布点合理、节省电力系统的送变电工程投资、减少对电力系统和通信光（电）缆线路、油气管道与油气库等的不利影响、运营成本低，牵引变压器容量利用率高以及确保牵引网电压水平等。

② 牵引变压器的联结形式，详见第一章第二节。

③ 牵引变电所的检修运输方式（铁路岔线还是公路）和牵引变压器的备用方式。

④ 牵引变压器容量，包括需要由牵引变电所供电的地区负荷的供电原则，并且考虑是否需要为相邻铁路电气化预留牵引变压器容量和台位（详见第二章）。

⑤ 电力系统向牵引变电所的供电方案，包括向电业部门提供近、远期牵引负荷总容量；与电业部门共同商定牵引变电所一次侧接线方式；配合电业部门计算牵引负荷引起的负序电流与对发电机的影响，必要时研究和提出相应的减少对电力系统不利影响的措施。

⑥ 牵引网的供电方式，包括接触网的供电和分段方式；轨道地回路和回流线的连接方式；馈电线、接触网导线和回流线的截面面积等。

⑦ 向通信设计部门了解电气化铁路沿线邻近的路内外通信光（电）缆线路的情况；提供计算对通信光（电）缆线路的危险影响、噪声干扰影响的接触网最大牵引电流曲线和短路电流曲线；必要时研究和提出减少对通信光（电）缆线路不利影响的措施。

⑧ 为提高某些困难地段的牵引网电压水平而采取的补偿措施（详见第四章）。

⑨ 枢纽地区的供电方式。

⑩ 考虑与相邻铁路电气化的关系，除了确定是否需要预留牵引变压器容量、台位以外，还要考虑是否需要预留馈电线间隔等。

⑪ 采用、推广新技术。

（2）方案比选

牵引供电系统的初步设计，应有2~3个方案进行比选。比选的主要内容如下：

① 牵引变电所的布点合理性。

② 牵引变压器的选用容量及容量利用率。

③ 牵引网的最低电压水平。

④ 牵引供电系统的电能损失。

⑤ 电力系统的送变电工程及其投资。

⑥ 对电力系统和通信光（电）缆线路、油气管道与油气库等的影响程度。

⑦ 电气化工程投资和运营费用等。

为了进行上述比选，根据行车组织专业所提供的牵引计算运行曲线、区间能耗、区间全运行和用电运行时分、计算列车对数等资料进行电气计算。最后根据计算结果与其他资料进行综合技术经济比较，提出推荐方案。

（3）提供资料

牵引供电系统专业应向有关专业提供如下资料：

① 向牵引变电所专业提供的资料：牵引变电所、开闭所、分区所、自耦变压器所的位置，一次接线，变压器容量和联结形式；牵引变电所的馈线数量，开闭所、分区所、自耦变压器所的进出线数量；供电臂的相序；为提高某些困难区段的牵引网电压水平而采取的补偿措施；馈电线继电保护需要的供电臂瞬时最大负荷电流和相应的牵引侧母线最低工作电压；牵引网的短路电流；接触网的电分相和电分段等。

② 向接触网专业提供的资料：接触悬挂截面面积，加强线的截面面积和位置；带回流线的直接供电方式区段，回流线和吸上线的参数和位置；AT供电方式区段，自耦变压器、正馈线和保护线的参数和位置；牵引网短路电流；接触网的电分相和电分段等。

③ 向通信专业提供的资料：对通信光（电）缆线路产生不利影响的负荷电流和短路电流，供电臂最大负荷电流和列车平均电流，供电臂的相序等。

（4）设计方案的落实

上述工作完成后，征求有关单位的意见，完成推荐方案的最后落实工作。

① 征求运营单位（主要是铁路局）和电业部门的意见。

② 与上述单位一起，对牵引变电所的场地和接线方式进行最后的落实工作，并与电业部门换文确定场地和接线。

（5）编制初步设计文件，参加初步设计鉴定

2. 技术设计

电气化工程技术设计的编制内容，其深度应解决各项设计方案和技术问题，提出工程数量、劳动力数量、用地范围及数量、拆迁数量、主要设备数量和主要材料数量、施工组织设计和修正总概算。

牵引供电系统技术设计阶段，应根据上述要求和初步设计鉴定意见，修改、补充供电方案，补充各项计算、自耦变压器等设备分布和选择等。

另外，要处理好与路外有关单位的问题，落实外部电源供电方案，与电业部门配合进行负序等一系列技术问题的电气计算，合理解决。

还要与其他专业配合，为其他专业开展技术设计提供必要的资料。

3. 施工图

施工图的编制内容，其深度应提供各项施工需要的图表和必要的设计说明。

四、设计文件组成与内容

设计文件是铁路基本建设的依据。根据《铁路基本建设铁路电气化工程设计文件编制规定》，有关牵引供电系统在不同设计阶段，设计文件的组成与内容如下。

1. 初步设计

（1）总说明书
其中包括：
① 电力系统情况及对牵引变电所的供电方案（包括新建电力系统供电工程）。
② 牵引变电所、开闭所、分区所分布方案。
③ 牵引变压器类型及备用方式。
④ 牵引变电所向接触网的供电方式。
⑤ 按省划分的用电量及需用功率。
⑥ 供电方案的技术经济指标。
⑦ 负序电流对电力系统影响的估计。

（2）牵引供电系统分册
其中包括：
① 主要设计原则及技术条件。
② 供电方案：牵引网向电力机车的供电方式；牵引变电所、开闭所、分区所分布方案；牵引变压器容量计算；接触悬挂、供电线选择；牵引网电压水平及补偿措施；牵引能耗和电能损失计算；接触网的供电方式。
③ 电力系统：有关电力系统情况；电力系统对牵引变电所供电方案；需要功率和用电量；负序电流、高次谐波对电力系统影响的估计。
④ 方案比选和技术经济指标。

⑤ 存在问题。
⑥ 附件：有关协议、纪要和公文；图纸目录。
⑦ 附图：牵引供电设施示意图；接触网供电方式示意图。

2. 技术设计

（1）电气化总说明书
其中包括：
① 电力系统对牵引变电所的供电方案（变更时说明）。
② 各项补充计算。
（2）牵引供电系统分册
其中包括：
① 初步设计审批意见执行情况。
② 电力系统对牵引变电所的供电方案（变更时说明）。
③ 自耦变压器等设备分布和选择。
④ 各项补充计算。
⑤ 存在问题。
⑥ 附件：有关协议、纪要和公文；图纸目录。
⑦ 附图：牵引供电设施示意图；接触网供电方式示意图；自耦变压器分布图。

五、设计文件审批

遵照国家规定的相关程序和要求审批。

第二节　高速铁路和准高速电气化铁路牵引供电系统设计的主要原则

一般来说，铁路的设计行车速度 160 km/h 及以下为普速或常速；160 km/h～200 km/h 为快速或准高速；200 km/h 以上～350 km/h 为高速；超过 350 km/h 就属超高速了。我国的高速客运专线铁路设计行车速度分为 250 km/h，300 km/h，350 km/h 三级。根据《高速铁路设计规范》和《新建时速 200 km 客货共线铁路设计暂行规定》等文献，将高速铁路和准高速电气化铁路牵引供电系统设计的主要原则阐述如下。

一、牵引变电所进线电源应优先采用 220 kV

牵引变电所进线电源除了应采用两回独立进线，并且互为热备用以外，还应优先采用 220 kV。这是因为采用 220 kV 有下列优越性。

1. 送电能力增大

导线允许发热、线路允许电压损失、满足电力系统运行的经济性和保证电力系统运行的稳定性,是影响交流输电线路送电能力的主要因素。这些因素,尤其是前三种因素,都与电流有着密切的关系。当输送功率一定时,电压越高,电流就越小。采用 220 kV 电压时,电流减小为采用 110 kV 电压时的二分之一,可大大降低导线发热、减小线路电压损失以及功率损失和电能损失,因而输电线路送电能力可以增大。

110 kV 和 220 kV 输电线路的送电容量大致范围分别为 10~50 MW 和 100~300 MW。高速铁路追踪列车间隔时间短,行车密度大,运行速度高,牵引变电所主变压器单台(组)容量较大,往往需要 63~100 MVA。一般来说,设计行车速度为 350 km/h 的高速铁路,按照 16 辆编组、追踪列车间隔时间 3 min 运行时,牵引变电所负荷:瞬时可达 170 MVA,高峰小时可达 130 MVA。可见,牵引变电所进线电源应采用 220 kV。

2. 承受负序影响的能力增强

由第六章第二节第三部分负序影响的计算中短路容量法可知[参见式(6.46)],当电力系统短路容量增大时,牵引变电所的最大负序功率可相应的允许增大。一般标称电压分别为 110 kV 和 220 kV 时,短路容量的大致范围分别为 750~2 500 MVA 和 2 000~40 000 MVA。显然,电力系统以 220 kV 输电线向电气化铁路供电,可以增强承受负序影响的能力。

3. 承担谐波影响的能力增强

公用电网连接点的各次谐波电流允许值 I_n(A),可按下式进行近似的工程估算

$$I_n = \frac{10 S_k K_u (\%)}{\sqrt{3} n U_N} \tag{9.1}$$

式中,S_k 为公用电网连接点的三相短路容量(MVA);$K_u(\%)$ 为公用电网连接点的各次谐波电压含有率限值(相电压的百分值);n 为谐波次数;U_N 为公用电网额定线电压(kV)。

牵引变电所进线电源电压由 110 kV 改为 220 kV 后,上式虽然分母中的 U_N 增大一倍,但分子中的 S_k 增大至少一倍多,乃至几倍,甚至更多。因此,其承担谐波影响的能力增强。

4. 供电可靠性提高

牵引变电所进线电源采用 220 kV,更有利于实现两边供电或环形供电,当任一座发电厂发生故障时,电气化铁路的供电都不会中断,其供电可靠性显著提高。

5. 供电质量明显改善

牵引变电所进线电源采用 220 kV,因其更有利于实现两边供电或环形供电,电力系统的频率稳定、电压波动的幅度不大、电压损失小、电压水平较高,能使电气化铁路的供电质量明显改善。

6. 供电经济性相当可观

为了提高电力网络供电经济性，就应该降低其中的功率损失和电能损失。由电力系统分析和式（6.76）可知，输电线路的功率损失和电能损失与其电压的二次方成反比，所以在输电线路输送功率一定的情况下，降低其中的功率损失和电能损失的一个有效途径就是提高输电线路的电压等级。由此可见，牵引变电所进线电源采用 220 kV，其供电经济性相当可观。

综上所述，高速铁路牵引变电所进线电源应优先采用 220 kV。

如果高速铁路所在地区无 220 kV 电压等级，则牵引变电所进线电源可采用高于 220 kV，例如 330 kV。

二、牵引变电所牵引变压器应优先采用单相联结变压器

牵引变电所牵引变压器采用单相联结变压器的优点，在第一章第二节第二部分已有叙述。从高速铁路的特点来看，牵引变电所采用单相联结变压器向接触网供电，接触网电分相的数量一般是采用其他联结牵引变压器情况下的几乎一半。为了减少接触网的电分相数量，有利于高速列车运行，并充分发挥第一章第二节第二部分所述的优点，牵引变电所牵引变压器应优先采用单相联结变压器。至于其对电力系统的负序影响最大这个缺点，因牵引变电所进线电源采用 220 kV 承受负序影响的能力增强而有所弥补，还可通过相邻牵引变电所的牵引变压器一次侧换接相序、合理安排接触网分段及其相序等措施而减轻。

如果有些高速铁路所在的地区，采用单相联结牵引变压器，不能满足电业部门的接入电力系统的（负序）要求，则可采用三相或单相 Vv（Vx）联结牵引变压器或其他联结牵引变压器。

三、牵引变电所的分布

对于新建设计行车速度为 200 km/h 客货共线准高速电气化铁路，牵引变电所的分布应按满足客运最高时速 200 km 和货运最高时速 120 km 以及行车组织决定的追踪列车间隔时间进行设计，并应保证在非正常情况下越区供电时，接触网最低工作电压不应低于 19 kV。

对于新建设计行车速度为 250 km/h ~ 350 km/h 的客运专线铁路，牵引变电所的分布应按本线设计行车速度的动车组，以行车组织确定的列车编组和追踪列车间隔时间进行设计。

牵引变电所间距由每列列车电流数值、追踪列车间隔时间、牵引变压器容量、牵引网向电力机车（动车组）的供电方式和接触网的设计最低工作电压等因素决定。在越区供电情况下，应保证列车辅助设备和降速行驶等条件的供电。高速铁路和准高速电气化铁路牵引变电所的越区供电能力一般表现为两种形式：一种是列车降速；另一种是延长追踪列车间隔时间，却不降速，只是减少运行列车数量，但保证至少一对动车组按设计行车速度正常运行。

四、牵引网向电力机车（动车组）的供电方式采用 AT 供电方式

AT 供电方式的优点在第八章第二节第十部分已有叙述。不过对高速铁路来说，AT 供电方式牵引变电所的平均间距一般为 50~60 km，这也是明显优于其他供电方式的。通过技术经济和运营成本等方面的综合比较可知，AT 供电方式在提高供电能力和供电质量、减少接触网电分相和牵引变电所数量、改善电磁环境以及降低外部电源投资等方面的优势比较明显。鉴于高速铁路正线列车行驶速度快、行车密度高、负荷电流大等特点，设计行车速度为 300 km/h 及以上的高速铁路应采用 AT 供电方式，设计行车速度为 250 km/h 的高速铁路宜采用 AT 供电方式。不过对于时速 200 km 客货共线和时速 200~250 km 客运专线电气化铁路也可采用带回流线的直接供电方式；对于枢纽地区跨线列车联络线、动车组走行线和动车段（所、场）、站场侧线等可采用直接供电方式。

五、接触网的设计最低工作电压为 20 kV

接触网的标称电压应为 25 kV，长期最高电压应为 27.5 kV，短时最高电压应为 29 kV，设计最低工作电压应为 20 kV。对于时速 200 km 客货共线准高速电气化铁路，在供电系统非正常运行情况下，接触网最低工作电压不得低于 19 kV。这些要求同第四章开头语介绍的标准大致相同。接触网最低工作电压的选择，不但关系到电气化工程的投资，而且关系到高速列车的运行速度和运行时分。接触网电压是一波动电压，最低工作电压 20 kV 仅仅在列车紧密运行时出现在供电臂末端很短的一段距离内，而供电臂绝大部分区段的接触网电压都高于该值，故对列车运行不会造成影响。

六、其 他

牵引变压器和自耦变压器的容量按交付运营后第五年运量的最大负荷进行选择和校核，并按远期运量预留条件，其过负荷能力应满足高峰小时牵引负荷的需要。双线自耦变压器备用方式采用上、下行两台互为备用的固定备用方式，以提高牵引供电系统运行的可靠性和灵活性。动车段（所）及有整备检查作业的动车存车场，应采用两回电源供电，其中至少应有一回为独立电源。

枢纽（地区）供电应综合考虑各线引入供电要求，合理设置电分相。枢纽（地区）供电宜由同一相电源供电；枢纽（地区）由同一相电源供电困难的情况下，应保证枢纽主体部分由同一相电源供电，并将电分相设置在股道数量少、坡道平缓的区段。枢纽内有各种类型的联络线，联络线的长度、曲线和坡度等技术参数也各不相同，在条件允许的情况下，联络线可由单独馈线供电。在大型枢纽（地区）及动车段、所，一般采用分场、分线、分束供电，以实现独立、灵活、交叉供电。

· 关于正线接触网电分相，虽然可通过牵引变电所牵引变压器采用单相联结变压器、牵引网向电力机车（动车组）的供电方式采用 AT 供电方式而大大减少其数量，但是不可因此而使其消除。在必要的情况下，应设计安装自动过电分相装置（相分段自动转换装置）。

其余未尽事项可参阅本书有关部分和相关文献。

第三节 牵引供电系统的应急运行

牵引供电系统为了保证不间断行车可靠供电,除了牵引变电所须具备双电源和双回路进线、并互为热备用、牵引变压器采用固定备用方式、并装设自动投入装置、馈电线断路器(连带二次设备)需要100%(或50%)备用和1带2(用一台馈电线断路器为供电臂下、上行两条线路供电)等以外,下面还阐述其他应急运行情况。

一、越区供电

所谓越区供电,是指当某个牵引变电所全所停电时,该所所承担的供电臂由相邻的牵引变电所供电。牵引变电所全所停电的概率虽然很小,但如果一旦发生,其不良后果有时是十分严重的。例如,1987年6月27日,宝成电气化铁路任家湾牵引变电所,由于两回110 kV输电线都发生断线铁磁谐振过电压,引起该牵引变电所多组避雷器爆炸,导致全所停电。成都方向供电臂中断供电6 h 52 min,耽误列车31列。宝鸡铁路枢纽中断供电2 h 37 min,兰州方向耽误列车9列。计算铁路运输经济损失达118万余元。宝鸡铁路枢纽中断供电时间较短,是因为采取了越区供电的措施。成都方向供电臂中断供电时间较长,则是由于未采取越区供电的措施。如果事故发生后,经过分析、研究,果断地采取越区供电的措施,那么两个方向供电臂中断供电的时间都可以缩短,耽误列车数可以减少,铁路运输经济损失可以降低。由此可见,在牵引变电所全所停电的情况下,越区供电是可以发挥作用的。至于牵引变电所全所停电的原因,除了类似上述不可抗拒的事故以外,另一种情况是牵引变电所牵引侧高压室内与高压母线相连的个别电气设备清扫维修,也需要全所停电。

在越区供电的情况下,供电臂成倍延长,如图9.1所示。

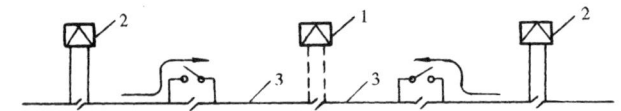

1—全所停电牵引变电所;2—正常运行牵引变电所;3—越区供电范围。

图 9.1 越区供电示意图

为了确保必要的越区供电可靠性和安全性,应分析、研究和解决下列技术问题。

1. 牵引网(延伸)供电臂末端的电压水平

应保证一列车在(延伸)供电臂末端(全所停电牵引变电所附近)能够启动,电力机车受电弓处牵引网电压不得低于19 kV,计算方法见第四章。

2. 牵引变电所馈电线继电保护整定值

对直接供电方式、带回流线的直接供电方式而言,应确保在(延伸)供电臂末端发生牵引网短路时,馈电线继电保护第Ⅱ段灵敏系数不低于1.5(按主保护要求)。为此,应选用性能优良的四边形特性方向阻抗继电器构成的馈电线继电保护装置。因为四边形特性的 ab 边与 bc 边是分别整定的，如图 9.2 所示。bc 边由最小负荷阻抗确定。ab 边仅由线路阻抗确定，不受负荷阻抗的制约，完全可以根据牵引网线路继电保护对灵敏系数的要求确定 ab 边的整定阻抗。在继电保护整定计算和通电调试时，就按满足越区供电的要求整定好馈电线继电保护第 II 段的整定值。

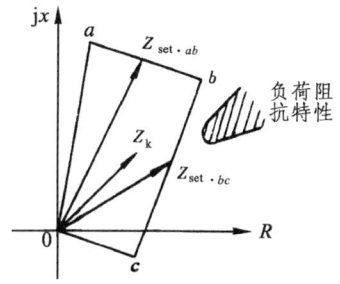

图 9.2 四边形特性方向阻抗继电器整定原则

3. 有关电气设备的性能

在相邻两牵引变电所（正常）供电臂末端的电分段（相）处，为必要时实现越区供电而装设的联络隔离开关及其与接触网之间的连接线，应性能良好，能安全可靠地操作和运行。

4. 对应的运输能力

在越区供电的情况下，相邻牵引变电所之间的行车量应予限制，否则牵引网（延伸）供电臂的电压水平过低，远远不能满足列车运行的要求。其允许列车数量估算表见表 9.1，每列列车电流不得超过 200 A，必要时减速运行；本表不包括不同供电方式之间的越区供电；当线路坡度大于 12‰ 或列车数量超过本表时，需要另作检算。

表 9.1 越区供电情况下相邻牵引变电所之间允许列车数量估算表　　（单位：列）

相邻牵引变电所之间距离/km	单线区段		双线区段	
	直供方式	AT 方式	直供方式	AT 方式
40 以下	3	—	—	—
40～50	2	—	5	—
50～60	2	—	4	—
60～70	1	4	3	7
70～80	—	4	—	6
80～90	—	3	—	5
90 以上	—	2	—	4

注：本表不包括高速铁路和准高速电气化铁路。

二、AT 供电网络的一台自耦变压器解列

AT 供电网络中，当 AT 发生故障（或检修）时，作为应急措施，就是将该 AT 撤除运行。在这种情况下，AT 供电回路的阻抗将发生很大的变化，如图 9.3 所示（日本东北新干线的小山综合试验线实测结果）。该图是将最靠近牵引变电所（主变压器二次侧属中点不接地方式）的 AT_1 和供电臂末端的 AT_3 撤除运行时的情况。当 AT_1 撤除运行时，对于靠近牵引变电所的牵引负荷，由于要通过 AT_2 供电，所以阻抗增大；当牵引负荷向 AT_2 接近时，阻抗逐渐减小。而在 AT_3 撤除运行时，由于 AT_2 以远仅相当于接触网和轨道的直接供电方式，所以其阻抗大

幅度地增加了。到供电回路末端，其阻抗值大约是 AT_3 正常接入时的 3~4 倍。若 AT_1，AT_3 正常接入，仅 AT_2 撤除运行时，就相当于加长了 AT 之间的距离，其阻抗特性与两台 AT 之间的特性基本上相同，所以就省略了。

当供电臂末端的 AT 解列时，因牵引网阻抗大幅增加，所以继电保护阻抗继电器原先的整定值如果没有考虑这种情况而不能动作，应将阻抗继电器的整定值按这种情况加大后再送电。通常，AT 供电网络的继电保护都采用四边形特性阻抗继电器作测量元件。所以，原先整定阻抗继电器时就应考虑当供电臂末端的 AT 解列时牵引网阻抗大幅增加的情况。这样，就可避免临时更改阻抗继电器整定值。

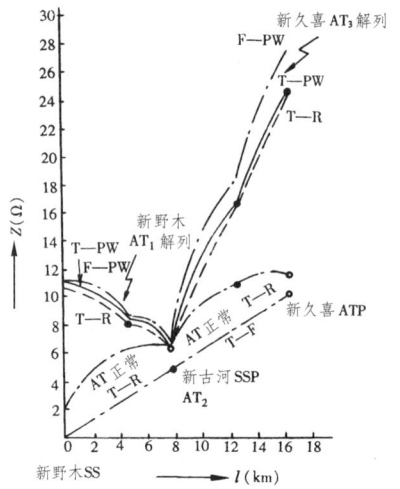

图 9.3　单独供电、AT_1 和 AT_3 解列时的 Z-l 特性

在 AT 解列的情况下，AT 供电回路不仅其阻抗将发生很大的变化，而且对邻近受影响设施的防干扰效果也要发生变化。从图 9.4 可以看出，当供电臂首端 AT_1 解列、电力牵引列车在牵引变电所（主变压器二次侧属中点不接地方式）与 AT_2 之间运行时，由于要由 AT_2 供电，于是 $I_2 = I$，$I_1 = 0$，l_2 在 0~l 之间变化。对邻近受影响设施的电磁感应影响［参见式（7.8）］，与牵引负荷电流和邻近受影响设施平行长度的乘积成正比。这个短回路的电磁感应影响不能被抵消，从而削弱了 AT 供电方式对邻近受影响设施的防干扰效果。当供电臂末端 AT_m 解列、列车行驶在 AT_{m-1} 与供电臂末端之间时，正馈线中无电流，接触网与轨道、地中有电流，相当于直接供电方式一样，对邻近受影响设施的电磁感应影响较大，即 AT 供电方式对邻近受影响设施的防干扰效果受到了较大的削弱。当供电臂中间任一台 AT 解列、列车在与解列 AT 相邻的两台 AT 之间运行时，从接触网及正馈线中都有大小相等、方向相反的电流和 $I_1 l_1 = I_2 l_2$ 来看，AT 供电方式对邻近受影响设施的防干扰效果好像不会被削弱。然而，如前所述，AT 供电方式采用小漏抗的 AT 和 10 km 左右的 AT 间隔，地中电流才能大大减少，对邻近受影响设施的防干扰效果才能相当好。在供电臂中间任一台 AT 解列时，相当于跟解列 AT 毗连的两台 AT 之间的距离加大到两倍。这样，AT 供电方式对邻近受影响设施的防干扰效果也会被削弱。

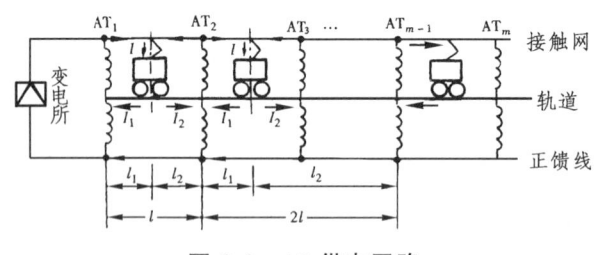

图 9.4　AT 供电回路

另外，当一台 AT 解列后，因为它原先承担的牵引负荷要由相邻的 AT 供电，所以还加重了相邻 AT 的负荷，而使其运行温度随着升高。

综上所述，AT 因故障或检修等缘由解列后，应将它尽快检修好，及时恢复正常运行，以缩短产生不利影响的时间。

至于 AT 撤除和投入运行的操作，一般应在接触网停电情况下进行；如果该供电臂确实无负荷，也可以在接触网不停电情况下进行。无论在接触网停电还是不停电情况下进行操作，操作人员都必须按照安全工作规则进行操作。

如果自耦变压器采取固定备用，并纳入远动系统，则无须考虑上述情况和问题。

第四节 牵引变电所牵引侧负序电压与 10 kV 配电装置中的三次谐波电压

一、牵引变电所牵引侧的负序电压

在三相 YNd11 联结牵引变电所和 Vv 联结牵引变电所中，必要时由 27.5 kV 牵引侧引出三相电压，接到供电给地区用户的动力变压器一次侧。这种动力变压器将 27.5 kV 三相电压降低到 10.5 kV，送入电力线路。由于单相牵引负荷造成牵引变压器三相负载不对称，因此 27.5 kV 牵引侧的三相电压也不对称，其中将出现负序电压。负序电压的存在量可用电压不对称系数 K_U 表示，见第六章第一节式（6.9）。

电压不对称将影响地区负荷的运行，特别是影响地区的动力负荷。动力负荷的大部分为感应电动机。感应电动机受负序电压影响的情况以及对负序电压的允许值，详见第六章第二节。

负序电压一般可按牵引变电所两供电臂的有效电流、牵引变压器阻抗和电力系统阻抗进行计算。下面以三相 YNd11 联结牵引变电所和 Vv 联结牵引变电所为例进行简明叙述。

1. 三相 YNd11 联结牵引变电所牵引侧负序电压计算

其等效电路如图 9.5 所示，图中，E 表示电源相电压，反映在牵引侧 $\sqrt{3}E = 27.5$ kV；X_S 表示电力系统归算到牵引变电所进线电源侧的正序阻抗标幺值，近似地也等于负序阻抗标幺值；X_T 表示三相 YNd11 联结牵引变压器的阻抗。

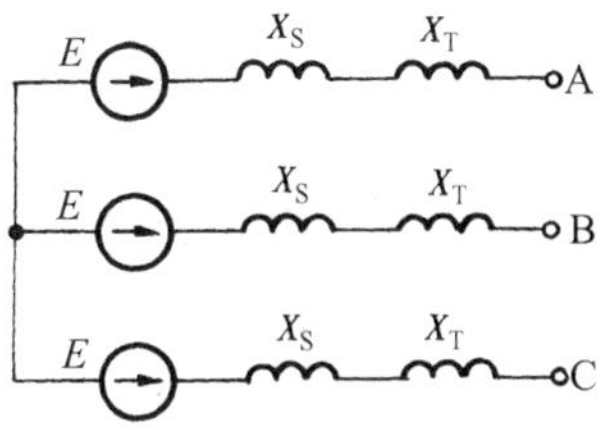

（1）将电力系统阻抗 X_S 换算成 27.5 kV 牵引侧的有名值

归算到牵引变电所进线电源侧的系统阻抗，通常由电业部门提供为基准容量 $S_d = 100$ MVA 时的标幺值 X_{*S}，可按下式换算为 27.5 kV 侧的有名值

$$X_S = X_{*S} \cdot \frac{U_d^2}{S_d} \quad (\Omega) \qquad (9.2)$$

图 9.5 三相 YNd11 联结牵引变电所牵引侧负序电压计算的等效电路

式中，$U_d = 27.5$ kV，$S_d = 100$ MVA。

（2）确定三相 YNd11 联结牵引变压器阻抗值

将该变压器阻抗看成 Y 联结阻抗，并换算成 27.5 kV 侧的有名值。由于三相 YNd11 联结变压器短路阻抗的给定值一般就是 Y 联结阻抗值，所以只需要进行有名值的变换。电阻值 R_T 可忽略，电抗有名值 X_T 按式（4.16）计算。两台并联运行时，X_T 取并联值。

（3）确定牵引负荷电流的负序分量

详见第六章第一节的分析，由图 1.13、图 1.14 和式（6.18），可得牵引负荷电流的负序分量绝对值为

$$I_2 = \frac{1}{\sqrt{3}} \cdot \sqrt{I'^2 + I''^2 - I'I''} \quad （A） \tag{9.3}$$

式中，I'，I'' 分别为两供电臂的牵引负荷电流（A）。

（4）计算牵引侧的负序电压

牵引侧的负序电压 U_2 可按下式计算

$$U_2 = \sqrt{3}\, I_2 (X_S + X_T) \quad （V） \tag{9.4}$$

将 U_2 代入式（6.9），即可得牵引侧的电压不对称系数 K_U。

另外，为了用式（6.9）计算牵引侧的电压不对称系数，其中的正序电压（绝对值）要按下式计算

$$U_1 = U_N - \sqrt{3}\, I_1 (X_S + X_T) \quad （V） \tag{9.5}$$

式中，I_1 为牵引负荷电流的正序分量（绝对值），详见第六章第一节的分析，由图 1.13、图 1.14 和式（6.18）可知

$$I_1 = \frac{1}{\sqrt{3}} (I' + I'') \quad （A） \tag{9.6}$$

例 1 已知某牵引变电所安装两台三相 YNd11 联结牵引变压器，每台额定容量为 25 000 kVA、额定电压为 110/27.5 kV、短路电压百分值为 10.5%，一台运行；两供电臂牵引负荷电流分别为 257 A，155 A；归算到 110 kV 侧的系统阻抗标幺值为 0.205 4。计算 27.5 kV 牵引侧的负序电压与电压不对称系数。

解 电力系统阻抗换算成 27.5 kV 牵引侧的有名值，按式（9.2）计算

$$X_S = X_{*S} \cdot \frac{U_d^2}{S_d} = 0.205\,4 \times \frac{27.5^2}{100} = 1.55 \quad （\Omega）$$

牵引变压器阻抗有名值，按式（4.16）计算

$$X_T = \frac{U_k\%}{100} \cdot \frac{U_N^2}{S_N} = \frac{10.5}{100} \times \frac{27.5^2 \times 10^3}{25\,000} = 3.18 \quad （\Omega）$$

负序电流绝对值，按式（9.3）计算

$$I_2 = \frac{1}{\sqrt{3}} \cdot \sqrt{I'^2 + I''^2 - I'I''} = \frac{1}{\sqrt{3}} \cdot \sqrt{257^2 + 155^2 - 257 \times 155} = 129 \quad （A）$$

牵引侧的负序电压，按式（9.4）计算

$$U_2 = \sqrt{3}\, I_2 (X_S + X_T) = \sqrt{3} \times 129 \times (1.55 + 3.18) = 1\,057 \quad （V）$$

牵引侧的电压不对称系数，按式（6.9）计算

$$K_U = \frac{U_2}{U_1} \cdot 100\% = \frac{1\ 057}{25\ 550} \times 100\% = 4.1\%$$

上式中，U_1 按式（9.5）计算，即 $U_1 = 27\ 500 - \sqrt{3} \times 238 \times (1.55 + 3.18) = 25\ 550$（V）。其中，$I_1$ 按式（9.6）计算，即 $I_1 = (257 + 155)/\sqrt{3} = 238$（A）。

2. Vv 联结牵引变电所牵引侧负序电压计算

Vv 联结、顶点接于 A 相的两台单相牵引变压器，与电力系统联系的等效电路如图 9.6 所示。图中，X_T 分别为接于 BA 相间、CA 相间的单相牵引变压器的阻抗；E，X_S 的含义与图 9.5 相同。

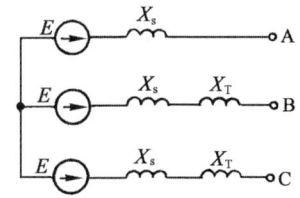

图 9.6 Vv 联结牵引变电所牵引侧负序电压计算的等效电路

Vv 联结牵引变电所牵引侧负序电压计算的步骤与方法，跟三相 YNd11 联结牵引变电所比较而言，系统阻抗 X_S 有名值的计算完全相同；牵引负荷电流的负序分量与正序分量绝对值的计算公式也无区别，从图 1.10（a），（b）和式（6.15）不难看出；牵引侧的负序电压、正序电压与电压不对称系数的计算公式都一致。需要稍微说明的是牵引变压器阻抗的计算。

单相牵引变压器的电阻 R_T 也可忽略，电抗有名值 X_T 用式（4.10）计算。两台单相牵引变压器作 Vv 联结运行，因此 X_T 只需要计算单台值，而不能取并联值。

例 2 在前面的例题中，换成某牵引变电所安装两台额定容量均为 15 000 kVA 的单相牵引变压器作 Vv 联结运行，其余已知条件不变。计算 27.5 kV 牵引侧的负序电压与电压不对称系数。

解 单相牵引变压器电抗有名值 X_T 按式（4.10）计算

$$X_T = \frac{U_k\%}{100} \cdot \frac{U_N^2}{S_N} = \frac{10.5}{100} \times \frac{27.5^2 \times 10^3}{15\ 000} = 5.29 \quad (\Omega)$$

系统阻抗有名值 X_S、牵引负荷电流的负序分量 I_2 与正序分量 I_1（绝对值）同前。

牵引侧的负序电压 U_2、正序电压 U_1 与电压不对称系数 K_U 分别按式（9.4）、式（9.5）与式（6.9）计算

$$U_2 = \sqrt{3}\ I_2(X_S + X_T) = \sqrt{3} \times 129 \times (1.55 + 5.29) = 1\ 528 \quad (V)$$

$$U_1 = U_N - \sqrt{3}\ I_1(X_S + X_T) = 27\ 500 - \sqrt{3} \times 238 \times (1.55 + 5.29) = 24\ 680 \quad (V)$$

$$K_U = \frac{U_2}{U_1} \cdot 100\% = \frac{1\ 528}{24\ 680} \times 100\% = 6.2\%$$

上述分析对三相 Vv 联结牵引变压器也是适用的。

通常的情况是，牵引负荷电流愈大，接近或超过牵引变压器容量时，负序电压现象愈严重。牵引变压器牵引负载较轻时，负序电压一般可予忽略。牵引变电所两供电臂牵引负载不平衡的情形，对负序电压存在量的影响相对较小。无论是 Vv 联结牵引变电所，还是三相 YNd11 联结牵引变电所，情况都是这样。

二、10 kV 配电装置中的三次谐波电压

10 kV 配电装置中的三次谐波电压主要表现在 10 kV 电压互感器柜上。所以先将 10 kV 电压互感器柜的设备简单介绍一下。在牵引变电所设置 10 kV 配电装置的情况下，10 kV 配电室内都安装三台 10 kV 单相电压互感器，联结方式为 YNyn△，接线图如图 9.7 所示。每台单相电压互感器电压为 $[10(kV)/\sqrt{3}]/[0.1(kV)/\sqrt{3}]/[0.1(kV)]$。图中，左边为引自动力变压器二次侧的 10 kV 母线，TV 表示电压互感器，QS 表示隔离开关。通常，电压互感器柜上安装四块电压表，其中三块测量相电压（见图 9.7），另一块通过转换开关测量线电压（图 9.7 中未画）。电压互感器辅助绕组 a_D，x_D 端开口处接有电压继电器，作为 10 kV 电力线路对地绝缘监视之用。当 10 kV 电力线路发生一相接地故障时，电压继电器动作，给出信号。由于 10 kV 系统是中性点不接地系统，所以一相接地时，允许继续运行。这时，应根据电压表的指示判定故障相，进一步找出故障点，并及时消除故障。发生一相接地故障的特征是：接地相电压表指示为零，正常的两相电压表指示上升到线电压。

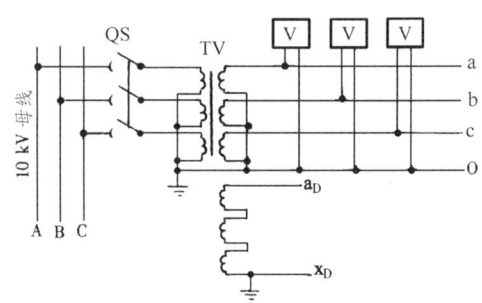

图 9.7　10 kV 电压互感器柜的设备

10 kV 配电装置中的三次谐波电压产生的原因，主要是由于动力变压器空载，或 10 kV 电压互感器一次（YN）侧中性点接地不良。根据电机学原理，要产生正弦波的主磁通，励磁电流必须呈尖顶波，即含有足够大的三次谐波电流。如果励磁电流中的三次谐波分量不能流通，则磁通波将为平顶波，也就是说，在磁通波中将有谐波分量存在。如果在磁通波中有谐波分量，则由它所感应的电势也必然有谐波分量。动力变压器 10 kV 侧一般是三角形联结，中性点不接地。引自动力变压器二次侧的 10 kV 母线对地电容很小，容抗很大。所以，在动力变压器空载时，联结方式为 YNyn△ 的电压互感器励磁电流中的三次谐波分量不易流通，因而在二次侧相电压中出现三次谐波电压。电压互感器二次绕组接入对称的三相负载，似乎也能提供三次谐波励磁电流通道。但是，通常这种负载是相电压表和有功电能表电压回路，电阻很大。例如，配电盘用的 1.5 级电压表电阻一般为 2 000 Ω 以上。这个数值归算到电压互感器一次侧，即为 $2\,000\,n_v^2$ (Ω)，其中，n_v 表示电压互感器电压比，$n_v = 100$。故 $2\,000\,n_v^2 = 20 \times 10^6$ (Ω)，即 20 MΩ。考虑电压表与有功电能表电压回路并联，它们的并联电阻仍为几兆欧以上，相当于在电压互感器一次绕组电路中提供阻抗达几兆欧以上的三次谐波励磁电流通道。对于三次谐波励磁电流，相当于开路。所以，电压互感器二次绕组接入这种负载作为三次谐波励磁电流通道，对降低三次谐波电压效果极小。如果电压互感器一次侧中性点接地不良，即使动力变压器带上负载，即 10 kV 电力线路投入运行，电压互感器必需的三次谐波励磁电流还是不易流通，因而在二次侧相电压中仍然出现三次谐波电压。

10 kV 配电装置中，由于上述原因，而在电压互感器二次侧三相的相电压中出现的三次谐波电压同相位，所以在辅助绕组开口处，三次谐波电压为三相之和，数值很大，以致电压继电器动作，发出信号，有时引起变电运行人员的困惑。除此以外，三次谐波电压还影响 10 kV 电压表读数。牵引变电所 10 kV 配电装置的三块相电压表经常有不同的读数，表现为两相电压高，一相电压低。这是正常现象。电压不对称情形，主要来源是 27.5 kV 母线。由于动力

变压器一次侧 27.5 kV 电压不对称，因而二次侧 10 kV 电压也不对称，这将造成 10 kV 电压互感器一次侧相电压不相等。相电压高的电压互感器铁芯可能饱和，所以在它的二次侧可能出现较高的三次谐波电压。相电压表的指示值是电压的有效值，包括基波电压和三次谐波电压。因此，三相相电压表指示值的不平衡程度，要比实际 10 kV 电压严重。

通过上述分析，减少 10 kV 配电装置中三次谐波电压影响的措施已经一目了然。即首先要检查核实，确保 10 kV 电压互感器一次绕组中性点接地牢固可靠，接触良好。再就是投入 10 kV 电力线路后，即可大大改善。因为这时电力线路三相导线的对地电容将提供三次谐波励磁电流通道，使三次谐波励磁电流在电压互感器一次绕组、10 kV 母线和电力线路、三相导线的对地电容、大地、中性点接地线、一次绕组构成的回路中循环。电力线路每相对地容抗对于三次谐波可近似地按下式计算

$$\text{架空线} \quad X_{C(3)} = \frac{350}{\sqrt{3}\,l} \quad (\Omega) \tag{9.7}$$

$$\text{电缆线} \quad X_{C(3)} = \frac{10}{\sqrt{3}\,l} \quad (\Omega) \tag{9.8}$$

式中，l 代表电力线路长度（km）。电力线路越长，电容越大，对地容抗越小。等长的电力线路，电缆线的容抗又只有架空线的 1/35。例如架空线，全长 $l=2$ km，于是每相对地三次谐波容抗为

$$X_{C(3)} = \frac{350}{\sqrt{3}\times 2} = 101 \quad (\Omega)$$

电压互感器一次绕组的漏抗数值以 kΩ 计，所以电力线路每相对地三次谐波容抗 $X_{C(3)}$ 的数值相对很小。因此，电力线路投入运行后，电压互感器励磁电流中必须含有的三次谐波电流可以流通，三次谐波电压将显著降低。

至于上面提到的因铁芯饱和而出现三次谐波电压是一种自然现象。只有当三次谐波励磁电流通道阻抗为零时，才能完全消除主磁通波的三次谐波磁通，从而消除相电压中的三次谐波电压。所以即使是 10 kV 电力线路投入后，仍将有小量残余的三次谐波电压存在，将在电压互感器辅助绕组 ∠ 联结开口处表现出来。如果电压互感器一次绕组中性点接地良好，10 kV 电力线路又足够长，那么当电力线路投入后，残余的开口电压可降低到整定值 12 V 以下。

附录 A 矩阵、概率与双曲函数

一、矩 阵

1. n 阶行列式

二阶行列式和三阶行列式分别定义为

$$\begin{vmatrix} a_{11} & a_{12} \\ a_{21} & a_{22} \end{vmatrix} = a_{11}a_{22} - a_{12}a_{21}$$

$$\begin{vmatrix} a_{11} & a_{12} & a_{13} \\ a_{21} & a_{22} & a_{23} \\ a_{31} & a_{32} & a_{33} \end{vmatrix} = a_{11}a_{22}a_{33} + a_{12}a_{23}a_{31} + a_{13}a_{21}a_{32} - a_{11}a_{23}a_{32} - a_{12}a_{21}a_{33} - a_{13}a_{22}a_{31}$$

因此，假定有 n^2 个数排列成 n 行、n 列的表

$$\begin{matrix} a_{11} & a_{12} & \cdots & a_{1n} \\ a_{21} & a_{22} & \cdots & a_{2n} \\ \vdots & \vdots & & \vdots \\ a_{n1} & a_{n2} & \cdots & a_{nn} \end{matrix}$$

作出表中所有位于不同行不同列的 n 个数的乘积，并置以符号 $(-1)^t$，得到形如

$$(-1)^t a_{1p_1} a_{2p_2} \cdots a_{np_n}$$

的项，其中 $p_1, p_2, \cdots, p_n$ 为自然数 $1, 2, \cdots, n$ 的一个排列，t 为这个排列的逆序数。由于这样的排列共有 $n!$ 个，因而形如上式的项共有 $n!$ 项。所有这 $n!$ 项的代数和为

$$\sum (-1)^t a_{1p_1} a_{2p_2} \cdots a_{np_n} \tag{A.1}$$

称为 n 阶行列式，记为

$$\boldsymbol{D} = \begin{vmatrix} a_{11} & a_{12} & \cdots & a_{1n} \\ a_{21} & a_{22} & \cdots & a_{2n} \\ \vdots & \vdots & & \vdots \\ a_{n1} & a_{n2} & \cdots & a_{nn} \end{vmatrix}$$

a_{ij}（$i = 1, 2, \cdots, n$；$j = 1, 2, \cdots, n$）称为行列式的元素。

n 阶行列式具有类似于二阶、三阶行列式的性质：

- 性质 1　行列式 D 与它的转置行列式 D' 相等

$$D = D' \tag{A.2}$$

其中 D' 是将 D 中的行依次换成同序号的列所得的行列式，即

$$D' = \begin{vmatrix} a_{11} & a_{21} & \cdots & a_{n1} \\ a_{12} & a_{22} & \cdots & a_{n2} \\ \vdots & \vdots & & \vdots \\ a_{1n} & a_{2n} & \cdots & a_{nn} \end{vmatrix}$$

可见，行列式的性质凡是对行成立的，对列也同样成立；反之亦然。

- 性质 2　互换行列式的两行（列），行列式的值变号。

因此，如果行列式有两行（列）完全相同，那么这行列式等于零。

- 性质 3　行列式的某一行（列）中所有的元素乘以同一数 k，等于用数 k 去乘这个行列式。

因此，行列式中某一行（列）的所有元素的公因子可以提到行列式符号的外面。

- 性质 4　行列式中如果有两行（列）元素成比例，那么这个行列式等于零。
- 性质 5　如果行列式的某一列（行）的元素都是两数之和

$$D = \begin{vmatrix} a_{11} & a_{12} & \cdots & (a_{1j} + a'_{1j}) & \cdots & a_{1n} \\ a_{21} & a_{22} & \cdots & (a_{2j} + a'_{2j}) & \cdots & a_{2n} \\ \vdots & \vdots & & \vdots & & \vdots \\ a_{n1} & a_{n2} & \cdots & (a_{nj} + a'_{nj}) & \cdots & a_{nn} \end{vmatrix}$$

则 D 等于下列两行列式之和

$$D = \begin{vmatrix} a_{11} & a_{12} & \cdots & a_{1j} & \cdots & a_{1n} \\ a_{21} & a_{22} & \cdots & a_{2j} & \cdots & a_{2n} \\ \vdots & \vdots & & \vdots & & \vdots \\ a_{n1} & a_{n2} & \cdots & a_{nj} & \cdots & a_{nn} \end{vmatrix} + \begin{vmatrix} a_{11} & a_{12} & \cdots & a'_{1j} & \cdots & a_{1n} \\ a_{21} & a_{22} & \cdots & a'_{2j} & \cdots & a_{2n} \\ \vdots & \vdots & & \vdots & & \vdots \\ a_{n1} & a_{n2} & \cdots & a'_{nj} & \cdots & a_{nn} \end{vmatrix}$$

- 性质 6　把行列式的某一行（列）的各元素乘上同一常数加到另一行（列）对应的元素上去，行列式的值不变。

在行列式

$$D = \begin{vmatrix} a_{11} & a_{12} & \cdots & a_{1j} & \cdots & a_{1n} \\ a_{21} & a_{22} & \cdots & a_{2j} & \cdots & a_{2n} \\ \vdots & \vdots & & \vdots & & \vdots \\ a_{i1} & a_{i2} & \cdots & a_{ij} & \cdots & a_{in} \\ a_{n1} & a_{n2} & \cdots & a_{nj} & \cdots & a_{nn} \end{vmatrix}$$

中把元素 a_{ij} 所在的第 i 行和第 j 列划去后，余下的 $n-1$ 阶行列式叫作 a_{ij} 的余子式，记为 M_{ij}；M_{ij} 前添置符号 $(-1)^{i+j}$，称为元素 a_{ij} 的代数余子式，记为 A_{ij}，即

$$A_{ij} = (-1)^{i+j} M_{ij}$$

行列式按行（列）展开定理：行列式等于它的任意一行（列）的各元素与其对应的代数余子式乘积之和，即

$$D = a_{i1}A_{i1} + a_{i2}A_{i2} + \cdots + a_{in}A_{in} \qquad (i = 1, 2, \cdots, n) \tag{A.3}$$

或
$$D = a_{1j}A_{1j} + a_{2j}A_{2j} + \cdots + a_{nj}A_{nj} \qquad (j = 1, 2, \cdots, n) \tag{A.3$'$}$$

利用这一定理并结合行列式的性质，可以简化行列式的计算。

2. 矩阵及其运算

（1）线性变换与矩阵的概念

在许多问题中，会遇到一些变量要用另外一些变量线性地表示。设变量 y_1，y_2，$\cdots$，y_m 可用变量 x_1，x_2，$\cdots$，x_n 线性地表示，即

$$\begin{cases} y_1 = a_{11}x_1 + a_{12}x_2 + \cdots + a_{1n}x_n \\ y_2 = a_{21}x_1 + a_{22}x_2 + \cdots + a_{2n}x_n \\ \quad\vdots \\ y_m = a_{m1}x_1 + a_{m2}x_2 + \cdots + a_{mn}x_n \end{cases}$$

其中，a_{ij}（$i = 1, 2, \cdots, m$；$j = 1, 2, \cdots, n$）为常数。这种从变量 x_1，x_2，$\cdots$，x_n 到变量 y_1，y_2，$\cdots$，y_m 的变换叫作线性变换。

上述线性变换中的系数可以排成 m 行 n 列的数表

$$\begin{pmatrix} a_{11} & a_{12} & \cdots & a_{1n} \\ a_{21} & a_{22} & \cdots & a_{2n} \\ \vdots & \vdots & & \vdots \\ a_{m1} & a_{m2} & \cdots & a_{mn} \end{pmatrix}$$

这种数表就叫作矩阵。

定义：由 $m \times n$ 个数 a_{ij}（$i = 1, 2, \cdots, m$；$j = 1, 2, \cdots, n$）排成 m 行 n 列的数表

$$\boldsymbol{A} = \begin{pmatrix} a_{11} & a_{12} & \cdots & a_{1n} \\ a_{21} & a_{22} & \cdots & a_{2n} \\ \vdots & \vdots & & \vdots \\ a_{m1} & a_{m2} & \cdots & a_{mn} \end{pmatrix}$$

叫作（m，n）矩阵。a_{ij} 叫作矩阵 $\boldsymbol{A}$ 的元素。当 $m = n$ 时，$\boldsymbol{A}$ 称为 n 阶方阵。矩阵 $\boldsymbol{A}$ 也可简记为

$$\boldsymbol{A} = (a_{ij})_{m \times n} \text{ 或 } \boldsymbol{A} = (a_{ij})$$

只有一行的矩阵

$$\boldsymbol{A} = \begin{pmatrix} a_1 & a_2 & \cdots & a_n \end{pmatrix}$$

叫作行矩阵；只有一列的矩阵

$$A = \begin{pmatrix} b_1 \\ b_2 \\ \vdots \\ b_m \end{pmatrix}$$

叫作列矩阵。

n 阶单位阵

$$I = \begin{pmatrix} 1 & 0 & \cdots & 0 \\ 0 & 1 & \cdots & 0 \\ \vdots & \vdots & & \vdots \\ 0 & 0 & \cdots & 1 \end{pmatrix}$$

注意：方阵与行列式是两个不同的概念，n 阶方阵是 n^2 个数按一定方式排成的数表，而 n 阶行列式则是这些数按一定的运算规则所确定的一个数。通常把由方阵 A 的元素所构成的行列式记为 $|A|$。

如果 $A = (a_{ij})$ 与 $B = (b_{ij})$ 都是（m，n）矩阵，并且它们的对应元素都相等，即

$$a_{ij} = b_{ij} \quad (i = 1, 2, \cdots, m; j = 1, 2, \cdots, n)$$

则矩阵 A 与矩阵 B 相等，记为

$$A = B$$

把矩阵 A 的行换成同序号的列所得到的矩阵，叫作 A 的转置矩阵，记为 A'。显然，对任何矩阵有

$$(A')' = A \tag{A.4}$$

如果给定了线性变换，它的系数所构成的矩阵（称为系数矩阵）也就确定了。反之，如果给出一个矩阵作为线性变换的系数矩阵，则线性变换也就确定了。线性变换和矩阵之间存在着一一对应关系，因此可以利用矩阵来研究线性变换。

（2）矩阵的运算

① 矩阵的加减。

设有两个（m，n）矩阵 $A = (a_{ij})$，$B = (b_{ij})$，定义矩阵 A 与 B 的和（差）为

$$A \pm B = \begin{pmatrix} a_{11} & a_{12} & \cdots & a_{1n} \\ a_{21} & a_{22} & \cdots & a_{2n} \\ \vdots & \vdots & & \vdots \\ a_{m1} & a_{m2} & \cdots & a_{mn} \end{pmatrix} \pm \begin{pmatrix} b_{11} & b_{12} & \cdots & b_{1n} \\ b_{21} & b_{22} & \cdots & b_{2n} \\ \vdots & \vdots & & \vdots \\ b_{m1} & b_{m2} & \cdots & b_{mn} \end{pmatrix}$$

$$= \begin{pmatrix} a_{11} \pm b_{11} & a_{12} \pm b_{12} & \cdots & a_{1n} \pm b_{1n} \\ a_{21} \pm b_{21} & a_{22} \pm b_{22} & \cdots & a_{2n} \pm b_{2n} \\ \vdots & \vdots & & \vdots \\ a_{m1} \pm b_{m1} & a_{m2} \pm b_{m2} & \cdots & a_{mn} \pm b_{mn} \end{pmatrix}$$

注意：只有当两个矩阵的行数相同、列数相同时，才能进行加减运算。

设 $A = (a_{ij})$，$B = (b_{ij})$，$C = (c_{ij})$ 都是（m，n）矩阵，则有下列运算规律

$$A + B = B + A \tag{A.5}$$

$$(A+B)+C = A+(B+C) \tag{A.6}$$

$$(A+B)' = A' + B' \tag{A.7}$$

② 数与矩阵相乘。

数 k 与矩阵 $A = (a_{ij})$ 的乘积定义为

$$kA = Ak = \begin{pmatrix} ka_{11} & ka_{12} & \cdots & ka_{1n} \\ ka_{21} & ka_{22} & \cdots & ka_{2n} \\ \vdots & \vdots & & \vdots \\ ka_{m1} & ka_{m2} & \cdots & ka_{mn} \end{pmatrix}$$

设 $A = (a_{ij})$，$B = (b_{ij})$ 都是 (m, n) 矩阵，k，h 为任意的常数，则有下列运算规律

$$k(A+B) = kA + kB \tag{A.8}$$

$$(k+h)A = kA + hA \tag{A.9}$$

$$(kh)A = k(hA) \tag{A.10}$$

$$(kA)' = kA' \tag{A.11}$$

③ 矩阵与矩阵相乘。

设 $A = (a_{ij})$ 是一个 (m, s) 矩阵，$B = (b_{ij})$ 是一个 (s, n) 矩阵，则矩阵 A 与矩阵 B 的乘积是一个 (m, n) 矩阵 $C = (c_{ij})$，其中

$$c_{ij} = a_{i1}b_{1j} + a_{i2}b_{2j} + \cdots + a_{is}b_{sj} = \sum_{k=1}^{s} a_{ik}b_{kj}$$

$$(i = 1, 2, \cdots, m; j = 1, 2, \cdots, n) \tag{A.12}$$

记为

$$C = AB$$

注意：只有当第一个矩阵（左矩阵）的列数等于第二个矩阵（右矩阵）的行数时，两个矩阵才能相乘。显然在一般情况下，$AB \neq BA$。

矩阵的乘法满足下列运算规律（假设运算都是可行的）

$$(AB)C = A(BC) \tag{A.13}$$

$$A(B+C) = AB + AC \tag{A.14}$$

$$(B+C)A = BA + CA \tag{A.14'}$$

$$k(AB) = (kA)B = A(kB) \tag{A.15}$$

$$(AB)' = B'A' \tag{A.16}$$

3. 逆阵及其求法

（1）逆阵的概念

定义了矩阵的乘法运算，对于线性方程组

$$\begin{cases} a_{11}x_1 + a_{12}x_2 + \cdots + a_{1n}x_n = b_1 \\ a_{21}x_1 + a_{22}x_2 + \cdots + a_{2n}x_n = b_2 \\ \vdots \\ a_{n1}x_1 + a_{n2}x_2 + \cdots + a_{nn}x_n = b_n \end{cases}$$

如果令 $\boldsymbol{A} = \begin{pmatrix} a_{11} & a_{12} & \cdots & a_{1n} \\ a_{21} & a_{22} & \cdots & a_{2n} \\ \vdots & \vdots & & \vdots \\ a_{n1} & a_{n2} & \cdots & a_{nn} \end{pmatrix}$, $\boldsymbol{X} = \begin{pmatrix} x_1 \\ x_2 \\ \vdots \\ x_n \end{pmatrix}$, $\boldsymbol{B} = \begin{pmatrix} b_1 \\ b_2 \\ \vdots \\ b_n \end{pmatrix}$

则上述方程组可简写成

$$\boldsymbol{AX} = \boldsymbol{B}$$

则 $$\boldsymbol{X} = \boldsymbol{A}^{-1}\boldsymbol{B}$$

定义：对于 n 阶方阵 $\boldsymbol{A}$，如果存在一个 n 阶方阵 $\boldsymbol{C}$，使得

$$\boldsymbol{AC} = \boldsymbol{CA} = \boldsymbol{I}$$

$\boldsymbol{I}$ 表示 n 阶单位阵，则方阵 $\boldsymbol{C}$ 称为方阵 $\boldsymbol{A}$ 的逆阵，记为 $\boldsymbol{A}^{-1}$，即

$$\boldsymbol{AA}^{-1} = \boldsymbol{A}^{-1}\boldsymbol{A} = \boldsymbol{I}$$

这时，$\boldsymbol{A}$ 叫作可逆方阵。

显然，如果 $\boldsymbol{A}$ 的逆阵存在，则它的逆阵 $\boldsymbol{A}^{-1}$ 只有一个，并且

$$(\boldsymbol{A}^{-1})^{-1} = \boldsymbol{A} \tag{A.17}$$

逆阵的性质：

- 性质 1　$(\boldsymbol{A}^{-1})' = (\boldsymbol{A}')^{-1}$，其中 $\boldsymbol{A}$ 为可逆方阵。
- 性质 2　$(\boldsymbol{AB})^{-1} = \boldsymbol{B}^{-1}\boldsymbol{A}^{-1}$，其中 $\boldsymbol{A}$，$\boldsymbol{B}$ 是阶数相同的可逆方阵。

（2）逆阵的求法

- **定理 1**：若方阵 $\boldsymbol{A}$ 可逆，则 $|\boldsymbol{A}| \neq 0$。
- **定理 2**：若 $|\boldsymbol{A}| \neq 0$，则方阵 $\boldsymbol{A}$ 可逆，且

$$\boldsymbol{A}^{-1} = \frac{1}{|\boldsymbol{A}|}\boldsymbol{A}^* \tag{A.18}$$

其中，$\boldsymbol{A}^*$ 称为方阵 $\boldsymbol{A}$ 的伴随方阵，它是把行列式 $|\boldsymbol{A}|$ 中各元素 a_{ij} 换成它的代数余子式 A_{ij} 后所得的方阵的转置阵

$$\boldsymbol{A}^* = \begin{pmatrix} A_{11} & A_{21} & \cdots & A_{n1} \\ A_{12} & A_{22} & \cdots & A_{n2} \\ \vdots & \vdots & & \vdots \\ A_{1n} & A_{2n} & \cdots & A_{nn} \end{pmatrix}$$

例1 解线性方程组

$$\begin{cases} x_1 - 2x_2 + x_4 = 7 \\ 2x_1 + 3x_2 - x_3 = -3 \\ x_2 + x_3 + 4x_4 = 3 \\ -x_1 - 4x_3 + 2x_4 = -4 \end{cases}$$

解 这个方程组可以写成矩阵形式

$$AX = B$$

其中

$$A = \begin{pmatrix} 1 & -2 & 0 & 1 \\ 2 & 3 & -1 & 0 \\ 0 & 1 & 1 & 4 \\ -1 & 0 & -4 & 2 \end{pmatrix}, \quad X = \begin{pmatrix} x_1 \\ x_2 \\ x_3 \\ x_4 \end{pmatrix}, \quad B = \begin{pmatrix} 7 \\ -3 \\ 3 \\ -4 \end{pmatrix}$$

行列式 $|A|$ 的值

$$|A| = \begin{vmatrix} 1 & -2 & 0 & 1 \\ 2 & 3 & -1 & 0 \\ 0 & 1 & 1 & 4 \\ -1 & 0 & -4 & 2 \end{vmatrix} = 148 \neq 0$$

因此 A^{-1} 存在

$$A^{-1} = \frac{1}{|A|} A^* = \frac{1}{148} \begin{pmatrix} 56 & 40 & -8 & -12 \\ -40 & 19 & 11 & -2 \\ -8 & -11 & 17 & -30 \\ 12 & -2 & 30 & 8 \end{pmatrix}$$

所以

$$X = A^{-1} B = \frac{1}{148} \begin{pmatrix} 56 & 40 & -8 & -12 \\ -40 & 19 & 11 & -2 \\ -8 & -11 & 17 & -30 \\ 12 & -2 & 30 & 8 \end{pmatrix} \begin{pmatrix} 7 \\ -3 \\ 3 \\ -4 \end{pmatrix} = \begin{pmatrix} 2 \\ -2 \\ 1 \\ 1 \end{pmatrix}$$

即这个方程组的解为

$$x_1 = 2, \quad x_2 = -2, \quad x_3 = 1, \quad x_4 = 1$$

二、概 率

1. 随机事件和概率

在科学研究和工程技术中,时常要在相同条件下重复进行很多次试验,但尽管试验是在相同条件下进行的,各次试验结果却不一定相同,这样的试验称为随机试验。在随机试验中,可能出现、也可能不出现的事情叫作随机事件(也称或然事件)。在每次试验中必然出现的事情叫作必然事件,必然不出现的事情叫作不可能事件。必然事件和不可能事件是随机事件的两个特例。

随机事件虽有偶然性的一面,但在大量重复试验中仍有一定的规律性,它出现的可能性大小是可以度量的。随机事件的概率就是用来描述随机事件出现的可能性大小的一个概念。设 m 是在 n 次试验中事件 A 出现的次数,那么当 n 值很大时,事件 A 出现的概率 $P(A)$ 为

$$P(A) = \frac{m}{n} \tag{A.19}$$

$P(A)$ 的范围从 0 到 1,即 $0 \leq P(A) \leq 1$。如果 $P(A) = 0$,说明事件 A 无论何时都不会出现,即 A 是不可能事件;如果 $P(A) = 1$,则说明事件 A 一定出现,即 A 是必然事件;如果 $0 < P(A) < 1$,则说明事件 A 可能出现,也可能不出现,即 A 是随机事件(或然事件)。显然,$P(A)$ 的值越大,事件 A 就越容易出现。另外,既然事件 A 出现的概率是 $P(A)$,那么事件 A 不出现的概率就是 $1 - P(A)$。

例 2 某区间列车运行情况经常变化。已知区间平均每日通过列车 30 对,一列上行车在区间中的用电运行时间 t_u 为 10 min,一列下行车在区间中的用电运行时间 t'_u 为 12 min。

求:该区间中平均每日上行列车用电运行(事件 A)的概率和下行列车用电运行(事件 B)的概率。

解 区间中平均每日通过列车对数 $N = 30$,区间中同时只许通过一列车。因此在一天中,上行列车的用电运行时间为 Nt_u,下行列车的用电运行时间为 Nt'_u,而一天的总时间为 T;则区间中平均每日出现上行列车用电运行的概率为

$$P(A) = \frac{Nt_u}{T} = \frac{30 \times 10}{24 \times 60} = \frac{5}{24} = 0.208$$

区间中平均每日出现下行列车用电运行的概率为

$$P(B) = \frac{Nt'_u}{T} = \frac{30 \times 12}{24 \times 60} = \frac{1}{4} = 0.25$$

2. 事件间的关系和运算

由随机事件 A 与 B 任意出现其一所构成的事件,称为 A,B 的事件和,记为 $A + B$。由随机事件 A 与 B 同时出现所构成的事件,称为 A,B 的事件积,记为 AB。

事件 A 不出现的事件称为事件 A 的反事件,记为 $\overline{A}$。同样,事件 B 的反事件为 $\overline{B}$。

如果事件 A 和 B 可能同时出现,则 A 和 B 叫作相容事件。反之,如果 A 和 B 不可能同时出现,则 A 和 B 叫作不相容事件。

显然

$$\left.\begin{array}{l}A+B=B+A\\AB=BA\\A+\overline{A}=1\\A\overline{A}=0\end{array}\right\} \quad \text{(A.20)}$$

3. 概率的基本法则

（1）加法定理

概率的加法定理就是事件和的概率。对于相容事件

$$P(A+B)=P(A)+P(B)-P(AB) \quad \text{(A.21)}$$

对于不相容事件

$$P(A+B)=P(A)+P(B) \quad \text{(A.22)}$$

显然，

$$P(A+\overline{A})=P(A)+P(\overline{A})=1 \quad \text{(A.23)}$$
$$P(\overline{A})=1-P(A) \quad \text{(A.24)}$$

例 3 由［例 2］所得结果 $P(A)=5/24$，$P(B)=1/4$。

求：单线区间中

① 不出现上行列车用电运行的概率 $P(\overline{A})$；

② 不出现下行列车用电运行的概率 $P(\overline{B})$；

③ 出现上行列车或下行列车用电运行的概率 $P(A+B)$；

④ 不出现上行列车或下行列车用电运行的概率 $P(\overline{A+B})$。

解 对于单线区间，显然 A，B 是不相容事件，故

① $P(\overline{A})=1-P(A)=1-\dfrac{5}{24}=\dfrac{19}{24}=0.792$

② $P(\overline{B})=1-P(B)=1-\dfrac{1}{4}=\dfrac{3}{4}=0.75$

③ $P(A+B)=P(A)+P(B)=\dfrac{5}{24}+\dfrac{1}{4}=\dfrac{11}{24}=0.458$

④ $P(\overline{A+B})=1-P(A+B)=1-\dfrac{11}{24}=\dfrac{13}{24}=0.542$

（2）乘法定理

概率的乘法定理就是事件积的概率。

如果事件 A 的出现不影响事件 B 的概率，事件 B 的出现也不影响事件 A 的概率，这时 A 和 B 叫作独立事件。否则，称非独立事件，或相关事件。对于独立事件，有

$$P(AB)=P(A)P(B) \quad \text{(A.25)}$$

例 4 利用［例 2］所得结果。

求：双线区间中

① 仅有上行列车用电运行的概率 $P(A\bar{B})$；
② 仅有下行列车用电运行的概率 $P(\bar{A}B)$；
③ 同时有上行列车和下行列车用电运行的概率 $P(AB)$；
④ 同时无上行列车和下行列车用电运行的概率 $P(\bar{A}\,\bar{B})$；
⑤ 有上行列车或下行列车用电运行的概率 $P(A+B)$。

解 由于双线区间某一方向有车运行并不影响另一方向有车运行，因此，双线区间各种运行情况的概率，可以按独立事件求解。

① $P(A\bar{B}) = P(A)P(\bar{B}) = \dfrac{5}{24} \times \dfrac{3}{4} = \dfrac{5}{32} = 0.156$

② $P(\bar{A}B) = P(\bar{A})P(B) = \dfrac{19}{24} \times \dfrac{1}{4} = \dfrac{19}{96} = 0.198$

③ $P(AB) = P(A)P(B) = \dfrac{5}{24} \times \dfrac{1}{4} = \dfrac{5}{96} = 0.052$

④ $P(\bar{A}\,\bar{B}) = P(\bar{A})P(\bar{B}) = \dfrac{19}{24} \times \dfrac{3}{4} = \dfrac{19}{32} = 0.594$

⑤ $P(A+B) = P(A) + P(B) - P(AB)$

$\qquad = \dfrac{5}{24} + \dfrac{1}{4} - \dfrac{5}{96} = \dfrac{13}{32} = 0.406$

4. 重复独立试验

实际中常用到这样的试验：做 n 次试验，它们是完全相同的一个试验的重复，且它们是相互独立的，即相应于每一次试验的随机事件的概率都不依赖于其他各次试验的结果，称这类试验是重复独立试验。

对于重复独立试验，如果每次试验结果有两种可能：A 或 $\bar{A}$，而且 $P(A) = p$，$P(\bar{A}) = 1-p = q$，故有 $P(A\bar{A}) = pq$；则 n 次试验中出现事件 A 为 k 次、$\bar{A}$ 为 $(n-k)$ 次的概率为

$$P_n(k) = C_n^k p^k q^{n-k} \qquad (k = 0,\ 1,\ 2,\ \cdots,\ n) \tag{A.26}$$

式中，C_n^k 为 n 次试验中出现事件 A 为 k 次、$\bar{A}$ 为 $(n-k)$ 次的组合数，即

$$C_n^k = \dfrac{n!}{k!(n-k)!} \tag{A.27}$$

必须指出，式（A.26）仅适用于重复独立试验，即 n 次独立试验中事件 A 出现的概率相等的情形。但在供电计算中经常遇到的是非重复独立试验的情况，即 n 次独立试验中事件 A 出现的概率不相等。由于非重复独立试验的计算较烦琐，这时往往将非重复独立试验简化为重复独立试验计算。简化的方法是将各次试验中事件 A 出现的概率取平均值，即

$$\left.\begin{array}{l}p=(p_1+p_2+\cdots+p_n)\times\dfrac{1}{n}\\ q=(q_1+q_2+\cdots+q_n)\times\dfrac{1}{n}\end{array}\right\} \quad (A.28)$$

然后按重复独立试验计算。

例 5 某单线供电臂平均每日通过 30 对列车，供电臂区间数 $n=3$，区间列车用电运行时间（上、下行每列）分别为 8 min、10 min 和 12 min。

求：供电臂中

① 无列车用电运行的概率 $P_3(0)$；
② 有 1 列车用电运行的概率 $P_3(1)$；
③ 有 2 列车用电运行的概率 $P_3(2)$；
④ 有 3 列车用电运行的概率 $P_3(3)$。

解 各区间有车用电运行和无车用电运行的概率为

$$p_1=\frac{30\times 2\times 8}{24\times 60}=\frac{1}{3}; \qquad q_1=1-p_1=\frac{2}{3}$$

$$p_2=\frac{30\times 2\times 10}{24\times 60}=\frac{5}{12}; \qquad q_2=1-p_2=\frac{7}{12}$$

$$p_3=\frac{30\times 2\times 12}{24\times 60}=\frac{1}{2}; \qquad q_3=1-p_3=\frac{1}{2}$$

假设各区间列车运行相互无关，则由上面的计算可见，属非重复独立试验，将其化为重复独立试验计算。

$$p=(p_1+p_2+p_3)\times\frac{1}{3}=\left(\frac{1}{3}+\frac{5}{12}+\frac{1}{2}\right)\times\frac{1}{3}=\frac{5}{12}=0.417$$

$$q=(q_1+q_2+q_3)\times\frac{1}{3}=\left(\frac{2}{3}+\frac{7}{12}+\frac{1}{2}\right)\times\frac{1}{3}=\frac{7}{12}=0.583$$

① $P_3(0)=q^3=\left(\dfrac{7}{12}\right)^3=0.198$

② $P_3(1)=3pq^2=3\times\dfrac{5}{12}\times\left(\dfrac{7}{12}\right)^2=0.425$

③ $P_3(2)=3p^2q=3\times\left(\dfrac{5}{12}\right)^2\times\dfrac{7}{12}=0.304$

④ $P_3(3)=p^3=\left(\dfrac{5}{12}\right)^3=0.072$

5. 随机变量

随机变量是取值随机会而变化的变量。即它是随着试验结果的不同而变化的，当试验结果确定后，它的值也就相应被确定。例如，在某一时刻供电臂 n 个区间中用电运行的列车数可能为 0，1，2，…，n，列车数是随机变化的随机变量，并且它可能取的值是有限个或可数个，这样的随机变量称为离散型随机变量。又如馈线电流，其值也是随机变化的随机变量，但它的取值是无限的、连续的，称为连续型随机变量。随机变量常用 ξ 和 η 表示，用 x 和 y 表示随机变量 ξ 和 η 的取值。

随机变量的取值规律称为分布，利用分布函数可以完整地描述随机变量的取值和该值出现的概率。但在实用中，有时并不需要知道这个规律的全貌，而只需了解它的某些特征。这时，可用随机变量的数字特征来部分地表示其分布的性态。常用的随机变量的数字特征有：平均值，用 $M(\xi)$ 表示；方差，用 $D(\xi)$ 表示；方均值，用 $M(\xi^2)$ 表示。

（1）随机变量的平均值

随机变量的平均值表示其取值的平均状况。

对于离散型随机变量，其平均值等于 ξ 的所有可能取值与其概率乘积之和，即

$$M(\xi) = \sum_i x_i p_i \tag{A.29}$$

对于连续型随机变量，为

$$M(\xi) = \int_{-\infty}^{+\infty} x\varphi(x) \mathrm{d}x \tag{A.30}$$

式中，$\varphi(x)$ 为连续变量 ξ 的概率密度函数；$\varphi(x)\mathrm{d}x$ 表示 $\mathrm{d}x$ 范围内 ξ 取值的概率。

（2）随机变量的方差

随机变量的方差表示随机变量与其平均值的偏离程度。它等于随机变量 ξ 的取值与其平均值之差的二次方的平均值，即

$$D(\xi) = M[\xi - M(\xi)]^2 \tag{A.31}$$

并且
$$D(\xi) = M(\xi^2) - [M(\xi)]^2 \tag{A.32}$$

（3）随机变量的方均值

随机变量的方均值等于随机变量 ξ 的平均值的二次方与其方差之和，即

$$M(\xi^2) = [M(\xi)]^2 + D(\xi) \tag{A.33}$$

（4）随机变量的平均值和方均值的常用公式

常数 C 的平均值

$$M(C) = C \tag{A.34}$$

常数 C 与变量 ξ 乘积的平均值

$$M(C\xi) = CM(\xi) \tag{A.35}$$

两个随机变量的和或差的平均值

$$M(\xi \pm \eta) = M(\xi) \pm M(\eta) \tag{A.36}$$

两个独立变量的乘积的平均值

$$M(\xi\eta) = M(\xi) \cdot M(\eta) \tag{A.37}$$

变量 ξ 与常数 C 的和的方均值

$$M(\xi+C)^2 = M(\xi^2) + C[2M(\xi)+C] \tag{A.38}$$

两个独立变量的和的方均值

$$M(\xi+\eta)^2 = M(\xi^2) + M(\eta^2) + 2 \cdot M(\xi) \cdot M(\eta) \tag{A.39}$$

或

$$M(\xi+\eta)^2 = [M(\xi+\eta)]^2 + D(\xi) + D(\eta) \tag{A.40}$$

并且

$$D(\xi+\eta) = D(\xi) + D(\eta) \tag{A.40'}$$

例6 供电臂中有 m 列车，每列车的平均电流为 I_t、有效电流为 I'_{et}。

求：供电臂平均电流 I_{av} 和方均电流 I'^2_e。

解 用 ξ_i 表示第 i 列车电流这个随机变量，则应用前述公式，供电臂平均电流 I_{av} 为

$$I_{av} = M\left(\sum_{i=1}^{m}\xi_i\right) = \sum_{i=1}^{m}M(\xi_i) = mI_t$$

供电臂方均电流 I'^2_e 为

$$\begin{aligned}
I'^2_e &= M\left(\sum_{i=1}^{m}\xi_i\right)^2 = \left[M\left(\sum_{i=1}^{m}\xi_i\right)\right]^2 + D\left(\sum_{i=1}^{m}\xi_i\right) \\
&= \left[M\left(\sum_{i=1}^{m}\xi_i\right)\right]^2 + \sum_{i=1}^{m}D(\xi_i) \\
&= \left[M\left(\sum_{i=1}^{m}\xi_i\right)\right]^2 + \sum_{i=1}^{m}\{M(\xi_i^2) - [M(\xi_i)]^2\} \\
&= I^2_{av} + m(I'^2_{et} - I^2_t)
\end{aligned}$$

三、双曲函数

双曲函数是以 e 为底的指数函数，定义：

双曲正弦　　$\sinh x = \dfrac{e^x - e^{-x}}{2}$

双曲余弦　　$\cosh x = \dfrac{e^x + e^{-x}}{2}$

双曲正切　　$\tanh x = \dfrac{\sinh x}{\cosh x} = \dfrac{e^x - e^{-x}}{e^x + e^{-x}}$

双曲正弦 $y = \sinh x$ 的定义域为（$-\infty$，$+\infty$），它是奇函数，其图形通过原点且对称于原点。在区间（$-\infty$，$+\infty$）内它是单调增加的。当 x 的绝对值很大时，它在第一象限内接近曲线 $y = e^x/2$；在第三象限内接近曲线 $y = -e^{-x}/2$，如图 A.1 所示。

双曲余弦 $y = \cosh x$ 的定义域为 $(-\infty, +\infty)$，它是偶函数，其图形通过点 $(0, 1)$，对称于 y 轴。在区间 $(-\infty, 0)$ 内它是单调减小的；在区间 $(0, +\infty)$ 内它是单调增加的。显然当 $x = 0$ 时，函数值为最小。当 x 的绝对值很大时，它在第一象限内接近曲线 $y = e^x/2$；在第二象限内接近曲线 $y = e^{-x}/2$，如图 A.2 所示。

双曲正切 $y = \tanh x$ 的定义域为 $(-\infty, +\infty)$，它是奇函数，其图形通过原点且对称于原点。在区间 $(-\infty, +\infty)$ 内它是单调增加的。在第一象限内它在水平线 $y = 1$ 下方而逐渐与之接近，在第三象限内它在水平线 $y = -1$ 上方而逐渐与之接近，如图 A.3 所示。

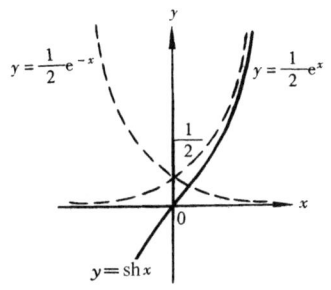
图 A.1 双曲正弦 $y = \sinh x$

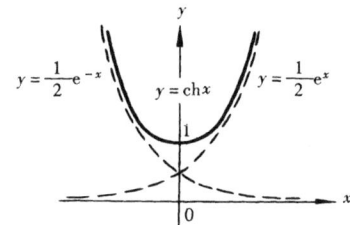
图 A.2 双曲余弦 $y = \cosh x$

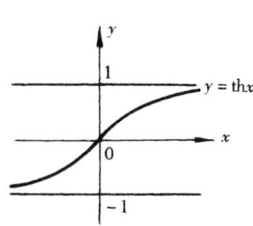
图 A.3 双曲正切 $y = \tanh x$

双曲函数的常用公式：

$$\sinh(x \pm y) = \sinh x \cosh y \pm \cosh x \sinh y \tag{A.41}$$

$$\cosh(x \pm y) = \cosh x \cosh y \pm \sinh x \sinh y \tag{A.42}$$

$$\cosh^2 x - \sinh^2 x = 1 \tag{A.43}$$

$$\sinh 2x = 2\sinh x \cosh x \tag{A.44}$$

$$\cosh 2x = \cosh^2 x + \sinh^2 x \tag{A.45}$$

$$1 - \tanh^2 x = \frac{1}{\cosh^2 x} \tag{A.46}$$

$$\frac{\cosh 2x - 1}{\sinh 2x} = \tanh x \tag{A.47}$$

双曲函数的反函数称为反双曲函数，分别为

$$y = \operatorname{arcsinh} x = \ln(x + \sqrt{x^2 + 1}) \quad (-\infty < x < +\infty)$$

$$y = \operatorname{arccosh} x = \ln(x + \sqrt{x^2 - 1}) \quad (1 \leq x < +\infty)$$

$$y = \operatorname{arctanh} x = \frac{1}{2} \ln \frac{1 + x}{1 - x} \quad (-1 < x < 1)$$

双曲函数和反双曲函数的导数分别为

$$y = \sinh x \qquad y' = \cosh x \tag{A.48}$$

$$y = \cosh x \qquad y' = \sinh x \tag{A.49}$$

$$y = \tanh x \qquad y' = \frac{1}{\cosh^2 x} \tag{A.50}$$

$$y = \operatorname{arcsinh} x \qquad y' = \frac{1}{\sqrt{1+x^2}} \qquad (\text{A.51})$$

$$y = \operatorname{arccosh} x \qquad y' = \frac{1}{\sqrt{x^2-1}} \qquad (\text{A.52})$$

$$y = \operatorname{arctanh} x \qquad y' = \frac{1}{1-x^2} \qquad (\text{A.53})$$

为了简单方便，通常将 $\sinh x$，$\cosh x$，$\tanh x$，$\operatorname{arcsinh} x$，$\operatorname{arccosh} x$，$\operatorname{arctanh} x$ 对应简化为 $\operatorname{sh} x$，$\operatorname{ch} x$，$\operatorname{th} x$，$\operatorname{arsh} x$，$\operatorname{arch} x$，$\operatorname{arth} x$。

附录B 列车运行图和铁路区间通过能力

一、列车运行图

列车运行图是列车运行的图解表示方法。从运行图上可以清楚地看出各次列车在各区间运行的时间,以及各次列车在各站到、发或通过的时刻。

在运行图中,以水平线表示车站的中心线,以竖直线表示时间,以斜线表示列车运行线。列车运行线与车站中心线的交点,即为列车到、发或通过车站的时刻,如图 B.1 所示。

列车运行图的分类:

1. 按区间正线数量分类

单线运行图 在单线区段,上、下行列车都在同一正线上运行,因此,两个方向的列车必须在车站上进行交会。

双线运行图 在双线区段,上、下行列车在各自的正线上运行,因此,上、下行方向列车的运行互不干扰,可以在区间内或车站上交会。但列车的越行必须在车站上进行。

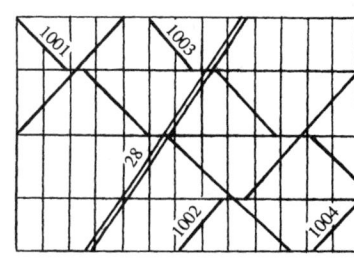

图 B.1 列车运行图

2. 按列车运行速度分类

平行运行图 在同一区间内,同一方向列车的运行速度相同,因而运行线互相平行。在区段内没有列车越行。

非平行运行图 在运行图上铺有各种不同速度和不同种类的列车,因而列车运行线相互不平行。在区段内可能有列车越行。

3. 按上、下行方向列车数量分类

成对运行图 在运行图中,上、下行方向的列车数量是相等的。
不成对运行图 在运行图中,上、下行方向的列车数量是不相等的。

4. 按同方向列车运行方式分类

连发运行图 在运行图上,同方向列车的运行是以站间区间为间隔。在单线区段采用这种运行图时,在连发的一组列车之间不能铺画对向列车。

追踪运行图 在运行图上,同方向列车的运行以闭塞分区为间隔。这种运行图是在装有自动闭塞的单线或双线区段上采用。

应该指出,以上都是针对运行图的某一特点加以区分的。实际上,每张运行图都具有几方面的特点,例如某一区段的运行图,可能既是双线的、非平行的,又是成对的和追踪的运行图。

二、铁路区间通过能力

铁路通过能力又称为铁路区段通过能力。它主要受区间、车站、机务设备和牵引供电设备等条件限制。应分别计算上述技术设备的通过能力,其中最小者即为该区段的最终通过能力。这里仅讨论区间通过能力。

1. 现有通过能力

在现有的技术设备、现行的行车组织方法和现有的运输组织水平条件下,所能达到的通过能力,称为现有通过能力。用一昼夜内所能通过的最大列车对数或列数表示。

(1) 平行运行图区间通过能力

平行运行图区间通过能力,应分别对区段内每一区间进行计算,公式为

$$N = \frac{1\,440\, k_{周}}{T_{周}} \quad (对或列) \tag{B.1}$$

式中,1 440 为一昼夜时间(min);$k_{周}$ 为一个运行图周期内的列车对数或列数;$T_{周}$ 为运行图周期(min)。

运行图周期是指一组列车占用区间的时间。它由列车区间纯运行时分 $\sum t_{运}$、起停车附加时分 $\sum t_{起停}$ 和车站间隔时间 $\sum t_{站}$ 组成,即

$$T_{周} = \sum t_{运} + \sum t_{起停} + \sum t_{站} \tag{B.2}$$

由式(B.1)可以看出,通过能力的大小与 $T_{周}$ 成反比。在整个区段中,$T_{周}$ 最大的区间通过能力最小。因此,$T_{周}$ 最大的区间,称为该区段的限制区间。限制区间的通过能力即为该区段的区间通过能力。

(2) 非平行运行图区间通过能力

非平行运行图区间通过能力,是指在旅客列车数量和铺画位置既定的条件下,一昼夜所能通过的货物列车和旅客列车对数或列数。由下式计算

$$N_{非} = N_{货} + N_{客} \quad (对或列) \tag{B.3}$$

$$N_{货} = N - [\varepsilon_{客} N_{客} + (\varepsilon_{快货} - 1) N_{快货} + (\varepsilon_{零} - 1) N_{零} + (\varepsilon_{摘} - 1) N_{摘}] \quad (对或列) \tag{B.4}$$

式中,N 为平行运行图区间通过能力;$N_{客}$、$N_{快货}$、$N_{零}$、$N_{摘}$ 分别为旅客列车、快运货物列车、零摘列车、摘挂列车对数或列数;$\varepsilon_{客}$、$\varepsilon_{快货}$、$\varepsilon_{零}$、$\varepsilon_{摘}$ 分别为旅客列车、快运货物列车、零摘列车、摘挂列车扣除系数。

扣除系数是指开行一对或一列旅客列车、快运货物列车、零摘列车或摘挂列车,须从平行运行图上扣除的货物列车对数或列数。

2. 需要通过能力

为完成客货运输任务的需要,铁路区段所应具备的通过能力,称为需要通过能力。根据需要的客货列车数,并考虑一定的储备能力进行计算,即

$$N_{需} = (\varepsilon_{客}N_{客} + n_{货} + \varepsilon_{零}N_{零} + \varepsilon_{摘}N_{摘} + \varepsilon_{快货}N_{快货})(1 + \alpha_{储}) \tag{B.5}$$

式中，$n_{货}$ 为每日平均需要开行的货物列车数（零摘、摘挂列车和快运货物列车除外）；$\alpha_{储}$ 为储备通过能力系数，一般单线取 0.20，双线取 0.15。

3. 铁路输送能力

铁路输送能力实际上是通过能力的另一种表述，它是指在一定的技术设备、机车车辆类型和行车组织方法条件下，一个铁路区段在一年内所能通过的最大货物吨数。

每列车的年输送能力为

$$A = \frac{365 \, G\gamma_{净}}{K_{波} \times 10^4} \quad (10^4 \text{ 吨/年列}) \tag{B.6}$$

式中，G 为列车牵引重量（t）；$\gamma_{净}$ 为列车净载重系数；$K_{波}$ 为货运量波动系数。

铁路区段一年内所能实现的输送能力为

$$F = \left[\frac{N}{1+\alpha_{储}} - (\varepsilon_{客}N_{客} + \varepsilon_{零}N_{零} + \varepsilon_{摘}N_{摘}) + (1-\alpha_{零})N_{零} + (1-\alpha_{摘})N_{摘}\right] \times \frac{365 \, G\gamma_{净}}{K_{波} \times 10^4}$$
$$(10^4 \text{ t/a}) \tag{B.7}$$

式中，$\alpha_{零}$、$\alpha_{摘}$ 为零摘、摘挂列车不满重系数，分别取值为 0.5，0.3。

铁路输送能力与行车量之间存在如下关系

$$N = \frac{FK_{波} \times 10^4}{365 \, G\gamma_{净}} \quad (\text{列/日}) \tag{B.8}$$

附录C 常用牵引供电计算方法

牵引供电系统的负荷具有位置沿供电区段移动,大小随牵引重量、线路坡道、列车速度、机车工作状态等不同而变化,且负荷数量也急剧变化的特点。这就使得牵引供电计算工作繁杂,计算方法很多。常用的计算方法有平均行车量法、概率统计法以及列车运行图法。

一、平均行车量法

这是一种分析计算方法,计算用的基础资料是牵引计算结果(列车运行时间、用电运行时间、列车能耗等)和行车量。这种方法的应用基于以下假设:

① 区段(例如一个供电臂)内同时存在的列车数采用一昼夜的平均值。
② 列车电流是列车沿区段全部运行时间的平均值和有效值。
③ 各列车在区段中的位置任意变化,彼此不相干。

平均行车量法通过上述假设,将区段中实际存在的列车数量、列车电流大小变化的负荷,看成是在区段中一昼夜内列车数不变、列车电流大小不变、彼此不相干的集中移动负荷。

这种方法广泛用于计算供电臂平均电流和有效电流、供电臂的平均电压损失和电能损失等。对于负荷比较均匀,运量较大的线路,这种方法的计算结果与实际情况较为接近。

例1 某一双线区段供电臂,牵引网采用直接供电方式,上、下行串联供电,如图C.1(a)所示。已知下列参数:

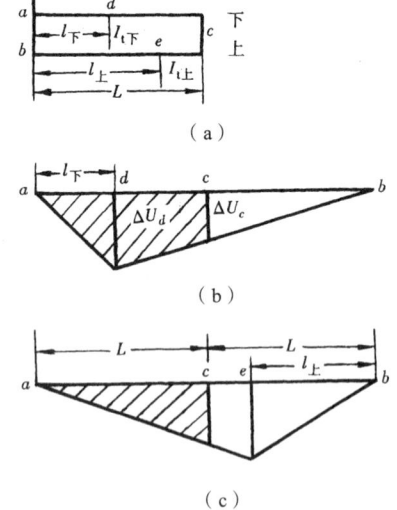

图 C.1 [例1]计算图

$\sum t_{下}(\sum t_{上})$——下(上)行列车在供电臂中的全部运行时间(min);

$\sum t_{u下}(\sum t_{u上})$——下(上)行列车在供电臂中的用电运行时间(min);

$\alpha_{下}(\alpha_{上})$——下(上)行列车电流间断系数;

$m_{下}(m_{上})$——下(上)行线路供电臂中平均列车数;

$I_{t下}(I_{t上})$——下(上)行列车电流在 $\sum t_{下}(\sum t_{上})$ 内的平均值(A);

r_{I}——一条线路牵引网单位阻抗的电阻分量(Ω/km);

$r_{\mathrm{I\!I}}$——上、下行线路牵引网单位互阻抗的电阻分量(Ω/km);

L——供电臂长度(km)。

求:供电臂平均功率损失。

解 将供电臂内上、下行线路分开计算,以下着重考虑下行线路平均功率损失计算。

如图 C.1（a）所示，下行线路列车 $I_{t下}$ 在 $l_下$ 处（d）产生的有功电压降为

$$\Delta U_d = \frac{2L-l_下}{2L}I_{t下}r_I l_下 + \frac{l_下}{2L}I_{t下}r_{I\!I} l_下 = \frac{I_{t下}}{2L}(2Lr_I l_下 - r_I l_下^2 + r_{I\!I} l_下^2)$$

ΔU_d 在 $0 \sim L$ 范围内的平均值为

$$\Delta U_{av} = \frac{1}{L}\int_0^L \frac{I_{t下}}{2L}(2Lr_I l_下 - r_I l_下^2 + r_{I\!I} l_下^2) \, \mathrm{d}l_下 = \frac{1}{6}I_{t下}(2r_I + r_{I\!I})L$$

$I_{t下}$ 在 $l_下$ 处时，它在供电臂末端（c）产生的有功电压降为

$$\Delta U_c = \frac{l_下}{2L}I_{t下}r_I L + \frac{2L-l_下}{2L}I_{t下}r_{I\!I} l_下 - \frac{l_下}{2L}I_{t下}r_{I\!I}(L-l_下) = \frac{1}{2}I_{t下}r_I l_下 + \frac{1}{2}I_{t下}r_{I\!I} l_下$$

$I_{t下}$ 在 $l_下$ 处时，它在供电臂中的下行线路产生的平均有功电压降 $\Delta U_d'$ 是图 C.1（b）中与阴影部分面积相同的矩形（宽度为 L）的高，即

$$\Delta U_d' = \frac{\Delta U_d l_下}{2L} + \frac{(\Delta U_d + \Delta U_c)(L-l_下)}{2L} = \frac{\Delta U_d L + \Delta U_c(L-l_下)}{2L}$$

$$= \frac{1}{2L}\left[\frac{I_{t下}}{2L}(2Lr_I l_下 - r_I l_下^2 + r_{I\!I} l_下^2)L + \left(\frac{1}{2}I_{t下}r_I l_下 + \frac{1}{2}I_{t下}r_{I\!I} l_下\right)(L-l_下)\right]$$

$$= \frac{1}{4}I_{t下}(3r_I + r_{I\!I})l_下 - \frac{1}{2L}I_{t下}r_I l_下^2$$

$\Delta U_d'$ 在 $0 \sim L$ 范围内的平均值为

$$\Delta U_{av}' = \frac{1}{L}\int_0^L \left[\frac{1}{4}I_{t下}(3r_I + r_{I\!I})l_下 - \frac{1}{2L}I_{t下}r_I l_下^2\right] \mathrm{d}l_下 = I_{t下}L\frac{5r_I + 3r_{I\!I}}{24}$$

同样，上行线路列车 $I_{t上}$ 在 $l_上$ 处（e）时，它在下行线路产生的平均有功电压降 ΔU_e 是图 C.1（c）中与阴影部分面积相同的矩形（宽度为 L）的高，即

$$\Delta U_e = \frac{\left[\frac{l_上}{2L}I_{t上}r_I L - \frac{l_上}{2L}I_{t上}r_{I\!I}(L-l_上) + \frac{2L-l_上}{2L}I_{t上}r_{I\!I} l_上\right]L}{2L} = \frac{1}{4}I_{t上}(r_I + r_{I\!I})l_上$$

ΔU_e 在 $0 \sim L$ 范围内的平均值为

$$\Delta U_{av}'' = \frac{1}{L}\int_0^L \frac{1}{4}I_{t上}(r_I + r_{I\!I})l_上 \mathrm{d}l_上 = \frac{1}{8}I_{t上}(r_I + r_{I\!I})L$$

至此，可得一列下行列车运行时在供电臂中的下行线路产生的总的平均有功电压降为

$$\Delta U_下 = \Delta U_{av} + (m_下 - 1)\Delta U_{av}' + m_上 \Delta U_{av}''$$

$$= \frac{1}{6}I_{t下}(2r_I + r_{I\!I})L + (m_下 - 1)I_{t下}L\frac{5r_I + 3r_{I\!I}}{24} + m_上\frac{1}{8}I_{t上}(r_I + r_{I\!I})L$$

式中，第一项是该列下行列车自身产生的平均有功电压降；第二项是同行线路其他列车产生的平均有功电压降；第三项是上行线路列车产生的平均有功电压降。

因此，该列下行列车运行时在供电臂中下行线路产生的平均功率损失为

$$\Delta P'_{下} = I_{t下} \Delta U_{下}$$
$$= \frac{1}{6} I_{t下}^2 (2r_{\mathrm{I}} + r_{\mathrm{I}\mathrm{II}})L + (m_{下}-1) I_{t下}^2 \frac{5r_{\mathrm{I}} + 3r_{\mathrm{I}\mathrm{II}}}{24} L + m_{上} \frac{1}{8} I_{t上} I_{t下}(r_{\mathrm{I}} + r_{\mathrm{I}\mathrm{II}})L \quad （C.1）$$

式（C.1）中，第一项（该列下行列车自身产生的平均功率损失）中的平均电流的二次方 $I_{t下}^2$，实质上是有效电流的二次方 $I_{t下et}^2$；而它与 $I_{t下}^2$ 的关系为

$$I_{t下et}^2 = 1.1 \alpha_{下} I_{t下}^2$$

于是，式（C.1）变为

$$\Delta P'_{下} = \frac{1.1}{6} \alpha_{下} I_{t下}^2 (2r_{\mathrm{I}} + r_{\mathrm{I}\mathrm{II}})L + (m_{下}-1) I_{t下}^2 \frac{5r_{\mathrm{I}} + 3r_{\mathrm{I}\mathrm{II}}}{24} L + m_{上} \frac{1}{8} I_{t上} I_{t下}(r_{\mathrm{I}} + r_{\mathrm{I}\mathrm{II}})L \quad （C.2）$$

所以，当供电臂内下行线路有 $m_{下}$ 列列车时，其总平均功率损失为

$$\Delta P_{下} = m_{下} \Delta P'_{下} = m_{下} I_{t下}^2 L \left[\frac{1.1\alpha_{下}(2r_{\mathrm{I}} + r_{\mathrm{I}\mathrm{II}})}{6} + (m_{下}-1) \frac{5r_{\mathrm{I}} + 3r_{\mathrm{I}\mathrm{II}}}{24} + \frac{m_{上} I_{t上}(r_{\mathrm{I}} + r_{\mathrm{I}\mathrm{II}})}{8 I_{t下}} \right] \quad （C.3）$$

同理，当供电臂内上行线路有 $m_{上}$ 列列车时，其总平均功率损失为

$$\Delta P_{上} = m_{上} I_{t上}^2 L \left[\frac{1.1\alpha_{上}(2r_{\mathrm{I}} + r_{\mathrm{I}\mathrm{II}})}{6} + (m_{上}-1) \frac{5r_{\mathrm{I}} + 3r_{\mathrm{I}\mathrm{II}}}{24} + \frac{m_{下} I_{t下}(r_{\mathrm{I}} + r_{\mathrm{I}\mathrm{II}})}{8 I_{t上}} \right] \quad （C.4）$$

所以，供电臂的总平均功率损失为

$$\Delta P = \Delta P_{下} + \Delta P_{上} \quad （C.5）$$

二、概率统计法

概率统计法在牵引供电计算中应用非常广泛，它是利用概率统计的原理揭示牵引负荷这一随机变量的规律性。许多的牵引供电计算既可以采用平均行车量法，也可以采用概率统计法，计算结果相同。并且，概率统计法还可以计算平均行车量法不便计算的问题，例如，单线区段供电臂的最大电流、最大电压损失等。这里所谓最大值，是指95%概率最大值。

例2 一单线区段供电臂，有3个区间，各区间用电列车平均电流和用电概率分别为 I_1, p_1；I_2, p_2；I_3, p_3，如图 C.2 所示。

求：供电臂95%概率最大电流 $I_{\max}$。

解 将其化为重复独立试验计算，则供电臂列车平均用电电流为

$$I = \frac{p_1 I_1 + p_2 I_2 + p_3 I_3}{p_1 + p_2 + p_3} = 141 \quad （A）$$

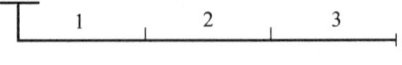

I_1 (A)	I_2 (A)	I_3 (A)
120	170	140
P_1	P_2	P_3
0.3	0.22	0.25

图 C.2 ［例2］示意图

区间平均用电概率为

$$p = \frac{1}{3}(p_1 + p_2 + p_3) = 0.257$$

供电臂中无车用电运行的概率和积分为

$$p_3(0) = q^3 = (1-p)^3 = 0.411$$

$$\sum p_n(m) = p_3(0) = 0.411$$

有 1 列车用电运行的概率和积分为

$$p_3(1) = 3pq^2 = 0.425$$

$$\sum p_n(m) = p_3(0) + p_3(1) = 0.836$$

有 2 列车用电运行的概率和积分为

$$p_3(2) = 3p^2q = 0.147$$

$$\sum p_n(m) = p_3(0) + p_3(1) + p_3(2) = 0.983$$

有 3 列车用电运行的概率和积分为

$$p_3(3) = p^3 = 0.017$$

$$\sum p_n(m) = p_3(0) + p_3(1) + p_3(2) + p_3(3) = 1$$

其中，$\sum p_n(m) = p_n(0) + p_n(1) + \cdots + p_n(m)$ 为供电臂中用电运行的列车数不大于 m 的概率积分。

由此，可得区间数 $n = 3$、区间平均用电概率 $p = 0.257$ 时供电臂中的用电运行列车数概率积分曲线。概率积分曲线可近似看做是各列车数阶梯中点的连线，如图 C.3 所示。

由积分曲线查得，供电臂中可能出现的 95% 概率最大列车数为 2.3。

由于供电臂中的每列车电流均取为平均值 $I = 141$（A），因此可再作出区间数 $n = 3$，区间平均用电概率 $p = 0.257$ 时供电臂电流的概率积分曲线，如图 C.4 所示。

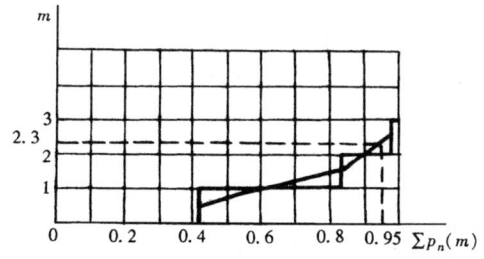

图 C.3 供电臂中用电运行列车数概率积分曲线　　图 C.4 供电臂电流概率积分曲线

查积分曲线可得，供电臂的 95% 概率最大电流 I_{max} 为 320 A。

同理，可作出各种区间数 n 和各种区间平均用电概率 p 情况下的供电臂电流概率积分曲线，确定出它们的供电臂 95% 概率最大电流 I_{max}。因此，得到供电臂 95% 概率最大电流 I_{max} 与区间数 n 和区间平均用电概率 p 之间的关系曲线 $I_{max} = f(n, p)$，如图 C.5 所示。

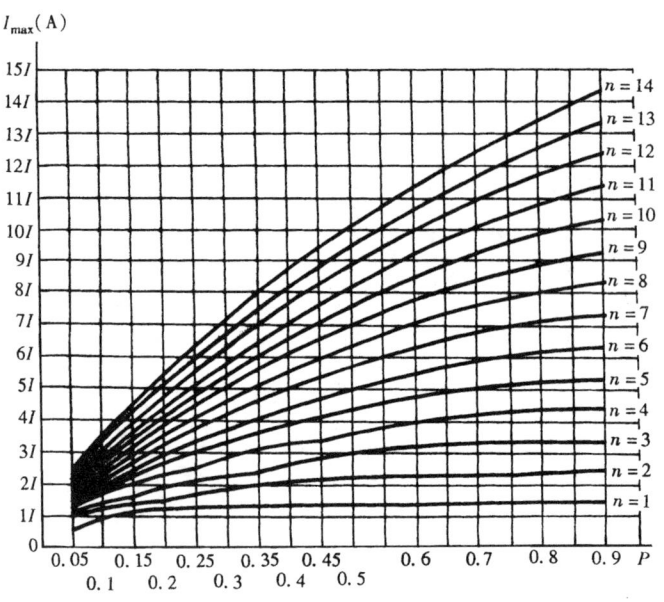

图 C.5 $I_{max}=f(n, p)$ 曲线

三、列车运行图法

为了找出供电区段内负荷变化的规律，可以利用列车运行图和由牵引计算得到的列车电流变化曲线。根据列车运行图，求出每一时刻区段（如一供电臂）内有哪些列车和列车所在位置；然后借助列车电流变化曲线，得出各列车在该时刻的电流；从而得出该时刻区段的瞬时负荷图。同样得出其他时刻该区段的瞬时负荷图。这样可得出各计算量的瞬时值、平均值和有效值，这就是列车运行图法。

列车运行图在铁路运输行车组织中非常重要。按实际运行图进行牵引供电计算能比较直观地描述牵引负荷的变化特征，特别是瞬时特征。随着当前容量大、功能强、速度快的计算机不断问世，利用运行图进行牵引供电计算已经实现。因此，这种方法无论从原理和实现的可能性，还是从今后发展方向考虑，都会得到广泛应用。在自动闭塞的双线区段，某区段的列车可以根据拟定的严重情况（如按追踪间隔）方便地排列出来，此时利用牵引计算得出的时分曲线和电流曲线，可作出该区段的最大瞬时负荷图。该图作为计算供电臂最大电压损失和校验变压器过负荷能力也比较直观。

例3 一双线区段供电臂，线路采用自动闭塞，追踪间隔为 8 min，根据牵引计算得出的 $t=f(l)$ 和 $I=f(l)$ 曲线如图 C.6 所示。

求：该供电臂 1 min 和 3 min 最大瞬时负荷图（供电臂长 23.75 km）。

解 规定如下计算条件：

① 负荷位置在所论时间中间（如 1 min 瞬时负荷图中，负荷在所论 1 min 的中间）；

② 各负荷之间的最小间隔不小于 8 min；

③ 瞬时负荷图中适当考虑旅客列车（或轻载列车）的影响，为此假定轻负荷方向的供电臂最末端负荷为旅客列车（或轻载列车），其电流取相应重车之半。

1 min 最大瞬时负荷图的求解过程如下：

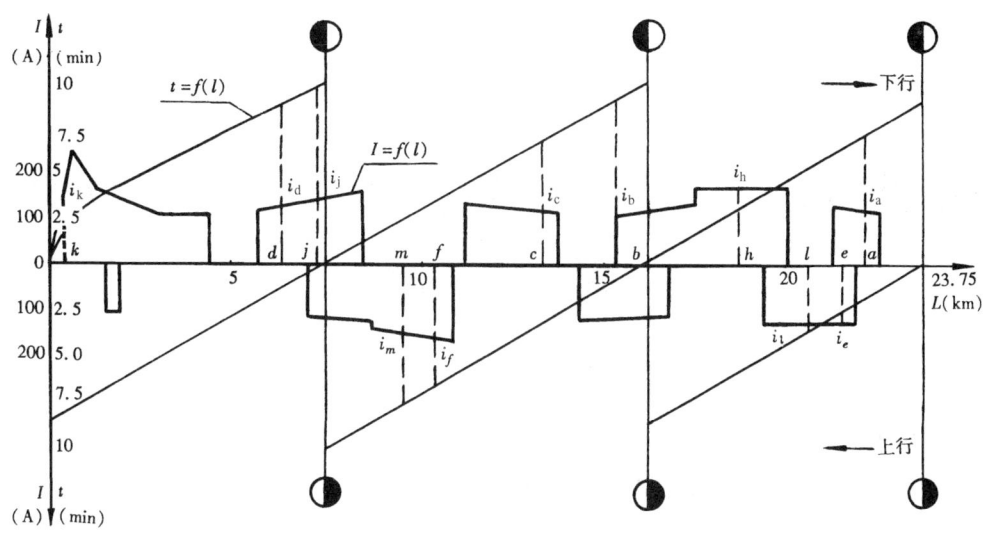

图 C.6 [例3]计算图

第一步 先看下行重负荷方向。从供电臂末端开始把第一个遇到的用电列车（用电时间够 1 min 以上）作为瞬时负荷图的第一个负荷，即图中的 i_a，负荷点取在距该电流曲线末端有 0.5 min 的 a 点，i_a 为 a 点左右 1 min 范围内电流的平均值。

第二步 从 a 点开始往前数 8 min，遇到第 2 个负荷 i_b，b 点右 0.5 min 用电，而左 0.5 min 不用电，则 i_b 不够 1 min，应舍去而继续往前数，间隔延长到 10 min，可得负荷 i_c。i_c 满足 i_c 和 i_a 相隔够 8 min 以上，i_c 取流前后延续 1 min 以上，因此，取 i_c 作为瞬时负荷图中的第 2 个负荷。

第三步 从 c 点往前数 8 min 得第 3 个负荷 i_d，同样可得第 4 个负荷 i_k。

第四步 再看上行轻负荷方向，同样可得负荷 i_e 和 i_f。

第五步 将 $i_a \sim i_f$ 各负荷按其大小和位置绘制成最大的 1 min 瞬时负荷图，见图 C.7(a)，其中 i_e 考虑为旅客列车，电流取相应重车之半，其余各负荷均为重车。

供电臂 1 min 最大电流为

$$i_a + i_c + i_d + i_k + i_e + i_f = 120 + 120 + 130 + 130 + 65 + 160 = 725 \text{（A）}$$

3 min 最大瞬时负荷图的求解过程，与 1 min 的相同，不过每个负荷应延续够 3 min。其瞬时负荷图见图 C.7(b)，供电臂 3 min 最大电流为

$$i_h + i_j + i_l + i_m = 170 + 140 + 130 + 150 = 590 \text{（A）}$$

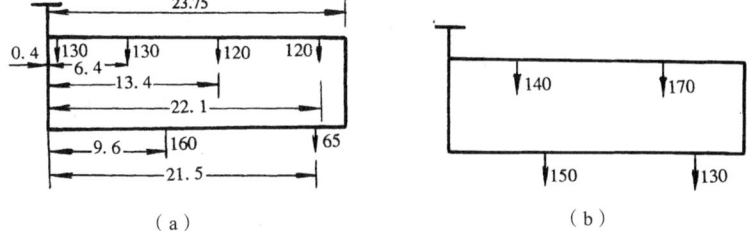

图 C.7 [例3]的瞬时负荷图

附录 D 牵引变压器过负荷能力的确定方法

牵引变压器过负荷能力的确定方法，可以根据国家标准《油浸式电力变压器负载导则》（以下简称《导则》）得到。依照《导则》有关条文，牵引变压器属于 ON 冷却方式的中型和大型电力变压器。

一、牵引变压器负荷状态的分类

根据《导则》的基本原理和限制条件，并结合牵引变压器的运行特点，可以将牵引变压器的负荷状态大致分为三类。

1. 正常日周期性牵引负荷

在正常运输情况下，电气化铁道区段内的列车严格按列车运行图运行。因此，该区段内牵引变压器所承受的日负荷，可视为 24 小时周期性变化负荷。这类牵引负荷可称为正常日周期性牵引负荷。在这种牵引负荷状态下，为了不致损伤牵引变压器内部绝缘，保证其正常运行寿命，必须满足以下计算条件：

① 绕组最热点温度不得超过 140 ℃，顶层油温度不得超过 105 ℃；

② 过负荷电流不得超过 1.5 倍额定电流；

③ 当环境温度为最高年平均温度（《导则》定为 20 ℃）时，内部绝缘平均相对热老化率不超过 1，也就是每日相对寿命损失为 24 小时（正常日寿命损失）。

2. 偶发性牵引负荷

当电气化铁道区段内的列车因各种缘故（如铁道线路、牵引供电系统、电力系统，发生严重故障后恢复，引起列车紧密运行），而不能按正常列车运行图运行时，或牵引变电所中两台并联运行的牵引变压器一台解列时，或单相 Vv 联结牵引变电所中的两台牵引变压器一台因故停电必须由另一台跨相供电时，偶然产生超过正常日周期性牵引负荷的变化负荷，这类牵引负荷可称为偶发性牵引负荷。偶发性牵引负荷由于在一年中产生的次数很少，每次持续时间不长，则总的持续时间相对于牵引变压器总的运行寿命而言较小。因此，牵引变压器承受该负荷时，允许其内部绝缘相对热老化率超过标准。但必须满足以下计算条件：

① 绕组最热点温度不得超过 140 ℃，顶层油温度不得超过 105 ℃；

② 过负荷电流不得超过 2 倍额定电流。

3. 冲击性牵引负荷

当电气化铁道供电臂内，由于某些原因（如多列电力牵引列车同时启动或上坡），可能突然出现短时几分钟的超过偶发性牵引负荷电流的变化负荷（有时可能达牵引变压器额定电流的 2 倍以上），这类牵引负荷可称为冲击性牵引负荷。冲击性牵引负荷由于时间短促，故可以忽略对牵引变压器累积运行寿命的影响，但必须满足绕组最热点温度不得超过 140 ℃、顶层油温度不得超过 105 ℃ 的要求。

上述三种牵引负荷状态都必须满足绕组最热点温度不得超过 140 ℃、顶层油温度不得超过 105℃ 的计算条件，因为这是保证绕组绝缘不损坏、油不溢出的最基本要求。

二、牵引变压器过负荷能力的确定方法

在确定牵引变压器过负荷能力时，可参阅《导则》中提供的油浸式电力变压器热特性数据表，它是编制负载图表的依据。

牵引变压器在初始（正常）负载系数为 K_1 的条件下，超额定电流运行时，允许的负载系数 K_2 和时间 t，可根据具体牵引变压器的热特性数据和实际负载周期图，并用简化的等效二级矩形负载周期图来表示实际负载周期图（如图 D.1 所示），按下述方法之一确定。

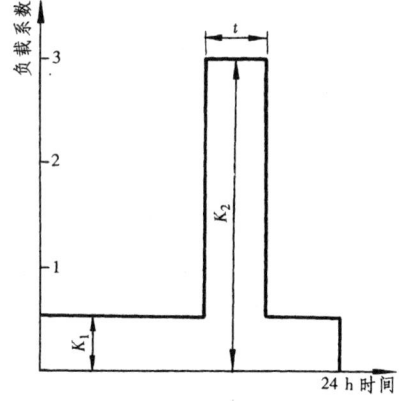

图 D.1 等效二级矩形负载周期图

1. 用温升和温度计算方法确定

（1）变压器在任意负载电流下的稳态绕组顶部油温升

$$\Delta\theta_i = \Delta\theta_{or}\left(\frac{1+RK^2}{1+R}\right)^x \quad (K) \quad (D.1)$$

式中，K 为负载系数（负载电流/额定电流）；$\Delta\theta_{or}$ 为油箱内顶层油额定温升，$\Delta\theta_{or} = 52$ K；R 为额定条件下负载损耗与空载损耗之比值，$R=6$；x 为油温升指数，$x=0.9$。

（2）变压器在任意负载电流下的稳态绕组热点温升

$$\Delta\theta_h = \Delta\theta_i + \text{Hg}_r K^y \quad (K) \quad (D.2)$$

式中，Hg_r 为绕组热点对绕组顶部油的温差，$\text{Hg}_r = 26$ K；y 为绕组温升指数，$y=1.6$。

（3）变压器在任意负载电流下经过时间 t 后的暂态绕组顶部油温升

$$\Delta\theta_{it} = \Delta\theta_{ii} + (\Delta\theta_{iu} - \Delta\theta_{ii})(1-e^{-t/\tau_0}) \quad (K) \quad (D.3)$$

式中，$\Delta\theta_{ii}$ 为时间 t 起始的绕组顶部油温升（K）；$\Delta\theta_{iu}$ 为所加负载电流可达到的稳态绕组顶部油温升（K）；τ_0 为油热时间常数，$\tau_0 = 2.5$（h）。

（4）变压器在任意负载电流下经过时间 t 后的暂态绕组热点温升

设绕组热时间常数为 T_w；其值很小，一般为 5～10 min。

① 当上述时间 $t \gg T_w$ 时，可忽略 T_w 不计，即认为 $T_w = 0$。此时的绕组热点温升

$$\Delta\theta_{ht} = \Delta\theta_{it} + \text{Hg}_r K^y \quad (K) \quad (D.4)$$

② 当上述时间 t 较小（几分钟~十几分钟）时，不应忽略 T_w，即 $T_w \neq 0$。此时的暂态绕组热点温升

$$\Delta\theta'_{ht} = \Delta\theta_{hi} + (\Delta\theta_{ht} - \Delta\theta_{hi})(1 - e^{-t/T_w}) \quad （K）\tag{D.5}$$

式中，$\Delta\theta_{hi}$ 为时间 t 起始的绕组热点温升（K）；取 $T_w = 5$（min）。

注意：当时间 t 较小（几分钟~十几分钟）时，应考虑绕组的热时间常数，即 T_w 不能忽略不计，这是牵引变压器与其他变压器绕组热点温升计算的主要不同点。

（5）牵引变压器在任意负载电流下经过时间 t 后，暂态顶层油温度 θ_{it}、暂态绕组热点温度 θ_{ht}

$$\theta_{it} = \theta_a + \Delta\theta_{it} \quad （°C）\tag{D.6}$$

$$\theta_{ht} = \theta_a + \Delta\theta_{ht} \quad （°C） \quad （用于 t \gg T_w 时）\tag{D.7}$$

$$\theta_{ht} = \theta_a + \Delta\theta'_{ht} \quad （°C） \quad （用于 t 较小时）\tag{D.8}$$

式（D.6）~式（D.8）中，θ_a 为热点温度计算用的环境温度，可采用月最高温度的平均值（编制正常周期负载图表时），也可采用日最高温度平均值加 5°C（计算偶发性或冲击性负载电流下的温度时）。

2. 查图 D.2 的曲线确定

在给定变压器的初始负载系数 K_1 已知的条件下，图 D.2 曲线可用来估算在各环境温度下能持续时间 t 的负载系数 K_2。如果实际环境温度不是图 D.2 中所示的环境温度 θ_a，应选择比实际环境温度稍高的图来计算，或用环境温度 θ_a 与实际环境温度最接近的两个图以内插法计算。

在牵引变压器过负荷电流超过 2 倍额定电流（如冲击性牵引负荷）的条件下，超额定电流运行时，允许的负载系数 K_2 和时间 t，可按上述第一种方法（温升和温度计算方法）确定。在牵引变压器过负荷电流不超过 2 倍额定电流（如正常日周期性牵引负荷与偶发性牵引负荷）的条件下，超额定电流运行时，允许的负载系数 K_2 和时间 t，可按上述第二种方法（查图 D.2 的曲线）估算，必要时再按上述第一种方法进一步检验牵引变压器运行的安全性。

三、应用举例

例 已知牵引变压器的初始负载系数 $K_1 = 0.6$；冲击性负载系数 $K_2 = 3$，时间 $t = 2$ min，环境温度 $\theta_a = 40$°C。试计算其承受该条件下的冲击性负载后的顶层油温度和绕组热点温度。

解

第一步 计算 $K_1 = 0.6$ 时稳态温升

稳态绕组顶部油温升按式（D.1）计算

$$\Delta\theta_i = \Delta\theta_{or}\left(\frac{1+RK_1^2}{1+R}\right)^x = 52 \times \left(\frac{1+6\times 0.6^2}{1+6}\right)^{0.9} = 25.4 \quad （K）$$

稳态绕组热点温升按式（D.2）计算

$$\Delta\theta_h = \Delta\theta_i + Hg_r K_1^y = 25.4 + 26 \times 0.6^{1.6} = 36.9 \quad （K）$$

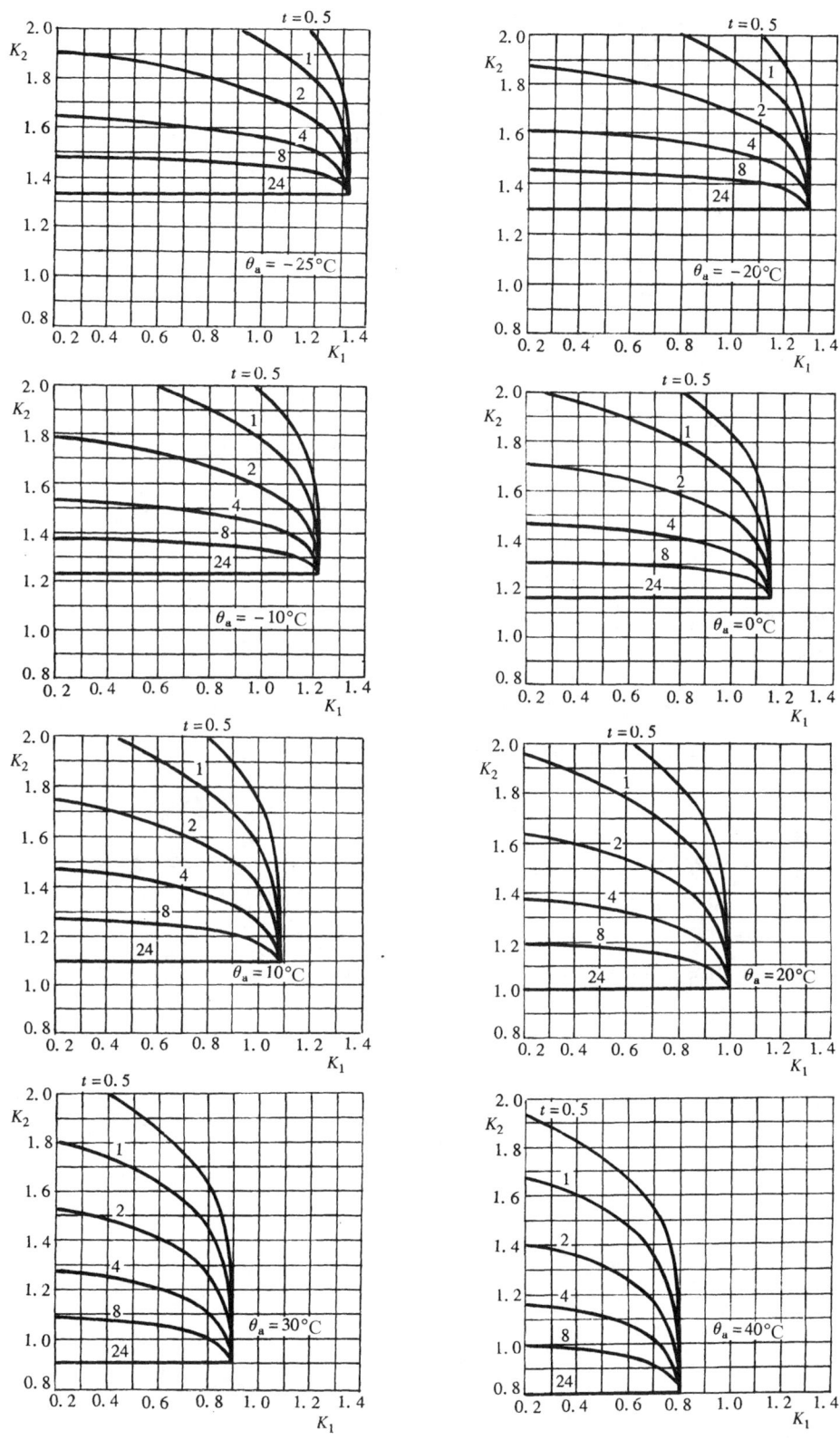

图 D.2 ON 中型和大型电力变压器的正常寿命损失下的负载条件

第二步　计算承受冲击性负载 3 倍、持续 2 min 后的温升

顶层油温升按式（D.3）计算

$$\Delta\theta_{it} = \Delta\theta_{ii} + (\Delta\theta_{iu} - \Delta\theta_{ii})(1 - e^{-t/\tau_0})$$
$$= 25.4 + (332.5 - 25.4)[1 - e^{-2/(2.5 \times 60)}] = 29.5 \quad (K)$$

式中，$\Delta\theta_{ii} = \Delta\theta_i = 25.4\ K$；$\Delta\theta_{iu}$ 按式（D.1）计算

$$\Delta\theta_{iu} = \Delta\theta_{or}\left(\frac{1+RK_2^2}{1+R}\right)^x = 52 \times \left(\frac{1+6\times 3^2}{1+6}\right)^{0.9} = 332.5 \quad (K)$$

绕组热点温升按式（D.5）计算

$$\Delta\theta'_{ht} = \Delta\theta_{hi} + (\Delta\theta_{ht} - \Delta\theta_{hi})(1 - e^{-t/T_w})$$
$$= 36.9 + (180.3 - 36.9)(1 - e^{-2/5}) = 84.2 \quad (K)$$

式中，$\Delta\theta_{hi} = \Delta\theta_h = 36.9\ K$；$\Delta\theta_{ht}$ 按式（D.4）计算

$$\Delta\theta_{ht} = \Delta\theta_{it} + Hg_r K_2^y = 29.5 + 26 \times 3^{1.6} = 180.3 \quad (K)$$

第三步　计算承受冲击性负载 3 倍、持续 2 min 后的温度

顶层油温度按式（D.6）计算

$$\theta_{it} = \theta_a + \Delta\theta_{it} = 40 + 29.5 = 69.5°C < 105°C$$

绕组热点温度按式（D.8）计算

$$\theta_{ht} = \theta_a + \Delta\theta'_{ht} = 40 + 84.2 = 124.2°C < 140°C$$

结论　牵引变压器承受上述冲击性负载时，顶层油温度和绕组热点温度均符合要求。

牵引变压器承受偶发性负载时，顶层油温度和绕组热点温度的计算方法，与上述大致相同。

本方法适用于内部绝缘的耐热等级为 A 级的牵引变压器。

附录 E 高过载能力低阻抗电压牵引变压器的应用

我国采用高耐热等级的绝缘材料等新技术,已经研制成功高过载能力低阻抗电压牵引变压器(额定电压为 110/27.5 kV)。一台额定容量一定的这种牵引变压器,其负载能力可以提高一个容量等级。或者说,一个牵引负载一定的牵引变电所,选用这种牵引变压器,其校核容量可以降低一个容量等级。这就可以节省电气化铁道的基建投资和运营成本。在实行老式两部电价制的情况下,由减少基本电费带来的经济效益尤其显著。以陕西电网为例,按变压器额定容量和基本电价 24 元/(kVA·月)计算基本电费。牵引变压器一个容量等级差按平均 4 000 kVA 考虑,则平均一个牵引变电所每年可节省基本电费 115 万元。

但是,若牵引变压器阻抗电压百分值仍采用 10.5%(标准值),而额定容量却降低一个容量等级,则归算到牵引侧的变压器阻抗有名值将增大,导致牵引变电所的电压损失增大,供电臂的电压水平随之降低。为了不影响供电臂的电压水平,应适当降低这种牵引变压器的阻抗电压百分值。然而,若阻抗电压百分值降低过多,势必增大牵引侧的短路电流,从而加重牵引侧短路时对电气设备的电动力和发热冲击,影响电气设备的运行安全性。因此,必须兼顾这两方面,既不能增大牵引变电所的电压损失,又不能增大牵引侧的短路电流。亦即从牵引变电所的电压损失和牵引侧的短路电流这两方面来看,牵引变压器额定容量降低容量等级与否,应该是等效的。所以,牵引变电所无论牵引变压器额定容量降低容量等级与否,其归算到牵引侧的阻抗有名值应保持相等。于是,牵引变压器降低容量等级,其阻抗电压百分值 $U_k(\%)$[参阅式(4.10)、式(4.16)、式(4.22′)、式(4.25)等],可按下式确定

$$U_k(\%) = \frac{S_N}{S'_N} \cdot U'_k(\%) \tag{E.1}$$

式中,S'_N,$U'_k(\%)$ 分别为牵引变压器不降低容量等级的额定容量(kVA)和阻抗电压百分值(%);S_N 为牵引变压器降低容量等级的额定容量(kVA)。

在一般牵引变压器额定容量采用优先数 R10 系列和阻抗电压百分值为 10.5% 等条件下,高过载能力低阻抗电压牵引变压器的阻抗电压百分值按式(E.1)可选定为 8.2%~8.4%,额定容量仍采用优先数 R10 系列,过载能力可提高约 25%,可节省容量 20%~22%。校核容量的计算公式参阅式(2.82)可得

$$S_{校} = \frac{S_{\max}}{1.25K} \quad (\text{kVA}) \tag{E.2}$$

式(E.2)中各符号的含义同式(2.82)。

高过载能力低阻抗电压牵引变压器的关键是,设计制造时必须选用高耐热等级的绝缘材料,组成高耐热等级的绝缘结构。

附录F 电磁干扰防护

11.6.1 牵引供电系统对有线通信设施的危险影响、噪声干扰影响的计算方法及容许值，应符合《电信线路遭受强电线路危险影响的容许值》GB 6839 等技术标准的有关规定。噪声干扰影响的计算还应考虑动车组产生的谐波特性。

11.6.2 高速铁路与机场导航台、对空情报雷达站和地震台等无线电台站之间的净空、距离、信噪比或干扰电压等应符合《航空无线电导航台（站）电磁环境要求》GB 6364、《对空情报雷达站电磁环境防护要求》GB 13618、《地震台站观测环境技术要求》GB/T 19531.1～19531.4 和《轨道交通 电磁兼容 第 2 部分：整个轨道系统对外界的发射》GB/T 24338.2 技术标准的有关规定。在计算分析时，还应综合考虑列车不同运行速度时的电磁辐射强度。

11.6.3 牵引供电系统对油气管道的电磁影响、交叉要求，与油库、液化气库等易燃易爆品库之间的安全距离，应符合《交流电气化铁道对油（气）管道（含油库）的影响容许值及防护措施》TB/T 2832、《油气输送管道穿越工程设计规范》GB 50423、《石油库设计规范》GB 50074、《汽车加油加气站设计与施工规范》GB 50156 和《城镇燃气设计规范》GB 50028 等技术标准的有关规定。

11.6.4 分析、计算电磁感应影响时，应考虑高架桥梁、城市环境、隧道等的屏蔽效果。

11.6.5 高速铁路设置电磁干扰防护措施时，不应影响行车安全，不应改变、降低系统或设施的原功能和性能。

11.6.6 工程设计中无法绕避被干扰设施的情况时，应采取相应技术措施进行电磁干扰防护。经技术经济比较后，也可对其进行整体或部分搬迁。

［摘自《高速铁路设计规范》（TB 10621—2014，J1942—2014）"11.6 电磁干扰防护"］

参考文献

[1] 缪耀珊. 交流电气化铁道吸流变压器和回流线装置[M]. 北京：中国铁道出版社，1979.
[2] 缪耀珊. AT供电方式牵引变电所主变压器的联结形式[J]. 电化铁道动态，1980：6.
[3] 马其祥. 交流电气化铁道对通信线路的影响与防护[M]. 北京：中国铁道出版社，1981.
[4] [日本]渡边宽著. 交流电气化铁道牵引供电系统继电保护[M]. 丁向东，何四本，译. 北京：中国铁道出版社，1981.
[5] 贺威俊，简克良. 电气化铁道供变电工程[M]. 北京：中国铁道出版社，1982.
[6] 曹建猷. 电气化铁道供电系统[M]. 北京：中国铁道出版社，1983.
[7] 缪耀珊. 关于AT供电方式的问答（一）、（二）[J]. 电化铁道动态，1983（2~4）.
[8] 黄元才，吴良治. 交流电气化铁道接触网[M]. 北京：中国铁道出版社，1988.
[9] 铁道部电气化工程局电气化勘测设计院. 电气化铁道设计手册：牵引供电系统[M]. 北京：中国铁道出版社，1988.
[10] 黄承晖. 确定电气化铁道牵引网悬挂导线短时载流量的研究[J]. 电化铁道动态，1989：1.
[11] 徐敦清. 牵引变压器过负载能力讨论[J]. 电气化铁道，1991：2.
[12] 陆家榆，盛剑霓，陈党生. 非阻抗匹配YN▽联结平衡变压器[J]. 变压器，1994：11.
[13] 铁道部电气化工程局第一工程处. 电气化铁道施工手册：牵引变电所[M]. 北京：中国铁道出版社，1995.
[14] 陆家榆，盛剑霓，陈党生. YN▽联结的平衡变压器[J]. 西安交通大学学报，1995：29（8）.
[15] 冯仁杰. 中等专业学校教材：电气化铁道供电系统[M]. 北京：中国铁道出版社，1997.
[16] 贺威俊. 电力牵引供电系统技术及装备[M]. 成都：西南交通大学出版社，1998.
[17] 李群湛，连级三，高仕斌. 高速铁路电气化工程[M]. 成都：西南交通大学出版社，2006.
[18] 《电气工程师手册》第3版编辑委员会. 王建华. 电气工程师手册[M]. 3版. 北京：机械工业出版社，2008.
[19] 李群湛，贺建闽，解绍锋. 电气化铁路电能质量分析与控制[M]. 成都：西南交通大学出版社，2011.